"十二五"国家重点图书出版规划

法学译丛·证据科学译丛 / 丛书主编 张保生 王进喜

U0852699

美国法庭科学的加强之路

识别法庭科学共同体之需委员会
科学、技术和法律政策与全球事务委员会
应用和理论统计委员会工程与物理科学部
美国国家科学院国家研究委员会 著

王进喜 等 译

中国人民大学出版社
·北京·

编　委　会

丛书主编　张保生　王进喜

编　　委　（按姓氏笔画排序）：

王进喜　刘　良　李　玲　何家弘

常　林　张保生　满运龙　罗亚平

侯一平

提示：本报告所涉项目已经国家研究委员会理事会批准。该理事会成员选拔自国家科学院委员会、国家工程院委员会和医学研究院委员会。对本报告负责的委员会成员的遴选，出于其特别适格性及适当的平衡。

本研究得到了国家科学院和国家司法研究院签署的 2006-DN-BX-0001 号合同的资助。本出版物中的任何意见、结果、结论或建议，均属作者，并不必然反映为本项目提供资助的组织或者机构的观点。

国家科学院

——就科学、工程和医学为国家提供咨询

国家科学院是由从事科学与工程研究的杰出学者组成的私立的、非营利性的、自我延续（self-perpetuating）的社会团体，致力于促进科学与技术及其为公共福祉的应用。根据国会 1863 年章程规定的权限，国家科学院需要就科学和技术事项为联邦政府提供咨询。Ralph J. Cicerone 博士是国家科学院主席。

国家工程院是根据国家科学院章程于 1964 年成立的，是由杰出工程师组成的平行组织。其管理和会员遴选实行自治，与国家科学院一道承担为联邦政府提供咨询的职责。国家工程院还赞助旨在满足国家需要的工程项目，鼓励教育和研究，并认可工程人员的杰出成就。Charles M. Vest 博士是国家工程院主席。

医学研究院是 1970 年由国家科学院成立的，以在公共卫生政策事项的检查方面获得适当职业的杰出人员的服务。该研究院按照国会为国家科学院规定的章程中的职责行动，是联邦政府的咨询者，并根据自己的行动计划，确认医学关照、研究和教育方面的问题。Harvey V. Fineberg 博士是医学研究院主席。

国家研究委员会是于 1916 年由国家科学院组建的，旨在将广大的科学与技术共同体和国家科学院促进知识及为联邦政府提供咨询的目的结合起来。委员会根据国家科学院确定的总方针运作，在向政府、公众及科学和工程共同体提供服务方面，已经成为国家科学院和国家工程院的主要运作机构。委员会由国家科学院和医学研究院共同管理。Ralph J. Cicerone 博士和 Charles M. Vest 博士分别是国家研究委员会的主席和副主席。

应用和理论统计委员会

Karen Kafadar（主席），Rudy 统计与物理学教授，印第安纳大学

Amy Braverman，MISR 第二负责人，统计与数据分析、地球和空间科学部，喷气动力实验室

Constantine Gatsonis，主任，统计科学中心，布朗大学

Michael Goodchild（NAS），教授，地理系，加利福尼亚大学 Santa Barbara 校区

Kathryn B. Laskey，教授，系统工程与运作研究系，乔治·梅森大学

Michael Lesk（NAE），教授，图书馆与情报科学，罗格斯（Rutgers）大学

Thomas A. Louis，教授，生物统计学系，Bloomberg 公共卫生学院，约翰·霍普金斯大学

Michael A. Newton，教授，生物统计学与医学情报学系，威斯康星大学（麦迪逊）

Michael L. Stein，教授，统计学系，芝加哥大学

工作人员

Scott Weidman，主任

Neal Glassman，高级项目官员

Barbara Wright，行政助理

识别法庭科学共同体之需委员会

Harry T. Edwards（共同主席），法官，美国哥伦比亚特区巡回上诉法院

Constantine Gatsonis（共同主席），主任，布朗（Brown）大学统计科学中心

Margaret A. Berger，Suzanne J. and Norman Miles 法学教授，布鲁克林（Brooklyn）法学院

Joe S. Cecil，科技证据计划项目主任，联邦司法中心

M. Bonner Denton，化学教授，亚利桑那大学

Marcella Fierro，法医 ，弗吉尼亚（退休）

Karen Kafadar，Rudy 统计学与物理学教授，印第安纳大学

Pete M. Marone，主任，弗吉尼亚法庭科学局（Department of Forensic Science）

Geoffrey S. Mearns，院长，Cleveland-Marshall 法学院，克利夫兰（Cleveland）州立大学

Randall S. Murch，研究发展项目副主任，弗吉尼亚工艺学院和州立大学（Virginia Polytechnic Institute and State University）

Channing Robertson，Ruth G. and William K. Bowes 教授，教员与学术事务院长，化学工程系教授，斯坦福大学

Marvin Schechter，律师

Robert Shaler，主任，法庭科学项目，生物化学和分子生物系教授，Eberly 科学院，宾夕法尼亚州立大学

Jay A. Siegel，法庭科学和调查科学项目教授，印第安纳大学—普渡（Purdue）大学

Sargur N. Srihari，Suny 杰出教授，计算机科学与工程系；主任，文件分析和识别卓效中心，纽约州立大学布法罗（Buffalo）校区

Sheldon M. Wiederhorn（NAE），高级研究人员，国家标准与技术研究院

Ross Zumwalt，主任法医，新墨西哥州法医局

工作人员

Anne-Marie Mazza，研究主任

Scott Weidman，主任，数学科学及其应用委员会

John Sislin，项目官员，高等教育与劳动力委员会

David Padgham，项目官员，计算机科学与远程通信委员会（至 2008 年 5 月）

Steven Kendall，高级项目助理

Katie Magee，高级项目助手（至 2007 年 9 月）

Kathi E. Hanna，咨询文员

Sara D. Maddox，编辑

Robin Ackerman，Christine Mirzayan 科技政策研究人员

Gemayel Jean-Paul，Christine Mirzayan 科技政策研究人员

Gohnalyn D. Lyles，Christine Mirzayan 科技政策研究人员

Sandra Ottensmann，Christine Mirzayan 科技政策研究人员

Deidre Parsons，Christine Mirzayan 科技政策研究人员

Sarah Ryker，Christine Mirzayan 科技政策研究人员

Sunbin Song，Christine Mirzayan 科技政策研究人员

科学、技术和法律政策与全球事务委员会

Donald Kennedy（NAS/IOM）（共同主席），名誉校长、Bing 环境科学名誉教授，斯坦福大学；名誉主编，《科学》

Richard A. Merrill（IOM）（共同主席），Daniel Caplin 法学名誉教授，弗吉尼亚大学法学院

Frederick R. Anderson，JR.，合伙人，McKenna，Long，& Aldridge 律师事务所（有限责任合伙）

Margaret A. Berger，Suzanne J. and Norman Miles 法学教授，布鲁克林法学院

Arthur I. Bienenstock，斯坦福直线加速器中心和联邦研究政策总统特别助理，斯坦福大学

Barbara E. Bierer，资深研究副总裁，Brigham 妇科医院

Elizabeth H. Blackburn（NAS/IOM），Morris Herzstein 生物和生理学教授，生物化学和生物物理学系，加利福尼亚大学（旧金山校区）

Joe S. Cecil，科学与技术证据项目主任，联邦司法中心

Richard F. Celeste，校长，科罗拉多学院

Joel E. Cohen（NAS），Abby Rockefeller Mauzé 教授、人口实验室主任，洛克菲勒大学和哥伦比亚大学

Kenneth W. Dam，Max Pam 美国和外国法名誉教授、高级讲师，芝加哥大学法学院

Rochelle Cooper Dreyfuss，Pauline Newman 法学教授、Engelberg 创新法和政策中心主任，纽约大学法学院

Alice P. Gast（NAE），校长，理海（Lehigh）大学

Lawrence O. Gostin（IOM），研究与学术项目副院长、Linda D. and Timothy J. O'Neill 全球卫生法教授，乔治敦大学；公共健康教授，约翰·霍普金斯大学

Gary W. Hart，Wirth Chair 教授，公共事务学院，科罗拉多大学（丹佛）

Benjamin W. Heineman，JR.，高级研究人员，哈佛大学法学院和哈佛大学卡内基政府学院

David Brock Hornby，法官，美国地区法院法院，缅因地区

David Korn（IOM），研究事务副校长，哈佛大学

Richard A. Meserve（NAE），校长，华盛顿卡内基学院

Duncan T. Moore（NAE），教授，光学研究所，罗切斯特大学

Alan B. Morrison，访问教授，华盛顿法学院，美利坚大学

Harriet Rabb，副校长、总律师，洛克菲勒大学

Paul D. Rheingold，高级合伙人，Rheingold，Valet，Rheingold，Shkolnik & McCartney 律师事务所（有限责任合伙）

Barbara Rothstein，主任，联邦司法中心

Jonathan M. Samet（IOM），全球卫生研究所创始主任、预防医学系主席，南加利福尼亚大学

David S. Tatel，法官，美国哥伦比亚巡回区上诉法院

工作人员

Anne-Marie Mazza，主任

Steven Kendall，高级项目助理

译 序

中国司法鉴定体制改革已经经年。我们在取得诸多成绩的同时，也面临体制之困。苏轼云："天下之患，最不可为者，名为治平无事，而其实有不测之忧。坐观其变，而不为之所，则恐至于不可救。"我们需要反思如何从更为宏大的角度看待中国的司法鉴定体制改革，如何更为系统、科学地设计中国的司法改革路线图。《美国法庭科学的加强之路》作为对美国法庭科学事业所面临的问题进行系统研究与反思的报告，于我们的借鉴意义是不言而喻的。与此同时，我们也应当意识到，美国的法庭科学事业不是一个神话，它同样受制于政治体制、资源、教育、科学发展等因素，同样存在着因法庭科学检验失误而造成的诸多错案。任何盲目崇洋、妄自菲薄的思想，都是要不得的。既究其旧，又图其新，是本翻译工作的出发点。

翻译工作的分工如下：王进喜（中国政法大学证据科学研究院［证据科学教育部重点实验室］教授，法学博士）：前言、概要、第 1 章至第 4 章、重要译名对照表；杜春鹏（中国政法大学证据科学研究院［证据科学教育部重点实验室］博士研究生）：第 5 章、第 6 章、第 8 章、第 10 章；杜国栋（中国政法大学证据科学研究院［证据科学教育部重点实验室］博士研究生）：第 7 章、第 9 章；李训虎（中国政法大学证据科学研究院［证据科学教育部重点实验室］副教授，法学博士）：第 11 章。全书最后由王进喜校对、统稿。原书附录内容因不具有直接的学术研究和借鉴意义，在本译作中已略。

本译作是教育部 2010 年度长江学者和创新团队发展计划"证

据科学研究与应用”项目的成果之一。感谢中国政法大学副校长张保生教授，他领导的中国政法大学证据科学研究院［证据科学教育部重点实验室］是本翻译工作得以开展的重要平台；感谢美国加州大学戴维斯分校 Edward J. Imwinkelried 教授，他在该报告发布后立即为我们提供了有关资料；感谢中国政法大学证据科学研究院［证据科学教育部重点实验室］百茹峰博士、石美森博士、杨天潼博士、王元凤博士、郝红霞博士、刘建伟博士，他们就译作若干专业问题提出了宝贵的咨询与修改意见。本译作所涉专业众多，知识丛杂，为译者所力不能逮。翻译过程本身就是一个学习的过程，因此译文不免错误，唯望瑕不掩瑜，不成学术交流与借鉴之壅隔。

王进喜

2012 年 3 月 6 日于京

致谢

对陈述者的感谢

下列人员在本委员会的陈述富有创见，对其贡献，本委员会谨致谢忱：

Chris Asplen，*Gordon Thomas Honeywell* 政府事务公司；Peter D. Barnett，法庭科学协会；Richard E. Bisbing，*McCrone Associates* 公司和材料分析科学工作组；Joseph P. Bono，美国特勤局；Michael R. Bromwich，*Fried*，*Frank*，*Harris*，*Shriver* & *Jacobson* 律师事务所（有限责任合伙）；Bruce Budowle，联邦调查局；James Burans，美国国土安全部；Thomas Cantwell，美国国防部；Larry Chelko，美国军方犯罪调查实验室；John Collins，*DuPage* 县治安官局犯罪实验室；Charles Cooke，国家情报总监办公室；Robin Cotton，波士顿大学医学院；Joseph A. DiZinno，联邦调查局；James Downs，全国法医协会、法庭科学组织联合会和佐治亚调查局；Itiel Dror，南安普顿大学；Arthur Eisenberg，法庭科学质量服务公司；Barry A. J. Fisher，洛杉矶县治安官局；Eric Friedberg，*Stroz Friedberg* 有限责任公司；Robert E. Gaensslen，伊利诺伊大学（芝加哥）；Brandon L. Garrett，弗吉尼亚大学；Michael D. Garris，国家标准与技术研究院；Ed German，美军（退役）；Paul C. Giannelli，凯斯西储大学法学院；Bruce A. Goldberger，美国法庭科学学会；Hank Greely，斯坦福大学；Barbara Guttman，国家标准与技术研究院；David W. Hagy，美国司法部；Randy Hanzlick，*Fulton* 县法医中心、*Emory*大学医学院；Carol Henderson，国家科学、技术与法律交流所和 Stetson 大学；Matthew J. Hickman，美国司法部；Peter

T. Higgins，*Higgins-Hermansen* 集团；Max M. Houck，西弗吉尼亚大学；Vici Inlow，美国特勤局；Jan L. Johnson，伊利诺伊州警察；Jay Kadane，卡内基·梅隆大学；David Kaye，亚利桑那州立大学；Peter D. *Komarinski*，*Komarinski & Associates* 有限责任公司；Roger G. Koppl，*Farleigh Dickinson* 大学；Glenn Langenburg，明尼苏达刑事追捕局；Deborah Leben，美国特勤局；John Lentini，科学火灾分析公司；Alan I. Leshner，美国科学促进会；William MacCrehan，国家标准与技术研究院；Bill Marbaker，美国犯罪实验室主任协会；Kenneth F. Martin，马萨诸塞州警察；Carole McCartney，利兹大学；Stephen B. Meagher，联邦调查局和摩擦嵴分析、研究与技术科学工作组；Jennifer Mnooken，加利福尼亚大学洛杉矶校区法学院；John E. Moalli，Exponent 公司；John Morgan，美国司法部；Michael Murphy，拉斯维加斯验尸官办公室；Peter Neufeld，无辜者计划；John Onstwedder III，伊利诺伊州警察；Garry F. Peterson，*Hennepin* 县法医局和全国法医协会；Joseph L. Peterson，加利福尼亚州立大学（洛杉矶）；Peter Pizzola，纽约警察局犯罪实验室；Joe Polski，法庭科学组织联合会和国际鉴定协会；Larry Quarino，*Cedar Crest* 学院；Irma Rios，休斯敦市犯罪实验室；Michael Risinger，*Seton Hall* 法学院；Michael J. Saks，*Sandra Day O'Connor* 法学院，亚利桑那州立大学；Nelson A. Santos，禁毒分析科学工作组；David R. Senn，得克萨斯大学卫生科学中心(San Antonio)；Robert Stacey，美国犯罪实验室主任协会、实验室认可委员会；David Stoney，Stoney 法庭科学公司；Peter Striupaitis，国际鉴定协会和火器与工具痕迹科学工作组；Rick Tontarski，美国军方犯罪调查实验室；Richard W. Vorder Bruegge，联邦调查局；Victor W. Weedn，新泽西州法医局；Tom Witt，西弗吉尼亚大学。

对审阅者的致谢

根据国家科学院报告审查委员会批准的程序，这一报告草案已经由有着各种观点和技术专业知识的人员审阅。这一独立审阅的目的，是提供坦率而严厉的评论，以帮助研究机构所发表的报告尽可能地合理，确保报告在客观性、证据和对研究任务的回应方面符合机构的标准。审阅评论和草案是保密的，以保护审阅过程的适正性。

我们对审阅这一报告的以下人员表示感谢：R. Stephen Berry，芝加哥大学；Christophe Champod，瑞士洛桑大学；William Chisum，退休，全国犯罪调查与培训公司；Joel Cohen，洛克菲勒大学；Peter DeForest，*John Jay* 刑事司法学院；Stephen Fienberg，卡内基·梅隆大学；Barry Fisher，洛杉矶县治安官局；Mark Flomenbaum，波士顿大学；Ross Gardner，*Gardner* 法庭科学咨询公司；Paul Giannelli，凯斯西储大学；Randy Hanzlick，*Emory* 大学；Keith Inman，法庭分析科学公司；Dan Kahan，耶鲁大学法学院；Roger Kahn，*Harris* 县法医局；Elizabeth Loftus，加利福尼亚大学 *Irvine* 校区；C. Owen Lovejoy，肯特州立大学；Kenneth Melson，乔治·华盛顿大学；Michael Murphy，内华达州拉斯维加斯验尸官/法医局；Hyla Napadensky，退休，*Napadensky* 热力学公司；Joseph Peterson，加利福尼亚州立大学（洛杉矶）；William Press，得克萨斯大学 *Austin* 校区；Jed Rakoff，美国纽约南区地区法院；Carl Selavka，美国军方犯罪调查实验室；David Stoney，*Stoney* 法庭科学公司；Charles Wellford，马里兰大学。

尽管以上审阅者提供了许多建设性评论和建议，但我们并没有要求他们支持报告中的结论或者建议，他们也没有看到本报告公布前的最后版本。对这一报告的审阅是由 John Bailar（芝加哥大学）和 Royce Murray（北卡罗来纳大学 Chapel Hill 校区）进行的。他们是国家科学院任命的，负责确定对该报告根据机构程序进行了独立的检验，所有的审阅评论都得到仔细考虑。对这一报告的最后内容完全由进行写作的委员会和机构负责。

前 言

认识到法庭科学需要重大改进，国会指示国家科学院开展研究，从而形成了本报告。法庭科学共同体中有许多才华卓著、具有奉献精神的人，他们所从事的工作极其重要。然而，由于缺少足够资源、合理政策和国家支持，他们在工作中常常资金短缺。显而易见，系统的、科学的变革与进步，为许多法庭科学学科所需要，以确保学科的可靠性，建立可执行的标准，促进最优方法及其一致适用。

在采纳这一报告时，本委员会的目标是为法庭科学共同体及其科学学科的进步制定一个日程。虑及法庭科学从业人员工作范围的广泛性和重要性——涉及犯罪调查和起诉、民事诉讼、法律改革、保险索赔的调查、全国性灾难预案（planning and preparedness)、国土安全和技术进步——委员会以巨大的热忱，耗费了无数的时间审议该报告所包含的建议。这些建议，存在着不可分割的相互关联性，反映了委员会的强烈观点，即任何改进法庭科学学科的计划都必须采用这些政策行动计划，以使法庭科学共同体更为有效地服务于社会。

国会分派给本委员会的任务是令人畏惧的，需要对一个极其复杂和分散的，有着各种参与者、司法辖区、要求和局限性的制度进行认真思索和忖度。在漫长的考量中，委员会听取了利益相关共同体的证言，保证法庭科学从业人员的声音得以被倾听、他们的关切得以被解决。我们还听取了法庭科学实验室和法医/验尸官办公室的管理者、致力于培养下一代法庭科学工作者的教师、在许多法庭科学领域进行了重要研究的学者，以及懂得在犯罪调查和起诉中如何收集、分析和运用法庭科学证据的法律职业人员与执法机构人员等人的证言。我们还深深感谢所有出席委员会并发言以及为我们的研究提交论文的人。这些专家及其工作使委员会受益匪浅。

在研究提交给委员会的证言和证据时，最使我们感到震惊的，是我们所听到的讯息的一致性：

法庭科学制度，包括研究和实践，都存在严重问题，这些问题只能通过一个致力于审查在这个国家支持法庭科学共同体的当前结构的全国性行动来解决。这只能通过联邦和州政府的最高层根据全国性标准进行的有效领导来解决，联邦资金也要有重大投入。

这一报告中的建议代表了委员会经过仔细研究的如何最大限度实现这一重要目标的意见。

我们有幸成为被国会赋予重托的委员会的共同主席。本委员会是在国家科学院科学、技术和法律委员会与应用和理论统计委员会的支持下成立的，由许多精明强干的专业人员组成：某些是各个法庭科学领域的专家，某些是法律专家，其他则是科学和工程等领域的专家。他们聆听、阅读、质疑并激烈地讨论本报告的调查结果和建议，并努力完成提出本报告所需的研究和写作。我们感谢他们为这一活动付出的时间和精力。我们还非常感谢工作人员 Anne-Marie Mazza、Scott Weidman、Steven Kendall 和顾问写作人 Kathi Hanna，感谢他们完美的工作和对这一项目的投入；我们感谢 David Padgham、John Sislin 以及编辑 Sara Maddox 提供的帮助；我们感谢 Paige Herwig、Laurie Richardson 和 Judith A. Hunt 在检查资料来源和最终提出该报告等方面作出的卓越贡献。

委员会共同主席

Harry T. Edwards 和 Constantine Gatsonis

目录
CONTENTS

概　要 …………………………………………………………… (1)
导言 …………………………………………………………… (1)
调查结果和建议 ……………………………………………… (15)

1　导　论 ……………………………………………………… (35)
什么是法庭科学? ……………………………………………… (38)
法庭科学系统的压力 ………………………………………… (39)
本报告的组织 ………………………………………………… (55)

2　法庭科学共同体与整合性治理的需要 …………………… (56)
犯罪现场调查 ………………………………………………… (57)
法庭科学实验室和服务提供者 ……………………………… (58)
案件积压 ……………………………………………………… (62)
国家司法研究院的 COVERDELL 法庭科学
进步补贴计划 ………………………………………………… (63)
传统实验室之外的法庭科学服务 …………………………… (65)
联邦法庭科学活动 …………………………………………… (66)
研究资金 ……………………………………………………… (73)
职业协会 ……………………………………………………… (78)
结论和建议 …………………………………………………… (80)

3 法庭科学证据在诉讼中的采纳 …… (87)
法律与科学 …… (87)
FRYE 标准和《联邦证据规则》702 …… (89)
DAUBERT 判决与最高法院对规则 702 的解释 …… (92)
2000 年对规则 702 的修正 …… (95)
法院对 *DAUBERT* 类型问题的态度概述 …… (97)
法院对与法庭科学证据有关的问题的态度的某些例子 …… (102)
结论 …… (113)

4 科学原理和科学数据解释 …… (115)
科学方法的基本原则 …… (115)
结论 …… (130)

5 对某些法庭科学学科的描述 …… (131)
生物证据 …… (132)
管制物质分析 …… (138)
摩擦嵴分析 …… (141)
其他形态/压痕证据：鞋印和轮胎痕 …… (151)
工具痕迹和火器识别 …… (157)
毛发证据分析 …… (162)
纤维证据分析 …… (169)
可疑文件检验 …… (171)
油漆和涂料证据分析 …… (175)
爆炸物证据和火灾残留物分析 …… (178)
法医齿科学 …… (181)
血迹形态分析 …… (185)
一个新兴的法庭科学学科：数字和多媒体分析 …… (188)
结论 …… (191)

6 改进法庭科学的方法、实践和效能 ……………………… (193)
法庭科学实验室的独立性 ……………………… (193)
不确定度与偏见 ……………………… (194)
报告结果 ……………………… (195)
研究需要 ……………………… (197)
结论和建议 ……………………… (199)

7 加强对法庭科学活动的监督 ……………………… (203)
认可 ……………………… (205)
质量控制标准和指南 ……………………… (211)
能力验证 ……………………… (216)
认证 ……………………… (219)
PAUL COVERDELL 法庭科学进步补贴计划的
监督要求 ……………………… (222)
道德守则 ……………………… (224)
结论和建议 ……………………… (226)

8 法庭科学教育与培训 ……………………… (228)
法庭科学教育现状 ……………………… (229)
改进法庭科学教育面临的挑战和机遇 ……………………… (235)
研究——法庭科学教育项目的组成部分 ……………………… (241)
培训现状 ……………………… (242)
法律系统内部的教育 ……………………… (245)
结论和建议 ……………………… (249)

9 法医和验尸官制度：当前和未来的需要 ……………………… (252)
法医和验尸官 ……………………… (254)
法医和验尸官的管辖权 ……………………… (254)
法医和验尸官的职责 ……………………… (255)
法医和验尸官的演变 ……………………… (256)

法医和验尸官的资格 …………………………………… (258)
法医和验尸官的管理与监督 ……………………………… (260)
法医和验尸官的人员与经费 ……………………………… (261)
验尸官系统转化为法医系统的运动 ……………………… (262)
使用最优方法 …………………………………………… (264)
可能有助于法医和验尸官系统的潜在科学进步 ……… (264)
法医和法医病理学家的短缺 ……………………………… (268)
死因调查系统的标准和认可 ……………………………… (270)
质量控制和质量保证 …………………………………… (271)
医学继续教育 …………………………………………… (272)
国土安全 ………………………………………………… (273)
法医病理学研究 ………………………………………… (274)
样本和数据收集的常见方法 ……………………………… (276)
结论和建议 ……………………………………………… (277)

10 自动指印识别系统 ………………………………… (282)
互用性挑战 ……………………………………………… (285)
结论和建议 ……………………………………………… (290)

11 国土安全和法庭科学学科 ………………………… (292)

附录 A ………………………………………………… (300)
附录 B ………………………………………………… (316)
索引 …………………………………………………… (328)
重要译名对照表 ……………………………………… (342)

概　要

导言

2005年11月22日，《2006年科学、国家、司法、商业和相关机构拨款法》（the Science，State，Justice，Commerce，and Related Agencies Appropriations Act of 2006）[①] 出台。根据立法的规定，国会授权“国家科学院按照参议院报告，就法庭科学进行研究”[②]。会议报告所提及的参议院报告指出：

虽然就DNA学科的需求存在大量分析，但是对DNA领域之外的共同体的其他需求则没有什么分析。因此……委员会指示司法部长为国家科学院提供资金，创设一个独立的法庭科学委员会。这一委员会应当由代表运作中的犯罪实验室、法医和验尸官的法庭科学共同体的成员，法律专家和其他认为适当的科学工作者组成。[③]

参议院报告还规定了法庭科学委员会的任务，指示它：

（1）评估包括州和地方犯罪实验室、法医和验尸官在内的法庭科学共同体当前和未来的资源需要；

（2）就在破案、调查死因和保护公众方面最大化地应用法庭科学技术与方法提出建议；

（3）识别可能有助于执法人员使用法庭科学技术与方法来保

① P. L. No. 109-108，119 Stat. 2290（2005）.

② H. R. REp. NO. 109-272，at 121（2005）（Conf. Rep.）.

③ S. REp. NO. 109-88，at 46（2005）.

护公众的潜在科学进步；

(4) 就能够增加可工作于公立犯罪实验室的合格的法庭科学工作者和法医的项目，进行建议；

(5) 传播关于法庭科学证据收集与分析的最优方法和指导方针，以确保应用法庭科学技术与方法来破案、调查死因和保护公众时的质量与一致性；

(6) 调查法庭科学共同体在国土安全使命中的作用；

(7) ［调查］自动指印识别系统的互用性；以及

(8) 调查委员会确定的与法庭科学相关的其他问题。④

2006年秋，国家科学院成立了一个委员会来贯彻国会的这一指示。就像参议院报告所建议的那样，经遴选参加委员会的成员包括法庭科学共同体的成员、法律共同体的成员，以及具有多样性的科学工作者小组。委员会运作项目的标题是“识别法庭科学共同体之需”。委员会召开了8次会议：2007年1月25日～26日，4月23日～24日，6月5日～6日，9月20日～21日以及12月6日～7日；2008年3月24日～25日，6月23日～24日以及11月14日～15日。在这些会议期间，委员会听取了专家证言，讨论了听取和收到的信息。在会议间隙，委员会成员审阅了无数的与法庭科学学科相关的已发表的材料、研究和报告，就该问题进行了独立的研究，并起草了最终报告。

提供证言的专家，包括联邦机构人员、学术研究人员、私人顾问，联邦、州和地方的执法人员，科学家、法医、验尸官、公立和私立犯罪实验室人员、独立调查人员、辩护律师、法庭科学从业人员以及职业组织和标准确定组织的领导人（关于发言者的完整名单，参见致谢以及附录B）。

在委员会听证和评议期间，涵盖的问题包括：

(a) 应用于法庭科学活动的科学方法的基本原理——假设的

④ Ibid..

形成与验证，证伪与重复试验，以及同行对科学出版物的评议；

（b）法庭科学方法和技术的评估——法庭科学数据的收集和分析，法庭科学分析的准确性和误差率，法庭科学专家在解读时存在的潜在偏见和人为误差的来源，法庭科学专家的能力验证；

（c）法庭科学基础研究和技术评估中所需要的基础设施和需求；

（d）法庭科学当前的培训和教育；

（e）法庭科学实验室的结构和运作；

（f）验尸官和法医系统的结构与运作；

（g）法庭科学共同体与验尸官系统和法医系统的预算、未来需求和优先考虑事项；

（h）法庭科学运作、医学死因调查系统和科学工作者的认可、认证和执照颁发；

（i）科学工作组及其实践；

（j）法庭科学活动——

形态/经验证据

- 指印（包括自动指印识别系统的互用性）
- 火器检验
- 工具痕迹
- 咬痕
- 压痕（轮胎、足印）
- 血迹形态分析
- 笔迹
- 毛发

分析证据

- DNA
- 涂料（例如油漆）
- 材料（包括纤维）
- 液体
- 血清

- 火灾和爆炸物分析

数字证据；

(k) 与法医系统相比，验尸官系统的效果；

(l) 法庭科学证据在刑事和民事诉讼中的应用——

- 证据从犯罪现场到法庭的收集和流程
- 法庭科学从业人员出庭作证的方式
- 涉及曲解法庭科学证据的案件
- 刑事和民事诉讼中的对抗制
- 律师对法庭科学证据的使用和误用
- 法官对法庭科学证据的处理；

(m) 各个联邦机构的法庭科学活动和项目，包括国家标准与技术研究院、联邦调查局、国土安全部、美国特勤局、国家司法研究院、缉毒局和国防部；

(n) 州和地方机构的法庭科学实践；

(o) 非传统法庭科学服务提供者；以及

(p) 英国的法庭科学共同体。

委员会评议的言词证据和书面证据很详尽、很复杂，有的时候充满了争议。考虑到这一现实，委员会不可能回答它所遇到的每个问题，也不可能就其确认的每个问题都提供具体的解决方案。但是，委员会就法庭科学共同体和法医系统所面临的大多数重要问题达成了共识，并就解决这些问题的 13 个具体建议达成了一致意见。

法庭科学共同体面临的挑战

几十年来，法庭科学学科提供了有价值的证据，为成功地对罪犯进行起诉和定罪并解放无辜者作出了贡献。在过去的二十年中，某些法庭科学学科的进步，特别是 DNA 技术的使用，已经表明法庭科学的某些领域在帮助执法官识别罪犯方面具有巨大的潜能。许多过去不能解决的犯罪问题，现在因为法庭科学能够帮助识别犯罪人而得到了解决。

然而，这些进步也揭示出：在某些案件中，基于有瑕疵的法庭科学分析的重大信息和证言，可能会促成给无辜者错误定罪。这一事实表明，对于不完美的检测和分析所产生的证据和证言而言，赋予其过度的证明力存在潜在的危险。此外，不准确或者夸大的专家证言在有的时候也会促成对错误的或者误导性的证据的采纳。

法庭科学学科的进一步改进，将服务于三个重要目的：首先，法庭科学学科进一步的改进将帮助执法人员在其调查过程中更可靠地识别犯罪者；其次，法庭科学实践的进一步改进，将减少错误判决的发生，从而减少真正的犯罪者继续犯罪而无辜者被不当判决服刑的风险；最后，法庭科学学科的任何改进都无疑将提高国家应对国土安全需要的能力。

法庭科学共同体和法医系统的无数专业人员工作多年，在其领域追求卓越，这是为了遵循更高的道德标准，制定合理的职业标准，确保其实践中的结果精确，改进决定其精确性的过程。尽管这些富有敬业精神的专业人员的工作已经使得法庭科学学科在近几十年来取得了重大进步，法庭科学共同体仍然面临着重大挑战。因此，并不令人惊讶的是，国会指示本委员会"评估法庭科学共同体当前和未来的资源需要"，"就最大化地应用法庭科学技术与方法提出建议"，"就能够增加可工作于公立犯罪实验室的合格的法庭科学工作者和法医的项目，进行推荐"和"传播关于法庭科学证据收集与分析的最优方法和指导方针，以确保应用法庭科学技术的质量和一致性"。这些都是法庭科学共同体所面临的迫切需要解决的问题。法庭科学学科的最佳专业人员在工作中总是会因为这些和其他问题的持续存在而受到困扰。

国会的指示之详尽，所审阅的材料之复杂，使得委员会面临着重要的挑战。在开展工作时，委员会首先必须对法庭科学共同体内的各个学科、该共同体的历史、其优势与劣势、构成该共同体的人员和机构以及使用其服务的人员和机构的角色有一了解。只有这样，委员会才能够更好地理解法庭科学共同体和法医系统面临的主要问题。简要回顾某些这样的问题是有启发性的。[⑤]

法庭科学共同体的差异

联邦、州与地方的执法辖区和机构的现有法庭科学运作之间存在巨大的差异，在资金、分析仪器的使用权、受过训练的熟练人员的可得性、认证、认可和监督方面，都是如此。因此，就法庭科学共同体内当前的普遍做法进行归纳并不容易。然而，显而易见的是，任何检修现有制度的方法，都需要处理并帮助将共同体当前支离破碎的现状和实践不一致的问题最小化。

虽然绝大多数刑事执法活动是在州和地方司法辖区进行的，但这些实体常常严重缺乏必要的资源（资金、人员、培训和设备）来促进和维护强有力的法庭科学实验室体系。与之形成对比的是，联邦项目常常能得到更多的资金和人员。同样值得注意的是，在不同的司法辖区，法医和法医病理学家的资源、服务范围和提供专业知识的数量方面也存在很大差别。因此，从全国来看，法庭科学证据检验为法律制度提供的实质信息的深度、可靠性和质量差别巨大。

强制性标准化、认证和认可的阙如

支离破碎问题因为许多法庭科学学科运作原则和程序没有标准化或者在司法辖区之间或之内缺乏相互包容而更为复杂化。在法庭科学从业人员认证和犯罪实验室认可方面，没有统一做法。确实，大多数司法辖区并不要求法庭科学从业人员取得资格证书，大多数法庭科学学科也没有强制性的认证项目。此外，大多数司法辖区并不要求对犯罪实验室进行认可。在特定的学科，常常没有标准的实验方案来规制法庭科学活动，即使有了实验方案（例如，科学工作组标准），它们也常常很含混，不能以有意义的方式

⑤ 在本报告中，“法庭科学共同体”从广义上讲，包括法医病理学和法医死因调查，有的时候叫作“法医系统”或者“法医死因调查系统”。

加以执行。总之，在大多数学科，法庭科学活动的质量因为缺乏（对从业人员）足够的训练和继续教育、严格的强制性认证和认可项目、对平稳运行标准的坚持和有效的监督，而有很大差别。[⑥] 这些缺陷显然给法庭科学活动的质量和可信性造成了持续和严重的威胁。

法庭科学学科的广泛性

"法庭科学"一词包括广泛的法庭科学学科，每个学科都有其自己的一套技术和做法。换言之，每个法庭科学学科在方法、方法论、可靠性、潜在错误的类型和数量、研究、一般可接受性和发表的材料等方面存在广泛差异。某些法庭科学学科是以实验室为基础的（例如，核 DNA 分析和线粒体 DNA 分析，毒物和毒品分析），其他的则基于专家对观察到的形态（例如，指印、书写样本、工具痕迹、咬痕以及毛发等样本）的解释，从而，"法庭科学共同体"包括许多从业人员，包括化学、生物化学、生物学和医学等领域的科学工作者（某些人具有高学历），实验室技术人员、犯罪现场调查人员以及执法人员。然而，在法庭科学实验室工作和在犯罪现场调查之间存在非常重要的差别；在受过化学、生物化学、生物学和医学训练（并将这些学科运用于其工作）的法庭科学从业人员与支持法庭科学事业的技术人员之间，也存在鲜明的差别。本报告对这样的差别进行了讨论。

本委员会在工作的早期即认定，从科学基础、发展水平、为解决刑事检控和民事诉讼中提出的主要类型的问题而提供证据的能力等角度，对每个学科进行详细的评估是不可行的。然而，委员会征集了来自各个法庭科学学科的广泛证言，试图确定具有跨越学科相关性的问题。通过听取这些证言和审阅相关的书面材料，

⑥ See, e.g., P. C. Giannelli. 2007. Wrongful convictions and forensic science: The need to regulate crime labs. 86 *N.C.L. REV.* 163 (2007); B. Schmitt and J. Swickard. 2008. "Detroit Police Lab Shut Down After Probe Finds Errors." *Detroit Free Press.* September 25.

委员会发现有重要的证据表明，各个法庭科学学科科学发展和评估水平的差异巨大。

与法庭科学证据的解释有关的问题

在刑事检控和民事诉讼中，常常使用法庭科学证据来支持关于“个体识别（individualization）”的结论（有的时候叫作检材与特定人员或者其他来源的“匹配”）或者把检材归入某个种属的结论。然而，除了核 DNA 分析，还没有法庭科学方法被严格地证明有能力一致性地、具有高度确定性地表明证据和特定人员或者来源之间的关系。从科学根据的角度看，以分析为基础的学科通常显然优于以专家解释为基础的学科。但是不同学科在依赖专家解释方面也存在重要差别，例如，相对于咬痕分析而言，指印分析有更多成熟的实验方案和研究。在每个学科之内也存在重要的差别，例如，并不是所有指印证据都同样完好，因为，指印证据的真正价值是由潜在指印样态的质量所决定的。法庭科学学科之间的这些差别，说明了法庭科学共同体的一个重要问题：对法庭科学证据的解释并不总是基于科学研究来确定其有效性，这就是现实。这是一个严重的问题。尽管在某些学科已经进行了研究，但就许多法庭科学方法而言，仍然明显缺乏经同行评审的、发表的研究来证明其科学基础和有效性。[⑦]

就性能建立界限和量度进行研究的需要

在评估法庭科学分析的精确性时，很关键的一点是弄清需要进行分析的问题的类型。因此，尽管某些技术过于不准确，不能用于进行准确的个人识别，但是它们仍然可以就分类问题提供有

⑦ 例如，有几篇文章已经注意到指印识别方法缺乏科学有效性。See，e. g.，J. J. Koehler. Fingerprint error rates and proficiency tests：What they are and why they matter. 59 *HASTINGS L. J.* 1077（2008）；L. Haber and R. N. Haber. 2008. Scientific validation of fingerprint evidence under Daubert. *Law，Probability and Risk* 7（2）：87；J. L. Mnookin. 2008. The validity of latent fingerprint identification：Confessions of a fingerprinting moderate. *Law，Probability and Risk* 7（2）：127.

用和准确的信息。例如，显微毛发分析对于作为样本来源的个体的某些特征而言，可以进行可靠的证据，但是它不能就样本与特定人员进行可靠的匹配。然而，适当问题的界定仅仅是评估法庭科学技术的性能的第一步。需要进行大量的研究，以建立性能的界限和量度标准，并解决变量因素和潜在偏见的影响问题。这样的研究非常必要，但是对于大多数依赖于对匹配特征的主观评价的法庭科学学科来说，这似乎很缺乏。这些学科需要制订严格的实验方案来指导这些主观解释，并开展同样严格的研究和评估项目。开展这样的研究项目能够从其他领域，特别是从诊断医学关于观测者效能评估的大量研究中，从认知心理学对人类观测者偏见可能性和错误方面的研究发现中大大受益。⑧

法庭科学证据在诉讼中的采用

法庭科学专家和证据日常服务于刑事司法系统。DNA 检测可以用于确定在强奸被害人身上发现的精子是否来源于被指控者；在枪支上发现的潜在指印可以用于确定被告人是否触摸了武器；毒品分析可以用于确定某人持有的药品是否是违法的；尸体解剖可以用于确定使被害人致死的原因和方式。为了让适格的法庭科学专家能够就法庭科学证据作证，他们必须首先找到处于有用状态的证据，并对之加以适当保存。对于发现时就已经严重模糊的潜在指印，不能有效地加以提取、分析或者解释；对于不足的毒品样本，可能不足以进行适当的分析；在受到污染或者其他破坏的样本基础上进行的 DNA 检测，不能可靠地应用于识别或者排

⑧ 法庭科学专家的结论很容易受到认知和背景偏见的影响。See, e. g. , I. E. Dror, D. Charlton, and A. E. Péron. 2006. 背景信息使得专家很容易作出错误的识别。*Forensic Science International* 156：74，77（“我们的研究表明，就同一指印改变辨认结论是可能的，只要这是在不同背景下提出的。”）；I. E. Dror and D. Charlton. 2006. Why experts make errors. *Journal of Forensic Identification* 56（4）：600；Giannelli, supra note 6，pp. 220－222。不幸的是，至少迄今为止，没有充分的证据表明法庭科学共同体已经进行了足够的努力来解决偏见问题。因此，本委员会不可能充分地评估该问题的影响程度。

除犯罪者。这些都是与法庭科学证据处理过程有关的重要事项。然而，法律在对法庭科学证据的严重依赖中，最大的两难是：就特定的"法庭科学"学科而言它是否是科学的，以及在多大程度上是科学的。

在刑事审判中，法庭科学证据可采性的法律和对法庭科学证据的依赖而言，应当涉及两个非常重要的问题：（1）某个特定的法庭科学学科在多大程度上是建立在可靠的科学方法基础上，以使它有能力来准确地分析证据和报告结果的；（2）特定法庭科学学科从业人员依赖于人类解读的程度如何，因这种人类解读会受到错误、偏见的威胁或者合理的操作程序和有力的性能标准的阙如的污染。这些问题意义重大。它与一个专家是否有资格就法庭证据作证，以及证据是否具有足够的可靠性，值得事实认定者依赖其所要支持的事实，关涉颇多。不幸的是，就在刑事审判中提出的法庭科学证据的可采性而言，司法裁决活动并不总是能够为这些重要的问题提供令人满意的回答。

1993 年，在 *Daubert v. Merrell Dow Pharmaceuticals, Inc.*⑨案件中，最高法院裁决，根据《联邦证据规则》（它适用于在联邦法院进行的民事审判和刑事检控）702，一个"审判法官必须确保所采纳的所有科学证言或者证据不仅具有相关性，而且具有可靠性"⑩。法院指出，专家证言的客体应当是科学知识，以便于"证据的可靠性能建立在科学有效性基础上"⑪。法院还强调，在考虑证据的可采性时，审判法官应当"仅仅"关注专家的"原理和方法"，"而不是它们产生的结论"⑫。总之，*Daubert* 案关于专家证言要与"科学知识"有关的要求，确立了"证据

⑨ 509 U. S. 579 (1993).

⑩ Ibid., p. 589.

⑪ Ibid., pp. 590 and 591 n. 9 (着重号已省略).

⑫ Ibid., p. 595. 在 *General Electric Co. v. Joiner* 案件［522 U. S. 136, 146 (1997)］中，法院进一步说："结论与方法并不能彼此彻底区分。训练有素的专家通常从现有的数据进行推断。但是 *Daubert* 案和《联邦证据规则》都没有要求地区法院采纳仅仅因专家的亲口所述而与现有数据联系在一起的意见证据。"

可靠性”[13] 标准。

在解释这一证据标准时，*Daubert* 案审理法院指出了几个因素，审判法官可以对此加以考虑：（1）理论或者方法是否能够（并且已经）得到检验；（2）理论或者方法是否已经受到同行评议以及已经发表；（3）特定科学方法的已知或者潜在误差率；（4）是否存在关于该方法的运作的标准以及该标准是否得到了维护；以及（5）相关科学共同体对科学方法的接受程度。[14] 然而，法院在最后强调，根据规则 702 进行的探究是“灵活的”[15]。法院表达了对对抗制的信心，指出“有力的交叉询问、相反证据的提出、就证明负担进行的仔细指示，都是攻击薄弱但具有可采性的证据的传统和适当的方法”[16]。最高法院已经清楚地说明，审判法官在根据规则 702 裁决证据的可采性时，有着巨大的裁量权，对 *Daubert* 案裁决的上诉审查，仅适用很狭隘的滥用自由裁量权标准。[17] 更为重要的是，在 *Kumho Tire Co.*，*Ltd.* *v.* *Carmichael* 案件中，法院指出，“在特定案件中，*Daubert* 案的特定因素是否是可靠的合理的衡量标准，是法律赋予审判法官很大裁量空间的事项”[18]。

Daubert 案及其以后的判例引起了混淆和争议。特别是法院在刑事案件中对 *Daubert* 案中类型问题的处理上，受到了某些律师和学者的批评，他们认为最高法院的裁决应当被更加严格地适用。[19] 如果仅仅关注的是公布的联邦上诉法院的裁决，对那些希望更严格地适用 *Daubert* 标准的人而言，图景并不是那么吸引人。

⑬ Daubert，509 U. S. at 589，590 n. 9，595.

⑭ Ibid.，pp. 593－594.

⑮ Ibid.，p. 594. 在 *Kumho Tire Co.*，*Ltd.* *v.* *Carmichael* 案件［526 U. S. 137 (1999)］中，法院确认 Daubert 案因素并不是最后的清单或者标准。*Kumho Tire* 案非常重要地判定，规则 702 既适用于科学专家的证言，也适用于非科学专家的证言；法院还表明，审判法院在评估非科学专家证言的可靠性时，可以适用 *Daubert* 案中确认的因素，这取决于“特定争议案件的特定情况”。Ibid.，at 150.

⑯ *Daubert*，509 U. S. at 596.

⑰ See *Gen. Elec. Co.* *v.* *Joiner*，522 U. S. 136，142－143 (1997).

⑱ *Kumho Tire*，526 U. S. at 153.

⑲ See，e. g.，P. J. Neufeld. 2005. The (near) irrelevance of Daubert to criminal justice：And some suggestions for reform. *American Journal of Public Health* 95 (Supp. 1)：S107.

联邦上诉法院并没有任何一致或者清晰的推行标准，来保证对涉及 *Daubert* 案中类似问题的刑事案件适用科学有效的推理和可靠的方法。然而，这一事实并不令人震惊。最高法院自己把 *Daubert* 标准描述为“灵活的”，这意味着除了相关性问题外，*Daubert* 标准并没有为上诉法院提供审查审判法院裁决的清晰的实体标准。因此，审判法官在决定是否采纳或者排除专家证言时有很大的自由裁量权，对其判决的审查仅仅依据高度遵从性的“自由裁量权滥用”标准。尽管很难说清楚审判法院是如何应对 *Daubert* 挑战的，因为许多作出的证据裁决未经公布、未经上诉，但是刑事案件中绝大多数公布的意见表明，审判法官很少排除或者限制公诉人提出的专家证言；大多数公布的意见还表明，对于不服审判法院采纳不利于刑事被告人的法庭科学证据的上诉，上诉法院通常予以否决。[20] 但是就联邦审判法院对刑事案件中 *Daubert* 类型的问题的处理，其公布的意见并没有提供一个完整的样本。

在民事案件中，情况则很不相同。在民事案件中，原告和被告都更可能求助于专家证人，而在刑事案件中，公诉人通常在提供专家证人方面比大多数被告人具有优势。并且具有讽刺意味的是，与刑事案件相比，上诉法院似乎更愿意在民事案件中就所称的科学证据的可采性问题，对审判法院的判决发表马后炮似的意见。[21]

Daubert 案判决有预见性地评论说，“法庭对真相的探究与实验室对真相的探究，有着重要的区别。科学结论要接受延绵不断

⑳ Ibid., p. S109.

㉑ See, e.g., *McClain v. Metabolife Int'l, Inc.*, 401 F.3d 1233 (11th Cir. 2005); *Chapman v. Maytag Corp.*, 297 F.3d 682 (7th Cir. 2002); *Goebel v. Denver &Rio Grande W. R.R. Co.*, 215 F.3d 1083 (10th Cir. 2000); *Smith v. Ford Motor Co.*, 215 F.3d 713 (7th Cir. 2000); *Walker v. Soo Line R.R. Co.*, 208 F.3d 581 (7th Cir. 2000); 1 D.L. Faigman, M.J. Saks, J. Sanders, and E.K. Cheng. 2007 - 2008. *Modern Scientific Evidence: The Law and Science of Expert Testimony*. Eagan, MN: Thomson/West, § 1.35, p. 105〔讨论了暗示以下意见的研究：“与民事案件相比（特别是就原告的证据而言），［法院］更缺乏在刑事审判中适用 Daubert 标准的兴趣（特别是在检控证据方面）”〕。

的修正，而法律则必须终局、迅速地解决纠纷”[22]。但是，因为对刑事案件被告人的定罪要基于法庭科学专家的证言，因而（刑事判决）更多地取决于提供的证据是否可靠。此外，除了保护无辜的人不因非其所为的犯罪而被定罪外，我们还要寻求保护社会不受犯下罪行的人的侵害。执法人员和他们所服务的社会成员需要确信法庭科学方法是可靠的。因此，我们必须限制在某个法庭科学方法被适当地研究及其准确性得到法庭科学共同体确认之前，由法院对该方法的可靠性进行确认的风险。“为什么（‘严格、系统的’）研究是不可行的，对此没有什么明确的原因。”[23] 然而，某些法院似乎不愿意坚持把这样的研究作为在刑事案件中采纳法庭科学证据的条件，也许是因为这么做可能使“对该学科所能提供的确认要求超出了其当前的能力”[24]。

和科学证据的采纳与排除相关的对抗制程序，并不适合于完成发现“科学真相”的任务。司法系统负累颇多：法官和律师通常缺少以一种明智方式理解和评估法庭科学证据所必需的科学专业知识，审判法官（自己）必须决定证据问题，而得不到司法同僚的帮助，并且常常没有时间进行深入研究和思考，只有上诉审查的高度遵从性才能应付审判法院的 *Daubert* 类型的裁决。考虑到这些现实，法庭科学共同体在改进方面有着巨大的需要。司法审查本身不会治愈法庭科学共同体的不足。[25] 与 DNA 分析相关的

㉒ *Daubert*, 509 U. S. at 596 - 597.

㉓ J. Griffin and D. J. LaMagna. 2002. *Daubert* challenges to forensic evidence: Ballistics next on the firing line. *The Champion*, September-October: 20, 21 [quoting p. Giannelli and E. Imwinkelried. 2000. Scientific evidence: The fallout from Supreme Court's decision in *Kumho Tire*. *Criminal Justice Magazine* 14 (4): 12, 40].

㉔ Ibid.. See, e. g., *United States v. Crisp*, 324 F. 3d 261, 270 (4th Cir. 2003) [其指出，“虽然我们会欢迎关于指印分析的进一步研究，但推迟这种基本的法庭科学检验方法在法庭的应用而等待这样的研究，将是好高骛远”（文内的引号已省略）]。

㉕ See J. L. Mnookin. Expert evidence, partisanship, and epistemic competence. 73 *BROOK. L. REV.* 1009, 1033 (2008) (“只要我们的对抗制保持其当前的主要形式，我们就不可避免地要继续忍受专家证据不完美的、概念上不令人满意的、棘手的方法。我们有充分的理由说，真正的教训是：对于那些认为我们可以一劳永逸地全部解决——而不是不完美地管理——法律制度中使用科学证据时无所不在的当事人性及认识能力方面的深层次结构的紧张关系的人来说，几乎可以肯定地说，他们注定要失望。”)。

科学研究、培训及技术和数据库的发展，是联邦对学术研究和使用 DNA 分析方法的项目进行充实和稳定的支持的结果。类似的支持必须提供给所有可信的法庭科学学科，如果它们需要达到服务于公正目标所需要的可靠性程度的话。法庭科学学科若有了更多和更好的教育项目、通过认可的实验室、取得资格证书的法庭科学从业人员、合理的操作原则和程序，以及确立每个学科的性能的界限和量度的严肃研究，法庭科学专家将能够更好地分析证据和更一致地向法院报告其结论。然而，由于司法系统的局限性和法庭科学共同体所面临的许多问题，当前的情况是远远不合需要的。

政治现实

大多数法庭科学方法、项目和证据都处于州和地方执法实体的规制范围内，或者为制定法和规制州司法程序的规则所涵盖。因此，在评估法庭科学学科的优势、不足和未来需要的时候，在就改善法庭科学技术和方法的使用提出建议的时候，本委员会仍然担心的是这样的事实，即国会不能直接修正法庭科学共同体的不足。根据我们的联邦政府制度，国会不能自由修正州刑法典、证据规则和规制民事诉讼的制定法，它也不能轻易地直接规制地方执法活动、州和地方法医单位或者州关于犯罪实验室认可和法庭从业人员认证的政策。

然而，国会享有采取行动的权限是很重要的，联邦政府实体内的法庭科学项目——无论是在司法部、国土安全部、国防部内，还是在商务部内——都是国会拨款资助的。如果这些项目都被要求根据最高标准来运作，它们将为州提供榜样。更重要的是，国会能够通过以达到适当的实践标准为条件来提供资金，促进各州推行“最优方法”和有力的教育、认证、认可、道德和监督项目。有充分的理由相信，联邦提供的“附加条件的”资金能够带来法庭科学共同体的重大变革，因为目前有那么多的州和地方项目正在遭受资源匮乏之苦。然而，本委员会最终认识到，如果要进行变革，州和地方当局必须愿意发生变革。

考虑到上述问题，本委员会在得出结论前小心翼翼，以避免建议过于武断。委员会还认识到，考虑到问题的复杂性和政治现实可能会给变革设置障碍，为了使某些建议取得实效，在对这些建议进行贯彻时应当具有创造性，要经过一定的时间。

调查结果和建议

支离破碎的体系：症状和疗法

目前，法庭科学学科是应用于公共和私人领域的方法和实践的什锦物。在联邦和州司法辖区，法庭科学机构在能力、监督、人员、认证和认可等方面存在着广泛的差异，它们常常要面对教育项目的不足，它们通常缺少建立在严格研究和检测基础上的强制性的可执行的标准，它们缺少认证要求和认可项目。此外，法庭科学和法医病理学的研究、教育和培训与我们的研究大学和全国的科学精英缺乏强有力的联系。除了因为法庭科学共同体的支离破碎而产生的问题之外，司法统计局最新公布的《犯罪实验室统计》，描述了州和地方犯罪实验室令人难以接受的案件积压，并估计了处理这些积压和防止再次发生积压所需要的额外的资源。不幸的是，案件积压——即使是 DNA 案件处理——近些年愈演愈烈，现在在某些司法辖区达到了令人惊愕的程度。司法统计局最新公布的关于法医局和验尸官办公室的特别报告，也描述了这样一个根本不相同的并且常常缺乏教育和培训要求、资源和能力的系统。总之，该系统需要重大改进。

现有的数据表明，法庭科学实验室资源不足、人员不足，这导致了案件积压，并可能使得实验室难以尽其所能来：（1）为调查提供信息，（2）为检控提供强有力证据；以及（3）避免导致不完美司法的错误。资源不足还意味着法庭科学的工具以及支持证据分析和解释的知识基础，没有像它们本能够做到的那样强有力，因而妨害了法庭科学学科在为调查提供信息、提供强有力证据和避免错误方面以一种有意义的方式追求卓越的能力。国家司法研究院是唯一的为减轻案件积压而为犯罪实验室提供支持的联邦机构，而那些资金是微不足道的。从下列意义上讲，法庭科学系统的资源也是不足的：它与能够支持法庭科学学科和填补知识罅隙的学术研究基地联系薄弱。在法庭科学共同体中，有许多辛勤工作、尽职尽责的人，但是这种缺乏资源的状况不可避免地限制了他们尽其所能的能力。额外的资源对于创立一个高质量、自我纠正的系统，当然是必要的。

然而，增加犯罪实验室和法医局的人员，仅仅是解决方案的一部分。我们还需要改进系统和组织结构，进行更好的培训，普遍采用统一的、可执行的最优方法，以及实施强制性认证和认可项目。如果我们期待法庭科学从业人员服务于司法目标，则必须改进法庭科学共同体和法医/验尸官系统。

就资源不足的各个方面而言，委员会最关注的是知识基础。给法庭科学事业增加更多的资金和人员可能会减轻案件积压，但是这并不能解决法庭科学学科在从犯罪现场的证据中识别有效信息的能力上存在的根本局限性问题。在很大程度上，是不可能确定那些局限性的量值的，常人会就其重要性有不同的看法。

法庭科学研究没有得到很好的支持，在联邦机构之间，没有制订法庭科学研究计划的统一策略。相对于其他科学领域，法庭科学学科在获得研究资助方面的机会是极其有限的。尽管联邦调查局和国家司法研究院支持了法庭科学学科某些研究，但是支持的水平远不足以满足法庭科学共同体与研究大学的更广泛基础之间建立强有力的联系所需。此外，关于学术研究的资助是有限的，并且要求执法协作，而这会抑制对建立法庭科学的基础而言至关重要的对根本性科学问题的探索。更广泛的研究共同体通常并不从事与法庭科学学科改进有关的研究。

法庭科学事业还因为其极端支离破碎性而受到阻碍，其特征是它有着多种类型的从业人员，而这些人员有着不同的教育和培训水平以及不同的职业文化和业绩标准，他们依赖于学徒式的训练和行会型的学科结构，而这种学科结构是与单一的法庭科学职业的目标相悖的。许多法庭科学工作者很少有机会参与职业活动，例如出席会议或者发表其研究，而这些职业活动本可以强化职业共同体，在某种程度上抵消其支离破碎性。法庭科学事业的支离破碎性导致了令人担心的问题，即法院提出的证据的质量以及对这些证据的解释会因司法辖区的不同而存在不可预知的差异。

围绕法庭科学学科有许多职业协会，其中的许多涉及培训和教育（参见第 8 章）、并开展了标准制定、认可和认证项目（参见第 7 章）。这些团体的努力令人称许。然而，除了最大的组织外，我们并不清楚这些协会是如何互动的，以及它们在多大程度上有着共同的要求、标准或者政策。因此，需要有更为一致和统一的要求。

在评估和审查法庭科学事业的过程中，对于委员会来说变得显而易见的是，尽管国会的行动不能矫正法庭科学方法和实践中的所有不足，但是如果没有联邦政府相应的重要领导，则不会取得真正有意义的进展。法庭科学事业缺少必要的治理结构来将自己从当前的泥淖中解脱出来。就服务于法庭科学事业的许多职业协会而言，没有一个是主导性的，并且显然没有一个阐明了法庭科学事业进行变革的需要，或者为实现该变革勾画一个蓝图。同样显而易见的是，没有一个市或者州的法庭科学办公室有权力来领导整个事业。主要的联邦资源——国家司法研究院和联邦调查局实验室——提供了一些领导，据此应当推荐它们：国家司法研究院提供了有益的研究项目，联邦调查局实验室则是科学工作组的先行者。但是同样，这两个实体都没有认识到——更不用说阐明了——进行变革的需要或者如何实现该变革的蓝图。这两个实体都没有获得更广泛的法庭科学共同体的充分的信任。因为二者都是政府检控部门的一部分，它们会受到其微妙的背景偏见的影响，而这不应当被允许来削弱法庭科学的力量。

法庭科学事业要采用和推进积极的、长期的强化法庭科学学科的工作进程，需要有强有力的治理。这种治理必须足够有力，并且具有足够的独立性，以识别法庭科学方法的局限性，并且必须与全国的科学研究基地有着良好的联系，以实现法庭科学实务的有意义的进步。该治理结构必须能够为司法辖区采用和坚持最优方法、颁布必要的惩罚措施来抑制不良做法，创造适当的动机。它必须对教育者有影响力，以实现法庭科学教育的改进。它必须能够确认标准并对此加以执行。一个治理实体必须与执法共同体相契合，并取得其信任，但是它必须有力量超越这一领域。对法庭科学共同体和法医系统的监督将涉及犯罪调查和起诉、民事诉讼、法律改革、保险索赔调查、全国性灾难预案、国土安全、联邦、州和地方法庭科学从业人员认证、公共卫生、公立和私立实验室、改进法庭科学方法的研究、学院和大学的研究项目以及创新科技等广泛领域。

委员会考虑了在现有的联邦机构范围内是否能够建立这样的治理实体。国家科学基金会之所以被考虑，是因为它有力量领导研究，并且它与研究和教育共同体有联系。国家科学基金会确实能够建立和运转一个研究基地，但是它与法庭科学共同体的联系很薄弱。如果要它来承担科学应用领域的治理职责，则它有必要采取许多不知其可否的措施。委员会还考虑了国家标准与技术研究院。然而，最后得出的分析，国家标准与技术研究院似乎并不是一个可行的机构，尽管它有着针对法庭科学和执法的良好研究项目，但是项目很少。国家标准与技术研究院同实业界和学术界也有着有力的联系，它在确定标准和开发方法方面也有着卓越的历史。但是它同法庭科学共同体的联系也是很有限的，它不会被该领域内的学者、科学工作者和从业人员视为天然的领导者。总之，委员会得出结论认为，国家科学基金会和国家标准与技术研究院都没有足够的经验或者组织能力来为法庭科学事业建立有效的治理结构。

委员会内部同样有这样的强烈共识，即司法部内现有的或者新的部门或者单位都不能适当地安置规制法庭科学共同体的新的实体。司法部的主要职责是执法并根据法律为联邦的利益进行辩护。司法部内部的机构是根据这一职责进行运作的。例如，联邦调查局是司法部的调查部门，其主要职责是提供和使用情报来保护国家免遭威胁，并将违法者交付司法。这些执法机构的工作对于国家而言至关重要，但是司法部各个单位的工作范围比一个强大的法庭科学共同体的范围要窄得多。法庭科学服务的对象不仅仅是执法；并且在服务于执法时，它必须能够平等地为刑事司法系统的执法人员、公诉人和被告人服务。所要建立的规制法庭科学共同体的实体不能主要服务于执法。执法的需要和法庭科学更大范围内的需要之间发生利益冲突的可能性太大了。此外，本委员会断定，司法部的研究资助策略并没有足够地服务于法庭科学共同体的需要。当问题是一个机构是否最适合支持和监督全国性法庭科学共同体时，这是可以理解的，但是是不可接受的。总之，本委员会得出结论认为，不可能在司法部的范围内实现对法庭科学事业科学性的促进。

此外，毫无疑问的是，某些现有的联邦实体过于固守当前“支离破碎的”法庭科学共同体，而它在太多的方面存在不足。最令人瞩目的是，这些现有的机构在证实许多法庭科学学科所使用的方法在证据上的可靠性方面，没有严格的研究日程。这些机构并不是监督美国法庭科学共同体的革新的最佳候选人。

最后，某些现有的具有其他职责的联邦机构偶尔也承担对法庭科学共同体产生影响的项目。这些实体最好仍然从事其主要职责范围内的事项。更多的职责对于这些现有的实体而言并不好，对于法庭科学共同体或者国家而言也并不好。

因此，委员会得出结论认为，有关问题过于严重、过于重要，不能为现有的联邦机构所消纳。它还得出结论认为，现有的联邦机构都没有能力或者适当的职责来承担管理和改进法庭科学事业所需要的角色和职责。

委员会认为，对法庭科学共同体的支持和监督，所需要的是一个新的、有力的、独立的实体，它在履行指派给它的职责时，能够尽可能地客观和免于偏见。它要与过去没有联系，并有权力与资源来贯彻一个崭新的日程，以解决委员会发现并在这一报告中所讨论的问题。一个新的组织不应当为现有的支离破碎的基础的自负、期待和不足所牵累，这种现有的基础未能解决法庭科学学科所面临的需要和挑战。

这一新的实体必须是一个独立的联邦机构，它要解决法庭科学共同体之需，并且它必须满足以下最低标准：

- 它必须具有强有力地根植于科学的文化，与全国的研究和教学共同体——包括联邦实验室——具有强有力的联系。
- 它必须与州和地方法庭科学实体以及法庭科学共同体的职业组织有着密切联系。
- 它必须不以任何方式与现有的制度牵连在一起，但是应当受其经验的启迪。
- 它不得是执法机构的一部分。
- 它必须有资金、独立性和足够的杰出性，来提高法庭科学学科的整体素质并推进有效的改进。
- 它必须由在确定标准、管理认可和检测过程、制定和贯彻规则制定、监督和惩戒程序方面具有制定并执行全国性策略与计划的技能和经验的人来领导。

现有的联邦机构都不能满足所有这些标准。

建议 1：

为了促进法庭科学发展成为一个建立在系统收集和分析相关数据基础上的成熟的跨学科研究和实践领域，国会应当确定并拨款来建立独立的联邦实体——国家法庭科学研究院。国家法庭科学研究院应当有专职管理人员，并设立由在研究和教育、法庭科学学科、物理和生命科学、法医病理学、工程学、信息技术、量度与标准、检测与评估、法律、国家安全和公共政策方面的专家组成的咨询委员会。国家法庭科学研究院应当关注：

(a) 为法庭科学专业人员和实验室确立和执行最优方法；

(b) 为法庭科学实验室强制性认可、法庭科学工作者和法医/法医病理学家强制性认证建立标准，并确定能够制定和贯彻认可与认证的实体；

(c) 促进法庭科学学科和法医学的学术性的、竞争性的、经同行评审的研究和技术发展；

(d) 制定策略来改进包括法医病理学在内的法庭科学研究和教育项目；

(e) 根据关于法庭科学共同体的准确数据，建立一种策略，以有效率地分配可得的资金，为除了DNA分析之外的法庭科学方法和实践提供有力的支持；

(f) 为促进法庭科学学科的可信性和可靠性，按照本报告的建议，资助州和地方法庭科学机构的独立研究计划和教育项目；

(g) 检查学院和大学的法庭科学项目的教育标准和认可情况；

(h) 开展项目来改进法律制度内的人员对法庭科学学科及其局限性的认识；

(i) 评估法庭科学调查中新技术的发展和引进情况，包括就新的技术与先前的技术进行比较。

由一个强有力的、独立的、战略性的、一贯的和资金充裕的联邦项目来支持和监督本国的法庭科学学科，所带来的好处是显而易见的：国家将（1）提高其更准确地识别真正的犯罪者和排除那些被错误指控的人的能力；（2）改进其有效应对、追查和起诉对国土安全的威胁的能力；以及（3）减少依据不准确的数据定罪的可能性。此外，建立法庭科学学科的科学基础，提供更好的教育和培训，要求进行认证和认可，将使得法庭科学共同体能够得益于当前和未来的科学进步。

新的联邦实体的创设无疑将带来挑战，这不仅仅是预算方面的限制问题。委员会无法估算贯彻本报告中的建议将耗资多少，这最好由议会预算办公室的专业人员来进行。然而，显而易见的是，如果要医治法庭科学共同体的痼疾，国会必须采取积极的措施。政治和预算方面的考虑不应当阻碍大胆的、创见性的、前瞻性的行动，因为这个国家承受不起无为的后果。贯彻这一报告中的建议需要时间和耐心。但是对于任何庞大、复杂、重要和富有挑战性的事业而言都是如此。

委员会坚定地认为，这一事业的成功，最大的希望在于创建国家法庭科学研究院来监督和指导法庭科学共同体。这一报告的其他建议与国家法庭科学研究院的创建有着密切联系。然而，每个建议都是改进美国法庭科学共同体的计划中独立的、至关重要的一部分。因此，即使国家法庭科学研究院的创设遇到了阻碍，委员会仍然强烈地支持采纳以下建议中所体现的核心理念和原则。

术语和报告的标准化

在就法庭科学调查结果进行报告和作证时使用的术语必须标准化。法庭科学工作者在科学报告和法庭证言中使用的许多术语，用来描述结果、结论以及证据材料（例如，毛发、指印、纤维）与特定人或者物的关联程度，这样的术语包括但是不限于“匹配”、“一致”、“同一”、“在检测的各个方面均类似”以及“不能排除是……的来源”。使用这样的术语能够并且确实在刑事或者民事案件中的事实审判者感知和评估科学证据时产生深远的影响。尽管某些法庭科学学科就报告所使用的词汇和度量提出了建议，但在法庭科学从业人员中，应用建议的语言并不是标准做法。

一般而言，作为科学分析的结果而形成的实验室报告，应当是完整而详尽的。它们至少应当包括“方法和材料”、“程序”、“结果”、“结论”，以及——在适当情况下——程序和结论中不确定度（如置信度）的来源和量值。某些法庭科学实验室报告符合这种报告标准，但是许多并不符合这种标准。某些报告包含的仅仅是识别和机构信息、对所提交的证据的简短描述、对需要进行分析的类型的简短描述，以及对结果的简短陈述（例如，“样品 1 中的绿褐色植物材料被鉴定为大麻”），它们并没有提及使用的方法或者讨论测量的不确定度。

许多法庭科学学科之外的临床和检测学科就数据报告制定有标准、模板和实验方案。一个很好的例子就是ISO/IEC 17025标准（通常叫作“ISO17025”）。ISO17025是国际标准化组织（ISO）公布的一个国际标准，规定了检测和校准能力的通用要求，这些要求已经被认可机构用于确定实验室为了获得认可必须做什么。此外，某些法庭科学学科的科学工作组就结果报告有着评分系统，但是这些系统没有得到统一和一致的应用。换言之，尽管存在适当的标准，但是它们并没有总是得到遵循。法庭科学报告以及据此提供的法庭证言，必须包括就分析的局限性所进行的清晰描述，包括结果报告的不确定度的量值，以及可能情况下与之相关的估算的概率。

建议 2：

国家法庭科学研究院在审查了已经确立的标准（例如，ISO 17025）并同其咨询委员会磋商后，应当确立就法庭科学调查结果进行报告和作证时使用的标准术语。与此类似，它应当就不同的法庭科学学科建立示范实验室报告，并明确规定应当包括在内的最少信息。作为认可和认证过程的一部分，应当要求实验室和法庭科学工作者在总结其分析结果时，使用示范实验室报告。

更多和更好的研究

就像前面所指出的那样，某些法庭科学学科没有得到严格的系统研究的支持，以确认该学科的基本前提和方法。没有鲜明的理由说明为什么不能进行这样的研究。需要更多的联邦资金来支持致力于该工作的大学和私立实验室在法庭科学学科和法医病理学方面所进行的研究。

法庭科学和法医共同体将因有机会与更广泛的科学和工程共同体协作而得以提升。特别是迫切需要进行协作来：（1）制定新的技术方法或者提供深层次的基础，以促进法庭科学学科的进步；（2）提供法庭科学和法医共同体与基础科学的接口；以及（3）为这些共同体之间的对话提供沃土。国家法庭科学研究院应当推荐、贯彻和指导支持这些行动的策略。

建议 3：

需要就法庭科学学科中存在的准确性、可靠性和有效性问题进行研究。国家法庭科学研究院应当在下列领域竞争性地资助同行评审性的研究：

(a) 研究确立建立阐明法庭科学方法的有效性的科学基础的研究。

(b) 就法庭科学分析的可靠性和准确性，制定和确立量化尺度。关于法庭科学方法可靠性和准确性的研究，应当反映现实案件场景中的实际做法，达到法庭科学工作者和实验室具有代表性的样本的均值。研究还应当建立随着法庭科学证据条件的变化，分析方法在可靠性和准确性方面的界限。确定可靠性和准确性的量度的研究，应当经过同行评议，并发表在受人尊重的科学杂志上。

(c) 就法庭科学分析结论的不确定度制定量化尺度。

(d) 能够改进法庭科学技术的自动化技术。

为了回答法庭科学研究中与可靠性和准确性有关的问题，需要进行研究来就平均性能（各个从业人员和实验室所平均达到的性能）和个体性能（特定从业人员和实验室所达到的性能）区分。根据规制刑事和民事诉讼的证据规则，法庭科学程序是否充分，是一个很复杂的法律问题，超出了科学探究的范围（第 3 章讨论了某些法律问题）。

最优方法和标准

虽然某些法庭科学学科和法医系统，在取得标准化和制定最优方法方面进行了令人瞩目的努力，但大多数学科仍然缺乏最优方法或者执行操作标准、认证和认可的一致结构。在某些领域，存在操作标准和道德守则，存在某些发挥着作用的认证和认可计划，但是没有一个是强制性的。总之，在大多数地方和州司法辖区，缺少对操作标准、认证、认可和道德规则的监督和执行。

法庭科学调查中的科学和医学评估，应当独立于执法活动，无论是起诉犯罪嫌疑人的活动，还是确定是否发生了犯罪行为的活动。在管理上，这意味着法庭科学工作者应当独立于执法管理人员而运作。最好的科学（研究）是在科学背景而不是执法背景下进行的。因为法庭科学工作者在其工作中，常常受回答与特定案件中的问题相关的特定问题的需要的驱策，他们有的时候，面临着为了便利而牺牲适当方法的压力。

建议4：

为了改善法庭科学检验的科学基础，最大化对执法共同体的独立性或者执法共同体内的自治性，国会应当批准并向国家法庭科学研究院拨付激励资金，分配给州和地方司法辖区，以使所有的公立法庭科学实验室和研究能够免受执法机构或者公诉人办公室的行政控制。

建议5：

国家法庭科学研究院应当鼓励进行研究项目来就法庭科学检验中的人类观察者偏见和人为误差来源展开研究。这样的项目可能包括用于确定法庭科学实践中受背景偏见影响的研究（例如，确定法庭科学分析的结果是否受到以及在多大程度上受到关于犯罪嫌疑人的背景的知识和调查人员关于案件的理论的影响的研究）。此外，关于人为误差来源的研究应当与关于差错的量化的研究联系在一起。根据这些研究的结果，并经与咨询委员会磋商，国家法庭科学研究院应当制定标准操作程序（这将为示范实验方案奠定基础），以在最大可能的合理范围内，最小化法庭科学实践中潜在的偏见和人为误差来源。这些标准操作程序应当适用于可能在诉讼中使用的所有法庭科学分析。

建议 6:

为了便于国家法庭科学研究院开展工作，国会应当批准并向国家法庭科学研究院拨付资金，使其和国家标准与技术研究院一道，协同政府实验室、大学和私立实验室，并与科学工作组磋商，创设提高法庭科学中的度量、确认、可靠性、信息共享和能力验证的工具，建立关于法庭科学的检验、方法和做法的实验方案。标准应当反映最优方法，并作为实验室认可工具和对专业人员进行教育、培训和认证的指南。在完成工作后，国家标准与技术研究院及其合作者应当向国家法庭科学研究院报告调查结果和建议，以促进传播和贯彻。

质量控制、保证和改进

例如在医学诊断领域，健康关照提供者通常能够追踪病人（病情）的进展来查看最初的诊断是否准确和有益。例如，在根据早期胸部肿瘤 X 射线透视法进行的诊断方面，广泛接受的质量控制程序确保着及时的反馈。其他关于质量保证和改进的例子——包括标准化术语、本体论和诊断标准解释的量度的发展，以及服务认可标准的发展——在诊断医学领域广泛存在。这种类型的系统和常规性反馈，是任何追求持续改进的领域的关键要素。法庭科学学科同样必须成为一个自我修正的事业，要发展和贯彻反馈循环，以允许该职业发现过去的错误。特别需要进行常规性、强制性的能力验证，这种能力验证要仿效现实的、具有代表性的跨地区的做法，例如，DNA 能力验证。

建议 7:

实验室认可和法庭科学专业人员的个人认证应当是强制性的，所有的法庭科学专业人员都应当接受认证过程。在确定认可和认证的适当标准时，国家法庭科学研究院应当考虑确立和认可国际标准，如国际标准化组织（ISO）公布的标准。不得允许任何人（无论公职还是私人）未经认证而在法庭科学学科领域执业或者作为法庭科学职业的一员作证。认证要求至少应当包括书面考试、受监督的执业活动、能力验证、继续教育、重新认证程序、遵守道德守则和有效的惩戒程序。所有的实验室和研究机构（公立或者私立）都应当通过认可，所有的法庭科学专业人员应当在有资格的情况下，在国家法庭科学研究院确定的期限内通过认证。

建议 8：

法庭科学实验室应当建立日常质量保证和质量控制程序，以保证法庭科学分析和法庭科学从业人员工作的准确性。质量控制程序应当旨在识别错误、舞弊和偏见，肯认标准操作程序和实验方案的持续有效性和可靠性，确保遵循最优方法，矫正被发现需要改进的程序和实验方案。

道德守则

许多法庭科学组织，例如美国法庭科学学会、中西部法庭科学工作者协会、美国犯罪实验室主任协会和全国法医协会，已经制定了道德守则，这些现有的守则，有的时候是综合性的，但是它们在内容上千差万别。虽然没有理由怀疑许多法庭科学工作者理解他们的道德义务，并在以符合道德要求的方式执业，但是并没有一致的机制来执行现行道德守则。许多司法辖区并不要求像州对律师取得执照的要求一样获得认证。因此，很少有法庭科学从业人员因为严重违反道德要求而受到正式的处罚，或者失去执业证书。法庭科学从业人员是否以及在多大程度上需要将遵守道德标准作为一个从业条件，也是不清楚的。

建议 9：

国家法庭科学研究院，经与其咨询委员会磋商，应当为所有的法庭科学学科建立一个全国性的道德守则，并鼓励各个协会将这一全国性守则整合为其职业道德守则的一部分。此外，国家法庭科学研究院应当就那些严重违反道德的法庭科学工作者探索执行机制。这样的道德守则应当通过法庭科学工作者认证过程加以执行。

不足的教育和培训

法庭科学检验人员需要理解科学方法的原则、实践和背景，以及其专业的特殊性。理想情况下，培训应当从学徒式的实践经验传承转变为建立在科学有效性原则基础上的教育。除了在实习期间学得的实践经验和学识，受训人员应当就构成特定法庭科学学科基础的科学领域获得严格的跨学科教育和培训，并就如何记录和报告分析获得指导。受训人员还应当就相关学科所需要的定量计算掌握所需要的知识，包括统计学和概率论。

为了矫正某些现有的缺陷，很重要的一点是要改进大学生和研究生的法庭科学项目。法庭科学执业活动的合理性，必须建立在已经证实的科学知识、原理和实践的基础上，而这些只有通过正规教育才能最好地获得。学徒培训扮演着附属角色，在任何情况下都不能取代科学基础教育和法庭科学实践。

此外，律师和法官在科学方法的培训和背景方面常常不足，他们常常不能充分理解各种法庭科学学科使用的方法，以及判断在审判中提出的法庭科学证据的可靠性。这样的培训是至关重要的，因为关于科学或者技术证言的可采性的任何查核清单都是不完美的。与查核清单上的条目一致，能够暗示证言是可靠的，但是它不能对此作出确保。必须建立和促进法庭科学学科的专家与法学院、法律学者和从业人员之间的更紧密联系。法庭科学学科的进步所取得的任何成果，都应当直接传达给法律学者和从业人员（包括民事诉讼者、公诉人和刑事辩护律师），联邦、州和地方的立法者、司法人员以及执法人员，以便其能够就刑事和民事法律及程序、陪审团示范指示、执法实践、诉讼策论和司法裁决活动作出适当的调整。法学院应当通过增加法庭科学学科方面的课程，为学生参加其他学院的法庭科学课程提供学分，设立联合学位项目，以加强这种联系。法官也需要在法庭科学方法和实践方面受到更好的再教育。

建议 10：

为了吸引物理学和生命科学领域的学生从事对于法庭科学实践而言至关重要的跨学科领域的研究生研究，国会应当批准并向国家法庭科学研究院拨款，使其与适当的组织和教育机构一道，改进和创设旨在跨越组织、项目和行业界限的研究生教育项目。为了使这些项目对潜在的学生具有吸引力，它们必须包括提供具有吸引力的奖学金。重点应当放在制定和改进适用于法庭科学实践的研究方法和方法论上，以及资助能够吸引与法庭科学相关的领域内的研究大学和学生的研究项目上。国家法庭科学研究院还应当支持法学院管理者和司法教育组织为法学院学生、从业人员和法官建立继续法律教育项目。

法医学死因调查系统

尽管已经采取措施来改造法医学死因调查系统，资源的短缺及一致的教育和培训要求的阙如（特别是在验尸官系统中）[26]，使得该系统不能充分利用医学系统和其他科学学科所能提供的工具，如计算机断层扫描技术（CT）和数字 X 射线显像技术。此外，在认可和遵守标准方面也需要更加严格。目前，在法医病理学方面，除了美国病理学委员会要求在年龄和住所方面进行认证外，关于从业人员的要求是五花八门的。

以全国法医协会关于职业资质、标准和认可的现行要求为基准，对法医学死因调查系统进行评估，以确定其状况和需要，需要资金。实现法医学死因调查系统的现代化和改进也需要资金。从当前的情况看，法医和验尸官实质上没有资格从司法部、国土安全部或者卫生与人类健康服务部（通过国家卫生研究院）直接获得联邦资助或者拨款。《Paul Coverdell 全国法庭科学进步法》是唯一的规定法医和验尸官有资格获得拨款的联邦拨款项目。然而，法医和验

[26] Institute of Medicine. 2003. *Workshop on the Medicolegal Death Investigation System*. Washington, DC: National Academies Press.

尸官必须就 Coverdell 项目拨款同公共安全机构进行竞争。因此，法医和验尸官能够得到的资金是不足的。直面的现实是，该项目并没有为法医和验尸官系统的重大改进提供足够的资金。

除了直接资助外，还应当采取其他行动来改进法医学死因调查系统。美国医学院校协会和其他适当的职业组织应当组织在教育、培训和研究方面的协作活动，以加强法医共同体与更广泛的医学共同体相对应部分的联系。如果法医局拥有与医学院有关联的培训项目，则应当有资格去竞争资助。应当有资金支持病理学家去申请法庭科学的奖学金。此外，应当允许法医病理学人员申请医学院的贷款豁免（loan forgiveness），如果他们在法医局全职工作达到合理的时间的话。

此外，国家法庭科学研究院应当从国会寻求资助，来支持联合创设项目，将法医和法医局容纳进全国性灾难预案和后果管理中，这涉及疾病控制与预防中心和国土安全部。需要制定统一的全州范围和跨州的运作标准，来管理跨司法辖区和跨州的事件。国家法庭科学研究院应当资助一个联邦项目，来支持制作由法医和验尸官系统用于管理多地点、多人死亡事件的软件。

国家法庭科学研究院应当与诸如统一州法全国委员会、美国法律协会和全国法医协会等群体一道，与其他适当的职业团体协作，修正《1954 年示范尸体检验法》，并起草关于示范死因调查守则的立法。一个改进的守则可以包括适格的医学死因调查系统所包含的因素，就器官捐献澄清法医的职权范围。

在实施任何具体的计划之前，前述理念必须加以进一步拓展。然而，许多具体的建议如果被采纳的话，将有助于法医学死因调查系统的现代化和改进。这些值得国会和国家法庭科学研究院立即关注。

建议 11：

为了改进法医学死因调查：

(a) 国会应当批准并向国家法庭科学研究院拨付激励资金，

以分配给各州和司法辖区建立法医系统，目标是取代并最终取消现有的验尸官系统。还需要提供资金来建设地方法医局，购置必要的设备，改进管理，确保法医局的教育、培训和人员配备。资金也可以用于帮助当前的法医系统实现其设施的现代化，以符合当前疾病控制与预防中心建议的尸体解剖安全要求。

(b) 国会应当向国家卫生研究院和国家法庭科学研究院拨付资源，使它们共同支持法医病理学的研究、教育和培训。国家卫生研究院在国家法庭科学研究院的参与下，或者国家法庭科学研究院与满意的专家协作，应当建立一个研究部门，确立目标、审查和评估这些领域的建议，并向法医局和医科大学进行的合作研究分配资金。此外，医学学生贷款豁免和/或奖学金支持的形式的资助，应当提供给选择法医病理学作为其专业的病理学固定工作人员。

(c) 国家法庭科学研究院，与国家卫生研究院、全国法医协会、美国法医死因调查人员委员会以及其他适当的职业组织协作，应当为法医病理学和法医学死因调查建立一个科学工作组，该科学工作组应当就合格的死亡现场调查和尸体检验的最优方法、行政管理、人员管理、教育、培训和继续教育，制定并推广标准。最优方法应当包括使用新的技术，例如，对疾病的分子水平的实验室检测，以及专门的成像方法的贯彻。

(d) 所有的法医局都应当在国家法庭科学研究院规定的时间内，根据国家法庭科学研究院批准的标准通过认可。

(e) 所有的联邦资金应当限于符合国家法庭科学研究院批准的标准而通过认可的法医局，或者在规定的时间内在获得认可方面表明有重大和可测量的进展的法医局。

(f) 所有的法医学解剖应当由持证的法医病理学家委员会进行或者监督。这一要求应当在与相关州机构磋商后，在国家法庭科学研究院规定的时间内生效。

自动指印识别系统和数据库互用性

自动指印识别系统的互用性方面需要极大改进。今天，数据库可能掌握有犯罪嫌疑人的指印或者可能含有与犯罪现场的未识别潜在指印匹配的指印，但可能仅仅因为调查机构不能跨数据库进行检索，而使犯罪得不到打击。还有可能的是，某些人因为指印搜索的局限性而被错误定罪。

目前，严重的实践问题给在全国范围内实现自动指印识别系统的互用性制造了障碍。这些问题包括说服自动指印识别系统设备的经销商与执法共同体和研究人员进行合作与协作，来创设和应用共享指印数据的基础标准，以及创设一个共同的界面。其次，执法机构缺少转换为互用性自动指印识别系统所需要的资源。最后，需要制定司法辖区之间的合作协议及公共政策，来让执法机构更为广泛地共享指印数据。

考虑到地方、州和联邦执法机构在可以得到的资源和信息技术专业知识方面存在的差异，迄今为止在实现互用性方面的缓慢进展，以及增加自动指印识别系统互用性可能带来的收益，委员会认为，需要广泛地强调在全国范围内实现指印数据互用性的重要性。

建议 12：

国会应当批准并向国家法庭科学研究院拨付资金，启动一个新的、范围广泛的行动来实现全国性指印数据互用。为实现该目标，国家法庭科学研究院应当召集一个包括来自国家标准与技术研究院和主要执法机构（包括地方、州、联邦以及可能情况下国际方面的代表）以及适当情况下实业界的相关专家在内的工作小组，来制定：

(a) 表示和沟通自动指印识别系统之间的影像和细目数据的标准。共同的数据标准将便于地方、州、联邦之间甚至

国际的执法机构共享指印数据，这将使得罪案侦破更多、错误识别更少、指印检索更为迅速；以及

(b) 用于绘制、记录和辨认指印图像的特征的基准标准——用于计算机算法以及持续改进、提炼和表征这些算法的准确性（包括误差率的量化）的研究进程。

这些实现自动指印识别系统互用性的措施，必须要伴随有联邦、州和地方的资金，以支持司法辖区更新、运作其系统并保证其系统的完整性和安全，对当前的人员进行再培训，培训新的指印检验人员以从真正的互用性中获益。此外，通过将指印数据或者数据库用于研究目的，还能实现更大的科学收益（当然，在科学工作者在使用这些数据时，要使用所有可供使用的现代安全和隐私保护措施）。一旦创立，国家法庭科学研究院可能还要负责新的标准和程序的维护和定期审查。

法庭科学学科和国土安全

从国土安全的角度看，良好的法庭科学和法医实践因其在将罪犯诉诸司法及处理自然和人为的大规模灾难的影响方面的作用，具有显著的价值。法庭科学方法（例如，DNA 片段评估）使得我们能够对遭到物理破坏的犯罪现场进行更为彻底的调查。对数字证据进行常规和可靠的收集，使用先进的方法对其进行及时的分析，在识别恐怖活动方面具有重大的潜在价值。因此，法庭科学共同体在保护国土安全方面发挥着作用。然而，为了转化这一潜力，法庭科学和法医共同体必须与国土安全活动相结合，以便在需要它们的时候，它们能够作出贡献。为了奏效，这一结合将要求在联邦、州和地方司法辖区之间建立良好的工作关系，创设强有力的安全项目来保护司法辖区之间的数据传输，为法庭科学工作者和犯罪现场调查人员提供额外的培训，制订应急计划来促进所需的有效的团队活动。与维护国土安全有关的政策问题非属委员会的职责范围，因此也不在本报告范围内。然而，毫无疑问的是，法庭科学共同体和法医系统的改善将极大地提高国土安全

能力。

建议 13：

国会应当向国家法庭科学研究院提供资金，和疾病控制与预防中心以及联邦调查局一道，为法庭科学工作者和犯罪现场调查人员在管理和分析影响国土安全的事件中证据方面的潜在作用做好准备，以便在这些不寻常的环境中最大限度地保存证据价值，并保证这些人员的安全。这一准备还应当包括就地方法庭科学人员与联邦反恐组织之间的互用性制订预案（包括演练）。

1

导 论

犯罪的世界很复杂。犯罪发生在工作场所、学校、住宅、商业场所、车辆、街道上，并且越来越多地发生在因特网上。犯罪会发生在昼夜的任何时候，会发生在国土的任何地方，包括乡村、郊区和都市。在许多案件中使用有武器，例如，手枪、刀具或者钝器。有的时候，犯罪者受到了酒精或者非法毒品的影响。在其他情况下，没有人受到身体伤害，但是财产受到了损毁或者被窃，例如在发生了夜盗、偷窃和车辆偷窃的情况下。近些年来，信息科技为身份窃用和其他类型的网络犯罪提供了机会。犯罪现场常常有着揭露犯罪行为的性质和那些有关人员的身份的丰富信息。犯罪者和被害人可能留下了血液、唾液、表皮细胞、毛发、指印、足印、轮胎印痕、衣物纤维、数字和照相影像、音频数据、笔迹以及纵火、枪击和非法侵入所遗留的印记和残留物。某些犯罪跨越了边界，例如那些涉及国土安全的犯罪，对此也能收集法庭科学证据。

犯罪现场调查人员，有着各种各样的培训和经验，他们在犯罪现场搜寻和收集证据，将证据安全保存在一目了然的包装中，做好标记，并将其送至适当的机构——通常是犯罪实验室，在这里法庭科学检验人员可能对证据进行分析。如果是突然、不期的死亡，或者是暴力致死，则法医学调查人员（例如，验尸官、法医、法医病理学家、医生的助手）将负责确定是否是谋杀、自杀或者意外死亡，并确定死亡原因和方式。

犯罪现场证据是沿着保管链条流动的，这种链条取决于证据的物理特征（例如，血液、纤维、笔迹）。在这一保管链条中，根据各种分析实验方案对样本进行分析，并向执法和法院工作人员报告结果。在对证据进行分析时，法庭科学通常“试图去揭示事件是如何发生的……这是根据（1）辨认（分类）、（2）个体识别、（3）关联和（4）重建来进行的”[①]。为排除某个人或者来源，也会进行证据分析。

并不是所有的法庭科学服务都是由训练有素的法庭科学工作者在传统的犯罪实验室进行的。某些法庭科学检验可能是由宣誓的执法工作人员进行的，而他除了经验之外，并没有受到过科学培训或者并不具备资质。在小的司法辖区，地方警察局或者治安官机构的人员可能进行证据分析，例如，进行潜在指印检验和足迹比对。在美国，如果证据被送到了犯罪实验室，该研究机构可能是公立或者私立的，尽管私人实验室通常并不造访犯罪现场来收集证据或者是作为物证的第一接收者。公立犯罪实验室设立在市、县、州或者联邦一级。如果执法机构并没有自己的犯罪实验室，则它们通常通过更高层级的实验室（例如，州或者县一级的实验室）或者私人实验室来分析证据。

根据司法统计局 2005 年的一项调查[②]，2005 年全美国共有 389 个公立法庭科学犯罪实验室：这包括 210 个州或者地区实验室，84 个县实验室，62 个市实验室和 33 个联邦实验室。2005 年，它们接收了近 270 万件刑事案件的证据。[③] 这些实验室中有接受各种各样的培训和专业知识的工作人员，从有博士学位的科学工作者到主要是在工作过程中受到训练的技工。除了私立 DNA 实验室外，没有关于私立法庭科学实验室的规模和范围的数据。

一般而言，传统的犯罪实验室被定义为“对以下一个或者多

① K. Inman and N. Rudin. 2002. The origin of evidence. *Forensic Science International* 126：11 - 16.

② M. R. Durose. 2008. *Census of Publicly Funded Forensic Crime Laboratories*, 2005. U. S. Department of Justice, Office of Justice Programs, Bureau of Justice Statistics. Available at www. ojp. usdoj. gov/bjs/pub/pdf/cpffcl05. pdf.

③ Ibid. , p. 9. “一个‘案件’是指一个刑事调查所提交的证据。一个案件可能包括关于法庭科学服务的多个请求。例如，一个案件可能包括进行血清筛查的请求，还包括进行潜在指印鉴定的请求。”

个学科中的证据进行分析的科学工作者所构成的单一实验室或者系统：管制物质、痕迹、生物学（包括DNA）、毒物、潜在指印、可疑文件、火器/工具痕迹或者犯罪现场”④。最近，越来越多的实验室专注于分析某个领域的证据，例如，DNA或者数字证据。（关于法庭科学学科更为完整的描述和讨论，参见第5章）

法庭科学系统的能力和质量日益受到国会、法院和媒体的关注。关于某些法庭科学活动的准确性的新的疑虑，随着越来越多的因DNA分析而昭雪的案件的出现（同时伴随着这样的现实问题，即有的时候有罪者逃之夭夭）而被强化。DNA检测所引起的对法庭科学证据准确性的更大期待，迫使人们对其他法庭科学方法重新进行审视。本来有助于法庭科学调查的新出现的科学进步，也引起了对资源、培训和贯彻新方法的能力的担忧。因犯罪实验室缺乏足够的资源和合格人员引起的案件积压危机，引起了人们对刑事司法系统的有效性和效率的担忧。在因案件积压而拖长了检验时间的情况下，可能会引发迅速审判的问题。此外，案件积压可能使得执法人员和组织不愿意向实验室提交证据。实验室也可能限制证据提交，以减少案件积压。所有这些忧虑，为本报告提供了背景。

最后，如果证据和实验室检验处置不当或者分析不当，如果科学证据包含着错误的意义，如果提供证据的法庭科学工作者及其实验室存在偏见、不称职或者缺乏内部控制，陪审团或者法院就会受到误导，这将会导致错误的定罪或者开释。如果陪审团对法庭科学证言的可靠性失去了信任，有效的证据会被打折，某些无辜的人可能被定罪或者有罪者被开释。

近年来，法庭科学组织采取了许多具体措施来强化许多证言领域的基础。然而，法庭科学学科必须进行重大改进，以提高执法机构识别犯罪与否的能力，防止刑事司法系统错误定罪或者放纵犯罪。

④ Ibid., p. 24.

什么是法庭科学?

虽然在法庭科学学科分类上存在诸多的方法，委员会发现国家司法研究院的分类很有用：

1. 一般毒物；
2. 火器/工具痕迹；
3. 可疑文件；
4. 微量物证；
5. 管制物质；
6. 生物/血清学筛查（包括 DNA 分析）；
7. 火灾残留物/纵火分析；
8. 压痕证据；
9. 血迹形态分析；
10. 犯罪现场调查；
11. 法医学死因调查；
12. 数字证据。[⑤]

第 5 章将讨论某些学科。法医病理学被认为是医学的一个附属专业，将在第 9 章单独讨论。

“法庭科学”一词包括广泛的学科，每个学科都有其自己的独特做法。法庭科学学科在技术、方法论、可靠性、错误水平、研究、普遍接受性和发表的材料等方面，存在着广泛的差别（参见第 4 章到第 6 章）。某些学科是以实验室为基础的（例如，细胞核 DNA 分析和线粒体 DNA 分析、毒物和毒品分析），其他的则立足于专家对观察到的形态（例如，指印、书写样本、工具痕迹、咬痕）的解释。某些活动要求科学工作者个人在技能和分析专业知

⑤ National Institute of Justice. 2006. *Status and Needs of Forensic Science Service Providers*: *A Report to Congress*. Available at www. ojp. usdoj. gov/nij/pubs-sum/213420. htm.

识方面受到训练（例如，化学工作者或者生物学工作者）；其他的活动的进行者，既有科学工作者，也有在执法（例如，犯罪现场调查人员、血溅形态分析人员、犯罪重建专家）、医学（如法医病理学家）或者实验室方法（如技术专家）等方面受过训练的人。法庭科学学科适用的许多过程在很大程度上是对科学的经验适用，也就是说，它们不是基于这样的知识，即承认用于解决问题和发现活动的科学原则与方法论具有根本的局限性。因此，很重要的一点是，要关注能够改进、系统化和监督法庭科学学科和相关探究领域的活动和做法的方法。因此，在本报告中，“法庭科学”一词适用于一系列宽泛的活动，我们认识到某些这样的活动可能没有充分发展的研究基础，没有为科学知识所启迪，或者不是在科学文化中发展起来的。

法庭科学系统的压力

如上所述，在过去的几十年中，许多因素交织在一起，对已经负担过重、缺乏一致性和资源不足的法庭科学基础设施提出了越来越多的要求。这些因素不仅使得该系统的能力日见窘迫，还对某些法庭科学方法和技术的有效性和可靠性，以及法庭科学证据报告给陪审团和法院的方式提出了严肃的问题和担忧。

案件积压——不足的资源

根据司法统计局 2005 年的调查报告，一个典型的公立犯罪实验室年终时积压了大约 401 个服务请求，收到其他 4 328 个这样的请求，完成了其中的 3 980 个。大约半数这样的要求属于管制物质领域。自 2002 年的调查后，平均的案件积压（数量）增加了[⑥]，在年终时全部请求中的近乎 20%被积压了。司法部将案件积压界

⑥ J. L. Peterson and M. J. Hickman. 2005. *Census of Publicly Funded Forensic Crime Laboratories*, 2002. U. S. Department of Justice, Office of Justice Programs Bureau of Justice Statistics. Available at www. ojp. usdoj. gov/bjs/pub/pdf/cpffcl02. pdf.

定为案件滞留于实验室 30 天或者以上，而没有对之进行报告或者分析。联邦、州和地方实验室报告说，共积压有 435 879 个法庭科学分析请求。[7] 根据调查，一个进行 DNA 检测的典型实验室在 2005 年年初积压有 86 个请求，之后收到 337 个新的请求，完成了 265 个请求，年终时积压了 152 个请求。

随着执法人员和公诉人对实验室快速结果的要求的日益增长，案件积压情况愈加恶化。证人在本委员会作证说，在批准指控之前，公诉人越来越依赖于实验室来提供结果，并且在检验之后、审判之前，对额外工作的要求越来越多。[8] 案件积压还因越来越多的警察机构要求进行检测（例如，要求对在枪支上和非暴力犯罪现场获得的 DNA 证据进行检验）而严重。实验室因此面临着挑战，要在分析“旧的”和“冷的”案件还是分析新的案件之间进行权衡，并且必须根据哪些证据需要优先分析来作出选择，以分配资源。在加利福尼亚，投票者通过了 69 号提案，要求从所有被判重罪的人那里取得 DNA 样本。这增加了工作量，导致在 2005 年年末积压了 235 000 个案件。[9]

这些案件积压会导致对被错误指控的无辜者的羁押被延长，尚未被指控的人要等待审判和调查，并且它们会放纵有罪的犯罪嫌疑人继续犯罪。

DNA 分析的优势与新的标准

20 世纪 80 年代，应用 DNA 技术来就法庭科学和其他目的进行人身识别的趋势日益明显。早期对将 DNA 应用于法庭科学工作的忧虑包括以下方面：（1）检测方法是否具有科学有效性，也就是说，它们是否能够正确地识别真匹配和真不匹配；以及（2）对法庭科学样本的 DNA 分析是否可靠，也就是说，它是否能在设定

⑦ Durose, op. cit..

⑧ J. L. Johnson, Laboratory Director, Illinois State Police, Forensic Science Center at Chicago. Presentation to committee. January 25, 2007.

⑨ Durose, op. cit..

的应用条件下得到可重复的结果。国会技术评估办公室在1990年的报告得出结论说，在法庭科学领域，DNA检测是可靠的、有效的，但是在广泛采纳它们之前，需要有一套严格的标准和质量控制措施。[10]

1990年，联邦调查局制定了DNA分析和能力验证指南，并于4年后，创设了DNA联合检索系统（CODIS），该系统允许联邦、州和地方犯罪实验室就DNA图谱进行电子交换和比对，从而将犯罪彼此联系在一起，并与已经定罪的犯罪人联系在一起。

1992年，国家研究委员会发布了《法庭科学中的DNA技术》。该报告得出结论说，"任何实验室都不得允许将其使用新的DNA分型方法获得的结果应用于法院，除非它已经经盲测通过了……能力验证"[11]。此外，报告还警告说，在法庭科学背景下，就DNA证据有无数的问题必须作出回答，科学工作者在进行DNA研究时很少考虑这些问题，例如，关于污染、降解的问题和许多统计问题。尽管DNA分析背后的科学被确认是有效的，随后国家研究委员会在1996年的报告中还是建议采用新的方式来解释DNA证据，以有助于回答陪审员的关键问题——两个匹配样本来自于不同的人的可能性。[12] 该1996年的报告推荐了一套统计学计算方法，将人口结构考虑在内，从而提高了检验的有效性。该报告还要求进行独立的再检验，并建议通过诸如遵守高质量标准、认可和能力验证来改进实验室效能和责任。

从那时起，在过去的二十年中，在犯罪现场调查中对DNA证据的使用有了巨大增长。目前，美国每年有超过175个公立法庭科学实验室和大约30个私立实验室进行成千上万的DNA分析。

⑩ U.S. Congress, Office of Technology Assessment. 1990. *Genetic Witness: Forensic Uses of DNA Tests*. OTA-BA-438. Washington, D.C.: U.S. Government Printing Office, NTIS order #PB 90-259110.

⑪ National Research Council. 1992. *DNA Technology in Forensic Science*. Washington, D.C.: National Academy Press, p. 55.

⑫ National Research Council. 1996. *The Evaluation of Forensic DNA Evidence: An Update*. Washington, D.C.: National Academy Press.

此外，欧洲和亚洲的大多数国家也有法庭科学 DNA 项目。2003 年，George W. Bush 总统宣布了一项为期 5 年、耗资 10 亿美元的改进刑事司法系统中的 DNA 使用的行动计划。该项目叫作"总统 DNA 行动计划"，该项目敦促增加资金、培训和帮助，以保证 DNA 技术"能够在解决犯罪问题、保护无辜和识别失踪人口方面发挥其全部潜能"⑬。

因此，DNA 分析——最初是在生命科学研究领域的研究实验室发展起来的——已经受到了严格的审查和资金支持。这再结合其被充分界定的精密度和准确性，为其他法庭科学方法确立了更高的标杆，因为与其他法庭科学方法相比，它提供了有着更高程度的可靠性和相关性的工具。然而，DNA 证据仅仅占案件量的 10%，并不总是与特定案件相关。⑭ 即使能够获得 DNA 证据，也只有在它支持有罪或者无罪的证据假设更可能的情况下，才有助于破案。例如，在发生谋杀的夫妻共同居住的房间里发现的被害人丈夫的 DNA 证据，什么也证明不了。在进行了挣扎的被害人指甲缝里发现的丈夫的 DNA，可能具有完全不同的意义。因此，很关键的一点是要说清与所要评估的证据相关联的推理过程和背景。

可疑的或者受到怀疑的科学

DNA 分析作为一种将犯罪现场证据与犯罪嫌疑人和被害人进行匹配的更为可靠的方法，应用日益增多，这导致了对保留有可以进行 DNA 分析的生物证据的案件的重新评估。从全国来看，因为 DNA 分析而被洗清罪责的数量在增长。近些年来，被发现的错误判决的数量之多——某些是死刑犯罪——令人担忧，这暴露了某些在美国通常使用的法庭科学方法的严重局限性。

⑬ www.dna.gov/info/e_summary.

⑭ The American Society of Crime Laboratory Directors. 2004. 180 Day Study: Status and Needs of U. S. Crime Labs. p. 7, table 2.

根据无辜者计划，自1989年以来（截至2008年11月），已经有223个判决有罪的案件中的当事人因为DNA分析而被洗清罪责。⑮ 一些人对被无罪释放的被告人是因为有缺陷的科学而被定罪的百分比提出了质疑。尽管无辜者计划的数据受到了那些重新检视这些数据的法庭科学工作者的质疑，即使是那些批评无辜者计划的结论的人也承认，有缺陷的法庭科学在有的时候确实助成了对无辜者的错误定罪。⑯

事实是，许多法庭科学检验，例如，那些应用于推断工具痕迹或者咬痕来源的法庭科学检验，从没有受到过严格的科学审查。许多这样的方法是在犯罪实验室发展的，目的是帮助对特定犯罪现场进行证据调查，对它们的局限性和基础进行研究，却从没有被置于优先地位。就这些方法的应用，存在某些逻辑；从业人员在努力改进他们的方法；其他证据的结果结合这些检验，使得法庭科学工作者对其证明价值具有某种程度的信任。在1986年第一次在法庭科学中使用DNA之前，并没有什么商定的行动来确定这些检验的可靠性，法庭科学和执法共同体的某些人认为，科学工作者在法庭上就这些检验提供相关证言时，有能力通过交叉询问，就足以表明该检验的可靠性。然而，尽管我们还不知道这些法庭科学检验的准确误差率，但在同一案件中其结果与DNA检验结果的比对已经表明，某些当前进行的这样的分析，产生了错误的结果。法庭科学检验人员的结论可能正确，也可能不正确——这取决于案件，但是每个基于不当解释的证据作出的错误定罪都是

⑮ The Innocence Project. *Fact Sheet*: *Facts on Post-Conviction DNA Exonerations*. Available at www. innocenceproject. org/Content/351. php. See also B. L. Garrett. Judging innocence. 108 Colum. L. Rev. 55 (2008)（讨论了一项关于两百余件案件中所采纳的有缺陷证据之类型的经验研究的结果，在这些案件中，随后的DNA检测导致了定罪后的平反昭雪）。

⑯ See J. Collins and J. Jarvis. 2008. The wrongful conviction of forensic science. *Crime Lab Report*. July 16. Available at www. crimelabreport. com/library/pdf/wrongful _ conviction. pdf. See also N. Rudin and K. Inman. 2008. Who speaks for forensic science? *News of the California Association of Criminalists*. Available at www. cacnews. org/news/4thq08. pdf, p. 10.

后果很严重的，因为无论对于无辜者而言还是对于社会而言，漏网的有罪者可能会带来威胁。从可重复性、有效性和可证伪性角度看，某些非 DNA 法庭科学检验并没有满足科学的基本要求（参见第 4 章到第 6 章）。

即使是指印分析也受到了质疑。近一个世纪以来，指印检验人员一直就犯罪现场发现的部分潜在指印与从犯罪嫌疑人那里直接提取的按捺指印进行比对。指印识别被视为将犯罪嫌疑人与犯罪现场指印联系在一起的准确方法，很少受到质疑。[17] 然而，指印领域的科学基础最近受到了怀疑，有人提出潜在指印识别可能不像以前人们认为的那么可靠。[18] 问题不是每个人的指印是否是终生不变和独一无二的——通常被假定为独一无二的，而是人们是否能够以足够的可靠性确定犯罪现场留下的不完美压痕就是指纹档案中同一手指所留下的压痕（具有不同的不完美性）。2007 年 10 月，Baltimore 县巡回法官 Susan M. Souder 在一死刑审判中拒绝允许指印分析人员就被告人留下了潜在指印作证。在其裁决中，Souder 法官认为，指印分析的传统方法是“主观的、未经验证的、无法证实的识别程序，而它却被宣称为确实可靠”[19]。

某些法庭科学方法将某种类型的证据（通常是鞋和轮胎压痕、皮纹印、工具痕迹和火器以及笔迹）的“同一认定”作为其目标。使用这样的方法的分析人员认为，任何造型体都有自己独一无二的特征，这种唯一性将准确无误地从造型体传递给被检验的证据（或者在笔迹中，个人具有形成独特笔迹的习惯）。当证据与被认为是造型体的物件进行比对时，同一认定结论表明，在排除了所

⑰ R. Epstein. Fingerprint meet Daubert: The myth of fingerprint ‘science’ is revealed. 75 *Southern California Law Review* 605 (2002) .

⑱ S. A. Cole. 2002. *Suspect Identities: A History of fingerprinting and Criminal Identification*. Boston: Harvard University Press; Epstein, op. cit..

⑲ *State of Maryland v. Bryan Rose*. In the Circuit Court for Baltimore County. Case No. K 06-545.

有其他可能的造型体的情况下，该证据是所称的造型体造成的。[20][21] 对独特性的确定，要求对物体的特性进行测量，收集在这些特性方面的变量频率数据，检测其属性独立性，并计算不同物体具有共同的、可观察的特性的概率。[22] 重要的是，研究结果必须公之于众，以便他人能够对之进行审查、核对、批评，然后进行修正。而对某些法庭科学学科而言，还没有做到这一点。[23] 例如，2008 年 9 月，底特律的警察犯罪实验室在密歇根州的警察审核发现其弹道证据有 10% 的误差率之后，被关闭了。[24]

法庭科学共同体没有什么机会进行支持其活动所需要的研究，或者在这方面变得精通。就独立的法庭科学研究没有什么资金来源（参见第 2 章）。大多数研究是由司法部委托，由犯罪实验室进行的，传统的科学共同体很少参与。此外，该职业的大多数学科因缺乏解读数据的执行标准而受到阻碍（参见第 7 章）。

错误和欺诈

近些年来，某些广被宣传的案件表明，不时有标准松弛的实验室产生了有问题的或者欺诈性的证据，而其所缺乏的质量控制措施本可以发现这些有问题的证据，这使得犯罪实验室的适正性日益受到质疑。在一起声名狼藉的案件中，对西弗吉尼亚州警察实验室雇员 Fred Zain 实施的分析进行了州强制性复查，该复查表明，对超过 100 个人的定罪被怀疑是因为 Zain 在刑事检控中反复

---

[20] M. J. Saks and J. J. Koehler. 2005. The coming paradigm shift in forensic identification science. *Science* 309：892 - 895.

[21] W. J. Bodziak. 1999. *Footwear Impression Evidence - Detection*, *Recovery*, *and Examination*. 2nd ed.. Boca Raton, FL：CRC Press.

[22] Ibid.. See also NRC, 1996, op. cit..

[23] P. C. Giannelli. Wrongful convictions and forensic：The need to regulate crime labs. 86 N. C. L. REV. 163 (2007) .

[24] B. Schmitt 和 J. Swickard. 2008. Detroit Police lab shut down after probe finds errors. *Detroit Free Press on- line*. September 25.

伪造证据。至少10个人因此推翻了原判。㉕ 随后的复查怀疑Zain是否有资格进行科学检验。㉖

其他的丑闻，例如，其中一个涉及2003年的休斯敦犯罪实验室，说明有的时候法庭科学检验人员显然缺乏适当的教育和培训。在休斯敦这个案例中，几个DNA专家公开谴责休斯敦警察局犯罪实验室的DNA/血清学部门，称其工作完全不称职，并以一种误导的方式来提呈结论，以不公平地帮助公诉人获得有罪判决。得克萨斯公共安全部进行的一项审核证实，实验室程序存在严重不足，包括“经常未能进行重要的科学控制，未能采取足够措施来防止样本污染，未能足够地记录所进行的工作和获得的结果，经常未能遵循用于计算统计频率的矫正程序”㉗㉘。

无辜者计划证明，导致错误定罪的有意和无意实验室差错有：

- 在实验室——污染、错标证据。
- 在法庭科学报告提供的信息中——伪造结果（包括“伪造实验结果”，即没有进行检验而提供结论）和误读证据。
- 在法庭上——扣压证明无罪的证据；就检验证据的结果……提供……夸大的统计数字；就检测结果提供虚假证言。㉙

㉕ *In the Matter of an Investigation of the West Virginia State Police Crime Laboratory, Serology Division* (WVa 1993) 438 S. E. 2d 501 (Zaine I); and 445 S. E. 2d 165 (Zain II).

㉖ Ibid..

㉗ *Quality Assurance Audit for Forensic DNA and Convicted Offender DNA Databasing Laboratories. An Audit of the Houston Police Department Crime Laboratory-DNA/Serology Section, December* 12-13, 2002. Available at www. scientific. org/archive/Audit%20Document——Houston. pdf.

㉘ See also M. R. Bromwich. 2007. *Final Report of the Independent Investigator for the Houston Police Department Crime Laboratory and Property Room*. Available at www. hpdlabinvestigation. org.

㉙ The Innocence Project. Available at www. innocenceproject. org/Content/312. php.

Saks 和 Koehler 曾写道，在今天的刑事案件中，法庭科学工作者的证言有许多问题。[30] 他们引用那些强调“方法的严格性、公开性和对数据的审慎解读”的科学规范，而法庭科学学科常常缺少这样的规范。

尽管发生了欺诈的案件看起来很少，就法庭科学学科进行的分析的准确性缺乏充分的数据和某些案件中出现偏见的重大可能性，也许是人们更关注的。例如，在马德里爆炸案犯罪嫌疑人 Brandon Mayfield（参见表 1—1）一案中，联邦调查局被指责有偏见。在该案件中，司法部监察主任启动了一项调查。联邦调查局通过独立的专家小组进行了审查。审查得出结论说，问题不是进行审查的数字图像的质量，而是联邦调查局检验人员的偏见和“循环推理”[31]。

表 1—1　　　　联邦调查局关于 Brandon Mayfield 案的声明

“在 5 月份发生马德里通勤列车恐怖袭击后，西班牙当局将在装雷管的塑料袋上取得的部分潜在指印的数字图像提交给联邦调查局进行分析。就提交的图像在综合自动指印比对系统中进行了检索。综合自动指印比对系统的检索就未知指印同数据库中上百万的已知指印进行了比对。综合自动指印比对系统检索的结果提供了一个潜在匹配的简短清单。此后，一个受到训练的指印检验人员就此可能匹配的简短清单进行检验，来确定未知指印是否与数据库中的已知指印相匹配。

“依据标准实验方案和方法，联邦调查局指印检验人员确定，对于识别目的而言，潜在指印是有价值的。随后，这一指印指向了 Brandon Mayfield。这种关联是独立分析的，其结果得到了外部一名资深指印专家的确认。

“在提交的指印指向 Mayfield 先生后不久，西班牙当局提醒联邦调查局，其他信息表明结果有疑点。因此，联邦调查局派遣了两名指印检验人员到达马德里，他们比较了联邦调查局提供的图像和西班牙当局所持有的图像。

“复审后发现，联邦调查局的识别所依据的图像质量不达标，这存在

[30] Saks and Koehler, op. cit..

[31] U. S. Department of Justice, Office of the Inspector General. 2006. *A Review of the FBI's Handling of the Brandon Mayfield Case*. Also see R. B. Stacey. 2005. *Report on the Erroneous Fingerprint Individualization in the Madrid Train Bombing Case*. Available at www. fbi. gov/hq/lab/fsc/current/special _ report/2005 _ special _ report. htm.

续前表

明显的问题，因为 Mayfield 先生的指印和提交给联邦调查局的指印图像的细节在相似点数上存在不同。”
联邦调查局潜在指印部门审查了其做法，就在原始证据未包括在内的情况下检验人员接受潜在指印图像，制定了新的指引。

来源：美国联邦调查局 2004 年 5 月 24 日新闻公告。可见 www.fbi.gov/pressrel/pressrel04/mayfield052404.htm。

对于调查单位对法庭科学分析的可靠性日渐增长的批评（例如，监察主任报告、无辜者计划和公开发表的文献中的研究），部分法庭科学共同体持抵制态度。在向委员会作证时，法庭科学共同体某些成员显然并不承认特定实验室或者特定学科的准确性会不完美。专家向委员会作证说，即使关于什么是错误，也存在着不同意见。例如，如果特定技术的局限性导致检验人员宣布“匹配”，而随后的技术（例如 DNA 分析）发现是“不匹配”，则最初的确定是否构成了错误，这在法庭科学共同体内存在不同意见。[32] 不承认结果中的不确定性是很普遍的：许多检验人员在证言中宣称其所在领域的其他人会就他们所分析的证据得出完全一样的结论。宣称“100% 匹配”与某些学科（即声纹识别、咬痕分析）存在相当高的误差率这一能力验证结果是相矛盾的。[33][34]

例如，在联邦调查局一个关于显微和线粒体 DNA 毛发比对相关性的出版物中，作者发现，即使是称职的毛发检验人员也会发生重大差错。[35] 在该研究中，作者发现，在毛发检验人员宣布两

[32] N. Benedict. 2004. Fingerprints and the Daubert standard for admission of scientific evidence: Why fingerprints fail and a proposed remedy. *Arizona Law Review* 46: 519; M. Houck, Director of Forensic Science Initiative, West Virginia University. Presentation to committee. January 25, 2007.

[33] D. L. Faigman, D. Kaye, M. J. Saks, and J. Sanders. 2002. *Modern Scientific Evidence: The Law and Science of Expert Testimony*. St. Paul, MN: Thompson/West.

[34] C. M. Bowers. 2002. The scientific status of bitemark comparisons. In: D. L. Faigman (ed.). *Science in the Law: Forensic Science Issues*. St. Paul, MN: West Publishing.

[35] M. Houck and B. Budowle. 2002. Correlation of microscopic and mitochondrial DNA hair comparisons. *Journal of Forensic Sciences* 47 (5): 964-967; see also Bromwich, op. cit..

个毛发是"类似的"的案件中，随后的DNA检测发现有11%的案件中毛发并不匹配，这是由于识别毛发样本之差异的两种不同方法的适格性或者相对能力，以及每种测试的证明价值不同所造成的。

某些法庭科学从业人员坚持认为，其学科所使用的方法具有完美的准确性，不会导致差错，这对于评估法庭科学学科的有用性造成了阻碍。尽管DNA分析被认为是今天我们所拥有的最为可靠的法庭科学工具，实验室还会就核DNA或者mtDNA出错，例如，误标样本、丢失样本或者误读数据。

确定标准、实验室认可和人员认证，旨在解决许多这样的问题，尽管许多实验室有着优秀的培训和质量控制项目，但即使是通过认可的实验室也会发生错误。此外，认可是一个自愿性的项目，只有在很少的司法辖区才是强制性的（纽约、俄克拉何马和得克萨斯）[36]（参见第7章）。

"CSI效应"

最近，媒体的注意力集中在了所谓的"CSI效应"上。"CSI效应"是指关注警察进行的法庭科学证据调查的大众电视节目(例如犯罪现场调查)。[37] 这些剧情中的虚拟角色常常对犯罪现场调查人员和犯罪实验室（包括设备、分析技术和能力）的日常运作作出不合现实的描述。一个小时内就能破案，高度技术性的分析常常在几分钟内完成，实验室和仪器设备的能力常常被夸大、误述或者完全被虚构。在法庭现场，法庭科学检验人员以不容置疑的确定性说出其结果或者（证据与犯罪嫌疑人）匹配，且常常说明得出该结果所使用的方法。剧情表明定罪是迅速的，没有任何错误。

[36] National Institute of Justice. 2006. *Status and Needs of Forensic Science Science Service Providers*: *A Report to Congress*. Available at www.ojp.usdoj.gov/nij/pubs-sum/213420.htm.

[37] See U.S. News & World Report. 2005. The CSI effect: How TV is driving jury verdicts all across America. April 25.

CSI 效应特别是指观看好莱坞式的法律与秩序的影像在现实生活中产生的结果。法学家和犯罪实验室主任轶闻似地报告说，陪审员开始期待在每个案件中出示法庭科学证据，并且他们期待这是结论性的。Schweitzer 和 Saks 最近进行的一项研究发现，与那些并不看 CSI 的人相比，看 CSI 的人“对在审判时出示的法庭科学证据更加苛刻，认为它更不可信。与不观看法庭科学节目的人相比，观看法庭科学节目的观众对其裁决表示了更多的信心”[38]。公诉人和辩护律师报告说，陪审员在法庭上怀疑他们，引用“合理怀疑”，拒绝定罪，因为他们认为还有其他证据没有被足够地检验。[39]

Schweitzer 和 Saks 发现，CSI 效应正在改变法院出示法庭科学证据的方式，因为一些公诉人认为他们在出示证据时必须鲜活有趣，具有吸引力，就像电视中出示证据那样。某些人担心，电视中是以一种结论性、终局性的方式出示法庭科学证据的，这会导致陪审员对法庭科学专家及其证言更信任或者更不信任，提高期望值，从而可能导致误判。[40] 法庭科学学科大众化的真正效应也许暂时还不会被充分理解，但是它显然给法庭科学共同体在法庭上应用和解读证据增加了压力和关注。

支离破碎和不一致的法医学死因调查

法医学死因调查系统是一个由州和地方实体所组成的支离破碎的组织，它们要调查死因，确定非自然死亡者和死因不明者的死亡原因和方式。每年大约 1%的美国人口（大约 260 万人）死亡。2004 年法医和验尸官办公室收到了大约 100 万件死亡报告，

㊳ N. J. Schweitzer and M. J. Saks. 2007. The CSI Effect: Popular fiction about forensic science affects public expectations about real forensic science. *Jurimetrics* 47: 357.

㊴ See U. S. News & World Report, op. cit..

㊵ Schweitzer and Saks, op. cit.; S. A. Cole & R. Dioso-Villa. 2007. CSI and its effects: Media, juries, and the burden of proof. *New England Law Review* 41 (3): 435.

占同年美国全部死亡人数的30%~40%，并对半数的报告（50万件，或者5起死亡中的一例）进行了进一步调查和确认。[41] 在履行这一职责时，法医和验尸官需要确定死因调查的范围和方法，这可能包括评估死亡现场、尸表检验、确定是否进行解剖、命令进行其他医学检验、进行法庭科学分析和其他需要进行的程序。然而，法医和验尸官的培训和技能以及支持他们的系统差别很大。法医可能是县、地区或者州司法辖区内的医生、病理学家或者法医病理学家。验尸官是一个选任或者任命的官员，他可能并不是医生或者没有经过任何医学培训。验尸官通常为整个县服务。

自1877年起，美国就曾努力以法医系统取代验尸官系统。[42] 事实上，八十多年前，国家科学院就死因调查中标准的缺乏表达了担忧，呼吁废除验尸官办公室，指出验尸官办公室“已经确定地表明其无能力执行通常要求其履行的功能”[43]。报告呼吁由病理学家领导的人力资源充分的法医局来取代它。1928年，委员会措辞强硬地呼吁以医学科学为中心，实现死因调查的职业化。

尽管有这些呼吁，在美国，废除验尸官系统的努力却一直停滞不前。目前，11个州仅有验尸官系统，22个州有法医系统，18个州有混合系统——在这些州，某些县有验尸官，其他县则是法医。这些州中有些设有转查制度（referral system），验尸官可以把案件转给法医进行解剖。[44] 根据医学研究院2003年的报告，在美国除了系统的多样性之外，医学检验人员或者验尸官工作机构

㊶ M. J. Hickman, K. A. Hughes, K. J. Strom, and J. D. Ropero-Miller. 2007. *Medical Examiner and Coroners' Offices*, 2004. U. S. Department of Justice, Office of Justice Programs, Bureau of Justice Statistics. Available at www. ojp. usdoj. gov/bjs/pub/pdf/meco04. pdf.

㊷ W. U. Spitz and R. S. Fisher. 1982. *Medicolegal Investigation of Death*, 2nd ed.. Springfield, IL: Charles C. Thomas.

㊸ National Research Council. 1928. *The Coroner and the Medical Examiner*. Washington, D. C.: The National Academies Press.

㊹ R R. Hanzlick and D. Combs. 1998. Medical examiner and coroner systems: History and trends. *Journal of the American Medical Association* 279 (11): pp. 870–874.

的地点和权限也是不同的，43%的美国人口所在地的法医或者验尸官在市、县或者州政府有单独的办公机构。其他的则把被该机构设置在公共安全或者执法机构。最罕见的是设置在法庭科学实验室或者卫生局。[45]

从死因调查系统的认可角度看，差异也是很明显的。截至2008年8月，美国54个法医局（服务于23%的人口）通过了全国法医协会这一法医职业组织的认可。大多数县的法医局没有通过认可。[46] 与此类似，培训要求也不是强制性的。大约36%的人口生活的地区，在死因调查方面的培训要求是最低限度的，或者并不要求特殊的培训。[47] 最近，印第安纳州一名18岁的高中学生在完成短期培训课程后被选为副验尸官。[48]

此外，从全国来看，支持死因调查项目的资金也是参差不齐的。县系统人均0.62美元到5.54美元，州系统人均0.32美元到3.20美元。[49] 大多数资金来自税收，并且由于资金有限，与其他医生和医务人员相比，法医和熟练人员的薪水要低很多。因此，招募和留住熟练人员一直是个挑战。

在自然灾害或者人为灾害会在我国造成巨大浩劫的时候，死因调查系统的重要性日益凸显。因恐怖主义而死亡者，除了自杀犯罪者外，都是被谋杀的，这要求强有力的法医学死因调查系统来复原和识别残迹，收集法庭科学证据，确定死亡原因。

不相容的自动指印识别系统

在20世纪70年代末和80年代初，全国的执法机构开始采用自动指印识别系统来提高效率，减少识别或者排除特定人员所需

㊺ Institute of Medicine (IOM). 2003. *Medicolegal Death Investigation System: Workshop Report*. Washington, D.C.: National Academy Press.

㊻ Ibid..

㊼ R. Hanzlick. 1996. Coroner training needs. A numeric and geographic analysis. *Journal of the American Medical Association* 276 (21): 1775-1778.

㊽ See www.wthr.com/Global/story.asp?S=6534514&nav=menu188_2.

㊾ IOM, op. cit..

要的时间。在应用自动指印识别系统之前，指印识别过程要牵涉无数的工作人员和指印检验人员，他们要对成千上万的分类纸质指印卡片进行乏味、冗长的筛选。

在地方、州和联邦执法机构管理指印和识别人身方面，自动指印识别系统是一项巨大的进步。自动指印识别系统检索比人工检索快很多，常常使得检验人员能够从更大的候选资源中进行检索，并就与犯罪现场指印和未识别的人员（无论是活人还是死人）之间的可能关联，提供更为简短的清单。

有了系统软件，指印检验人员能够就特定指印的细节绘图——根据构成“细节”的特征（例如，摩擦嵴末端和摩擦嵴分叉）——让系统检索其数据库中的与这一形态紧密相似的其他记录。根据检索的数据库的规模和系统的工作负荷，检验人员常常能够在几分钟内就获得结果。

然而，尽管在过去的几十年中对于执法共同体而言，自动指印识别系统是一个重大进步，今天自动指印识别系统的部署和性能（运转能力）仍远非理想。许多执法机构的自动指印识别系统设备都是独立系统，或者是有着数据库或者信息共享协议的相对有限的地区网络的一部分。今天，来自不同经销商的系统常常不兼容，因而不能通信。确实，来自同一经销商的类似系统的不同版本彼此之间常常不能有效地分享指印数据。此外，许多执法机构也可以通过一个完全独立的系统进入联邦调查局的综合自动指印识别系统数据库（“世界上最大的生物测量学数据库”[50]），事实是，在多州进行多次检索时，常常迫使指印检验人员多次输入指印数据（检索每个系统都至少要输入一次）。此外，就潜在指印与自动指印识别系统十指指印[51]文档展开搜索，也还没有更完全地自动化：检验人员在搜索自动指印识别系统十指指印数据库之前，

[50] See www.fbi.gov/hq/cjisd/iafis.htm.

[51] 自动指印识别系统十指指印要将十指和手掌印记录在一张大索引卡片上。这些指印是仔细提取的，清晰而易于解读。它们是今天自动指印识别系统数据的主要组成部分。

必须对潜在指印进行人工编码。此外，自动指印识别系统数据库潜在指印检索的命中率大约是 40%（参见第 10 章）。近些年来，在实现自动指印比对系统设备和数据库的互用性方面，开展了许多有益的工作，但是迄今为止，这些努力的步伐很慢，在实现有意义的、全国性的自动指印比对系统的互用性方面，必须取得更大的进展。

法庭科学学科对国土安全日增的重要性

对食品和运输的威胁、对核安全和网络安全的担忧，对化学、核、放射性和生物威胁作出快速反应的需要，使我们需要确保能够提供足够的、受过充分训练的法庭科学专家。目前，公立犯罪实验室还不足以应对大规模灾难。此外，法庭科学共同体需要制订实时计划和实验、方案，以便全国和国际的犯罪实验室和死因调查系统网络能应对大规模灾难，这一要求也日益增长。至少近二十年来，发展和运用法庭科学学科来支持情报、调查和运作，以预防、制止、瓦解、追究和起诉恐怖主义，已经成为公共卫生和现在所称的“国土安全”的重要组成部分。随着其能力的发展和提高，法庭科学学科越来越早地与调查过程结合在了一起。因此，法庭科学学科可以更有成效地产生调查线索，以测试、指导或者再指导调查方向，而不仅仅是为案件起诉提供支持。法庭科学学科是大规模死亡事件——无论是自然的还是人为的——响应的重要组成部分。

法庭科学证据在诉讼中的采用

就像在第 3 章所解释的那样，大多数法庭科学学科与法律制度不可分割。许多法庭科学领域（例如，火器分析、潜在指印识别）就是服务于法律制度的，除了执法之外它们没有重大用途。因此，对法庭科学的任何研究，都必然要包括对其所服务的法律制度的评估。就像已经指出并且在第 4 章和第 5 章将进一步详细阐述的那样，法庭科学制度在能力和质量方面存在严重不足，而法院继续依赖于法庭科学证据，而没有充分认识和解决不同法庭科学学科的局限性。

法律和法庭科学之间的交集，将在第 3 章作进一步探讨。根本性的问题很简单：在许多法庭科学学科中，法庭科学专业人员还必须确立其方法的有效性或者其结论的准确性，法院在解决这个问题的时候完全是无能为力的。出于各种原因——包括规制法庭科学证据可采性的规则、对审判法院决定进行上诉审查的现行标准、对抗过程的局限性以及必须努力理解和评估法庭科学证据的法官和律师通常都缺少科学专业知识，法律制度没有能力纠正法庭科学共同体的问题。总之，司法审查本身并不是答案。相反，必须投入巨大的资源来改进法庭科学共同体。通过更多、更好的教育项目，通过认可的实验室、对法庭科学从业人员进行认证、合理的操作原则和程序，通过严肃研究来确立每个学科的效能的界限和量度，法庭科学专家将能够更好地分析证据和在法院一致地报告其结果。这对于刑事案件而言特别重要，因为在刑事案件中我们要保护社会不受已经犯下罪行的人的侵害，要保护无辜者不因其未犯罪行而被定罪。

本报告的组织

本报告开始的几章描述了当前的法庭科学系统、法庭科学证据在诉讼中的应用以及科学与法庭科学学科。接着它探讨了进行改进的系统方法，以建立更为严格、更加稳固的法庭科学基础，包括标准和最优方法、教育和培训。根据其职责，委员会在三章中探讨了法医学死因调查系统（第 9 章）、自动指印识别系统（第 10 章）、国土安全与法庭科学学科之间的相互关系（第 11 章）等特殊问题。

2

法庭科学共同体与整合性治理的需要

法庭科学调查涉及情报和信息收集、犯罪现场调查、实验室分析、检测和结果的解读、报告，以及与执法机构和司法体系的人员之间的交流。在如何进行法庭科学检验和法院如何采纳证据方面，美国的执法机构在组织结构上是不同的（参见第 3 章）。这些差异，是地域大小、司法辖区服务的人遇到的犯罪的类型和水平、资金来源、地方传统等因素造成的。然而，一般而言，法庭科学共同体包括犯罪现场调查人员、州和地方犯罪实验室、法医、私立法庭科学实验室、执法辨认小组、诸如登记资料和数据库等资源、职业组织、公诉人和辩护律师、质量体系提供者（即认可和认证组织），以及进行或者支持研究、提供法庭科学服务和培训的联邦机构。本章对法庭科学共同体的主要组成部分进行了概述。关于实验室的数据主要来自司法统计局在 2002 年和 2005 年就公立犯罪实验室进行的两次调查①，以及西弗吉尼亚大学研究人员最近就“非传统的法庭科学服务提供者”进行的调查。②

除了法庭科学实验室，2004 年美国全国大约有 3 200 个法医

① J. L. Peterson and M. J. Hickman. 2005. *Census of Publicly Funded Forensic Crime Laboratories*, 2002. U. S. Department of Justice, Office of Justice Programs, Bureau of Justice Statistics. Available at www. ojp. usdoj. gov/bjs/pub/pdf/cpffcl02. pdf; M. R. Durose. 2008. *Census of Publicly Funded Forensic Crime Laboratories*, 2005. U. S. Department of Justice, Office of Justice Programs, Bureau of Justice Statistics. Available at www. ojp. usdoj. gov/bjs/pub/pdf/cpffcl05. pdf.

② T. S. Witt, Director, Bureau of Business and Economic Research, West Virginia University. "Survey of Non- Traditional Forensic Service Providers." Presentation to the committee. December 6, 2007.

和验尸官办公室（offices）提供死因调查服务。③ 这些实体——可能包括县或者州一级的验尸官系统、法医系统或者混合系统——在暴力死亡或者可疑情况下，在医生不在场或者其他情况下，进行死亡现场调查、实施解剖、确定死亡原因和方式。第 9 章将对这些机构进行详述。此外，第 7 章将更详细地描述标准确定、认可和认证组织，第 8 章将更详细地描述教育和培训项目。

委员会的第一个建议在本章的结尾。它呼吁在全国层面上对法庭科学采用更为中心化、策略性和整合性的方法。

犯罪现场调查

犯罪现场的证据搜寻和解释，是法庭科学调查的关键第一步。就犯罪现场调查和随后的法庭科学实验室活动，存在几个组织性方法，有的时候，这涉及许多有着各种教育背景的人员。相反，在某些司法辖区，同一个法庭科学检验人员可能也是赶到犯罪现场，收集证据、处理证据，对证据进行分析、解释并出庭作证的调查人员。在其他司法辖区，调查人员将证据提交实验室，由实验室的科学工作者进行分析并准备报告。犯罪现场证据收集者包括警察、侦探、犯罪现场调查人员、刑事技术人员、法庭科学工作者、验尸官、法医、医院人员、照相人员和纵火调查人员。④ 因此，犯罪现场调查的性质和过程在司法辖区之间存在巨大差异，这就有可能存在不一致的方针、程序和偏见。某些分析人员说，缺少标准和监督会导致蓄意欺骗犯罪嫌疑人、证人和法院，欺诈，

③ R. Hanzlick, Fulton County Medical Examiner's and Emory University School of Medicine. 2007. "An Overview of Medical Examiner/Coroner Systems in the United States—Development, Current Status, Issues, and Needs." Presentation to the committee. June 5, 2007. 司法局（2004）忽略了路易斯安那州，并把得克萨斯州分类为有法医的州，因而报告说总数是 1 998 个。根据 Hanzlick 所言，得克萨斯州的 254 个县中，许多拥有的是治安法官/验尸官办公室。得克萨斯州的全部数量包括治安法官。

④ B. Fisher, Director, Scientific Services Bureau, Los Angeles County Sheriff's Department. Presentation to the committee. April 24, 2007.

以及因为匆忙、缺乏经验或者缺少科学背景而导致的“无心之错”[⑤]。

1978 年，美国最高法院在 *Monell v. Department of Social Services of the City of New York*[⑥] 案件中第一次判定，可以直接判定市（municipality）对侵犯《美国法典》第 42 编第 1983 条规定的宪法权利而承担责任。在一定程度上，针对这一责任，大多数大的城市和都市创设了自己的受过职业训练的犯罪现场单位。然而，在比较小的郊区和乡村社区，可能是由巡警或者调查人员收集和保管犯罪现场证据的。甚至在（某些）大的都市地区，大多数犯罪现场调查单位是由宣誓后的官员组成的。

认识到某些机构并没有资源来为犯罪现场处理中的所有人员提供足够的训练，2000 年，国家司法研究院及其犯罪现场调查技术工作组（TWGCSI）制定了《犯罪现场调查：执法指南》，该指南指出：“只有人员在犯罪现场调查基本原理方面具有基本的（在某些情况下具有高级的）培训，对本指南的成功贯彻才能够实现”[⑦]。然而，犯罪现场调查活动中，仍有很大的差别，人们仍然在担心，在证据被提交给法庭科学实验室后，在犯罪现场方面缺乏标准和适当培训会给得出准确的结论造成困难。（参见第 5 章关于方法的讨论和第 7 章关于标准和道德的进一步讨论。）

法庭科学实验室和服务提供者

各个司法辖区的法庭科学实验室构成也是不一样的。某些设于州警察局内，是全州实验室和培训项目的一部分。例如，在伊利诺伊州，州法规定，实验室系统为全部 102 个县（人口 1 270

⑤ See J. I. Thornton. 2006. Crime reconstruction—ethos and ethics. In: W. J. Chisum and B. E. Turvey (eds.). *Crime Reconstruction*. Boston: Elsevier Science, pp. 37 - 50.

⑥ 436 U. S. 658 (1978).

⑦ Available at www.ncjrs.gov/pdffiles1/nij/178280.pdf, p. 2.

万）的执法机构提供法庭科学服务。尽管法庭科学实验室系统是伊利诺伊州警察的一部分，其完成的98%的案件是服务于全州1 200个地方和县警察机构。[⑧]

并不是所有的法庭科学服务都是在传统的犯罪实验室进行的——它们可能是由宣誓的没有（经过）科学训练的执法人员进行的（例如，某些潜在指印检验人员）。因此，法庭科学服务提供者可能设于执法机构，可能是犯罪现场调查人员，也可能是一个营利性实体。就整个法庭科学实体而言，没有充分的数据，尽管曾有人就公立犯罪实验室和非实验室提供者搜集证据。委员会就营利性法庭科学服务提供者找不到任何数据，DNA 实验室（在美国大约有 30 个）除外。

公立实验室

司法统计局就公立法庭科学犯罪实验室进行了两次调查。2002 年进行的第一次调查，就全国的公立犯罪实验室的运作和工作负荷建立了原始材料。[⑨] 2005 年的调查记录了自 2002 年调查以来，在工作负荷和案件积压方面发生的变化。根据 2005 年的调查，2005 年在美国有 389 个公立法庭科学犯罪实验室在运行——210 个州或者地区实验室，84 个县实验室，62 个市实验室，以及 33 个联邦实验室。全部 389 个犯罪实验室估计的预算超过了 10 亿美元，近半数用于资助州实验室。司法统计局的报告引证说，在 2005 年新的案件总计近乎 270 万件[⑩]，其中更大一部分是关于法庭科学服务的单独需求。某些实验室是全面服务的研究机构，其他的可能仅仅进行常见的证据分析（参见第 5 章）。

⑧ J. Johnson, Illinois State Police Forensic Science Center at Chicago. Presentation to the committee. January 25, 2007. 9 Peterson and Hickman, op. cit..

⑨ Peterson and Hickman, op. cit..

⑩ Durose, op. cit.. “一个‘案件’是指一个犯罪调查提交犯罪实验室分析的所有物证”，9 页。

资金

根据2005年司法统计局的调查，在联邦、州或者地方的支持之外，28%的公立实验室收取服务费，65%的报告称收到了某些补贴。然而，实验室的资金并没有随着需求的增长而增长。某些实验室主任在委员会作证说，在过去的5年中，预算削减高达22%。[11]

人员和设备

2005年司法统计局的调查估计，在2005年，公立犯罪实验室雇佣的专职人员超过了11 900名。大多数犯罪实验室相对较小：2005年平均的人员规模是16人。从实验室技术人员、普通的检验人员到科学工作者，法庭科学实验室的人员有着明显不同的职业发展轨迹。根据调查数据，在2005年分析人员或者检验人员——他们通常准备证据、进行检测、解释结果、签发实验室报告、出庭作证——占犯罪实验室全部专职人员的58%；技术支持人员——他们通常帮助分析人员或者检验人员准备证据和进行检测——占全部专职人员的10%。专职人员中的30%是管理人员，8%属于文书岗位，6%是犯罪现场技术人员；按照服务的司法辖区分类的实验室也明显存在类似的人员分布。(这些报告的百分比也有不确定性，这是由对专职人员调查问题作出回应的实验室的数量所决定的。)司法统计局2006年的报告说，设备短缺(这可能包括设备维护的不足)是案件处理的一个限制因素。[12]它说在50个最大的实验室，在管制物质、微量物证、火器、可疑文件、潜在指印、毒物和纵火学科等方面都存在设备短缺问题。在证据提交方面，有的实验室实现了自动化，有的实验室则没有实现自动化。缺失自动化增加了实验室用于登录证据的时间。

纽约州立大学Albany分校研究人员在2005年就公立犯罪实验

⑪ Johnson, op. cit..

⑫ NIJ. 2006. *Status and Needs of Forensic Science Service Providers: A Report to Congress*. Available at www.ojp.usdoj.gov/nij/pubs-sum/213420.htm.

室进行的调查发现，实验室专职人员的数量从 2 名到 280 名不等，平均是 34 名，其中大多数人拥有学士学位。⑬ 在比较大的实验室中，由于在职业发展轨迹上存在显著的区别，技术人员根据确定的实验方案进行检验，具有资质的科学工作者则进行专门的检验和解读。与许多其他职业不同的是，法庭科学学科在职业准入方面没有组织控制，例如，通过学位、委员会、考试或者审批进行的控制（参见第 7 章）。传统的控制机制是通过雇佣和工作职责进行的。⑭

就纽约州立大学（Albany）调查的实验室而言，仅有 21%的报告说有足够的专职人员来完成工作。作者得出结论说，“随着案件整体数量的增长，科学工作者并没有适当的设备、足够的时间、足够的资源、来自地区律师的足够信息、足够的时间来准备法庭证言，也缺乏提供法庭证言的资源”⑮。此外，“随着案件量的增长，完成案件的压力也增长过快；超越科学方法而提供意见的压力和获得特定结果的压力也大大增加了”⑯。

全国法医协会也报告说死因调查系统人员严重短缺，经过委员会认证的法医病理学家严重供不应求。（参见第 9 章关于法医学死因调查系统的讨论。）

实验室功能

根据 2002 年司法统计局的数据，几乎所有的公立犯罪实验室都检验管制物质（90%），63%的检验火器与工具痕迹，65%的筛查生物样本（通常是为就筛选的物证进行 DNA 分析做准备），61%的检验潜在指印。⑰ 59%的实验室检验一种或者多种形式的微

⑬ W. S. Becker, W. M. Dale, A. Lambert, and D. Magnus. 2005. Letter to the editor—Forensic lab directors' perceptions of staffing issues. *Journal of Forensic Sciences* 50 (5): 1255 - 1257.

⑭ D. S. Stoney. Chief Scientist, Stoney Forensic, Inc. Presentation to the committee. January 26, 2007.

⑮ Becker, et al., op. cit., p. 1255.

⑯ Ibid., p. 1256.

⑰ Peterson and Hickman, op. cit..

量证据（例如，毛发、纤维、玻璃和油漆）。比较少的实验室检验可疑文件（26%）或者进行计算机犯罪调查（11%）。就像人们所预期的那样，更大的实验室能够进行更大范围的检验。

就犯罪现场调查而言，62%的实验室报告曾直接将检验人员派往犯罪现场，尽管大多数法庭科学检验人员并没有造访犯罪现场。25%的实验室报告说，实验室人员还充任犯罪现场调查人员。然而，超过半数的实验室（62%）报告说，与实验室没有隶属关系的机构或者人员处理大多数的主要调查——通常是有着证据专业技术人员的警察部门或者犯罪现场搜索人员到达现场拍摄照片并查找、保全、标记和收集物证。

案件积压

根据2005年司法统计局的数据，2005年全国389个犯罪实验室收到了约270万件新的案件。几乎半数都提交给了州实验室。2005年，服务于地方司法辖区的实验室收到了大约130万件案件，其中727 000件案件是县实验室接收的，566 000件案件是由市（municipal）实验室接收的。

> 2005年年底，估计积压有359 000件案件（没有在30天内完成），而2002年年底是287 000件。这表明从2002年到2005年，案件积压增长了24%。在这几年中，半数以上的案件积压发生在州实验室。就报告这一信息的288实验室而言，2005年接办的案件平均数是4 100件。总的来看，实验室年终时平均案件积压大约是400件。在2005年接收案件的实验室中，6%的报告说在年底没有案件积压。[18]

2005年，联邦实验室受理的案件最少。

2005年，51%的实验室报告说将一种或者多种类型的法庭科

[18] Ibid., pp. 3,4. 委员会指出，30天的周转标准是一个武断的标准，仅用于比较目的。

学服务外购于私立实验室，主要是 DNA 案件、毒物、DNA 联合检索系统样本和管制物质。

在与委员会的交流中，洛杉矶县的治安官局犯罪实验室主任 Barry Fisher 警告说，为了管理案件积压，实验室要对案件进行分类：

> 谋杀、强奸、重伤害等等要优先，要起诉到法院的案件、犯罪嫌疑人根据逮捕令被羁押的案件、高度宣传的案件等等也是这样。财产犯罪，例如夜盗，则常常不在此列。这使得对财产犯罪案件的证据检验的可能性几乎不存在。奇怪的是，警察和公诉人很少询问这种优先性是如何确定的。进行分类是实验室管理其不足资源的最佳做法。案件管理中发挥作用的另一个因素是“会哭的孩子有奶吃”。这意味着与仅仅把案件交付实验室，期待实验室对此检验的调查人员相比，那些执著地给实验室打电话的调查人员常常能使他们的案件处理得更为迅速。⑲

Fisher 还警告说案件积压数据并不完全可靠，他说缺乏数据的原因之一是，实验室计算案件积压、案件提交、检验、输出量和结果的方法是不同的。此外，许多实验室缺少自动化信息管理系统来“捕获每个支持其案件获得进一步帮助的数据”⑳。最后，对于跨越了整个刑事司法系统的法庭科学工作而言，很难进行追踪：警察、公诉人和法庭科学实验室使用的追踪系统是不同的。

国家司法研究院的 COVERDELL 法庭科学进步补贴计划

根据《Paul Coverdell 全国法庭科学进步法》（P. L. 106－561），司法部运作了 Paul Coverdell 法庭科学进步补贴项目（Coverdell 项目），为州和地方政府的单位提供补贴，以帮助改进

⑲ Letter to the committee from B. A. J. Fisher. June 12，2007.

⑳ Ibid..

法庭科学和法医服务的质量和及时性。[21] 该项目为与研究机构、人员、设备、计算机化、物资、认可、认证和教育及培训相关的耗费提供资助。2004 年，《所有人的正义法》（*Justice for All Act*，P. L. 108 - 405）扩大了 Coverdell 项目，目标是减少案件积压。

收到 Coverdell（项目）补贴的州或者地方政府的单位，必须将补贴应用于以下三个目的之一或者更多：

(1) 执行某项目的全部或者实质部分，以改进该州法庭科学或者法医服务的质量和及时性，包括那些由州运作的实验室提供的服务和那些由州内的地方政府的单位提供的服务。

(2) 减少法庭科学证据分析方面的案件积压，包括火器检验、潜在指印、毒物、管制物质、法医病理学、可疑文件和微量物证方面的案件积压。

(3) 训练、帮助和雇佣所需的法庭科学实验室人员，以减少上述案件积压。[22]

对那些接受补贴者的期待是，"表明该州提供的法庭科学或者法医服务的质量和及时性的现状得到了改进，包括那些由州运作的实验室提供的服务和那些由州内的地方政府的单位提供的服务"[23]。对 Coverdell（项目）资金的产出量度是：

(1) 向法庭科学实验室提交样本与向提出要求的机构提交检验结果之间的天数上的变化。

(2) 使用 Coverdell（项目）资金进行分析的积压的法庭科学案件数量，如果与该补贴相关的话。

(3) 使用 Coverdell（项目）资金完成了适当的培训或者

---

[21] P. L. 106 - 561 (December 21, 2000). 为刑事司法目的和其他目的而改进法庭科学服务的质量、及时性和可信性的法律。引为《Paul Coverdell 全国法庭科学进步法》。

[22] See www. ojp. usdoj. gov/nij/topics/forensics/nfsia/welcome. htm.

[23] Ibid..

教育机会的法庭科学或者法医人员的数量，如果与该补贴相关的话。[24]

在国家司法研究院法庭科学项目资金方面，各州可能在“基础”（例行）资金和竞争性资金两个方面都有资格。州内的地方政府的单位可能在竞争性资金方面有资格，可以直接向国家司法研究院申请。《Coverdell 全国法庭科学进步法》[42 U. S. C. § 3797k (4)] 要求在申请 Coverdell 补贴的时候，申请者必须提交：

x 关于法庭科学实验室计划的证明和说明。

x 关于应用普遍接受的实验室做法的证明。

x 关于新设备的成本的证明和说明。

x 关于就严重疏忽或者不当行为存在内部调查的证明。

项目资金在 2004 财政年度是 1 000 万美元，在 2005 财政年度是 1 500 万美元，在 2006 财政年度是 1 850 万美元。资金可以用于人员、计算机化、实验室设备、物资、认可、教育、培训、认证或者设备。

传统实验室之外的法庭科学服务

许多法庭科学检验人员并不工作在传统的犯罪实验室。他们常常工作于执法单位的“辨认小组”或者“指印小组”中。例如，美国犯罪实验室主任协会 2004 年为国家司法研究院进行的一次研究报告说，2/3 的指印识别发生在传统的犯罪实验室之外。[25] 非公立法庭科学实验室所雇用的法庭科学检验人员的数量和专业知识如何，数据还不足。因此，在 2006 年，西弗吉尼亚大学的研究人员与国际鉴定协会合作，仿照司法统计局的调查，进行了一次调

㉔ Ibid..

㉕ American Society Crime Laboratory Directors. 2004. 180 – *Day Study Report: Status and Needs United States Crime Laboratories*. Available at www.ncjrs.gov/pdf-files1/nij/grants/213422.pdf.

查。[26] 其调查问卷在 2007 年 4 月发至 5 353 个国际鉴定协会美国会员[27]，针对的是工作于司法统计局调查的犯罪实验室之外的法庭科学工作者。

就对国际鉴定协会的调查作出回应的单位而言，大多数是公立的（例如，市、自治市、村、镇、县州或者联邦），半数是地方一级的。市、自治市、村或者镇一级的单位的平均年度预算是168 850美元，而县一级的单位的平均年度预算是 387 413 美元。半数是小型单位，有 1～5 个专职和兼职雇员。这些单位主要进行犯罪现场调查、潜在指印和十指指印检验、照相和血迹形态分析。少部分单位还有其他法庭科学功能，例如，进行数字证据、足印、轮胎压痕、火器、法庭科学艺术、可疑文件、测谎和齿证据分析。

就作出回应的单位而言，其每年接受的平均案件量是 2 780 件。平均案件积压是该年度案件量的 9.4%，其中潜在指印案件积压更高，占案件量的 12.3%。半数以上的单位报告说有工作外购，主要是火器、潜在指印和足迹分析。尽管 69%的回应者说他们有某些制度来对结果进行复核，但是仅仅有 15%的实际进行了复核。

联邦法庭科学活动

几个联邦机构要么就法庭科学基础设施、认证和培训提供资助，要么通过从事法庭科学活动或者资助法庭科学来实现其职责。对此简要说明如下。

联邦法庭科学实验室

美国最大的公立法庭科学实验室是位于弗吉尼亚州 Quantico

[26] Witt, op. cit..

[27] Ibid.. 就返回的 815 份调查问卷而言，308 份是公立犯罪实验室外的积极法庭科学服务提供者组织作出的回应（每个组织只能有一个回应）。

的联邦调查局实验室。其他联邦机构的犯罪实验室比较小，例如美国特勤局、美军、缉毒局，酒类、烟草、火器和爆炸物管理局（被称为 ATF），美国邮政总局、国内税务局、美国鱼类和野生动植物管理局。此外，商务部的国家标准与技术研究院也开展研究，支持为射击残留物分析、微量爆炸物检测仪、DNA 分析等等设定标准。以下将描述某些这样的活动。

联邦调查局实验室

联邦调查局调查的案件类型包括：恐怖主义、间谍、公共腐败、民权、犯罪组织和企业、白领犯罪和暴力犯罪。为调查工作提供的服务涉及如下方面：

- 化学
- 密码分析与诈骗记录
- DNA 分析
- 爆炸物
- 证据响应（response）
- 火器-工具痕迹
- 危险物质
- 调查与起诉制图
- 潜在指印
- 照相与成像服务
- 可疑文件
- 结构设计
- 微量物证
- 特别行动队

根据 2005 年司法统计局报告，2005 年联邦调查局实验室大约有 600 名雇员，并与全国的州和地方犯罪实验室合作。其 2007 财政年度预算是 6 300 万美元。联邦调查局实验室提供全方位法庭科学服务和处理大量的指印工作，每天收到大约 50 000 枚提交的指印。1999 年 7 月，联邦调查局用综合自动指印识别系统更新了其指印数据库。在此之前，所有收到的指印都是必须经过人工处理的纸质指印卡片。随着综合自动指印识别系统的引入，指印和图片可以进行电子提交。

根据 2005 年司法统计局的调查，联邦调查局实验室从 2003 年开始，估计积压了 3 062 个法庭科学服务需求，其中大约 2/3 的案件积压是潜在指印需求。在 2003 年，联邦调查局实验室收到了 6 994 个新的要求，共完成了 7 403 个要求。估计年终的案件积压量是 2 653 个需求，与前一年度相比减少了 13%。潜在指印需求占 2003 年年终案件积压量的半数。2005 年的（积压情况）该调查没有提供什么数据。

截至 2004 年第一季度末，联邦调查局实验室报告积压了 2 585个需求。这包括 1 216 个潜在指印需求，或者说是全部积压的 47%。联邦调查局实验室报告说，需要额外的设备和 249 名额外的专职人员，才能就 2003 年的所有需求实现 30 天的周转时间。额外设备的成本估计为 4000 万美元。根据分析人员/检验人员的起薪点，额外专职人员的成本估计会超过 1 750 万美元。

联邦调查局实验室还与法庭科学共同体科学工作组有着工作伙伴关系。这些工作组的任务是就具体的法庭科学学科制定指导方针和标准（参见第 7 章）。联邦调查局还为法庭科学共同体提供培训，进行并资助研究（参见后面的讨论）。

此外，联邦调查局还为多个数据库和登记库收集和维持数据与材料（参见表 2—1）。最大的是 DNA 联合检索系统，这是由三部分组成的：法庭科学数据库，失踪人口数据库，以及有罪重罪犯数据库。联邦调查局 DNA 联合检索系统部负责为美国联邦、州和地方犯罪实验室以及选定的国际执法犯罪实验室开发、提供和支持 DNA 联合检索系统项目，以促进暴力犯罪调查中的法庭科学 DNA 证据的交换和比对。DNA 联合检索系统部还就各种咨询委员会、司法部资助项目和关于 DNA 的立法，为联邦调查局提供行政管理和支持。

表 2—1　　　　联邦调查局数据库和参考数据库

DNA 联合检索系统项目是由制作、提高和支持使得法庭科学 DNA 实验室能够存储、维护并检索犯罪现场 DNA 图谱、犯罪人和失踪人口的软件组成的。对 DNA 联合检索系统软件的支持包括培训 DNA 分析人员和查询服务，以及所有 DNA 联合检索系统管理者的年度全国会议。该部门还向国际执法实验室提供 DNA 联合检索系统软件，帮助它们建立 DNA 数据库项目。25 个国家的 40 个执法实验室现在拥有 DNA 联合检索系统软件。DNA 联合检索系统包括三层数据库：全国 DNA 检索系统，州 DNA 检索系统，以及地方 DNA 检索系统。DNA 联合检索系统中的最高层级是全国 DNA 检索系统（NDIS），它包含参加该项目的联邦、州和地方法庭科学 DNA 实验室提供的 DNA 图谱。在全美国有超过 170 个全国 DNA 检索系统参与点，包括联邦调查局实验室、美国军方犯罪调查实验室和波多黎各的实验室。 截至 2008 年 8 月，全国 DNA 检索系统包含 620 万个犯罪者图谱和 233 454 个法庭科学图谱。它的运作要求根据相关的联邦法律为全国检索系统确定合格样本，为参与检索的实验室开发程序，监视参与实验室是否遵守联邦法律。DNA 联合检索系统部还为全国 DNA 检索系统程序委员会和其他 DNA 工作组提供行政管理和支持。截至 2008 年 8 月，DNA 联合检索系统已经提供了超过 74 500 次的检索命中，为 74 700 宗调查提供了协助。㉘ 全国汽车油漆库包含的数据可以追溯至 20 世纪 30 年代。油漆与聚合物小组还作为油漆数据查询数据库（这是一个加拿大数据库）在美国的存贮库。州和地方执法机构调查逃逸致人死亡的（案件），都要依赖于全国汽车油漆库和油漆数据查询数据库。 联邦调查局爆炸物参考数据库包含几千个标准，来帮助检验人员识别爆炸物和纵火装置的成分与制造者。爆炸物参考工具数据库将联邦调查局实验室报告文本与爆炸案件证据照片结合在一起，使得我们能够就法庭科学检验的各个方面快速检索信息。数据库还包括制造商数据和关于爆炸物与爆炸装置的建造和使用的开放文献。检验人员可以检索爆炸物参考工具数据，找到类似的装置，确定与制造简易爆炸装置所使用的零件的相似性。 参考火器库有着超过 5 500 种手枪和肩扛火器，标准弹药库收集了超过 15 000 种来自国内和国际制造商的军用与商用弹药样品。

来源：FBI 网站，www. fbi. gov/hq/lab/html/ipgu1. htm。

㉘ See www. fbi. gov/hq/lab/codis/clickmap. htm.

美国特勤局（国土安全部）

美国特勤局实验室检验证据、寻找调查线索、提供专家法庭证言。作为《1994 年犯罪法案》（P. L. 103－322）的一部分，国会规定美国特勤局在儿童失踪和剥削（missing and exploited children）事务方面提供法庭科学/技术帮助。2003 年 4 月 30 日，George W. Bush 总统签署了《2003 年保护法》（*the Protect Act of 2003*，P. L. 108－21），即《Amber Alert 法案》，赋予了美国特勤局在这一领域的全权权限。特勤局使用的法庭科学服务包括辨认、法庭科学自动化、测谎、可疑文件和视觉信息。

酒类、烟草、火器和爆炸物管理局

酒类、烟草、火器和爆炸物管理局实验室设置在司法部。目前，酒类、烟草、火器和爆炸物管理局实验室在 3 个城市的 4 个实验室有着一百多个雇员。在 2005 财政年度，酒类、烟草、火器和爆炸物管理局实验室 106 个岗位上的有权人员进行了两千六百多个法庭科学检验，预算大约是 1 600 万美元。

在 2006 财政年度，实验室：

- 分析了 64 个与酒类和烟草走私相关的样本；
- 处理了 3 086 个法庭科学案件；
- 花费了 171 天在法院提供专家证言；
- 花费了 242 天在犯罪现场；
- 花费了 371 天为联邦、州和地方调查人员与检验人员提供培训。

一个（耗资）1.35 亿美元的国家实验室中心于 2003 年在马里兰的郊区开放了。该国家实验室中心有一个独一无二的火灾检验研究机构，旨在支持火灾调查。每个酒类、烟草、火器和爆炸物管理局实验室还有一个流动实验室，旨在支持火灾现场或者爆炸现场的证据检验。在 2006 财政年度，酒类、烟草、火器和爆炸物管理局的国家实验室中心具备了 DNA 分析能力。[29] 这些实验室都是在微量物证、生物学（仅仅是血清学）、可疑文件、火器/工具痕迹和潜在指印等学科方面通过了美国犯罪实验室主任协会/实验室认可委员会认可的。

在司法部监察主任办公室 2006 年半年度报告中，监察主任办公室的审计部对实验室是否能够有效地管理工作负荷，及时为酒类、烟草、火器和爆炸物管理局各个领域的部门提供服务进行了评估。审计报告陈述如下：

> 我们的审核发现，在过去的 4 年中处理时间并没有得到重大改进。2/3 已经完成的法庭科学检验继续要耗费 30 天以上的时间来完成，大约 1/3 的检验花费的时间超过了 90 天。
>
> 因为酒类、烟草、火器和爆炸物管理局没有完成其在 2001 年开始进行的行动，例如，增加法庭科学实验室检验人员岗位数量、贯彻新的优先制度、贯彻新的信息管理系统、大大减少积压的检验要求的规模，实验室检验的时限改进还是有限的。实验室人员配置通常足以处理新接办的工作，但是积压的要求继续干扰着对新接办的检验要求的及时分析。审计发现，资源集中型案件通常会导致案件积压的增加。我们得出结论认为，如果这些条件不能得到满足，可能会导致严重后果，例如，拖延逮捕和将犯罪人交付审判。[30]

国防部

国防部的法庭科学要求已经超出了传统的犯罪调查、伤亡调查和法医职能领域，转向越来越多的情报和反情报功能。国防部的活动

[29] See www. atf. treas. gov/labs/index. htm.

[30] Office of the Inspector General. *Semiannual Report to Congress*, October 1, 2005-March 31, 2006. April 8, 2006. Available at www. usdoj. gov/oig/semiannual/0605/message. htm. Also see U. S. Department of Justice Office of the Inspector General Audit Division, Audit Report 06-15. March 2006. *Follow-Up Audit of the Bureau of Alcohol, Tobacco, Firearms and Explosives Forensic Science Laboratories Workload Management*.

主要是其根据职责进行的，但是它们在犯罪调查中也发挥着具体的作用。国防部法庭科学委员会为整个国防部的法庭科学活动提供咨询。

像其他犯罪实验室一样，国防部在大多数法庭科学学科上具有能力。它的主要法庭科学实体包括犯罪调查实验室、武装部队病理研究院、网络犯罪中心（年度预算 2 000 万美元）和中央鉴定实验室（年度预算 100 万美元），所有这些都通过了美国犯罪实验室主任协会/实验室认可委员会的认可。[31] 其军队还有武装部队遗体鉴定样本库，有五百多万份主要来自于服役军人的 DNA 样本。它还有一个检索数据库，存有被拘留者和已知或者有嫌疑的恐怖分子的 DNA 图谱。犯罪调查实验室为国防部的所有调查部门提供世界范围的法庭科学实验室服务、培训、研究与开发。

国防部目前正在开发一个"国防法庭科学事业系统"来更集中地管理、整合和协调军队内的犯罪调查与军事行动，以及服务于国土安全。[32] 系统的一部分是联合远征法庭科学设备，为了部署目的而进行了模块化设计，但是在设计上它也可以扩展进行全面分析。国防法庭科学网实际上联结了所有的国防部法庭科学活动，能与国防部在世界范围内的法庭科学活动同步。法庭科学培训与研究学院负责国防部所有法庭科学检验人员的培训，并且是国防部的认证机构。除了进行自己的研究外，国防部还与学术界、实业界和其他联邦机构形成了伙伴关系。它与国家法庭科学技术中心合作来加强其在易部署（deployable）的法庭科学设备与技术方面的工作，与国家司法研究院合作来加强其技术转让策略工作。

国土安全部国家生物物证分析中心

国家生物物证分析中心是国家生化防卫分析与对策中心的组成部分，后者是由代表国土安全部的承包人运作的，2009 财政年

㉛ L. C. Chelko, Director, U. S. Army Criminal Investigation Laboratory. Presentation to the committee. September 21, 2007.

㉜ R. Tontarski, Chief, Forensic Analysis Division, CID Command, U. S. Army Criminal Investigation Laboratory. Presentation to the committee. September 21, 2007.

度计划预算是 2 830 万美元。国家生物物证分析中心和国家生化防卫分析与对策中心都不是联邦机构。它们服务的主要客户是联邦调查局。它们并不进行全部的生物犯罪和生物恐怖主义的证据法庭科学分析；它们进行或者指导（其一个或者多个附属实验室）针对生物材料和生体毒素的分析。国家生物物证分析中心就几个学科为联邦调查局实验室检验人员提供实验室和培训，以安全和有效地就被污染的传统证据进行标准检验。它还负责建立和保持生物制剂参考库。[33]

国家反扩散中心

国家反扩散中心是国家情报总监办公室的政策和项目监督组织，它试图围绕微生物物证检验学（法医生物学）研究与开发及其为情报目的的应用而形成一个统一的策略观。微生物物证检验学是要“开发一个关于微生物的跨学科领域，致力于开发、评估和确认方法来充分辨别微生物样本，最终目的是进行高度可信的比较分析”[34]。

研究资金

几乎所有的法庭科学研究资金都是以司法部为渠道进行分配的。国家司法研究院和联邦调查局是法庭科学研究的两个主要的联邦资金来源。

国家司法研究院

国家司法研究院为研究提供了最主要的资金。司法统计局 2002 年调查发现，有资金开展研究的实验室中的 12% ，其开展

[33] J. Burans, Bioforensics Program Manager, National Bioforensics Analysis Center. Presentation to the committee. September 21, 2007.

[34] C. L. Cooke, Jr., Office of the Deputy Director for Strategy and Evaluation, National Counterproliferation Center. Presentation to the committee. September 21, 2007.

研究的资金主要来自国家司法研究院。

国家司法研究院有两个职能办公机构：(1) 研究与评估办公室，负责制定、进行、指导和监督涉及各种广泛问题的研究和评估活动；(2) 科学与技术办公室，管理技术研究与发展、制定技术标准、检测、进行法庭科学能力建设，以及为州和地方执法与矫正机构提供技术帮助。[35]与国家司法研究院的法庭科学项目相关的研究包括总统 DNA 行动计划、一般法庭科学研究与发展、法庭科学资源网和电子犯罪。这些项目在研究的直接支持方面是不同的。研究决策通过一个同行评议过程来加以管理。[36] 2002 财政年度，法庭科学研究的全部支出是 7 800 万美元，但是到了 2009 财政年度它们减少到了 3 300 万美元。根据国家司法研究院副主任 John Morgan 的说法，该机构能够为提交的申请的 5%～7%提供资助。[37] 论者已经指出，国家司法研究院的资助常常并不拨付给法庭科学共同体的一线工作者。[38]

2003 年，总统宣布了一个 5 年期的耗资 10 亿美元的行动计划，来改进刑事司法系统中 DNA 的应用。总统的 DNA 行动计划推动了资金的增长、培训和协助，以确保 DNA 技术“发挥其在打击犯罪、保护无辜、识别失踪人口中的全部潜能”[39]。迄今，国会已经向该行动计划拨付了 3 亿美元，尽管仅仅有一小部分直接用于了研究。自 2003 年开始，司法部已经提供了超过 2 600 万美元用于就法庭科学工具和方法开展新的研究[40]，其款项用于群体遗传学家、医学遗传学家、分子生物学家、技术专家和犯罪实验室人员。大多数资金拨付给了州和地方执法机构来支持对从 2004 年

[35] See www.ojp.gov/nij/about_rsrchpri.htm#1.

[36] J. Morgan, Deputy Director National Institute of Justice, Office of Justice Programs, U.S. Department of Justice. Presentation to the committee. January 25, 2007.

[37] Ibid..

[38] K. Pyrek. 2007. *Forensic Science Under Siege: The Challenges of Forensic Laboratories and the Medico-Legal Investigation System*. Burlington, MA: Academic Press (Elsevier), p. 448.

[39] See www.dna.gov/info/e_summary.

[40] Morgan, op. cit..

到 2007 年大约 104 000 起 DNA 案件和 2 500 000 份已定罪罪犯和被逮捕者样本的检验，这些检验数据要添加到全国 DNA 数据库中。由于这些工作，有超过 5 000 个“命中”或者说与未知图谱或者其他案件相匹配。2008 年，国家司法研究院准备资助对另外 9 000 件积压的案件和 834 000 份积压的被定罪罪犯和被逮捕者样本的检验。[41]

在一般法庭科学研究与开发项目中，在 2007 年有 53 笔资金用于开发“能够更快、更为可靠、更加有力、成本更低或者劳动力需求更少地对法庭科学证据进行识别、收集、保管和/或分析的工具和技术；能够为法庭科学比对提供定量手段或者统计评估的工具；发现或者确定具有法庭科学意义的新的分析物”[42]。在 2007 财政年度，发布的招标针对的是下列研究，即犯罪现场工具、方法与技术的研究与开发，压痕证据的研究与开发，火灾与纵火证据法庭科学分析的研究与开发以及法庭科学毒物研究与开发。

国家司法研究院研究项目的规模值得与其他研究项目比较一下。在 2007 财政年度，国家司法研究院为法庭科学研究与开发（不包括给 DNA 研究的资助）（参见表 2—2）提供了 21 笔资助。就像在第 5 章所要看到的那样，关于更普通的法庭科学方法的未定研究问题远远超过了 21 项，这些未定问题似乎都没有为表 2—2 所列的项目所充分解决。2007 年国家司法研究院的资助总额接近 660 万美元，平均资助额度是 31.4 万美元。形成对比的是，在同一年，国家卫生研究院资助了 37 275 项研究项目，平均是 35.9 万美元，总额是 150 亿美元。[43] 同样，在 2007 财政年度，国家科学

[41] Statement of J. S. Morgan, Deputy Director National Institute of Justice, Office of Justice Programs, U. S. Department of Justice, before the U. S. Senate Committee on the Judiciary concerning “Oversight of the Justice For All Act: Has the Justice Department Effectively Administered the Bloodsworth and Coverdell DNA Grant Programs?” January 23, 2008.

[42] Morgan, 2007, op. cit..

[43] See http://report.nih.gov/index.aspx? section=NIHFunding.

基金资助了 11 500 个研究项目，总额是 60 亿美元。[44]

表 2—2　2007 财政年度国家司法研究院用于法庭科学研究与开发的资助

生物测量学技术

应用扩展特征集进行自动指纹匹配，密歇根州立大学，260 038 美元

基于选择性特征的虹膜识别系统质量控制插件研制，印第安纳大学，84 858 美元

存在距离的位点调节性面部识别系统，通用电气公司，496 341 美元

法庭科学 DNA 研究与发展

一种用于 Y 染色体单核苷酸多态性分型的低成本微液态芯片仪的研制，Akonni 生物系统公司，448 466 美元

一种针对生物检材确定物种来源的快速、高效及有效分析技术，Bode 科技集团公司，170 212 美元

性交后超长时段精液的 DNA 分型技术，中佛罗里达大学，271 504 美元

用于法医 DNA STR 分型的微改造毛细管电泳基因分析技术，加利福尼亚大学董事会，592 183 美元

国家司法研究院法医 DNA 研究与发展，Network 生物系统公司，497 346美元

2007 财政年度国家司法研究院 DNA 研究与发展佛蒙特州项目，佛蒙特州公共安全部，112 481 美元

单核苷酸多态性群体遗传学的法医学应用研究，耶鲁大学，680 516 美元

基于适体匹配科技的精子采集方法，丹佛，市和县，370 813 美元

一种用于改善老化、降解、受损或受其他影响的 DNA 证据质量的工具，路易斯安那州立大学，580 337 美元

Y 染色体全基因组分析策略：改善男性 DNA 的检测，中佛罗里达大学，324 705 美元

犯罪现场工具、方法与技术研究与开发

应用多个地球物理技术检测被埋火器，中佛罗里达大学，89 584 美元

用于检测和增强血手印的荧光试剂开发，波特兰州立大学，168 904 美元

电子指纹识别装置“福马室”的研制，Mountain 州立大学，61 152 美元

---

[44] See www. nsf. gov/news/news _ summ. jsp? cntn _ id=105 803.

续前表

对样本矩阵在收集、稳定犯罪现场生物学证据用于优化分析和常温保存方面进行调查，加利福尼亚州立大学，洛杉矶，大学辅助服务部，353 449美元
应用光谱快速显现犯罪现场生物液体，南卡罗来纳州大学研究基金会，382 394 美元
压痕证据研究与开发
鞋类压痕证据的分析，纽约州立大学研究基金会，350 172 美元
应用红外成像、可靠的匹配引擎工具以及相关的计算方法加强二维和三维压痕的识别：阶段 1，SED 技术有限公司，295 247 美元

来源：www. ojp. usdoj. gov/nij/awards/2007. htm# solvingcoldcaseswithdna。

国家司法研究院的法庭科学资源网是四个法庭科学中心的系统，其任务是帮助州和地方法庭科学服务提供者通过研究与开发、检测与评估、培训、技术转让以及技术帮助实现其服务目标。

国家司法研究院电子犯罪组合计划（Electronic Crime Portfolio）要解决“刑事司法共同体回应电子犯罪的实践需要，帮助执法机关发现、分析、提呈和保存具有证明价值的数字证据”㊺。

2007 年 9 月，国家司法研究院还宣布了另外四个*技术卓越中心*，作为其各自技术领域内的资源，为执法人员提供技术帮助，与技术开发者和应用者合作来在运作环境中检测和评估设备。此外，国家司法研究院还留出了 500 万美元用于支持国家标准与技术研究院制定法庭科学标准。㊻

联邦调查局

联邦调查局实验室每年还收到大约 3 300 万美元进行自己的研究。为了确定何者优先，实验室要咨询其自己的工作人员和他们所支持的科学工作组的一线科学工作者。

㊺ Ibid..

㊻ J. Morgan, Deputy Director for Science and Technology, NIJ. Presentation to the committee. January 25, 2007.

联邦调查局的反恐怖主义和法庭科学研究部“通过（内部研究和外购研究）开发和确认新的技术/方法，通过专门法庭科学程序的高级科学培训，为联邦调查局及州和地方执法机构提供反恐怖主义和法庭科学方面的技术领导/进步”[47]。它通过两个核心项目来履行其研究职责。

*研究与开发项目*为联邦调查局实验室部门启动和协调新的法庭科学方法、设备和实验方案的开发，以用于恐怖主义和暴力犯罪案件。该项目集中在 DNA 分析、微量有机化学分析、毒物、爆炸物、指印、毒品和材料分析（例如，油漆、胶带、墨水、玻璃和金属）、数据库开发、法医人类学、法医微生物学和现场仪器设备等领域。委员会被告知，该项目的某些结果已经发表于科学杂志。*研究伙伴项目*通过合作研究、实施科学工作组界定的实验方案和全国法庭科学数据库，将新的法庭科学技术和程序转化给州和地方犯罪实验室的一线检验人员。研讨会涉及汽车地毯纤维数据库、人类精液信使 RNA（mRNA）分型、证据材料胡椒喷雾的可视化与识别、不同基质中的 DNA 的一步纯化，以及皮肤摩擦嵴细节的永久性。

职业协会

无数的职业组织关注着法庭科学学科（参见表 2—3）。法庭科学组织联盟，成立于 2000 年，其包括这些组织中最大的组织——美国法庭科学学会、美国犯罪实验室主任协会、国际鉴定协会、全国法医协会和法庭科学质量服务组织。

美国法庭科学学会成立于 1948 年，在全世界有 6 000 个会员。它成立并支持了法庭科学专业认可委员会，该委员会负责对认证组织的认可。[48] 会员包括外科医生、律师、牙医、毒物学家、体质

[47] See www.fbi.gov/hq/lab/html/cterror1.htm.

[48] See www.thefasb.org.

人类学家、文件检验人员、精神病学家、物理学家、工程师、刑事科学工作者、教育工作者和其他人员。美国法庭科学学会赞助年度科学会议，出版《法庭科学杂志》，并促进研究、教育和培训。它还开设了法庭科学教育项目认可委员会（进一步的讨论参见第 8 章）。[49]

国际鉴定协会成立于 1915 年，在全世界有 6 700 名会员。其成员处于过程——犯罪现场调查、证据收集和证据保全——的“前端”[50]。它在 7 个学科设有认证项目，出版有《法庭科学鉴定杂志》。其活动的关注点是形态证据，例如，指印、鞋印、轮胎痕、可疑文件、法庭科学照相和法庭科学艺术。

第 7 章将更为详细地讨论美国犯罪实验室主任协会和法庭科学质量服务组织认可犯罪实验室。第 9 章描述了全国法医协会的活动。

表 2—3　　法庭科学协会

美国法庭科学学会
美国刑事科学委员会
美国法医人类学委员会
美国法医齿科学委员会
美国法医毒物学委员会
美国质量协会
美国检测与材料协会
美国犯罪实验室主任协会
美国可疑文件检验人员协会
美国分析化学共同体国际协会
火器与工具痕迹检验人员协会
法庭科学质量保证管理人协会
加利福尼亚州刑事科学协会
加拿大法庭科学协会
联邦法庭科学犯罪实验室主任委员会

[49] B. A. Goldberger, AAFS President-Elect. Presentation to the committee. January 25, 2007.

[50] J. Polski, IAI Chief Operations Officer. Presentation to the committee. January 25, 2007.

续前表

法庭科学协会
国际鉴定协会
纵火调查人员国际协会
血迹形态分析人员国际协会
国际验尸官和法医协会
法医护士国际协会
法医毒物学家国际协会
中大西洋法庭科学工作者协会
中西部法庭科学工作者协会
全国法医协会
全国法庭科学中心
全国法庭科学技术中心
新泽西州法庭科学工作者协会
东北法庭科学工作者协会
西北法庭科学工作者协会
法医毒物学家协会
南部法庭科学协会
西南法庭科学工作者协会
威斯康星州鉴定协会

结论和建议

法庭科学共同体支离破碎的性质，使得我们很难就法庭科学服务实体和活动的整个情况收集数据，尽管已经就收集公立犯罪实验室和非基于实验室的提供者的数据开展了工作。例如，除了DNA实验室外，委员会就营利性法庭科学服务提供者找不到相应数据。因此，由于就美国法庭科学的基础情况缺少连贯、一致的信息，构建有效政策的活动受到了妨碍。然而，从事法庭科学事业的人和研究该事业如何运行的专家提供给委员会的大量信息，全都说明这个体系缺乏协调，在许多方面资源不足。

委员会在使用“资源不足”一语时，是说这涉及所有的维度。现有的数据表明，法庭科学实验室资源不足、人员不足，这造成了案件积压，很可能使得实验室难以尽其所能为调查提供信息、为起诉提供有力证据、避免可能导致不完美司法的差错。但是资源不足还意味着法庭科学工具不能像其应有的那样强而有力。支撑证据分析和解读的知识基础——这能够使法庭科学学科在为调查提供信息、为起诉提供强有力证据和避免可能导致不完美判决的差错方面卓尔不群——在很多重要的方面都是不完备的。国家司法研究院作为唯一的联邦机构，直接为犯罪实验室提供资助，来减轻案件积压，但是那些资金是微不足道的。该事业的资源不足还表现在，它与能够加强法庭科学学科、填补知识空白的学术研究基础的联系非常薄弱。这种资源不足，限制了法庭科学共同体中许多辛勤工作和富有良知的人人尽其才的能力。

在各种资源不足中，委员会最忧虑的是知识基础问题，这将在第 5 章进一步探讨。给该事业增加更多的资金和人员可能会减少案件积压，但是它不能在根本上解决法庭科学学科后从犯罪现场证据识别有效信息的能力上的局限性。在很大程度上，不可能确定那些局限性有多大，常人将会就其意义有不同的看法。

法庭科学研究并没有得到很好的支持，在各联邦机构之间并没有一个统一的制订法庭科学研究计划的战略。与其他领域的科学相比，法庭科学学科获得研究资助的机会极其有限。尽管联邦调查局和国家司法研究院已经支持了法庭科学学科的某些研究，但是对于法庭科学共同体与研究大学和全国性的研究共同体这一广阔基础建立强有力的联系而言，资助水平远不及所需。此外，给学术研究的资助是有限的，并且要求执法机构的合作，而这会抑制对于对建立法庭科学的科学基础至关重要的、更为根本的科学问题的探究。最后，更广泛的研究共同体通常并不从事与促进法庭科学学科有关的研究。

法庭科学共同体还为其极端的支离破碎性所牵累。这种支离破碎性表现为，不同类型的从业人员有着不同层次的教育和培训、不同的职业文化和不同的绩效标准。许多法庭科学工作者很少有机会参与诸如出席会议、发表研究等有助于强化该职业共同体的职业活动。此外，法庭科学共同体的支离破碎性导致了令人担忧的情况，即各个司法辖区对在法院提出的证据的质量及对证据的解读有着令人难以预测的差异。

围绕法庭科学学科，有许许多多的职业协会，其中许多涉及培训和教育（参见第 8 章）、标准制定、认可和认证项目（参见第 7 章）。这些群体的活动是令人称道的。然而，除了最大的组织以外，我们并不清楚这些协会是如何互动的，它们在多大程度上有着共同的要求、标准或者方针。因此，需要有更为一致、更为和谐的要求。

在评估和审查法庭科学事业的过程中，对于委员会来说变得显而易见的是，如果没有联邦政府相应的重要领导，则不会取得真正有意义的进展。法庭科学共同体缺少必要的治理结构，来将自己从当前的泥淖中解脱出来。当前体制的不足不能仅仅靠增加现有的犯罪实验室和法医局的人员来加以解决。就服务于法庭科学事业的许多职业协会而言，没有一个是主导性的，并且显然没有一个阐明了进行变革的需要，或者为实现该变革勾画一个蓝图。同样显而易见的是，没有一个市或者州的法庭科学办公室有权力来领导整个事业。主要的联邦资源——国家司法研究院和联邦调查局实验室——提供了一些领导，据此应当推荐它们。国家司法研究院提供了有益的研究项目，联邦调查局实验室则是科学工作组的先行者。但是同样，这两个实体都没有认识到——更不用说阐明了——进行变革的需要或者如何实现该变革的蓝图。这两个实体都没有获得更广泛的法庭科学共同体的充分的信任。因为二者都是政府检控部门的一部分，它们会受到微妙的背景偏见的影响，而这不应当被允许来削弱法庭科学的力量。

法庭科学事业要采用和推进积极的、长期的强化法庭科学学科的工作进程，需要有强有力的治理。这种治理必须足够有力，并且具有足够的独立性，以识别法庭科学方法的局限性，并且必须与全国的科学研究基地有着良好的联系，以实现法庭科学实践的有意义进步。该治理结构必须能够为司法辖区采用和坚持最优方法、颁布必要的惩罚措施来抑制不良做法，创造适当的动机。

它必须对教育者有影响力，以实现法庭科学教育的改进。它必须能够确认标准并对此加以执行。一个治理实体必须与执法共同体相契合，并取得其信任，但是它必须有力量超越这一领域。对法庭科学共同体和法医系统的监督将涉及犯罪调查和起诉、民事诉讼、法律改革、保险索赔调查、全国性灾难预案、国土安全、联邦、州和地方法庭科学从业人员认证、公共卫生、公立和私立实验室、改进法庭科学方法的研究、学院和大学的研究项目以及创新科技等广泛领域。

委员会考虑了在现有的联邦机构范围内是否能够建立这样的治理实体。国家科学基金会之所以被考虑，是因为它有力量领导研究，并且它与研究和教育共同体有联系。国家科学基金会确实能够建立和运转一个研究基地，但是它与法庭科学共同体的联系很薄弱。如果要它来承担科学应用领域的治理职责，则它有必要采取许多未经测试的措施。委员会还考虑了国家标准与技术研究院。然而，分析到最后，国家标准与技术研究院似乎并不是一个可行的选项。尽管它有着针对法庭科学和执法的良好研究项目，但是项目很少。国家标准与技术研究院同实业界和学术界也有着有力的联系，它在确定标准和开发方法方面也有着卓越的历史。但是它同法庭科学共同体的联系是很有限的，它不会被领域内的学者、科学工作者和从业人员视为天然的领导者。总之，委员会得出结论认为，国家科学基金会和国家标准与技术研究院都没有足够的经验或者组织能力来为法庭科学事业建立有效的治理结构。

委员会同样有这样的强烈共识，即司法部内现有的或者新的部门或者单位都不能适当地安置规制法庭科学共同体的新的实体。司法部的主要职责是执法并根据法律为联邦的利益进行辩护。司法部内部的机构是根据这一职责进行运作的。例如，联邦调查局是司法部的调查部门，其主要职责是提供和使用情报来保护国家免遭威胁，并将违法者交付司法。这些执法机构的工作对于国家而言至关重要，但是司法部各个单位的工作范围比一个强大的法庭科学共同体的范围要窄得多。法庭科学服务的不仅仅是执法，在其服务于执法时，它必须能够平等地为刑事司法系统的执法人员、公诉人和被告人服务。所要建立的规制法庭科学共同体的实体不能主要得益于执法。执法的需要和法庭科学更大范围内的需要之间发生利益冲突的可能性太大了。此外，委员会断定，司法部的研究资助策略并没有足够地服务于法庭科学共同体的广泛需要。当问题是一个机构是否最适合支持和监督全国的法庭科学共同体时，这是可以理解的，但是是不可接受的。总之，委员会得出结论认为，不可能在司法部的范围内实现对法庭科学事业科学性的促进。此外，国土安全部过于关注国家安全，因而也不能在其内部设立一个新的实体。

因此，委员会得出结论认为，现有的机构都没有能力或者适当的职责来承担管理和改进法庭科学事业所需要的角色和职责。指派给它的职责，要求它尽可能地无拘无束、客观和免于偏见。我们所需要的是一个新的、有力的、独立的实体，它要与过去没有联系，并有权力与资源来贯彻一个崭新的日程，以解决委员会发现并在这一报告的其他部分所讨论的问题。

所要设立的实体必须满足以下最低标准：

- 它必须具有强有力地根植于科学的文化，与全国的研究和教学共同体——包括联邦实验室——具有强有力的联系。
- 它必须与州和地方法庭科学实体以及法庭科学共同体的职业组织有着密切联系。
- 它必须不以任何方式与现有的制度牵连在一起，但是应当受其经验的启迪。
- 它不得是执法机构的一部分。
- 它必须有资金、独立性和足够的杰出性，来提高法庭科学学科的整体素质并推进有效的改进。
- 它必须由在确定标准、管理认可和检测过程、制定和贯彻规则制订、监督和惩戒程序方面具有制定和执行全国性策略与计划的技能和经验的人来领导。

现有的联邦机构都不能满足所有这些标准。

建议 1:

为了促进法庭科学发展成为一个建立在系统收集和分析相关数据基础上的成熟的跨学科研究和实践领域，国会应当确定并拨款来建立独立的联邦实体——国家法庭科学研究院。国家法庭科学研究院应当有专职管理人员，并设立由在研究和教育、法庭科学学科、物理和生命科学、法医病理学、工程学、信息技术、量度与标准、检测与评估、法律、国家安全和公共政策方面的专家组成的咨询委员会。国家法庭科学研究院应当关注：

(a) 为法庭科学专业人员和实验室确立和执行最优方法；

(b) 为法庭科学实验室强制性认可、法庭科学工作者和法医/法医病理学家强制性认证建立标准，并确定能够制定和贯彻认可与认证的实体；

(c) 促进法庭科学学科和法医学的学术性的、竞争性的、经同行评审的研究和技术发展；

(d) 制定策略来改进包括法医病理学在内的法庭科学研究和教育项目；

(e) 根据关于法庭科学共同体的准确数据，建立一种策略，以有效率地分配可得的资金，为除了 DNA 分析之外的法庭科学方法和实践提供有力的支持；

(f) 为促进法庭科学学科的可信性和可靠性，按照本报告的建议，资助州和地方法庭科学机构、独立研究计划和教育项目；

(g) 检查学院和大学的法庭科学项目的教育标准和认可情况；

(h) 开展项目来改进法律制度内的人员对法庭科学学科及其局限性的认识；

(i) 评估法庭科学调查中新技术的发展和引进情况，包括就新的技术与先前的技术进行比较。

由一个强有力的、独立的、战略性的、一贯的和资金充裕的联邦项目来支持和监督本国的法庭科学学科，所带来的好处是显而易见的：国家将提高其更准确地识别真正的犯罪者和排除那些被错误指控的人的能力；改进其有效地应对、追查和和起诉对国土安全的威胁的能力；减少依据不准确的数据定罪的可能性。此外，建立法庭科学学科的科学基础、提供更好的教育和培训、要求进行认证和认可，将使得法庭科学共同体能够得益于当前和未来的科学进步。

新的联邦实体的创设无疑将带来挑战，这不仅仅是预算方面的限制问题。委员会无法估算贯彻本报告中的建议将耗资多少，这最好由议会预算办公室的专业人员来进行。然而，显而易见的是，如果要医治法庭科学共同体的痼疾，国会必须采取积极的措施。政治和预算方面的考虑不应当阻碍大胆的、创见性的、前瞻性的行动，因为这个国家承受不起无为的后果。贯彻这一报告中的建议需要时间和耐心。但是对于任何庞大、复杂、重要和富有挑战性的事业而言，都是如此。

委员会坚定地认为，这一事业的成功，最大的希望在于创建国家法庭科学研究院来监督和指导法庭科学共同体。这一报告的其他建议与国家法庭科学研究院的创建有着密切联系。然而，每个建议都是改进美国法庭科学共同体的计划中独立的、至关重要的一部分。因此，即使国家法庭科学研究院的创设遇到了阻碍，委员会仍然强烈地支持采纳以下建议中所体现的核心理念和原则。

3

法庭科学证据在诉讼中的采纳

这一章将说明法律制度在刑事检控中是如何依赖于法庭科学证据的，并检验现有的用于采纳这种类型的证据的对抗程序。本报告说明和分析了现状，并就未来提出了建议。我们没有就过去的判决作出判断，也没有就法院是否应当重新评估已经审判的案件表达任何观点。本报告发现现有的法律体制——包括规制法庭科学证据可采性的规则、规制对审判法院的判决进行上诉审查的相关标准、对抗制程序的局限性、常常缺乏理解和评估法庭科学证据所必需的科学专业知识的法官和律师——不足以治愈法庭科学学科已知的病症。这牵涉众多，因为“法庭科学不过是法律制度的侍女”①。就像第 4 章和第 5 章所解释的那样，就当前法庭科学制度的能力和质量而言，存在严重问题，而法院继续在仰赖法庭科学证据，而没有充分认识和解决不同法庭科学学科的局限性。法律与科学的这种深度结合，特别是在执法背景下，强化了对法庭科学共同体加以完善的需要。本报告的结论是，必须尽一切努力来限制这样的风险，即在法庭科学方法得到适当研究并确认其准确性之前，让法院来确认其可靠性。

法律与科学

科学与法律一直是不稳定的联盟：

① 4 D. L. Faigman, M. J. Saks, J. Sanders, and E. K. Cheng. 2007 – 2008. *Modern Scientific Evidence*: *The Law and Science of Expert Testimony*. Eagan, MN: Thomson/West, § 29. 4, p. 6. See also P. C. Giannelli and E. J. Imwinkelried. 2007. *Scientific Evidence*, 4th ed., Albany, NY: Lexis Publishing Co., on the latest forensic techniques and scientific concepts used in collecting and evaluating evidence.

远可追溯至14世纪，科学证据就对法律提出了深刻的挑战。从根本上说，许多这样的挑战源自法律过程与科学过程的根本性差别……法律制度信奉达致“真相”的对抗过程，最终目的是获得一个权威、终局、公正和社会接受的纠纷解决方案。因此，法律是一种试图界定公共和私人关系应当如何运作的规范性活动……然而，与法律关于真相的认识相反，科学利用经验分析来揭示在证实的事实中发现的真相。因此，科学是一种描述性活动，它并不界定世界应当是什么样子，而是描述它实际上是什么样子。

法律和科学之间的这些区别为法律和其中的行动者制造了系统的、实际的两难问题……此外，几乎在每个例子中，科学证据都是在测试法官、律师和陪审员的能力，他们全都可能缺少明智地理解和评估这些证据所需要的科学专业知识。[②]

没有比关于在刑事审判中提出的法庭科学证据的可采性的判决，更能说明这些两难问题的了。

法庭科学专家和证据通常服务于刑事司法系统。DNA检测可以用于确定从强奸案被害人身上发现的精子是否来自于被指控的当事人，在枪支上发现的潜在指印可以用于确定被告人是否接触了武器，毒品分析可以用于确定一个人持有的药片是否为违禁药物，尸体解剖可以用于确定谋杀案件被害人的死亡原因。为了让有资格的法庭科学专家就法庭科学证据称职地作证，他们必须首先找到处于可用状态的证据，并对此加以适当保存。在发现时被严重玷污的潜在指印，不能完全保全、分析或者解释。不足的毒品抽样可能不足以进行适当的分析。就受污染或者有其他缺陷的样本进行的DNA测试，不能可靠地认定或者排除某个人是否是犯罪者。这些都是与对法庭科学证据的“处理”关系重大的事项。法律最大的两难，就是它严重依赖法庭科学证据，然而它又担心任何特定的“法庭科学”学科是否是科学的，以及它在多大程度上是科学的。[③]

在刑事案件中，法庭科学方法的科学程度与法庭科学证据的

② Developments in the law-confronting the new challenges of scientific evidence. 108 HARV. L. REV. 1481, 1484 (1995) (hereinafter “Developments in the law”)(脚注已省略); see also M. A. Berger and L. M. Solan. The uneasy relationship between science and law: An essay and introduction. 73 BROOK. L. REV. 847 (2008)。

③ 科学原则将在第4章讨论。

可靠性有着重要关系。有两个很重要的问题应当是关于采纳和依赖刑事审判中的法庭科学证据的法律的基础：（1）特定的法庭科学学科是在多大程度上建立在可靠的科学方法基础上的，从而使其具有准确地分析证据和报告结果的能力；（2）特定的法庭科学学科从业人员在多大程度上依赖于会被错误、偏见、威胁、合理的操作程序和有力的效能标准的阙如所污染的人类解读。这些都是重大问题④：执法活动的目标，是识别出那些犯罪者，防止刑事司法系统对无辜者错误定罪。因此，它与一个专家是否有资格就法庭科学证据作证，以及证据是否具有足够的可靠性，值得事实认定者依赖其所要支持的事实，关涉颇多。

就像第 4 章和第 5 章所讨论的那样，除了核 DNA 分析之外，还没有法庭科学学科被严格地证明具有稳定并高度确定地支持"个体识别"（通常叫作未知证据与特定已知来源的"匹配"）的能力。从科学基础的角度看，以分析为基础的学科通常要显著优于建立在专家解读基础上的学科。但是建立在专家解读基础上的学科（之间）也存在重要的差别。例如，与咬痕相比，在指印分析方面则有更多确立的实验方案和研究。此外，每个学科之内也存在重大不同。因此，并不是所有的指印证据都是同样好的，因为证据的真正价值是由潜在指印图像的质量所决定的。总之，对法庭科学证据的解读并非总是无误的，而是恰恰相反。这一现实并不总是能够为许多法庭科学从业人员、法官、陪审员、政策制定者、律师及其委托人充分理解和接受。⑤

FRYE 标准和《联邦证据规则》702

在 20 世纪，随着科学的进步，法律制度"试图就科学证据的可

④ 对不同法庭科学学科的描述和评估，参见第 5 章和第 6 章。

⑤ See 4 Faigman et al., op. cit., *supra* note 1, § 29.3, p. 6（"就其委托人而言，无论他们是警察、检控方还是辩护律师，法庭科学工作者很少有人就其对真正科学的期待感到深深的忧虑……委托人期待真正的科学和真相，如果这有助于其案件的话。"）；S. Scarborough. 2005. They keep putting fingerprints in print. *The CACNews*. California Association of Criminalists, 2nd Quarter. Available at www.cacnews.org/news/2ndq05.pdf, p. 19（"作为科学家，我们自信的是，任何试图证明指印可错性的'吹毛求疵者'事实上都会发现恰恰相反。就像我们作证所说的那样。"）。

采性确立一致的标准”[6]。第一个引人注目的发展发生在 1923 年，这一年在 *Frye v. United States*[7] 案中，发布了里程碑式的判决。*Frye* 案涉及一个谋杀审判，在该案中被告人试图通过采纳测量收缩压的测谎仪的测试结果来证明其清白。法院驳回了这一证据，说道：

> 科学原理或者发现究竟在何时跨越了试验和证实（demonstrable）阶段之间的界限，是难以界定的。在这一过渡区域的某一点上，科学原理的证据力（evidential force）必须得到承认。虽然在采纳从公认的科学原理或者发现中演绎出的专家证言方面，法院将发挥很大作用，但是据以进行演绎的事情必须得到足够的确立，在其所属领域获得了普遍接受（general acceptance）。[8]

Frye 案判决判定，测谎仪的测试是不可靠的，因为它没有得到相关科学共同体的“普遍接受”。*Frye* 标准的含义是令人困惑的。确实，“*Frye* 标准的是非功过一直受到热烈讨论，关于其范围和运用的学术论著汗牛充栋”[9]。许多年来，*Frye* 标准在民事和刑事案件中都得到引用，但是最常适用于刑事案件。[10] “自从在 *Frye* 案中形成该标准以来，‘普遍接受’标准在此后 70 年里是审判中确定新型科学证据可采性的支配性标准。”[11]

1975 年，在 *Frye* 案判决后半个多世纪后，制定了《联邦证据规则》来指导联邦法院的刑事和民事诉讼。第一版《联邦证据规则》702 规定：

> 如果科学、技术或者其他专门知识将会帮助事实审判者理解证据或者确定争议事实，因知识、技能、经验、训练或者教

⑥ Developments in the law, *supra* note 2, p. 1486.

⑦ *Frye v. United States*, 54 App. D. C. 46, 293 F. 1013 (1923).

⑧ Ibid., p. 1014.

⑨ *Daubert v. Merrell Dow Pharm., Inc.*, 509 U. S. 579, 586 & n. 4 (1993) (citing authorities).

⑩ P. C. Giannelli. 1993. “Junk science”: The criminal cases. *Journal of Criminal Law and Criminology* 84: 105, 111, and n. 35.

⑪ *Daubert*, 509 U. S. at 585.

育而具备专家资格的证人，可以以意见或者其他的形式作证。[12]

取代 *Frye* 案的普遍科学接受要求的，仅仅是对事实审判者的"帮助"，似乎是"规则 702 规定的可采性的标准"[13]。

在制定了规则 702 后，诉讼当事人、法官和法学学者仍然在该规则是涵盖了 *Frye* 标准还是建立了一个新的标准问题上有不同意见。[14] 就规则 702 在民事案件中的适用有着更多的争议。最引人瞩目的是，Peter Huber 普及了现在众所周知的"垃圾科学"这一术语，来批评法院接受不可靠的专家证言来支持侵权诉讼。[15] Huber 的研究受到了尖锐的批评[16]，但是它激起了在法院中应当如何使用专家证言的争论。然而，"尽管就民事领域的专家规则的改革存在高度可见的努力，'垃圾科学'的争论几乎忽视了刑事检控"[17]。"对刑事检控中专家证言问题的忽视"，在某些人看来是"可悲可叹的"[18]。

⑫ FED. R. EVID. 702, P. L. No. 93-595, § 1, 88 Stat. 1926（1975 年 1 月 2 日生效）。

⑬ Giannelli, op. cit., *supra* note 10, p. 107.

⑭ T. Lyons. 1997. *Frye*, *Daubert* and where do we go from here? *Rhode Island Bar Journal* 45 (5): 21（说"绝大多数联邦巡回法院和其他法院将 *Frye* 标准采纳为其司法辖区的可采性标准"）。

⑮ P. W. Huber. 1991. *Galileo's Revenge: Junk Science in the Courtroom*. New York: Basic Books.

⑯ See, e. g., K. J. Chesebro. *Galileo*'s retort: Peter Huber's junk scholarship. 42 AM. U. L. REV. 1637 (1993); Book Note: Rebel without a cause. 105 HARV. L. REV. 935 (1992).

⑰ Giannelli, op. cit., *supra* note 10, p. 110.

⑱ Ibid., pp. 110-111. Over time，许多法院和论者发现，"普遍接受"标准存在严重不足。See 1 Faigman et al., op. cit., *supra* note 1, § 1: 6, pp. 13-17; P. C. Giannelli. The admissibility of novel scientific evidence: *Frye v. United States*, a half century later. 80 COLUM. L. REV. 1197, 1207-1208 (1980)（"*Frye* 标准已经造成的问题——适用该标准的困难性和该标准所制造的异常结果——已经远远超过了其带来的好处，因而采用其他标准的呼声已经成了压倒性的声音。"）; M. McCormick. Scientific evidence: Defining a new approach to admissibility. 67 IOWA L. REV. 879, 915 (1982)（*Frye* 标准的"主要缺陷是它的不灵活性、混淆争点和多余性"）; J. W. Strong. Questions affecting the admissibility of scientific science. U. ILL. L. F. 1, 14 (1970)（"然而，*Frye* 标准模糊了这些适当的因素，因为它主张把一个定义不清的'普遍接受'作为主要决定因素，如果不是唯一决定因素的话。"）。

DAUBERT 判决与最高法院对规则 702 的解释

1993 年，在 *Daubert v. Merrell Dow Pharmaceuticals*, *Inc.* 案件中，最高法院最终澄清，是规则 702，而不是 *Frye* 标准控制着联邦法院对专家证言的可采性。⑲ *Daubert* 案是由两个幼儿及其父母提起的民事案件，诉称儿童的严重出生缺陷是他们的母亲在怀孕期间服用盐酸双环胺这种被告制药公司推向市场的处方药所造成的。为了支持简易判决的动议，药品公司提交了一份有资格的专家作出的宣誓陈述书，该专家说他已研究了所有关于盐酸双环胺与人类先天缺陷的文献，没有研究表明盐酸双环胺是导致人类畸形胎的制剂（即造成胎儿畸形的物质）。原告以他们自己的专家作出了反击，其中每个人得出的结论都是盐酸双环胺会导致先天缺陷。他们的结论基于：（1）动物研究，该研究发现在盐酸双环胺与畸形之间存在联系；（2）对盐酸双环胺化学结构的药理学研究，该研究宣称该药品的结构与其他已知会造成出生缺陷的物质的结构具有相似性；（3）对以前发表的流行病学（人类统计）研究成果的“再分析”。地区法院判定原告提出的专家证言不可采，因为他们的科学证据没被足够地证明已经在其所属领域获得了普遍接受。⑳ 上诉法院引用了 *Frye* 案件，维持了地区法院的判决，宣布该专家意见所依据的方法论与该领域为公认的权威们所认可的程序存在重大背离，不能表明其作为一种可靠的技术获得了普遍接受。㉑ 最高法院推翻了该判决，判定审判法院在评价原告提出的专家证言时适用了错误的标准。此案被发回重审。

在解释和适用规则 702 时，*Daubert* 案法院判定“审判法院必

⑲ 509 U. S. 579 (1993).

⑳ *Daubert v. Merrell Dow Pharm.*, *Inc.*, 727 F. Supp. 570, 575 (S. D. Cal. 1989).

㉑ *Daubert v. Merrell Dow Pharm.*, Inc., 951 F. 2d 1128, 1129 - 30 (9th Cir. 1991).

须确保所采纳的任何科学证言或者证据不但相关，而且可靠”㉒。法院否决了 *Frye* 标准，指出，规则 702 的起草史并没有提及 *Frye* 案，严格的“普遍接受”要求将与联邦规则的“自由进入”（liberal thrust）及“放宽对‘意见’证言的传统限制的一般方法”相悖。㉓ 法院表明专家证言的主题应当是“科学知识”，因此“证据可靠性将立足于科学有效性”㉔。法院还强调，在考虑证据可采性时，审判法官应当“仅仅”关注专家的“原理和方法”，而“不是他们所得出的结论”㉕。总之，*Daubert* 案判决要求专家证言与“科学知识”有关，确立了“证据可靠性”标准。

在解释这一证据标准时，*Daubert* 案法院指出了审判法官可以考虑的几个因素：（1）理论或者方法是否能够（并且已经）受到检验；（2）理论或者方法是否已经受到同行评议并发表；（3）特定科学方法的已知或者潜在误差率；（4）控制技术操作的标准是否实际存在以及是否得到了维护；（5）相关科学共同体对科学方法的接受程度。㉖ 然而，法院最后强调，根据规则 702 进行的探究是“灵活性的”㉗。法院还摒弃了这样的建议，即其对规则 702 的自由解释，将“导致一场‘混战’，晕头转向的陪审团将会为荒唐的、非理性的伪科学主张所迷惑”㉘。相反，法院表达了对对抗制的信心，指出“激烈的交叉询问、相反证据的提出，以及对证明负担的仔细指示，都是攻击薄弱但是可采证据的传统的和适当的

㉒ *Daubert*, 509 U. S. at 589.

㉓ Ibid., p. 588（内部引用已省略）。

㉔ Ibid., p. 590 and n. 9（着重号已省略）。

㉕ Ibid., p. 595. 在 *General Electric Co. v. Joiner*, 522 U. S. 136, 146 (1997). 该案件中，法院补充说道：“结论和方法并不能彼此彻底区分。训练有素的专家通常根据现有的数据进行推断。但是 *Daubert* 案及《联邦证据规则》都没有要求地区法院采纳仅仅因专家亲口所述而与现有的数据有关的意见证据。”

㉖ Ibid., pp. 592 - 94.

㉗ Ibid., p. 594. 在 *Kumho Tire Co., Ltd. v. Carmichael*, 526 U. S. 137 (1999) 案件中，法院确认，*Daubert* 因素并不是确定性的清单或者标准。*Kumho Tire* 很重要的一点就是判定规则 702 既适用于科学专家证言，也适用于非科学专家证言；法院还指出，*Daubert* 因素在审判法官评估非专家证言的可靠性时也可适用，这取决于“有关特定案件的特定情况”。526 U. S. , at 150.

㉘ *Daubert*, 509 U. S., at 595.

方法”[29]。

当事人可能会在审判前[30]或者审判过程中[31]提出 *Daubert* 类型的问题，审判法官也可以主动提出该问题。[32] 有的时候，在就当事人对专家证言提出的异议作出裁决之前，审判法官将进行正式的“*Daubert* 听证”；然而，有的时候，法官将仅仅接受当事人的异议，听取理由，然后作出裁决。[33] 有的时候，法官仅仅根据案卷作出裁决，而没有正式的辩论。就法庭科学专家证言或者法庭科学证据本身，可能会提出许多问题。这些问题可能除了与 5 个 *Daubert* 因素或者其他与法庭科学证据相适应的因素有关的问题外，还包括证据的相关性、专家的资格、专家所要作证的证据样本的充足性、处理证据所遵循的程序等。在考虑有关的事项后，审判法官可能完全或者部分排除证据，制止或者限制专家证人的证言，或者驳回异议。最高法院已经表明，在根据规则 702 就证据的可采性作出裁决时，审判法官有巨大的自由裁量权，对 *Daubert* 裁决的上诉进行审查的标准，是非常狭窄的滥用自由裁量权。[34] 最重要的是，在 *Kumho Tire Co., Ltd. v. Carmichael* 案件中，法院表明，“在特定案件中，*Daubert* 案的具体因素是否是可靠性的合理量度，是一个法律赋予审判法官很大空间来确定的事项”[35]。

---

[29] Ibid., p. 596.

[30] See, e. g., *Alfred v. Caterpillar, Inc.*, 262 F. 3d 1083, 1087 (10th Cir. 2001). (“由于 *Daubert* 标准通常旨在发挥‘守门’功能，而不是‘弹无虚发’的关键点，[判例法] 允许地区法院将其作为后来在审判过程中提出的 *Daubert* 动议而终局性地加以拒绝。”)

[31] See, e. g., *United States v. Alatorre*, 222 F. 3d 1098, 1100 (9th Cir. 2000) (判定不能强迫审判法院进行审前听证以根据 Daubert 案就专家证言履行守门人职责)。

[32] See, e. g., *Hoult v. Hoult*, 57 F. 3d 1, 4 (1st Cir. 1995) (“我们认为 Daubert 案并没有指示地区法院就专家证言的可靠性进行审前评估，即使没有异议”)。

[33] 1 Faigman et al., op. cit., *supra* note 1, § 1. 8, p. 23 (说“一般而言，考虑该问题的大多数法院都判定，不需要举行单独听证来确定科学证据基础的有效性”，并讨论了有关案件)。

[34] See *Gen. Elec. Co. v. Joiner*, 522 U. S. 136, 142 - 43 (1997).

[35] *Kumho Tire Co., Ltd. v. Carmichael*, 526 U. S. 137, 153 (1999).

2000年对规则702的修正

2000年，规则702“回应 *Daubert* 案”而进行了修正。[36] 修正后的规则规定：

> 如果科学、技术或者其他专门知识将会帮助事实审判者理解证据或者确定争议事实，则在下列情况下，因知识、技能、经验、训练或者教育而具备专家资格的证人，可以以意见或者其他的形式作证：(1) 证言基于充足的事实或者数据，(2) 证言是可靠的原理或者方法的产物，并且 (3) 证人将这些原理和方法可靠地适用于案件的事实。[37]

对修改后的规则的注释[38]叙述了“*Daubert* 因素”，然后解释说：

> 法院在 *Daubert* 案之前和之后，已经发现事实审判者在确定专家证言是否足够可靠时应当考虑的其他相关因素。这些因素包括：
>
> (1) 专家准备作证的事项，是否是自然形成的，直接出自他们进行的、独立于诉讼的研究，或者说他们是否显然为了作证目的而形成了他们的意见。
>
> (2) 从一个可接受的前提到一个无根据的结论之间，专家是否存在不能证成的推断。[39]
>
> (3) 对于显然可作其他解释的事项，专家是否能够进行足够的说明。
>
> (4) 专家是否像在收费诉讼咨询之外的日常职业工作中

[36] FED. R. EVID. 702 advisory committee's note (2000年修正)。

[37] FED. R. EVID. 702.

[38] FED. R. EVID. 702 advisory committee's note (2000年修正) (引用及引号已省略)。

[39] The commentary cites *General Electric*, 522 U.S., at 146 (指出在某些案件中，审判法院“可能认为数据和所提出的意见之间的分析罅隙过于巨大”)。

那样仔细。

(5) 就专家所要提供的意见类型而言，专家所宣称的专业知识领域是否被公认可以形成可靠的结果。[40]

根据修正后的规则，所有这些因素在确定专家证言可靠性时，仍具有相关性。

对修改后的规则的注释还指出：

（对规则 702 的）修正并没有就科学和其他形式的专家证言进行区分。审判法院的守门功能适用于任何专家的证言。虽然确定可靠性的相关因素会因专业知识的不同而有所不同，该修正摈弃了这样的前提，即专家的证言因其在科学领域之外而应当在对待上更为简单。在可靠性方面，不是科学工作者的专家的意见，应当像声称其为科学的专家的意见一样，受到同等程度的审查。某些类型的专家证言与其他专家证言相比，能够更加客观地得到确认，人们能够期待其可证伪性、同行评议和发表。某些类型的专家证言将并不像科学方法那样有任何依据，因此将根据与特定专业知识领域相伴随的其他标准原则而加以评估。在所有提出专家证言的案件中，在采纳专家证言之前，审判法官必须判定它有适当的基础、推理适当并且不是推测性的。专家证言必须立足于专家所在领域所接受的学识或者经验基础上，专家必须解释其结论的依据是什么。

修正要求证言必须是可靠地适用于案件事实的可靠的原则和方法的产物。虽然“原理”和“方法”在适用于科学知识时可能传达特定的印象，但它们在适用于以技术或者其他

[40] See The commentary cites *Kumho Tire*, 526 U. S. at 150 (*Daubert* 案的普遍接受因素并不能“有助于说明专家的证言在其学科缺少可靠性的情况下是可靠的，例如，建立在所谓普遍接受的占星术或者巫术基础上的原则上的理论就是这样”)；*Moore v. Ashland Chem.*, *Inc.*, 151 F. 3d 269 (5th Cir. 1998) (全庭审判) (临床医生被禁止就原告呼吸问题是毒物原因所致作证是适当的，因为该意见没有充分地建立在科学方法上)；*Sterling v. Velsicol Chem. Corp.*, 855 F. 2d 1188 (6th Cir. 1988) (拒绝了证言，因为它是建立在没有根据的、不可靠的“临床生态学”基础上的)。

专门知识为基础的证言时仍然具有相关性。例如，当一个执法人员就毒品交易中使用的密语作证时，该执法人员所使用的原理就是这种交易的参与者通常使用密语来掩盖其活动的性质。该执法人员使用的方法，是将广泛的经验适用于分析对话的含义。只要原理和方法是可靠的，并且已可靠地适用于本案的事实，这一类型的证言就应当被采纳。

这一修正并不是要表明仅仅是经验——或者经验与其他知识、技能、培训或者教育结合——就不能为专家证言提供足够的基础。相反，规则 702 的条文明确规定，专家可能因其经验而有资格。在某些领域，经验是大量可靠的专家证言的主要（如果不是唯一的话）根据。See *United States v. Jones*, 107 F. 3d 1147 (6th Cir. 1997)（在采纳笔迹检验人员的证言时没有滥用自由裁量权。该人员有多年的实践经验、广泛的培训，并详细解释了其方法）；还可 See *Kumho Tire Co. v. Carmichael*, 119 S. Ct. 1167, 1178 (1999)（“没有人否认专家可能从以广泛和专门经验为基础的观察中得出结论”）。[41]

考虑到规则 702 的这一观点——它规定得很清楚，即“技术或者其他专门知识”可以被视为属于专家证言的范围，“只要原理和方法是可靠的，并且可靠地适用于本案的事实”，并不令人惊讶的是，根据现有的可采性标准，法院可能受到很大的压力，去要求某些法庭科学从业人员遵守传统科学的更为苛刻的标准。[42]

法院对 *DAUBERT* 类型问题的态度概述

考虑到大量案件中要提出法庭科学证据，在诉讼中评估法庭

[41] FED. R. EVID. 702 advisory committee's note (2000 年修正)。

[42] 关于对根据规则 702 规定的技术或者其他专门知识而作出的某些形式的法庭科学证言的可采性的深层次讨论，see generally Giannelli and Imwinkelried, op. cit. 。

科学证据的可采性，并不是小事一桩。此外，尽管 *Daubert* 案保留了这样的标准，即联邦案件中的可采性问题要根据《联邦证据规则》702 来衡量，州仍然可以自由适用其他证据标准。某些州仍然适用 *Frye* 标准的某个版本，其他州则采纳了 *Daubert* 标准或者 *Daubert* 标准的某个版本。[43] 考虑到各州标准的五花八门以及这样的事实，即“州法院收到的刑事检控要 200 倍于联邦法院收到的刑事检控”，因为“法庭科学最常应用于暴力犯罪，而大多数暴力犯罪是州法院审判的”[44]，我们将很难形成一个总的看法。

本节以及本章后面的各节，将关注联邦法院在刑事案件中对 *Daubert* 类型案件的态度。这么做的原因是，尽管并不是每个州都采纳了 *Daubert* 标准，但毫无疑问的是，*Daubert* 案实际上确立了一个适用于每个联邦法院和许多州司法辖区的标准。对这一点我们不能忽视，公布的联邦案件就法院如何适用 *Daubert* 标准提供了最好的证据。

法院在刑事案件中对 *Daubert* 类型问题的态度，受到了某些律师和学者的批评，他们认为最高法院判决的适用，将会因为要保护被告方的权利而更为严格：

> （*Daubert* 案）要求审判法院法官承担“守门人”的角色，排除所提出的科学证据，除非它立足于在科学上具有有效性的推理和方法。许多人认为 *Daubert* 标准是刑事案件所缺乏的一个有意义的标准，它将有助于保护无辜的被告人。
>
> …… ……
>
> （然而，）对 *Daubert* 案件后的判决的分析表明，尽管民事被告在其 *Daubert* 挑战中取得了胜利，大多数情况下刑事被告人几乎总是在对检控方提交的证据的挑战中失利。然而，

㊸ See generally D. E. Bernstein and J. D. Jackson. The *Daubert* trilogy in the states. 44 JURIMETRICS J. 351 (2004).

㊹ P. J. Neufeld. 2005. The (near) irrelevance of Daubert to criminal justice: And some suggestions for reform. *American Journal of Public Health* (Supp. 1): S107, S110.

> 当公诉人对刑事被告人的专家证据提出质疑时，证据几乎总是被排逐出审判……在 *Daubert* 案后的头 7 年，有 67 个公布的联邦上诉判决审查了辩护方对检控方专家提出的挑战。除了 6 起，检控方在其余的案件中均获胜。即使在这 6 个案件中仅有 1 起导致定罪判决被推翻。相反，在辩护方就审判法院排除被告人的专家的裁决提起上诉的 54 起案件中，被告人在 44 起案件中失守。在剩下的 10 起案件中，7 起案件被发回进行 *Daubert* 听证。[45]

然而，分析并不止于这一对公布的联邦上诉判决的批评。首先，就任何关于法庭科学证据的可采性和可靠性的讨论，都涉及两个方面：(1) 提高执法机构识别犯罪者的能力；(2) 保护无辜者不因他们没有犯下的罪行而被定罪。对后者的评估要比对前者的评估容易，因为没有充分的研究表明有瑕疵的法庭科学证据导致了多少案件不能定罪。其次，如果我们关注的仅仅是联邦上诉判例，对于那些希望更严格地适用 *Daubert* 标准的人来说，这幅图景并不具有吸引力。联邦上诉法院并没有一致或者清晰地设定标准来保证在涉及 *Daubert* 类型问题的刑事案件中适用科学、有效的推理和可靠的方法。[46] 这一点并不令人震惊。最高法院把 *Daubert* 标准描述为“灵活性的”。这意味着，除了相关性问题外，*Daubert* 标准并没有为上诉法院提供据以审查审判法院判决的清晰的实质标准。[47] 因此，审判法官在决定是否采纳或者排除专家证言方面有着巨大的自由裁量权，在对他们的判决进行审查时，

---

[45] Ibid., p. S109. See also P. C. Giannelli. Wrongful convictions and forensic science: The need to regulate crime labs. 86 *N. C. L. REV.* 163 (2007).

[46] See, e. g., *United States v. Brown*, 415 F. 3d 1257 (11th Cir. 2005); *United States v. Havvard*, 260 F. 3d 597 (7th Cir. 2001). *Havvard* 案的裁决被描述为“一个法院为了古老的法庭科学而纠正人们对科学的轻信的优秀（尽管存在严重的问题）的例子”。See 1 Faigman et al., op. cit., *supra* note 1, § 1: 30, pp. 85－86.

[47] 如上所述，“在特定案件中，*Daubert* 案的具体因素是否是可靠性的合理衡量因素，是法律赋予审判法官巨大自由度来加以确定的事项”。*Kumho Tire*, 526 U. S. at 153.

仅仅遵守高度遵从性的“滥用自由裁量权”标准。[48]

为了更清晰地了解法院对 *Daubert* 类型问题的态度，我们需要知道审判法院是如何处理这些问题的。不幸的是，这幅图景并不清晰。在刑事案件中，有着无数的 *Daubert* 类型的证据挑战，某些导致了正式的 *Daubert* 听证，而许多其他的并没有导致听证。没有办法确定地知道有多少这样的挑战完全或者部分得到了支持，因为许多审判法院关于证据问题的判决并没有以公开意见的形式公布[49]，也没有被上诉。如果被告人的挑战得到了支持，并因此被无罪开释，不会发生上诉，事务到此了结；如果被告人的挑战得到了支持，但是此后被定罪，被告人显然不会对有利的证据裁决提起上诉；如果被告人的挑战被驳回，此后被无罪开释，不会发生上诉，事务到此了结。刑事案件中公布的意见表明，审判法官有的时候排除或者限制公诉人提供的专家证言[50]；公布的意见还表明，上诉法院常常驳回挑战审判法院采纳不利于刑事被告人的证据的上诉。[51] 但是公布的意见并没有就联邦审判法院关于刑事案件

[48] *Gen. Elec. Co. v. Joiner*, 522 U. S. 136, 142-43 (1997); see also H. T. Edwards and L. A. Elliott. 2007. *Federal Standards of Review*. St. Paul, MN: Thomson/West, pp. 72-74（解释说，在审判法官根据巨大自由裁量权来行动的情况下，上诉法院的审查必然是很有限的）。

[49] See, e. g. , *Hoult*, 57 F. 3d at 5（地区法院并不需要“就专家证言的可采性作出明示的裁决并记录在卷”）; *United States v. Locascio*, 6 F. 3d 924, 938-939 (2d Cir. 1993)（“我们拒绝…… 用强制性的、明示的可信性分析来约束地区法院……事实上，我们认为地区法院对于所有在法院提出的证据，一直并且继续在进行默默的可信性分析。然而，我们不会通过要求法院必须就所有的专家证言进行明示的决定来限制这种自由裁量权”）。

[50] See, e. g. , *United States v. Green*, 405 F. Supp. 2d 104 (D. Mass. 2005)（工具痕迹分析）; *United States v. Mikos*, No. 02-137, 2003 WL 22922197 (N. D. Ill. Dec. 9, 2003)（与比较枪弹分析有关的专家证言）; *United States v. Horn*, 185 F. Supp. 2d 530 (D. Md. 2002)（关于被告人在酗酒测试现场的表现的证据）; *United States v. Rutherford*, 104 F. Supp. 2d 1190 (D. Neb. 2000)（笔迹分析）。

[51] See, e. g. , *United States v. Ford*, 481 F. 3d 215 (3d Cir. 2007); *United States v. Moreland*, 437 F. 3d 424 (4th Cir. 2006); *United States v. Brown*, 415 F. 3d 1257 (11th Cir. 2005); *United States v. Davis*, 397 F. 3d 173 (3d Cir. 2005); *United States v. Conn*, 297 F. 3d 548 (7th Cir. 2002); *United States v. Havvard*, 260 F. 3d 597 (7th Cir. 2001); *United States v. Malveaux*, 208 F. 3d 223 (9th Cir. 2000); *United States v. Harris*, 192 F. 3d 580 (6th Cir. 1999) .

中 *Daubert* 类型问题的态度提供一个完整的样本。[52]

在民事案件中，情况则很不相同。在并非毫无意义的民事案件中，如果当事人在审判法院败诉，则他总是有权利和动机来上诉，来就专家证言的排除或者采纳进行抗争。此外，在民事案件中，原告和被告是平等的，更可能去求助于专家证人，然而在刑事案件中，在提供专家证言方面，公诉人通常比大多数被告人更有优势。具有讽刺意味的是，与刑事案件中相比，在民事案件中上诉法院似乎更愿意在所称的科学证据可采性问题上对审判法院的判决进行事后的指责。[53]

[52] 2000 年，Michael Risinger 发表了一项研究，他发现，“就提出的所称专家证言而言，民事被告在挑战原告提出的专家证言的可靠性时，大多数情况下能获胜，而刑事被告人在挑战检控方提出的专家证言的可靠性时实际上总是失利。当民事被告提出的专家证言受到原告的挑战时，那些被告通常获胜，但是当刑事被告人提出的专家证言受到检控方的挑战时，刑事被告人通常失利”[D. M. Risinger Navigating expert reliability: Are criminal standards of certainty being left on the dock? 64 ALB. L. REV. 99，99（2000）]。然而，联邦地区法院的判决样本中“仅仅有 65 个……刑事案件，并且仅仅有 54 个要在有罪还是无罪背景下解决可信性问题……这 54 个案件中，12 个是关于辩护方挑战检控方提出的证据的意见，42 个是关于检控方挑战辩护方提出的证据的意见。就 12 个辩护方挑战而言，检控方被挑战的证据有 11 个被全部采纳，1 个被有限制地采纳。”[Ibid.，p. 109（着重号已省略）（脚注已省略）] 该研究并不包括任何没有发布意见的审判法院对 *Daubert* 类型主张的样本，这可能说明了为什么该研究仅仅包括 12 个辩护方对检控方提出的证据的挑战的态度。作者推测说：“人们可以相对自信的是，实际上所有以不可靠为由完全排除检控方提出的专家意见的裁决都会成为某种意见的主题，至少在就某种提出的专家意见第一次作出裁决时。”（Ibid.）但是没有理由相信这一假设是正确的。审判法官通常作出证据裁决，但是并不公布意见，许多这样的裁决可能涉及 *Daubert* 类型问题。仅仅因为辩护律师未能说出“根据 *Daubert* 标准而反对”并不能说明该异议是否提出了一个可以根据 *Daubert* 标准而审理的问题。

[53] See，e.g.，*McClain v. Metabolife Int'l，Inc.*，401 F. 3d 1233（11th Cir. 2005）；*Chapman v. Maytag Corp.*，297 F. 3d 682（7th Cir. 2002）；*Goebel v. Denver & Rio Grande W. R. R. Co.*，215 F. 3d 1083（10th Cir. 2000）；*Smith v. Ford Motor Co.*，215 F. 3d 713（7th Cir. 2000）；*Walker v. Soo Line R. R. Co.*，208 F. 3d 581（7th Cir. 2000）；see also 1 Faigman et al.，op. cit.，*supra* note 1，§ 1：35，p. 105（讨论了这样的研究，该研究暗示“与民事案件——特别是就原告的证据而言——相比”，法院“在刑事案件中——特别是就检控证据而言——更乏适用 *Daubert* 标准的兴趣”）；Risinger，op. cit.，*supra* note 52，p. 100（“我所担心的制度灾难是，在十年中，我们将发现民事案件要遵守严格的专业质量控制标准，而刑事案件不是这样。结果将是民事被告的钱夹将受到保护，即通过排除不可靠的专家证言来免遭原告的索赔，但是刑事被告人不会因为类似的不可靠的专家证言而不受有罪判决。考虑到法律宣称不准确的刑事有罪判决要比不准确的民事判决糟糕得多——这体现在不同的证明标准中，这样的结果似乎是特别不可接受的。”）。

法院对与法庭科学证据有关的问题的态度的某些例子

法院对与 DNA 证据有关问题的态度

> DNA 分型受到了法院最严格的审查，这可能是因为其识别力如此强大，当犯罪嫌疑人仅因 DNA 分型而与犯罪现场联系在一起时，是如此关切。或者也许是因为与过去相比，（至少某些）现代法院或者律师在科学问题上更有学识。[54]

与许多法庭科学共同体内在经验基础上发展起来的、在科学理论或者分析上没有什么基础的法庭科学方法不同的是，DNA 分析是边缘科学的一个幸运的副产品。从一开始，杰出的科学工作者贡献了他们的专业知识，来保证在法庭提出的 DNA 证据具有有效性和可靠性[55]，并且 1996 年国家科学院召集了两个委员会，就法庭科学中 DNA 技术的应用发布了两个有影响的建议。[56] 因此，与 DNA 证据有关的统计和群体遗传学原理得到了澄清，进行 DNA 分析和宣布匹配的方法变得更为客观，并设计了质量保证和质量控制方案来改进实验室的绩效。

尽管某些法院一开始因为可以感知的缺陷而拒绝采纳 DNA 检验的结果[57]，DNA 证据现在已经被美国的法院普遍采纳。当检

[54] 4 Faigman et al., op. cit., *supra* note 1, § 29: 35, p. 41.

[55] See, e. g., *United States v. Yee*, 134 F. R. D. 161 (N. D. Ohio 1991)（听证持续了 6 个多星期，共有 12 名专家证人就 DNA 证据的可采性作证）；*People v. Castro*, 545 N. Y. S. 2d 985 (N. Y. Sup. Ct. 1989)（听证持续了 12 个多星期，共有 10 名专家证人就 DNA 证据的可采性作证）。

[56] National Research Council, Committee on DNA Forensic Science. 1996. *The Evaluation of Forensic DNA Evidence*. Washington, DC: National Academies Press; National Research Council, Committee on DNA Technology in Forensic Science. 1992. *DNA Technology in Forensic Science*. Washington, DC: National Academies Press.

[57] See *Castro*, 545 N. Y. S. 2d at 999（在审前听证后判定，"关于内含物的 DNA 鉴定证据"是不可采的，因为"检测实验室在几个主要方面未能应用普遍接受的科学方法和实验来在具有科学确定性的合理程度内获得可靠的结果"）。*Castro* 案是在 *Daubert* 案作出判决几年前判定的，它适用了修正的 *Frye* 标准来确定 DNA 证据的可采性。此后的联邦案件，无论是 *Daubert* 案之前的还是之后的，都判定，所称的在处理和解释特定的 DNA 样本方面的差错，作为法律问题不会导致证据不可采，但是应当作为一个因素在审判时提出，由陪审团在确定 DNA 证据的可信性时加以衡量。See, e. g., *United States v. Jakobetz*, 955 F. 2d 786, 800 (2d Cir. 1992); *United States v. Trala*, 162 F. Supp. 2d 336, 349 (D. Del. 2001), *aff'd*, 386 F. 3d 536 (3rd Cir. 2004), vacated on other grounds, 546 U. S. 1086 (2006); *United States v. Shea*, 957 F. Supp. 331, 340–41 (D. N. H. 1997), aff'd, 159 F. 3d 37 (1st Cir. 1998).

索联邦调查局的使用13个短串联重复序列基因座的DNA联合检索系统数据库而发现两个图谱"匹配"时，图谱来自于不同的人的可能性是极其微小的。换言之，假设这些样本是适当收集和分析的，一个观察者可能会以高度的确信陈述说两个图谱可能来自同一人。

在现有的法庭科学方法中，只有核DNA分析被严格地证明其有能力稳定地、高度确定地表明证据样本和特定的人员或者来源之间有关系。确实，DNA检验已经被应用于为那些因为对其他法庭科学证据的不当运用而被定罪的人平反昭雪。[58] 然而，这并不意味着DNA证据在法庭上总是无懈可击的。在特定的案件中，在DNA的收集[59]、实验室中的检验[60]、解释等方面可能存在问题，例如，在混合样本、有限数量的DNA或者由于对部分图谱数据的统计解读而产生偏见的情况下。[61]

---

[58] 根据无辜者计划，自1989年以来，在美国已经有220起定罪案件通过DNA平反昭雪。See The Innocence Project, Fact Sheet: Facts on Post-Conviction DNA Exonerations. Available at www. innocenceproject. org/Content/351. php; see also B. L. Garrett. Judging innocence. 108 *COLUM. L. REV.* 55 (2008)（讨论了对两百多个案件中所采纳的瑕疵证据的经验研究的结果。这两百多个定罪案件后来经过DNA检验而平反昭雪）; but see J. Collins and J. Jarvis. 2008. The Wrongful Conviction of Forensic Science. CRIME LAB REPORT. Available at www. crimelabreport. com/library/pdf/wrongful_conviction. pdf（就所称的因瑕疵法庭科学［证据］被定罪后被平反昭雪的被告人的百分比进行了争论）。

[59] See, e. g. , W. C. Thompson. DNA evidence in the O. J. Simpson trial. 67 U. COLO. L. REV. 827 (1996)（详细说明了辩护律师的理论，即在谋杀调查的各个方面，在收集或者处理DNA样本时并没有遵循适当的程序）。

[60] See, e. g. , L. Hart. 2003. "DNA Lab's Woes Cast Doubt on 68 Prison Terms." *Los Angeles Times*. March 31, at 19; A. Liptak. 2003. "Houston DNA Review Clears Convicted Rapist, and Ripples in Texas Could Be Vast." *New York Times*. March 11, at A14; R. Tanner. 2003. "Crime Labs Stained by a Shadow of a Doubt." *Los Angeles Times*. July 13, at 18.

[61] See, e. g. , *Coy v. Renico*, 414 F. Supp. 2d 744, 761-63 (E. D. Mich. 2006)（驳回了人身保护令请求人的下列主张，即因为用来评估混合DNA样本的统计技术在可靠性上不足，他没有获得公平审判）; see also B. S. Weir. 2007. The rarity of DNA profiles. *Annals of Applied Statistics* 1 (2): 358-370（指出大规模地检索大型DNA数据库来侦破冷案，可能会规律性地产生假阳性）。

法院从一开始就能够让 DNA 证据接受严格的评估标准[62]，因为 DNA 分析的科学基础工作是在执法背景之外铺垫的。国家卫生研究院和其他有威望的组织资助并进行了广泛的基础研究，接着进行了应用研究。关于 DNA 分析的认真研究，先于用于评估个人识别主张的证明价值的“个人识别”标准与参数的建立和贯彻。这一历史与大多数其他法庭科学学科的研究历史形成了鲜明对比，这些学科还没有受益于广泛的基础研究、临床应用、联邦监督、私人领域用于应用研究的巨资支持以及质量保证和质量控制国家标准。我们的目标不是让其他学科在各个方面都达到 DNA 的高标准。毕竟，大多数其他现有的法庭科学方法不可能提供像 DNA 那样具有识别力的证据。然而，如果使用 *Daubert* 标准作为指南，至少法院应当坚持在具有确定性的法庭科学学科中，从业人员要遵守可执行的标准，确保所有采纳的科学证言或者证据不仅是相关的，而且是可靠的。

法院对与毒品鉴定有关问题的态度

多年以来，在无数的例子中，审判法官主动或者根据辩护律师提出的异议，对与毒品分析有关的专家证言的可采性进行评估。因为审判法院在这些事项上的裁决常常不通过公布的书面意见来解决问题，没有上诉审的挑战，所以没有确切的办法知道审判法官通常是如何否定证据可采性的。审判法官有的时候可能会支持对专家证言可采性提出的挑战，特别是在辩护方能够证明基础实验室报告的瑕疵的情况下。[63] 但是也有很少一部分这种公开的案例。

除了所宣称的实验室报告和取样程序中的瑕疵外，审判法院通常还考虑专家是否拥有必要的资格来作证，更常见的是，要考

[62] See *supra* text accompanying note 54; see also *Gov't of V. I. v. Byers*, 941 F. Supp. 513 (D. V. I. 1996); *United States v. Jakobetz*, 747 F. Supp. 250 (D. Vt. 1990), aff'd, 955 F. 2d 786 (2d Cir. 1992) .

[63] See, e. g. , *United States v. Diaz*, 2006 WL 3512032 (N. D. Cal. 2006) .

虑根据 *Daubert* 标准和《联邦证据规则》702，被采纳的专家证言是否具有足够的可靠性。然而，在公布的涉及关于毒品鉴定的专家证言的意见中，联邦上诉法院很少推翻审判法院驳回 *Daubert* 异议的裁决。[64] 为什么？首先，如上所述，在审判中证据被排除的情况下，不会发生上诉。其次，支持许多毒品检测的科学方法是合理的。这意味着无论审查标准如何，审判法院的大多数判决都经得起审查。最后，上诉法院在关于证据可采性的问题上，会在很大程度上遵从审判法院的判决。[65]

有限审查标准的重要性是显而易见的，对此的解释可见 *United States v. Brown* 案[66]：

> 就像本案所展示的这样，本案所充分说明的是，地区法院更熟悉程序和事实细节，因而处于裁决 *Daubert*（类型）问题的更佳位置。与 *Daubert* 问题有关的规则不能准确地标准化，必须适用于个案的证据环境中，而这种环境常常不能一概而论。我们也并不想去贬低审判的重要性和鼓励对与专家证人证言有关的裁决提起上诉。所有这些都解释了为什么根据 *Daubert* 标准评估专家证言可靠性的工作只能交付地区法院，以及为什么我们要给地区法院相当大的空间来履行其职责。无论地区法院采纳还是排除专家证言，都是这样。*Joiner*, 522 U. S. at 141 - 42 ［“上诉法院运用‘滥用自由裁量权’标准审查（*Daubert*）裁决，可能不能直截了当地就采纳专家证言的裁决和排除专家证言的裁决作出区分。”］。*Daubert* 类

[64] See, e. g. , *United States v. Moreland*, 437 F. 3d 424, 430 - 31 (4th Cir. 2006), cert. denied, 547 U. S. 1142 (2006); *United States v. Scalia*, 993 F. 2d 984, 988 - 90 (1st Cir. 1993) .

[65] See, e. g. , *United States v. Gaskin*, 364 F. 3d 438, 460 n. 8 (2d Cir. 2004) (判定“当一方当事人怀疑合理的科学方法是否为某个专家意见提供了基础时，可以根据 *Daubert* 标准申请排除该意见”；然而，当被告人没有提出这样的动议，而是就该专家意见的可采性达成协议时，“他不能在上诉时抱怨说该意见缺乏基础”)。

[66] 415 F. 3d 1266 (11th Cir. 2005) .

型问题在结果上具有确定性的时候也是如此。[67]

法院对与指印分析有关问题的态度

多年来，法院一直采纳指印证据，虽然就这一证据而言，“对其基础理论和/或其具体适用未进行经验确认，就让它进入了法庭”[68]。有的时候，法院似乎假定指印证据是不可反驳的。例如，在*United States v. Crisp*案中，法院指出，“尽管指印鉴定的原理还没有获得科学规律的地位，但是它们不仅在专家共同体中获得了强有力的普遍接受，在法院也获得了强有力的普遍接受”[69]。法院接着说道：

> 即使我们有更具体的理由来担心指印鉴定的可靠性，最高法院在*Daubert*案中强调指出，“激烈的交叉询问、相反证据的提出，以及对证明负担的仔细指示，都是攻击薄弱但是可采证据的传统的和适当的方法。”（*Daubert*，509 U.S. at 596）。最终，我们得出结论认为，虽然我们欢迎就指印分析进行进一步研究，“当前在法院推迟适用这种基础的法庭科学鉴定方法而等待这样的研究，将是求全责备”[70]。

这类意见招致了尖锐的批评：

> 近年来许多关于指印的判决……深刻展示了对科学方法的某些基本原理缺乏认识。例如，法院步法院后尘，重复这样的说法，即指印（鉴定）符合*Daubert*检验标准，因为在过去一百多年中它已经为对抗制过程所检验。这一愚昧的说法是法院这种观念的产物：实际上限制或者排除指印证据是不可思议的。这样的看法凝滞了他们的批判能力。这还将他

[67] Ibid.，pp. 1265－66（原文基础上修改）（内部引号、其他内部引用已省略）。

[68] M. A. Berger. Procedural paradigms for applying the *Daubert* test. 78 *MINN. L. REV.* 1345，1354（1994）.

[69] 324 F. 3d 261，268（4th Cir. 2003）.

[70] Ibid.，pp. 269－70（原文基础上第二次修改）（其他内部引用已省略）。

们的可采性标准转变成了一个 *Daubert*-容许性的标准，至少对于这类专业知识而言是这样。[71]

这是一个有力的批评，特别是在人们将那些追求对 DNA 分型进行苛刻审查的司法判决和那些对涉及指印证据的案件适用并不严格的审查标准的判决加以比较的时候。

在判定指印证据符合 *Daubert* 案关于可采性的可靠性和相关性标准时，第四巡回区法院在 *Crisp* 案中的判决赞叹地指出，“第七巡回区（在 *United States v. Havvard* 案件中）[260 F. 3d 597 (7th Cir. 2001)] 确定，*Daubert* 的‘已知误差率’因素已经满足了，因为专家在 *Havvard* 案中已经作证说指印比对的误差率‘实质上是零’”[72]。这一陈述似乎夸大了专家在 *Havvard* 案中的证言，是在为关于指印的法庭科学学科是确实、可靠的错误观念推波助澜。*Havvard* 案的意见实际上是这样描述专家证言的：

> 专家作证说，指印比对的误差率实质上是零。虽然承认因为每个检验人员的不同而存在很小的误差幅度，他的意见是，这一风险被最小化了，因为指印鉴定通常通过同行评议来确认。（该专家）确实承认指印检验人员并没有采用唯一的标准来确定在什么情况下不完整的潜在指印足以进行比对，但是他暗示说，就指印的唯一性而言，确立这样的标准是荒谬的，根据经验，每个检验人员都有适当的水平来确定什么情况下不完整的潜在指印足以进行比对。[73]

这种对专家的模棱两可的证言的描述，让人们对任何关于指印证据确实、可靠的主张心生疑问。

Crisp 案的判决还指出，“在这个国家的刑事审判中，至少自

[71] 1 Faigman et al., op. cit., *supra* note 1, § 1: 1, p. 4; see also J. J. Koehler. Fingerprint error rates and proficiency tests: What they are and why they matter. 59 *HASTINGS L. J.* 1077 (2008).

[72] 324 F. 3d at 269 (quoting *Havvard*, 260 F. 3d at 599).

[73] *Havvard*, 260 F. 3d at 599. The *Havvard* decision is sharply criticized by 1 Faigman et al., op. cit., *supra* note 1, § 1: 30, pp. 86-89.

1911年起，指印鉴定就被采纳为可靠的证据”[74]。然而，法院并没有指出任何支持指印证据可靠性的研究。当法庭科学DNA第一次出现的时候，它有的时候被叫作“DNA指印”，以表明它像指印那样可靠。指印鉴定在当时被认为是首要的鉴定科学，能够一以贯之地提供不可辩驳的结论。然而，在证明DNA证据可用于法庭的活动中，变得显而易见的是，关于指印证据的假设并没有经过像对待DNA那样的科学审查。最高法院于1993年判决了*Daubert*案，随着该案对确认的强调，法学论者将其注意力转向了指印鉴定，开始质疑专家是否能够以零误差率匹配指印并得出结论（就像联邦调查局专家在*Havvard*案中所宣称的那样），以及是否应当允许专家在缺乏证实性研究的情况下作证并作出这样的主张。如上所述，迄今为止，大多数这样的挑战都失败了，但是怀疑依然存在。

2004年的Brandon Mayfield案给关于指印证据的讨论又浇了一瓢油。Mayfield案的事件发生顺序如下：

> 2004年3月11日：恐怖分子在西班牙马德里的许多火车上引爆了炸弹，致大约191人死亡、几千人受伤，包括许多美国公民。
>
> 2004年5月6日：Brandon Bieri Mayfield，一名在俄勒冈州波特兰执业的37岁的民事和移民律师，因联邦大陪审团对该爆炸事件的调查被作为重要证人而逮捕。联邦调查局特工Richard K. Werder签署的宣誓书被提交来支持政府申请重要证人逮捕令状，该宣誓书（宣称）在西班牙在装有类似于爆炸中所使用的爆炸装置的袋子上发现了Mayfield的指印，必须对他进行扣留，以防止他在大陪审团获取其证言前逃逸。
>
> 2004年5月24日：政府宣布，联邦调查局对Mayfield

[74] *Crisp*, 324 F. 3d at 266. 该判决引用了许多其他法律参考文献，其中包括：*People v. Jennings*, 96 N. E. 1077 (1911); J. L. Mnookin. Fingerprint evidence in an age of DNA profiling. 67 BROOK. L. REV. 13 (2001)（讨论了指印鉴定证据的历史）。

的指认是错误的，申请取消重要证人程序。[75]

2006年3月，美国司法部监察主任办公室就为何发生了错误辨认发布了一份综合分析。[76] 2006年11月，由于Mayfield因马德里2004年恐怖爆炸被错误羁押，联邦政府同意向其支付200万美元。[77] Mayfield案和监察主任办公室的相应报告，显然对关于指印证据可靠性的简单、未证实的假设发出了警告。

在*Maryland v. Rose*案件中，马里兰州审判法院一位法官发现，潜在指印辨认的分析、比对、评估和确认（ACE-V）过程（参见第5章）并不是建立在可靠的事实基础上的。[78] 法院意见相当详细地探讨了误差率阙如、研究阙如和偏见的可能性问题。法官判定，检控方不能提供证言说潜在指印与被告人的指印匹配。法官还认为，因为案件可能判死刑，提出以反对被告人的证据的可靠性尤其重要。[79]

---

[75] S. T. Wax and C. J. Schatz. 2004. A multitude of errors: The Brandon Mayfield case. *The Champion*. September- October, p. 6. 该案的事实和Mayfield对政府提起的法律诉讼，全都充分地报告在了*Mayfield* v. *United States*, 504 F. Supp. 2d 1023 (D. Or. 2007)。

[76] Office of the Inspector General, Oversight and Review Division, U. S. Department of Justice. 2006. *A Review of the FBI's Handling of the Brandon Mayfield Case*. Available at www. usdoj. gov/oig/special/s0601/exec. pdf.

[77] E. Lichtblau. 2006. "U. S. Will Pay $2 Million To Lawyer Wrongly Jailed." *New York Times*. November 30, at A18.

[78] *Maryland v. Rose*, Case No. K06-0545, mem. op. at 31 (Balt. County Cir. Ct. Oct. 19, 2007)（判定进行潜在指印鉴定的ACE-V方法"所称的确实、可靠的程序是主观的、未经验证的"，因此判定指印证据不可采）。关于ACE-V过程将在第5章加以说明。

[79] Jennifer Mnookin教授还对指印共同体的成员"在法院提供的证言的修辞方面"表达了严重关切：

> 目前，指印检验人员通常以绝对确定的语言来作证。无论是概念基础还是潜在指印鉴定的职业标准，都禁止专家就认定作证，除非他们自己确信他们作出了正确的匹配。因此，专家仅仅作出他们称为"肯定"或者"否定"的鉴定——实际上是在说他们已经将潜在指印与整个世界上某个唯一的人相匹配，该人的指印形成了该潜在指印。事实上，如果一名指印检验人员自行主动作证说某个匹配仅仅是"可能"、"也许"或者"可信"，而不是确定性的，他/她就可能受到惩戒之罚！考虑到指印鉴定一般缺少验证性检测、有难度的能力验证相对缺乏、指印鉴定缺乏统计上的有效模式以及宣称匹配缺少确认性标准，这种对鉴定的绝对、确定的信任的宣称，是得不到证成的，是傲慢自大的产物，而不是稳固的知识的产物。因此，为了通过根据*Daubert*案进行的审查，指印识别专家应当在认识论上展现更大程度的谦虚。"绝对"和"阳性"鉴定的说法应当为关于"匹配"含义的更为谦虚的说法所取代。

J. L. Mnookin. 2008. The validity of latent fingerprint identification: Confessions of a fingerprinting moderate. *Law, Probability and Risk* 7 (2): 127; see also Koehler, *supra* note 71.

就其他缺乏科学确认和仔细的可靠性检验的法庭科学方法而言，法官在 *Maryland v. Rose* 案件中所引用的担心，也同样存在。

法院对与其他法庭科学学科有关问题的态度

对公布的司法意见的回顾表明，至少在刑事案件中，法庭科学证据并不是日常性地根据 *Daubert* 案中阐明的可靠性标准受到审查。最高法院在 *Daubert* 案中指出，专家证言的主题应当是"科学知识"——这意味着这样的知识是建立在科学方法基础上的，以确保"证据可靠性将建立在科学有效性基础上"。该标准被认为是具有"灵活性"的，但是这并不导致其毫无疑义。对 *Daubert* 标准的任何合理解读都强烈地表明，在面对法庭科学证据时，"审判法官必须确保所采纳的任何科学证言或者证据不仅是相关的，而且是可靠的"。然而，就像公布的案例所表明的那样，*Daubert* 标准在改进法庭科学证据在刑事案件中的应用方面无所作为。

> 多年以来，法庭科学共同体反对对专家进行规制的主要理由是，当法庭科学工作者每次走进法庭的时候，他的工作受到同行的严格审查，受到对方律师的严格审查。法庭科学工作者可能偶尔会在犯罪实验室犯下错误，但是法庭上的交叉询问这一考验将会在审判中暴露它。然而，这一"考验"最终被证明是无效的。
>
> …… ……
>
> 与争讼极端激烈的民事挑战不同的是，刑事被告人的挑战通常是敷衍其事的。即使是最不堪一击的法庭科学——毛发纤维、咬痕和笔迹——受到攻击的时候，法院也通常引用早先的判决而不是在听证时确立的事实来确认可采性。辩护律师通常不能以适当的证人和新的数据形成挑战。因此，即使想要提出一个 *Daubert* 挑战，他们也缺少成功所必需的知识、技能和资金。[80]

[80] Neufeld, *supra* note 44, at S109, S110.

涉及法院对 *Daubert* 类型问题的态度的公布判决，证实了这一评价。如上所述，法院常常“引用早先的判决而不是在听证时确立的事实来确认可采性”。许多在刑事审判中提出的法庭科学证据——包括咬痕[81]和火器与工具痕迹鉴定[82]在内——没有经过任何有意义的科学确认、误差率确定或者可靠性检验来解释该学科的

[81] 没有什么说明法院是如何根据 *Daubert* 案的可靠性标准对咬痕证据进行审查的。See, e. g. , *Milone v. Camp*, 22 F. 3d 693, 702 (7th Cir. 1994)（否决了人生保护令申请，这在一定程度上是因为判定采纳了不利于被告人的咬痕证言并没有给他带来不公平审判，并指出“虽然法医齿科学在审判的时候可能还处于婴儿期……就被告人的齿列与从被害人身上找到的咬痕进行比对，当然具有某些证明价值”）。最近的两个案子，乍一看，似乎表明法院开始认真地评估咬痕证言的一般可信性，但是事实并非如此。在 *Burke v. Town of Walpole*, 405 F. 3d 66 (1st Cir. 2005) 案件中，法院在根据《美国法典》第 42 章第 1983 条提起的诉讼中拒绝对警察作出简易判决。在该诉讼中，与证明有罪的咬痕证据直接矛盾的证明无罪的 DNA 证据“被实际上在准备申请令状的警察故意或者不顾后果地扣压了”(Ibid. , p. 84)，导致申请人被错误羁押了 41 天。然而，*Burke* 案法院驳回了申请人的主张，即因为其方法一般是不可靠的，逮捕令状中所包含的咬痕证据已经表明了对“真相的公然无视”(Ibid. , pp. 82 - 83)。在 *Ege v. Yukins*, 380 F. Supp. 2d 852 (E. D. Mich. 2005), aff'd in part and rev'd in part, 485 F. 3d 364 (6th Cir. 2007) 案件中，法院批准了被告人的人身保护令申请。对该被告人的有罪判决在很大程度上是基于后来被证明丧失信誉的专家证人作出的咬痕证言。但是 *Ege* 案的处理主要是基于“特定证人及其特定证言”的缺陷，而不是因为法院对“（咬痕）领域的更为普遍的不足”的评估。4 Faigman et al. , op. cit. , *supra* note 1, § 36: 6, p. 662.

[82] 没有什么说明法院是如何根据 *Daubert* 案的可靠性标准对火器证据进行审查的。See e. g. , *United States v. Hicks*, 389 F. 3d 514 (5th Cir. 2004)（支持了对被告人的有罪判决，这在一定程度上是因为法院对检控方火器专家作出的弹壳比对证言的采纳，并没有滥用其自由裁量权）; *United States v. Foster*, 300 F. Supp. 2d 375 (D. Md. 2004)（拒绝了被告人排除专家火器证言的动议）。然而，几个联邦审判法院法官根据 *Daubert* 标准对专家火器证言进行了严格分析。在 *United States v. Monteiro*, 407 F. Supp. 2d 351 (D. Mass. 2006) 案件中，Saris 法官得出结论说，根据 *Daubert* 标准，工具痕迹鉴定证言通常具有可采性，但是之所以排除有关的具体证言，是因为专家们没有适当地记录其作出鉴定的根据，是因为一个独立的检验人员没有确认这些专家的结论。同样，在 *United States v. Diaz*, No. 05-CR-167, 2007 WL 485967, at *14 (N. D. Cal. Feb. 12, 2007) 案件中，Alsup 法官根据 *Daubert* 标准采纳了火器鉴定证言，但是禁止专家们作证说其结论“排除了世界上的所有其他火器”，仅仅允许“具有合理确定程度的”的证言。请参比 *United States v. Glynn* [578 F. Supp. 2d 569 (S. D. N. Y. 2008)]，在该案件中，Rakoff 法官排除了这样的证言，即子弹和弹壳“在弹道学上合理确定地”来自于与被告人关联的火器，因为“不管弹道鉴定分析叫什么，它都不能说是‘科学’”。然而，法官裁决说，尽管根据 *Daubert* 标准不可采，证言如果说证据“更可能而不是更不可能”来自该火器，则根据《联邦证据规则》401 具有可采性。See also *Green*, 405 F. Supp. 2d 104, discussed in the text.

局限。最近的一个法院判决说明了这个问题。在 *United States v. Green* 案中，Gertner 法官承认，根据 *Daubert* 标准，*不应当认为工具痕迹鉴定证言具有可采性*。[83] 但是该法官指出，“对于辩护方而言，问题是每一个法院在 *Daubert* 案后都采纳这种证言，有的时候，不进行任何严格的审查，更不用说听证了”[84]。Gertner 法官允许检控方的专家描述有关子弹壳的相似之处，但是禁止他作证说存在完全匹配。该法官显然感到要受巡回区法院先例的约束，他说：

> 我不情愿地（采纳了该证据），是因为我相信如果我作出其他裁决，根据全国的先例，上诉法院将不顾我所作出的裁决而加以驳回。虽然我认识到，在自由悬而未决——在被告人面对死刑判决的情况下，悬而未决的是生命本身——的情况下，*Daubert-Kumho* 标准并不要求电视节目（CSI，这里不是）中那种虚幻的完美，标准应当高于本案的标准，要高于全国所设定的标准。法院在采纳这一类型的工具痕迹证据时，越不要求证明文献、能力验证或者关于可靠性的证据，这种随意的做法就越会持久；我们应当要求更多。[85]

“不可否认的现实是，法庭科学专业人员共同体几乎还没有做他们本来可以做的事，就证明其方法的有效性，或者其从业人员的结论的准确性”[86]，并且法院在解决这个问题的时候也是“毫无

[83] 405 F. Supp. 2d at 107－08.

[84] Ibid.，p. 108.

[85] Ibid.，p. 109（脚注已省略）。“关于工具痕迹鉴定和火器鉴定专家证据可采性的判例通常情况下是这样的裁决，即采纳这样的证言，而很少或者通常并不超越广泛的‘自由裁量权’而提到法律根据，灵巧地规避了法院保证专家陈述有效性的职责。上诉法院遵从审判法院，审判法院遵从陪审团。以后的上诉法院直接遵从以前的上诉法院。”4 Faigman et al.，op. cit.，*supra* note 1，§34：5，p. 589.

[86] Mnookin，op. cit.，*supra* note 79.

效果的”[87]。

结论

Daubert 判决预言性地评论说，“在法庭对真相的探究和实验室对真相的探究之间，存在重要的区别。科学结论要永远处于修正中，而法律则必须终局和快速地解决争端”[88]。但是刑事案件中的被告方要根据法庭科学专家的证言而被定罪，这更倚重于提出的证据是否可靠。此外，除了保护无辜者不因他们没有犯下的罪行而被定罪外，我们还要保护社会不受犯下罪行的人的侵害。执法人员和他们所要服务的社会成员需要确保法庭科学方法是可靠的。因此，在某些法庭科学方法得到适当的研究、其准确性得到确认之前，我们必须限制法院宽免这些法庭科学方法的可靠性所带来的风险。“没有鲜明的理由说明为什么（‘严格的、系统的’）研究将是不可行的。”[89] 然而，某些法院似乎不愿意坚持把这样的研究作为在刑事案件中采纳法庭科学证据的条件，这也许是因为这么做将可能“要求更多的确认，而这些学科限制却不能提供”[90]。

某些法律学者认为，“随着时间的流逝，如果 *Daubert* 案并没有被冲淡或者扭曲……法院将越来越理解其在评估提供的专家证

[87] Neufeld, op. cit., *supra* note 44, p. S109. 在 *Green*, 405 F. Supp. 2d at 109 n. 6 案件中，Gertner 法官还指出：

最近对相对稳固确立的法庭科学证言的再审查，其结果是令人震惊的。例如，Saks 和 Koehler 报告说，Cardozo 法学院的无辜者计划所报告的 86 起 DNA 昭雪案件中，63%的错误有罪判决是法庭科学检验错误造成的。Michael Saks and Jonathan Koehler, *The Coming Paradigm Shift in Forensic Identification Science*, 309 *SCIENCE* 892 (2005). 这直接强化了在本案中对专家证言进行仔细分析的重要性。

See also S. R. Gross, Convicting the Innocent (U. Mich. Law Sch. Pub. Law & Legal Theory Working Paper Series, Working Paper No. 103, 2008). Available at http://papers.ssrn.com/sol3/papers.cfm?abstract_id=1100011 (forthcoming in *Annual Review of Law & Social Science* 2008).

[88] *Daubert v. Merrell Dow Pharm., Inc.*, 509 U.S. 579, 596-97 (1993).

[89] J. Griffin and D. J. LaMagna. 2002. *Daubert* challenges to forensic evidence: Ballistics next on the firing line. *The Champion*. September-October: 21.

[90] Ibid.. See, e.g., Crisp, 324 F. 3d at 270.

言方面的权力和灵活性”[91]。然而，至少就刑事案件而言，这种对问题的估计可能是不现实的。“主要的困难似乎是法院在那么长的时间内依赖于众多（法庭科学）方法，以至于法院可能不愿意重新思考它们在审判过程中的作用……在许多法庭科学领域，实际上不存在支持这种做法的研究。”[92]

就像本章的讨论所表明的那样，与科学证据的采纳和排除相关的对抗制过程，并不适合于发现“科学真相”这一任务。除了其他问题外，因为法官和律师通常缺少明智理解和评估法庭科学证据所必需的科学专业知识，审判法官（独任审判）必须在没有法院同事的帮助下裁决证据问题并且常常没有时间进行深入研究和思考，上诉审对审判法院 *Daubert* 裁决的高度遵从性审查，司法系统受到牵累。此外，司法系统所使用的个案裁判方法并不是很适合于解决各种各样的法庭科学学科的系统性问题。考虑到这些现实，极其需要法庭科学共同体进行改进。司法审查自身，并不能治愈法庭科学共同体的痼疾。[93] 与 DNA 分析有关的科学研究的发展、培训、技术以及数据库，都是来自于联邦对关于 DNA 分析技术的学术研究与项目的充分、稳定支持。类似的支持必须给予所有值得信赖的法庭科学学科，如果它们要达到服务于司法的目标所需要的可靠性程度的话。通过更多和更好的教育项目，通过认可的实验室、认证的法庭科学从业人员、合理的操作原则和程序、严肃的研究来建立每个学科的效应界限和量度，法庭科学专家将能够更好地分析证据，正确地在法院报告其认定。然而，当前的情况是，因为司法制度的局限性、因为法庭科学共同体面临着许多问题而存在严重的不足。

[91] 1 Faigman et al., op. cit., *supra* note 1, § 1: 1, p. 5 n. 9.

[92] Ibid. § 1: 30, p. 85（脚注已省略）。

[93] See J. L. Mnookin. Expert evidence, partisanship, and epistemic competence. 73 *BROOK. L. REV.* 1009, 1033 (2008)（“只要我们的对抗制还主要是其当前的形式，我们就不可避免地离不开关于专家证据的不完美、概念不令人满意的、棘手的方法。也许真正的教训是这样的：那些认为我们可以充分解决——而不是不完美地管理——我们法律制度内在科学证据使用方面无所不在的当事人性和认识能力方面的深层次结构紧张关系的人，几乎注定要失望。”）。

4

科学原理和科学数据解释

科学方法，是指调查现象、获取新的知识或者纠正或整合先前知识的方法。它要基于收集到的可观察的、经验的和可测量的证据，并遵守特定的推理原理。①

Isaac Newton (1687, 1713, 1726)

"Rules for the study of natural philosophy,"

Philosophiae Naturalis Principia Mathematica

法庭科学实际上包括一系列广泛的学科，就像在下一章所看到的那样。每个学科都有自己的方法和做法，以及自己的优势和弱点。特别是，每个学科在科学发展水平和遵循科学调查原则的程度上都是不同的。坚持科学原则很重要，这出于以下具体原因：它们使得能够根据不确定的信息——这恰恰是法庭科学工作者面对的挑战——进行可靠的知识推论。因此，在遵守了这些原则的情况下，法庭科学方法的可靠性将得到大大提升。就像第 3 章所讲的那样，在刑事审判中，法律对法庭科学证据的采纳和依赖严重地取决于：(1) 法庭科学学科在多大程度上建立在可靠的科学方法基础上，从而能够对证据进行准确分析，并对研究结果进行适当报告；以及 (2) 那些依赖人类解读的法庭科学学科的从业人员在多大程度上采纳了防止偏见和差错的程序与效能标准。本章将原则性地讨论在科学上是如何实现这些目标的。

科学方法的基本原则

科学方法推定事件是以一种一贯的模式发生的，通过仔细对比和系统研究可以理解这种模式。知识是通过一系列的步骤产生的，在这个过程中，按照方法积累数据，评定信息的优点与不足，并推论出关于因果关系的知识。在这个过程中，科学工作者还要认识这种知识的局限性（例如，观察的准确性）、关系的推论性质以及推论背后的关键假定。假设根据数据（支持或者反驳）而得到发展与测量。

科学工作者持续地观察、监测和修正知识。科学对真相的接近，要么是通过突破式的发现，要么是累进的，即通过反复检验理论进行的，而不是要宣称绝对的真相。证据通过在自然背景下或者实验室中进行的观察和测量而获得。在实验室中，科学工作者能够控制和改变条件，以隔绝排他效果，从而更好地理解影响特定结果的因素。通常情况下，在理解特定因素、模式或者变量的作用之前，必须在广泛的条件下进行实验或者观察。减少差错的方法是研究设计的一部分，这样的话，例如，选择的研究规模才能为高度自信的结论提供足够的统计学力度，或者理解可能影响结果的因素。通过科学调查，调查人员必须尽可能不存偏见，实务中也要有措施来发现偏见（例如，那些来自测量、人类解读的偏见），并最大可能地减少它们对结论的影响。

最终目标是要就现象构建与广泛的科学原理一致的解释（“理论”），例如，热力学定律或者自然选择规律。这些理论，以及通过实验和观察数据对它们进行的调查，通过会议、出版物和同僚互动而得以被分享，这促使科学工作者更清晰地解释其工作，并提出可能并没有考虑到的问题。数据和结果的分享过程需要仔细的记录、他人的评论。此外，在同僚之间获得可信性的需要，也促使调查人员避免利益冲突。在一个鼓励健康批评的环境中，在经过了同行的审查后，对工作的接受是一个结果，说明理论继续有效。这种审查可能扩大到对结果或实验的独立重复，以在不同的条件下验证该理论。由于数据和理论的积累会产生可信性，它们就被接受为已经确立的事实，成为构建其他调查的“脚手架”。

这一关于科学如何创设新的理论的描述，说明了良好的科学实践的关键因素：界定术语时的精确、过程、背景、结果和局限；对新的理念持开放态度，包括批判与反驳；避免偏见和夸大（超越事实）。尽管在这里这些因素是在创造新方法和知识的背景下讨论的，同样的原则也适用于已知的过程或者知识。在法庭科学日常工作中，形成假设和检验假设的过程为对样本的仔细准备与分析以及对结果的解读所取代。但是这种应用工作如果实施得当，仍然会展示基础科学同样的特征：应用经过验证的方法并小心遵循实验方案；形成仔细和足够的记录；避免偏见；在科学所允许的限度内进行解读。

新方法的确认

科学的一个特定目标，就是确认新方法，确定其在不同条件下的可靠性及局限性。这样的研究开始于一个清晰的假想（例如，“新方法 X 能够可靠地将生物证据与其来源联系在一起”）。一个没有偏见的实验，旨在就假设提供有用的数据。接着对这些数据——在仔细界定和可控条件下通过规定方法观察收集的测量结果——进行分析，以支持或者反驳假设。支持或者反驳假设的方法要清晰，在进行实验前已经说明。从这种确认研究中所取得的最重要的成果是：(1) 关于该方法是否能将该假设与其他假设区别开来的信息；(2) 评估差错来源及其对根据该方法所进行的决策的影响。这两个成果一起，准确和清晰地说明什么是“可靠的联系”。

对于以前没有经过深入研究的方法而言，研究人员可以设计一个广泛的实验，用以就其在一系列条件下的效能收集知识。然后就那些数据进行分析，确定其是否形成某个根本性的模式，可以用于策划或者解释应用新方法所进行的实验。在其他情形下，已经根据现有的实验数据、知识和理论（例如，“生物学标记 A、B 和 C 可以用于 DNA 法庭科学调查，来就证据与犯罪嫌疑人进行匹配”）形成了某个过程。

为了确认某个方法或者过程在特定目的（例如，为了法庭科学调查）方面的有效性，必须进行确认研究。

国际标准化组织（ISO）和国际电工委员会（IEC）制定了一个联合文件，即“检测和校准实验室能力通用要求”（通常叫作“ISO 17025”），该要求包括一个公认的方法列表，这些方法可以单独或者结合应用于确认某个方法：

- 使用参考标准或标准物质（参考物质）进行校准；
- 与其他方法所得的结果进行比较；
- 实验室间比对；
- 对影响结果的因素作系统性评审；
- 根据对方法的理论原理和实践经验的科学理解，对所得结果不确定度进行的评定。[1]

这种确认研究的关键步骤，是要将其发表在同行评审的杂志中，以便于领域内的专家能够审查、质疑并查核结果的可重复性。这些出版物必须包括清晰的对所要研究的假设的说明、关于实验的足够细节、形成的数据以及对数据的分析，以便可以进行重复研究。重复将要暴露的，不仅是其他的变量来源，而且是过程的其他方面，形成可以用于改进方法的更多的理解和科学知识。方法如果说明了更多的细节（例如，在 DNA 分析中，要就特定的基因座进行比较），将有更高可信性，与那些更依赖于调查人员的判断的方法相比，也更易于进行系统改进。

经过长时间的对结果的确认，将增加信心。此外，科学文化鼓励持续的质疑和改进。因此，相关的科学共同体继续对确立的结果进行审查，确定其在新的条件下是否仍然成立，以及在面对新的知识的情况下，它们是否仍然成立。研究生作为研究人员参与科学研究，也对这一不懈努力有着巨大贡献，因为其教育课程的一个组成部分，就是仔细阅读并质疑所谓已经确立的方法。这一文化将导致对过去的研究的持续再检验，并进而增加了知识。

① Quoted from Section 5.4.5 2 (Note 2) of ISO/IEC 17025, “General requirements for the competence of testing and calibration laboratories” (2nd ed., May 15, 2005).

在DNA分析中，已有研究评估了这一方法的精确性、可靠性和不确定度。这一知识已经被用来界定标准程序，遵循了标准程序，将导向可靠的证据。例如，以下是联邦调查局的法庭科学DNA检测实验室质量保证标准具体要求的一个简短范例②，以确保可靠的DNA法庭科学分析：

- 检测实验室必须就每个应用的分析方法规定有标准操作的作业指导书，规定作为DNA分析和数据解读标准的试剂、样本准备、提取、设备和控制。
- 实验室应当使用适当的控制与标准监督分析过程，包括估算提取恢复的人类细胞核DNA的数量的定量标准、阳性与阴性扩增控制以及空白对照。
- 实验室应当对其DNA检测程序进行年度检查，或者在作业指导书发生重大变化时，根据适当的和可得的国家标准与技术研究院标准参考物质或者可溯源至国家标准与技术研究院标准的标准进行检查。
- 实验室应当具有并遵循解读证据的书面通用指导方针。
- 实验室应当确认所有的控制结果都处于已经确立的容忍限度之内。
- 在适当情况下，视觉匹配应当得到数理匹配标准的支持。
- 对于特定的人群和/或相关性假设，统计解读应当遵循题为“法庭科学DNA证据评估”（1996）的国家研究委员会报告所认为应适用的建议4.1、4.2或者4.3和/或法院指示的方法。这些计算应当来自于对于计算而言适当的形成记录的人群数据库。③

② DNA Advisory Board. 2000. *Forensic Science Communications* 2（3）. Available at www. bioforensics. com/conference04/TWGDAM/Quality _ Assurance _ Standards _ 2. pdf.

③ Paraphrased from Section 9 of the FBI's Quality Assurance Standards for Forensic DNA Testing Laboratories.

这一详细要求是与 ISO 17025 指导方针的精神是一致的。那些指导方针的第二版（2005 年 5 月 15 日）包括以下用以适当界定任何新的分析方法过程的最低信息要求：

(a) 适当的标识；

(b) 范围；

(c) 对被检测或校准物品类型的描述；

(d) 被测定的参数或量和范围；

(e) 仪器和设备，包括技术性能要求；

(f) 所需的参考标准和标准物质（参考物质）；

(g) 要求的环境条件和所需的稳定周期；

(h) 对程序的描述，包括：

——物品的附加识别标志、处置、运输、存储和准备；

——工作开始前所进行的检查；

——检查设备工作是否正常，需要时，在每次使用之前对设备进行校准和调整；

——观察和结果的记录方法；

——需遵循的安全措施；

(i) 接受（或拒绝）的准则和/或要求；

(j) 需记录的数据以及分析和表达的方法；

(k) 不确定度或评定不确定度的程序。④

不确定度和误差

科学数据和过程会受到各种误差源的影响。例如，来自调查问卷的实验室结果和数据易受到测量误差的影响，人类观察者对证据的解读易受到潜在偏见的影响。设计和进行科学研究的科学调查人员以及使用科学方法进行特定分析的分析人员的一个关键任务

④ Quoted from Section 5. 4. 4 of ISO/IEC 17025, "General requirements for the competence of testing and calibration laboratories" (2nd ed., May 15, 2005).

就是，尽可能地识别误差源，尽可能地对此加以控制或者消除，并估算仍有的差错的量度，以便研究得出的结论是有效的。科学论文中所报告的数据包括的不仅仅是一个单一的价值（点估），而且是一系列似真价值（例如，置信区间或者不确定度区间）。

测量误差

就像所有的其他科学调查一样，法庭科学工作者进行的实验室分析也要测量误差。这样的误差反映了特定科学方法内在的优点和局限性。例如，测量某个人血液酒精浓度的方法或者测量样本海洛因含量的方法，只能是在可能值的置信区间进行。除了测量方法固有的局限性外，一系列其他因素可能也会出现，从而影响实验室分析的精确性。这种因素可能包括分析中使用的参考物质存在不足、设备差错、环境条件在方法有效的范围之外、样本混杂和污染、转录差错，等等。

例如，假设在某案件中，用某仪器（例如，诸如酒精浓度检测器这样的呼吸酒精检测仪）来测量某人的血液-酒精浓度，3 次测量结果分别是 0.08%、0.09%和 0.10%。3 次测量的不同可能是缘于仪器的部件、测量发生在不同时间和采用不同的方法或者许多其他因素。这些测量的结果需要进行报告，并要有一个置信区间，说明包含真正的血液-酒精浓度的高度可能性（例如，平均值加上或者减去两个标准差）。就这一例子而言，平均是 0.09%，标准差是 0.01%，因此，两个标准差的置信区间（0.07%，0.11%）就是含有该人真正的血液-酒精浓度的高度可能性。（统计模型规定了在其他情况下产生这种区间的方法，以便它们均具有包含真正结果的高度可能性。）测定白色粉末样本的海洛因含量的情况是类似的，尽管量化和界限没有这么广泛地标准化。气相色谱-质谱联用仪（GC/MS）被广泛地应用于识别管制物质。那些分析更倾向于定性（例如，确认频谱中的某些峰值在频率上与管制物质的峰值一致，并且其高于背景“噪声”），尽管定量也是可能的。

误差率

进行法庭科学学科分析是为了为刑事司法程序的诸多目的提供信息。然而，这些分析的大多数旨在解决两个类型广泛的问题：(1) 特定的证据是否能够与特定的某类来源联系在一起？(2) 特定的证据是否能够与特定的来源联系在一起？第一种类型的问题导致“种属”结论。这种问题的一个例子是，特定的毛发样本是否具有特定族群的共同物理特征。对种属问题的肯定性回答，仅仅表明该证据属于特定种类的类似证据。另一个例子是，(根据收集的某些相关测量数据) 犯罪现场遗留的油漆痕迹是否与数据库中特定的油漆样本一致，据此可以推断遗留油漆痕迹的车辆的类型 (例如，车型和出产日期)。第二种类型的问题将导向“个体识别”结论，例如，某个特定的 DNA 样本是否来自某人。

尽管法庭科学分析所要解决的问题并不总是二元的 (是/否) 或者像前面段落所说的那样清晰，是/否的结论范式对于说明和量化法庭科学学科所能提供的答案的准确性仍是有益的。[⑤] 在这样的情况下，如果真为已知，则分析结果可以在双向表中作以下分类：

	分析结果	
真	是	否
是	A (真阳性)	B (假阴性)
否	C (假阳性)	D (真阴性)

我们使用头发显微分析作为假设的例子来说明用于评估法庭科学分析的准确性的概念框架和术语。在这种情况下，要对每根毛发样本的多个特征进行评定，无论是定性的还是定量的。定性特征包括颜色 (例如，金黄色、褐色、红色)、染色 (天然的还是处理过的)、形态 (直的、波浪形的、卷曲的、扭结的)、质地 (光滑、中等、粗糙)。定量特征包括长度和直径。毫无疑问，这

⑤ 关于法庭科学所要解决的问题的更为彻底的讨论，可以在诸如下列的参考文献中找到：K. Inman and N. Rudin. 2002. The origin of evidence. *Forensic Science International* 126：11-16；and R. Cook, I. W. Evett, G. Jackson, P. J. Jones, and J. A. Lambert. 1998. A hierarchy of propositions：Deciding which level to address in casework. *Science and Justice* 38：231-239。

些特征对于每根毛发而言都是不同的，即使是来自于同一个人。但是对于分类识别的需要而言，*同*一个人的特征变化很小（即受测者内在的变异），*不同*的人的特征变化更多（即受测者之间的变异）。对每个样本而言，这些特征可以某种方式结合而形成某些综合得分，或者一套得分。接着可以就这些得分与那些目标样本的得分进行比较。然而，在最后的分析中，常常需要二元结论，例如，"该毛发是否来自高加索人?"

就像所有导致种属结论（例如，医学中的诊断测试）的分析那样，显微毛发分析过程必须进行性能和确认研究，以界定和估算适当的误差率。假设有这样的研究，有来自于100个C类人的100个样本（每个都有多根毛发），另外100份样本来自于非C类人。分析人员需要确定这200个样本中每个是否来自于C类人，真正的答案已知。该确认研究的结果如下：

假设的毛发分析确认研究

	毛发样本分析表明：		
	C类人	非C类人	横向和
样本来自于C类人	95（真阳性，正确认定）	5（假阳性）	100
样本非来自于C类人	2（假阳性）	98（真阴性，正确认定）	100
纵向和	97	103	合计200

检验（在这里是显微毛发分析）的准确性可以以不同的方式加以评定。借用评估医学诊断检验的术语，四个表征法及其相关的量度如下所述。每一个都有其用处：头两个强调的是发现关联性的能力；另外两个强调的是预测关联性的能力⑥：

⑥ See, e.g., X-H. Zhou, N. Obuchowski, and D. McClish. 2002. *Statistical Methods in Diagnostic Medicine*. Wiley & Sons, for a general account of methods for diagnostic tests. NAS/NRC的一系列报告使用了这种方法来检验法庭科学学科。See, e.g., NRC. Committee to Review the Scientific Evidence on the Polygraph. 2003. *The Polygraph and Lie Detection*. Washington, DC: The National Academies Press; NRC. 2004. *Forensic Analysis: Weighing Bullet Lead Evidence*. Washington, DC: The National Academies Press; NAS. 2005. *The Sackler Colloquium on Forensic Science: The Nexus of Science and the Law*, November 16 - 18, 2005.

- 就来自C类人的样本而言，检验正确识别的部分叫作检验的“灵敏度”或者“真阳性率”（TPR）。在这个表中，灵敏度估计为［95/（95+5）］×100=95%。
- 就非来自C类人的样本而言，检验正确识别的部分叫作检验的“特异性”或者“真阴性率”（TNR）。在这个表中，特异性估计为［98/（2+98）］×100=98%。
- 就被检验分类为来自于C类人的样本而言，实际上来自于C类人的部分，叫作检验的“阳性预测值”（PPV）。在这个表中，阳性预测值估计为［95/（95+2）］×100=98%。
- 就被检验分类为非来自于C类人的样本而言，实际上来非自于C类人的部分，叫作检验的“阴性预测值”（NPV）。在这个表中，阴性预测值估计为［98/（5+98）］×100=95%。

以上四个量度强调的是分析作出正确决定的能力。[7]“误差率”是指分析导致错误结论的情况比例。例如，灵敏度的补数（100%减去灵敏度）就是样本来自于C类人但是分析得出了相反结论的假阴性情况的百分比。在上表中，这一补数估计为5%。与此类似，特异性的补数（100%减去特异性）就是样本来非自于C类人但是分析得出其来自该类人的结论的假阳性情况的百分比。在上表中，这一补数估计为2%。整体误差率是指所有分析中错误认定所占百分比。在上表中，这一误差率估计为［（5+2）/200］×100=3.5%。

很重要的是，检验的回答是否正确，取决于检验所要回答的问题。在这一毛发比对例子中，目的是确定毛发是否来自于C类人中某人的头顶。因此，对分析的评估应当根据种属的准确性来进行。在这一例子中，如果分析表明属“C类人”但是毛发实际

⑦ 每个关于灵敏度、特异性、阳性预测值、阴性预测值的估算都关联着某个包含真正灵敏度、特异性、阳性预测值和阴性预测值的高度可能性的区间。研究越大，该估算就越准确（即关于估算的不确定度的区间越窄）。

上来自于"非C类人"，则该分析的结论是不正确的种属。这一准确性估算并不适用于其他超出特定分析目标的活动，例如，从所获得的样本中确认某人。在汽车留下油漆痕迹的例子中，如果问题是正在调查的车辆是否属于2000年制造商生产的型号A，那么正确的回答应当仅限于型号、制造商和年份。

尽管仅仅是举例，但这些例子有助于说明以下重要性：

- 仔细、准确地界定科学程序，以便他人能够重复和验证；
- 尽可能多地识别影响测量准确性和精确度的误差源；
- 测量量化（例如，在使用GC/MS对海洛因疑似样品进行分析时，除了适当的量度数据外，还要报告峰面积，包括已知量标准品的峰面积响应值，而不仅仅是"峰出现/未出现"）；
- 在极可能包含真实值在内的定量间隔里应用测量方法；
- 准确界定方法所要解决的问题（例如，种属识别与个体识别），并要认识其局限性；以及
- 对于某一法庭科学程序的效应进行确认研究，从而得出该程序可能产生假阳性结果和假阴性结果的百分比。

显而易见，更好地认识测量设备和测量过程，将更好地改进每个过程，最终导致更少的假阳性和假阴性结果。最重要的是，就像前面所提到的那样，检验结果是否正确，取决于用检验来回答的问题。在显微毛发分析的例子中，确认研究可能会确认其在识别某个人的*种属特征*方面的价值，而不是确认识别特定的人方面的价值。

还需要指出的很重要的一点是，与上面所展示的简单框架相比，误差和相应的误差率有着更为复杂的来源。例如，在进行DNA分析时，宣布两个样本匹配，至少在两个方面可能是错误

的：两个样本可能实际上来自于不同的人，在检验的识别能力范围内，他们的DNA似乎是一样的，或者两个不同的DNA图谱被错误地认定为匹配。前一错误的概率通常很低，而假阳性（不同的图谱被错误地认定匹配）的概率可能相当高。这两种误差来源都需要探究和量化，以估定DNA分析的可靠误差率。[8]

几种类型的潜在误差率的存在，使得这一点绝对重要，即在特定背景下分析所涉及的所有因素都要以特定的比率加以准确明示。对这样的误差率进行估算，要求严格地开展和从事科学研究。在分析中可能产生影响的其他因素包括人类解读，例如，解读者的经验、培训和固有能力，进行解读的作业指导书，以及来自多个方面的偏见（下一部分将讨论这个问题）。评估法庭科学分析结论的准确性和估算相关的误差率，也是法庭科学任务的重要组成部分。

偏见的来源

人的判断要受到许多不同类型的偏见的影响，因为我们会从我们的环境中无意识地择取暗示，并以一种无法言说的方式把它们融入我们的精神分析中。那些精神分析还可能受到没有根据的假设和我们没有认识到的存在于我们自身的自信的影响。这样的认知偏见并不是品性缺陷导致的结果，相反，它们是决策活动的共同特点，并且我们并不能把它们逐走。[9] 一个熟悉的例子就是，如果合作者或者监督者表明他们希望或者已经取得一个特定的结果，取悦他人（或者避免冲突）的共同意愿就能够左右我们的判断。科学花费了巨大努力来避免偏见，采用严格的实验方案来最小化它们的影响。例如，1996年国家科学院DNA报告指出，“在设计实验室程序时，应当有保护措施来发现偏见和确定存在真歧

⑧ C. Aitken and F. Taroni. 2004. *Statistics and the Evaluation of Evidence for Forensic Scientists*. Chichester, UK: John Wiley & Sons.

⑨ See, e.g., M.J. Saks, D.M. Risinger, R. Rosenthal, and W.C. Thompson. 2003. Context effects in forensic science: A review and application of the science of science to crime laboratory practice in the United States. *Science and Justice* 43 (2): 77-90.

义的情况。就潜在的歧义应当形成文件”[10]。

法庭科学中可能发生的一种显而易见的认知偏见就是，在评估信息的证明价值时有不理睬基础比率信息的意愿。例如，假设在犯罪现场发现的地毯纤维与在犯罪嫌疑人的家中发现的纤维匹配。这一信息的证明价值取决于这样的比率，即这种纤维存在于犯罪嫌疑人的家中与该纤维被发现于其他人的家中的比率。如果地毯纤维极其常见，则在犯罪嫌疑人的家中发现的匹配纤维没有什么证明价值。[11]

一个常见的认知偏见是这样的倾向，即结论会受到提出问题的方式或者出示数据的方式的影响。例如，在警察局排队辨认时，如果一次向目击证人出示一组照片，他就可能认为犯罪嫌疑人就在其中，而这可能并不正确。如果面部照片一次全都拿出来，并让证人去辨认犯罪嫌疑人，则证人可能选择其中最像犯罪者的那张照片，即使犯罪者的照片并不在这些出示的照片中。与此类似，如果顺序出示照片，并且证人知道仅仅会出示有限数量的照片，则目击证人可能倾向于“指认”最后的照片中的一张，他的假设是犯罪嫌疑人肯定在这批照片中。（这也受到形成结论的常见偏见的驱动。）一系列研究已经表明，法官也会因为类似的认知偏见而在判决时出现错误。[12] 法庭科学工作者也会受到这一认知偏见的影响，例如，让他们比对两个特定的毛发、鞋印、指印——一个来自于犯罪现场，另一个来自于犯罪嫌疑人——而不是比对犯罪现场的样本和一组对应的样本。

另一个潜在偏见的例子是，错误的指印鉴定认为 Brandon Mayfield 卷入了 2004 年的马德里火车爆炸案。联邦调查局调查确定，一旦指印检验人员宣布了匹配，无论是他还是其他知道了这

⑩ NRC. 1996. *The Evaluation of Forensic DNA Evidence*. Washington D. C.: National Academy Press.

⑪ C. Guthrie, J. J. Rachlinski, and A. J. Wistrich. 2001. Inside the judicial mind. *Cornell Law Review* 86: 777－830.

⑫ Ibid..

一结果的检验人员，都会受到调查急迫性的影响而反复确认这一错误的认定。[13]

最近的研究为这种偏见又提供了一些证据。这是通过一个实验进行的，该实验要求富有经验的指印检验人员分析指印，他们并不知道他们在其职业生涯中曾分析过这些指印。就半数的检验产生了背景偏见。例如，除了潜在指印外，还包括诸如此类的指示信息：“犯罪嫌疑人供认了犯罪”或者“在犯罪发生时犯罪嫌疑人处于警察的监禁中”。在包含有背景操控的24起检验中，有6起的检验人员得出的结论与偏见信息一致，而不同于他们曾在日常工作中检验同样的指印时所得出的结论。[14]

其他认知偏见可能是缘于我们在推理能力方面都存在不完美。一个常见的、公认的偏见是避免认知不谐的倾向，例如，在交易完成后通过理性论证说服自己物有所值。科学工作者如果纠结于一个预先的结论，则会遭遇这一无意识的偏见，以至于很难公平接受新的信息，很难得出结论说最初的结论是错误的。这常常可以通过众所周知的“锚定效应”这一倾向来说明，即人们在作出决策的时候，往往过于倚重某一个信息。而被过度倚重的信息常常也是遇到的第一个信息。人们倾向于寻求结论，把调查的最初部分视为“沉没成本”，认为如果推翻了就会浪费。

另一个常见的认知偏见就是这样的倾向，即看到实际上并不存在的模式。这一偏见与我们低估大自然确实存在的复杂性这一倾向有关。这两个倾向都会使得人们就现实形成一个过于简单的模式，从而在解读偶合和意外时赋予了更多的意义。更常见的是，在涉及概率的时候，人类的直觉并不总是能够充分地替代仔细的推理。我们看个例子，这是在统计学课程刚开始时经常提出的一个问题：在一个屋子中，至少两个人的生日相同，在这种可能性

⑬ R. B. Stacey. 2004. A report on the erroneous fingerprint individualization in the Madrid train bombing case. *Journal of Forensic Identification* 54：707.

⑭ I. E. Dror and D. Charlton. 2006. Why experts make errors. *Journal of Forensic Identification* 56 (4)：600－616.

有 50%的时候，这个屋子里必须要有多少人？直觉可能表明这一数量会很大，可能会超过 100，但是实际的回答是 23。这通过仔细的逻辑分析并不难以证明，但是直觉可能具有误导性。

所有这些偏见源在科学中都众所周知，我们进行了大量努力来认识和减少它们。目标是使得科学调查尽可能客观，以便结果不取决于调查人员。某些科学领域（最显著的就是治疗方案和药品的生物制药学临床试验）施行了例如双盲测试和独立的（盲测）确认的做法，以减少偏见的影响。此外，科学试图公布其发现、认定和结论，以便它们能够得到独立的同行评议；这使得其他人能够去研究在调查方法中可能存在的偏见，或者试图去重复出乎意料的结果。避免或者修正偏见是一项重要的任务。即使有着公认的减少偏见的影响的实验方案的领域，也仍然需要改进。例如，最近的一篇未刊论文（working paper）⑮ 对自从 1956 年就开始研究的认知不谐问题提出了质疑。尽管因为该论文还没有发表，我们对这些结果只能初步考虑，但是它们表明，确实需要持续警惕。对法庭科学中的认知偏见这一重要问题的研究很少，无论是关于其影响还是关于最小化它们的方法。⑯

科学的自我纠错性质

科学研究的方法和文化，使得它能够成为一个自我纠正的事业。因为按照研究人员定义，研究人员就是要创造新的认识，他

⑮ M. K. Chen. 2008. *Rationalization and Cognitive Dissonance: Do Choices Affect or Reflect Preferences?* Available at www. som. yale. edu/Faculty/keith. chen/papers/CogDisPaper. pdf.

⑯ See, e. g. , I. E. Dror, D. Charlton, and A. E. Peron. 2006. Contextual information renders experts vulnerable to making erroneous identifications. *Forensic Science International* 156: 74－78; I. E. Dror, A. Peron, S. Hind, and D. Charlton. 2005. When emotions get the better of us: The effects of contextual top-down processing on matching fingerprints. *Journal of Applied Cognitive Psychology* 19: 799－809; and B. Schiffer and C. Champod. 2007. The potential (negative) influence of observational biases at the analysis stage of fingerprint individualization. *Forensic Science International* 167: 116－120.

们在宣称一个新的“真相”时必须尽可能地小心翼翼。同样，因为研究人员工作在前沿，其他人很少能够拥有与之匹配的知识，从而纠正他们发现的错误。因此，在它们得以广泛应用之前，科学必须制定办法来再次确定临时性的结果并发现差错。同行评议、发表、同僚互动（例如会议上的共享）、研究生参与（人们期待他们在学习时提出疑问）的过程全都支持这一需要。科学还有这样的文化特点，即鼓励和奖赏对过去的结果和同僚进行严肃质疑。许多技术得益于学术界的稳固研究基础，以及通过会议、论坛、出版等进行的同僚对同僚的激励及严肃的评估、审查和批评的充足的机会。这些因素提供了丰富多彩的路径，通过它们，新的理念和怀疑能够得以传播，科学工作者有机会远离日常工作而有更长远的观念。科学文化鼓励谨慎、准确的陈述，不鼓励超越已经确立的事实的陈述；同僚彼此之间的挑战是可以接受的，即使该挑战更加羸弱。法庭科学学科将因全面吸纳这一科学文化而受益匪浅。

结论

从事科学的方式不同于人类进行调查和创造的其他模式，并且能够与这些模式互补 。科学方法在构建有用和可信的知识、填补罅隙以及纠正过去的错误方面，有着长期的成功史。科学对准确性、客观性、严肃思考、仔细观察和实践、可重复性、不确定度管理和同行评议的高度关注，使得我们能够可靠地收集、测量和解读线索，以产生知识。

5

对某些法庭科学学科的描述

本章描述了某些主要法庭科学学科的方法。它关注的是那些在调查和审判中最常使用的方法，包括那些已经因其可靠性问题引起法院等的关注的方法，因为这些方法的可靠性还没有根据第4章所讨论的原则按照系统（科学）的方式得到足够的确立。本章关注的主要是法庭科学学科提供能够在法院提出的证据的能力。就其本身而言，有大量的关于其结果的可靠性和准确性的讨论——这归因于关于证明价值和可采性的判决。然而，需要注意的是，法庭科学对于执法调查仍能够提供很大的价值，甚至那些其科学基础当前还很有限的法庭科学学科也可能具有提供证明信息来促进犯罪调查的能力或者潜能。[①] 这一章还提供了委员会对这些学科的点评。[②]

因为法庭科学旨在根据各种与犯罪有关的线索和证据搜集信息，它涉及各种工具和在质量上千差万别的证据。一般而言，法庭科学学科是实用性的，从业人员要采用、改进或者开发各种工具和技术辅助，以便他们可以从犯罪现场证据中提取有用的信息。

① 例如，根据*Daubert*案，法医齿科学可能因为没有足够的科学基础而不具有可采性，但是这一学科可以可靠地排除嫌疑人，从而使执法部门将注意力集中在其他犯罪嫌疑人身上。没有达到证据可采性标准的法庭科学方法仍然可以提供促进调查的线索。

② 本章并不讨论目击证人辨认或列队指认，因为这些技术通常并不依靠法庭科学工作者进行分析或实施。它们对于调查和审判显然具有重要意义。它们的有效使用和解释取决于科学知识与持续研究。出于类似原因，本章并不探讨测谎仪。测谎在安全筛查方面的有效性在以下出版物中进行了探讨：National Research Council，Committee to Review the Scientific Evidence on the Polygraph. 2003. *The Polygraph and Lie Detection*. Washington，DC：the National Academies Press。本章也没有涉及法医病理学，因为第9章讨论了这一领域。

许多法庭科学方法是针对这样的一些证据而开发的——将基于经验的知识与现有的相关的科学基础结合在一起，以创造一种能够反馈有用信息的程序。尽管法庭科学领域所使用的某些方法，例如，DNA 分析、血清学、法医病理学、毒理学、化学分析以及数字与多媒体法庭科学调查法，都是建立在理论和研究的稳固基础上的，但也有许多其他方法是在探索中形成的。也就是说，它们是基于观察、经验和推理的，缺乏基础科学理论，缺乏旨在测试方法不确定性和可靠性的实验，或缺乏通过科学收集和分析所得的足够数据。

在研究过程中，委员会听取了许多法庭科学学科专家的证言，涉及当前的实践、有效性、可靠性、误差、标准和研究。[③] 根据这些证言和许多书面提交的材料，以及委员会成员的个人经验，委员会形成了在本章提出的一致观点。

生物证据

生物证据来源于在法庭科学调查中可以获得的关于生物学来源的检材。这种检材可能会在犯罪现场或者人身、衣物以及武器上发现。某些检材，例如，宠物毛发、昆虫、种子或者其他植物残迹，来自于犯罪现场或者来自于被害人或者犯罪嫌疑人最近接触过的环境。其他生物证据来自于直接从被害人或者犯罪嫌疑人身上获取的检材，例如，血液、精液、唾液、阴道分泌物、汗液、上皮细胞、呕吐物、粪便、尿液、毛发、组织、骨骼、微生物和病原体。所收集的用于检验的最常见的生物证据类型是血液、精液和唾液。包含细胞核 DNA 的人类生物学证据特别具有价值，因为它们有可能在刑事司法活动可接受的可靠性程度基础上将特定的个人和此类证据联系起来。

③ 为本委员会提供证言的人员的完整列表见附录 B（该附录因无学术意义而未译出——译者注）。

样本数据和收集

在犯罪现场，要查找、记录、收集和保存生物证据，以便随后在犯罪实验室进行分析。查找和识别生物证据比一个非专业人员想象的要难得多。例如，血液并不总是红色的，某些红色的物质并不是血液。大部分生物证据，例如唾液或者精液，并不是一目了然的。犯罪现场调查人员通过能够筛查存在的特定生物液体（即血液、精液、唾液）的测试方法来查找生物证据，并且调查人员会有一个方法上的选择。[④] 对于血液，他们可能应用多波段光源（ALS）的 415nm 档位，因为血痕会吸收这个波长的光，因此要比裸眼条件下更为可见。更为常见的是，对血液的筛查检验是一个催化反应的化学测试，它能够改变在场血液和颜色和亮度。现场调查人员还可能使用发光氨、荧光素或者结晶紫来查明犯罪人在犯罪现场的哪些区域试图清除血污。

这些血液检验可能还会查找到其他应当收集的证据，并带回实验室进行分析。最近，能够鉴别人类血色素或者血糖性蛋白 A 的免疫学检验已经开始应用。这些血液特定性蛋白能够说明其人类来源。在将来的某个时候，这些免疫学检测可能会取代标准化学检测，尽管花费更为昂贵，但它们更为确切，因为它们能够就血液作出确证结论，而不仅仅是推测。调查人员还有几种方法来查找犯罪现场的精液。通常他们依靠多波段光源，在其照射下精液、其他生物类液体和某些其他证据将会变亮。最近，免疫学检验应用于鉴别精浆蛋白质，例如，前列腺特定抗原（p30 或者 PSA）或者精囊凝固蛋白。[⑤]

④ 对任何筛查结果的解释都需要专业知识和经验。许多犯罪现场调查人员具有必需的经验，但是他们可能缺少科学背景，并不总是能够轻而易举地正确解释筛查测试的结果。需要以科学为基础的筛查工具的犯罪现场调查将更为可靠，如果有关人员理解这些工具的物理和化学原理的话。

⑤ I. Sato, M. Sagi, A. Ishiwari, H. Nishijima, E. Ito, and T. Mukai. 2002. Use of the "SMITEST" PSA card to identify the presence of prostate-specific antigen in semen and male urine. *Forensic Science International* 127 (1-2): 71-74.

在现场发现唾液，通常是偶然事件。尽管它在多波段光源特定波长的照射下会发亮，但是这种亮光并不强烈，较弱的多波段光源可能并不能很好地突出亮光部分，甚至可能根本不起作用。因此，唾液就很容易被错过。对唾液的筛查测试是对淀粉酶的化学测试，这是一种在唾液中富集的酶。但是这种筛查不是特定性的，因为其他类型的组织也包含淀粉酶，包括一些和唾液相关的特定的类型（AMY 1）。

分析

尽管法庭科学应用细胞核 DNA 仅有 20 年时间，现在 DNA 分型已经被广泛认可为评判其他法庭科学个体识别方法的标准。DNA 之所以享有这一超群的地位，是因为它具有可靠性，并且除了在标签和处理的时候出现欺诈和错误的情况外，其假阳性概率是可以计量的，而且通常微乎其微。然而，即使是非常小的（但不是零）假阳性概率也会影响这样的可能性，即犯罪嫌疑人是 DNA 图谱匹配样本的来源。[6] 其他类型的生物分析的科学基础和可靠性也得到了稳固的确立，但是除了细胞核 DNA，它们只能限定犯罪嫌疑人的范围，而不能表明特定的同一。

在实验室检测生物证据要进行这样的逻辑分析顺序，用以确定该物质是什么以及该物质从哪里来。这个顺序一开始需要法医生物学家找到证据上的物质，接下来，通过假定实验获得有关该物质的更多信息，通常使用与现场调查人员同样的测试手段：多波段光源、酶、化学或者免疫学检验。一旦确定了属于何种物质（例如，血液、精液或者唾液），则使用免疫学检测或者人类 DNA 检测来确定样本是否来自于人或者动物。

分析顺序的最后一步是确定生物检材的来源。如果有足够的样本可供检验，法医生物学家将准备就该材料进行 DNA 检测。

⑥ W. C. Thompson, F. Taroni, and C. G. G. Aitken. 2003. How the probability of a false positive affects the value of DNA evidence. *Journal of Forensic Sciences* 48 (1): 47-54.

从事DNA检测的分析人员可能是，也可能不是最初检查原始物证的同一个人，这取决于实验室的方针。

就需要进行何种类型的DNA检测，可能需要作一个决定。在美国法庭科学实验室有两种基本的DNA检测类型：核检测和线粒体检测，以及前者的几种变种。由于大多数生物证据具有证据意义，法庭科学DNA实验室采用常规的细胞核检验[⑦]，首先检测13个核心短串联重复序列多态性。[⑧] 这些结果要进入联邦调查局的DNA联合检索系统，在三个数据库中的一个进行比对检索，这三个数据库分别为已决重犯数据库、犯罪现场DNA图谱数据库、身份不明人员的DNA数据库。

有的时候，证据要求仅进行Y-STRs的检测，这只能对Y（男性的）染色体进行评估。因为在性侵犯中只有少量的男性核DNA是可得的（更大量的是阴道分泌液DNA），就此有可能获得留下精液的男性的Y-STRs分型。与DNA联合检索系统检索所使用的13位点方法——如果所有的13个都匹配的话，将强有力地表明两份样本来源于同一个人——不同的是，Y-STRs检测在进行个体识别方面不是那么具有确定性。第三种核DNA检测方法是进行单核苷酸多态性（SNPs）分析，尽管在美国没有公立的法庭科学DNA实验室进行SNPs方面的常规分析，在世贸中心恐怖案件鉴定活动中使用了这种方法后，在一些DNA被过度破坏以至于无法进行标准测试的案件中，使用这种基因组信息引起了人们的注意。[⑨]

如果现有的核DNA不足以进行STRs检测，或者如果现有的

---

⑦ T. R. Moretti, A. L. Baumstark, D. A. Defenbaugh, K. M. Keys, J. B. Smerick, and B. Budowle B. 2001. Validation of short tandem repeats (STRs) for forensic usage: Performance testing of fluorescent multiplex STR systems and analysis of authentic and simulated forensic samples. *Journal of Forensic Sciences* 46 (3): 647-660.

⑧ 一些实验室现在使用16个位点，其中13个是原来的核位点。

⑨ B. Leclair, R. Shaler, G. R. Carmody, K. Eliason, B. C. Hendrickson, T. Judkins, M. J. Norton, C. Sears, and T. Scholl. 2007. Bioinformatics and human identification in mass fatality incidents: The World Trade Center disaster. *Journal of Forensic Sciences* 52 (4): pp. 806-819. Epub 2007 May 25.

核 DNA 降解了，可能会使用两种方法。一种方法是就现有的 DNA 数量进行扩增，尽管这一方法没有广泛地应用于美国的法庭科学实验室。第二种方法是线粒体 DNA（mtDNA）测序法。从 1996 年起，根据 mtDNA，将作为单一来源的犯罪现场样本和来自于被害人及被告人的样本进行比对变为可能。4 个联邦调查局支持的 mtDNA 实验室和少数私立 mtDNA 实验室进行 DNA 检验。这一方法对毛发（因为毛发不包含足够的核 DNA 供现有的方法进行检验，除非毛发留有根部）、骨头和牙齿而言特别有用。因为它只是测量基因组的一个点，与核 DNA 分析相比，mtDNA 分析更加缺乏鉴别能力；所有来自于一个共同的女性祖先（在过去的几代之内）的人们具有同样的分型。但是 mtDNA 检测仍具有法庭科学价值，因为它能够确认或者排除某个人是它的来源。

将法庭科学 DNA 检测结果输入 DNA 联合检索系统的实验室必须符合特定的质量指南，这包括这样的要求，即实验室通过认可，有着特定程序且该程序得到了遵守。在经认可的实验室，法庭科学 DNA 人员必须参加能力验证，必须符合具体的教育和培训要求（参见第 8 章的进一步讨论）。进行实验室分析的科学工作者必须具备自然科学的学士学位直到博士学位。每个法庭科学 DNA 验室要有技术领导者，该人通常必须符合额外的经验和教育要求。

尽管人们期望 DNA 实验室在严格的质量控制环境下从事检验工作，错误有时仍然会发生。它们通常发生在这样的情况下，比如模棱两可的解释，或者样本被不适当地处理抑或在实验室遭到污染。差错也可能在 DNA 数量有限的情况下发生，这种情况会限制检测信息数量，增加误读的可能性。mtDNA 分析的案件评审表明，检测结果质量差异较大，这是由污染、缺乏解读混合物的经验以及检验方法的差异所导致的。[10]

报告结果

联邦调查局质量指南要求法庭科学 DNA 分析报告必须至少包含对检验证据的描述、对分析的位点的列举，对方法的描述，结果和/或结论，以及对根据分析而得出的推论所作的解释性陈述（无论是定性的还是定量的）。[11]

点评

与以经验为基础而获得发展的许多法庭科学方法（它们在科学理论或者分析上的基础是有限的）不同的是，DNA 分析是一个先进科学的偶得的副产品。许多知名的科学工作者进献了他们的专业知识，以确保提交到法庭的 DNA 证据是有效和可靠的（例如，在 1989 年纽约的 *People v. Castro* 案中）。截至 1996 年，国家科学院已经召集了两个委员会就 DNA 法庭科学发表了很有影响力的建议。[12]因此，关于 DNA 证据的统计数据原则和群体遗传

⑩ Personal communication, Terry Melton, Mitotyping Laboratory. December 2007. See also L. Prieto; A. Alonso; C. Alves; M. Crespillo; M. Montesino; A. Picornell; A. Brehm; J. L. Ramirez; M. R. Whittle; M. J. Anjos; I. Boschi; J. Buj; M. Cerezo; S. Cardoso; R. Cicarelli; D. Comas; D. Corach; C. Doutremepuich; R. M. Espinheira; I. Fernandez-Fernandez; S. Filippini; Julia Garcia-Hirschfeld; A. Gonzalez; B. Heinrichs; A. Hernandez; F. P. N. Leite; R. p. Lizarazo; A. M. Lopez-Parra; M. Lopez-Soto; J. A. Lorente; B. Mechoso; I. Navarro; S. Pagano; J. J. Pestano; J. Puente; E. Raimondi; A. Rodriguez-Quesada; M. F. Terra-Pinheiro; L. Vidal-Rioja; C. Vullo; A. Salas. 2008. GEP-ISFG collaborative exercise on mtDNA: Reflections about interpretation, artefacts and DNA mixtures. *Forensic Science International: Genetics* 2 (2): 126-133; and A. Salas, L. Prieto, M. Montesino, C. Albarrán, E. Arroyo, M. Paredes-Herrera, A. Di Lonardo, C. Doutremepuich, I. Fernández-Fernández, A. de la Vega. 2005. Mitochondrial DNA error prophylaxis: Assessing the causes of errors in the GEP'02-03 proficiency testing trial. *Forensic Science International* 148 (2-3): 191-198.

⑪ DNA Advisory Board. 2000. Quality assurance standards for forensic DNA testing laboratories. *Forensic Science Communications* 2 (3). Available at www.bioforensics.com/conference04/TWGDAM/Quality_Assurance_Standards_2.pdf.

⑫ National Research Council. 1992. *DNA Technology in Forensic Science*. Washington, D.C.: The National Academies Press; National Research Council. 1996. *The Evaluation of Forensic DNA Evidence: An Update*. Washington, D.C.: National Academies Press.

学得以澄清，进行 DNA 分析的方法和宣布匹配变得更为客观，质量保证和质量控制方案被设计出来，旨在改进实验室的效用。

DNA 分析的科学合理性出于以下原因：(1) 关于特定个人的调查结果有生物学解释；(2) 进行 DNA 样本比对的 13 个多串联基因座位点被选定，以便两个不同的人完全匹配的可能性极小；(3) 假阳性概率已获探究，并且在某些背景下得以定量化（尽管还只是近似的）；(4) 明确规定了实验室程序，并需通过确认和能力验证；(5) 就分析、解读和报告存在清晰与可重复的标准。与任何其他法庭科学学科相比，DNA 分析还受到了更多的审查，在应用于法庭科学调查之前就有严密的实验方法和确认。由于具有这些特点，DNA 的证明力很高。当然，DNA 证据并不是在每个犯罪调查中都可以找到，在进行检验的时候也可能出现误差，从而使得检验无效。在这样的情况下，必须应用其他法庭科学方法。这些其他方法的证明力可能很高，无论是单独使用还是联合其他证据一并使用。通过加强法庭 DNA 分析方法的已有的科学基础和实践，这种证明力可能得到提高。

管制物质分析

“违禁药品”一词被广泛应用于描述滥用物质。应用的其他术语包括“滥用药品”、“非法药品”、“街头药品”和在美国使用的“管制物质”。最后的这个术语特指受联邦和州法管制的药品。[13]

管制物质分析是一个成熟的法庭科学学科，是具有坚实科学基础的领域之一。其采用的分析方法来自于经典的分析化学，并且在全国范围内对最优方法存在广泛认同。[14] 1997 年，美国缉毒局和国家毒品控制方针办公室共同支持建立了禁毒分析技术工作组，即现在众所周知的禁毒分析科学工作组（SWGDRUG)。这一组

⑬ See, e. g., 21 U. S. C. A. §802 (6).

⑭ See F. Smith and J. A. Siegel (eds.). 2004. *Handbook of Forensic Drug Analysis*. Burlington, MA: Academic Press.

织将来自全世界的二十多个法庭科学从业人员聚集在一起，来制定分析和报告非法药物案例的标准。他们的标准得到了美国和世界范围的毒品分析实验室的广泛采纳。

样本数据和收集

管制物质通常来自警察、麻醉药物特工和侦探通过秘密购买、突然搜查存放药物的房屋和秘密毒品实验室或当街扣押所得。在某些案件中，法庭科学化学工作者被派到秘密实验室以有助于实验室安全和证据搜集。扣押的毒品可能是粉状形式或经过掺杂的粉末、可点燃抽吸的块状物或注射物、合法的或者违禁的私下交易的药片和胶囊、植物原料和提取物。

分析

管制物质要根据广为接受的标准方案或实验方案进行分析。很少有毒品化学工作者具有必要的植物学背景以鉴别除了大麻以外的任何常见的违禁植物；在需要植物学鉴别的案例中，外部专家的援助是不可少的。

取样是管制物质分析中的一个主要问题。尽管有的时候，现场仅有痕量的毒品（例如，在一个注射过海洛因的注射筒内），其他时候，有成百上千计的毒品包裹或很大的袋子和包捆。禁毒分析科学工作组和其他人已经提出了用于取样的统计学或非统计学方法[15]，多种多样的方法已经得到采用。

大多数管制物质首先要进行一个现场试验以进行推断性的识别。接下来通过气相色谱质谱联用法，色谱将药物和稀释药或赋形剂分离，接下来使用质谱鉴别毒品。这几乎是一个鉴别未知物质的通用测试方法。大麻却是一个例外，因为它通常由一个系列测试来鉴别。这个系列测试首先是推断性的颜色测试，接下来是低倍显微分析，最后是薄层色谱分析。

⑮ Scientific Working Group for the Analysis of Seized Drugs (SWGDRUG) Recommendations. Available at www.swgdrug.org/approved.htm.

报告结果

大多数毒品化学工作者向律师和法院提交简洁的报告。报告包含管理数据和对证据的简短描述。首先要说明证物的重量或数量，接着是分析的结论。对于大麻案件而言，通常的报告可以表示如下：

接到：　样品1——装有25.6g包含棕绿色植物材料的密封塑料袋。

结论：　样品1中的棕绿色植物材料经鉴定为大麻。

某些实验室可能提及进行了哪些测试，但是在大多数案件中，进行分析的光谱图、色谱图、其他证据以及分析人员的实验记录是不呈交的。同样地，可能的误差原因和统计数据通常也不包括在内。从科学的角度看，这种报告风格常常是不充分的，因为它可能未能提供足够的细节以使同行或其他法庭参与者理解取样方案、分析过程和解读，以及在必要情况下对上述过程进行质询。

点评

管制物质分析的化学基础是合理的，就不确定度和潜在误差也存在足够的认识。禁毒分析科学工作组已经建立了相当完善的系列操作规程建议。[16] 它同时对用于统计抽样的许多指导方针规定了要点，无论其本身是违禁药物（由欧洲法庭科学研究机构网络制定）还是更广泛的物质（由美国检测和物质协会制定）。

禁毒分析科学工作组的建议包括在特定环境下考虑接受的分析化学方法的清单。因为这一清单的建立是为了在世界范围使用的，它包括一些选择，允许实验室在无法使用首选分析设备（比如GC-MS）的情况下，以一系列的简单方法加以替代。然而，如

⑯ See www.swgdrug.org/approved.htm.

果一个人的目的是对完全未知的物质进行鉴别和分类，则所有经禁毒分析科学工作组推荐的可能的组合在科学性上是否可以被接受，是令人怀疑的。委员会已经被告知，有经验的法庭科学化学工作者和良好的法庭科学实验室知道哪些测试（或者测试的结合）能够提供足够的可靠性，但是禁毒分析科学工作组的建议并不能确保这些测试可被使用。如果提交到法庭的报告包含有关分析方法的充足细节，这种模棱两可就不再是一个突出的问题。

摩擦嵴分析

在美国，指印、掌印和脚掌印被应用来进行人身识别已经有一个多世纪了。对这些印痕的分析，统称为“摩擦嵴分析”，它是基于经验对脚或手表面的嵴结构留下的印记加以比对。摩擦嵴分析是法庭科学共同体用以评定同一认定的一种方法，同一认定结论表明某个证据（这里指一个由摩擦嵴留下的形态）有一个单一的、毫无疑义的来源。摩擦嵴分析和其他基于经验对形态加以确认的方法有许多相似之处，例如那些鞋类和轮胎压痕、工具痕迹、笔迹分析。所有这些将在下边分别讨论。

摩擦嵴分析是在各种背景条件下实施的，这包括通过认可的犯罪实验室和未通过认可的机构。未通过认可的机构可能是犯罪实验室、警察“辨认小组”或者私人开业人员（顾问）。在某些情况下，潜在指印检验人员单独进行潜在指印工作。某些检验人员可能还办理其他类型的法庭科学案件（例如，鞋类和轮胎压痕、火器分析）。在某些机构，指印检验人员也需要对犯罪现场予以响应，是执行警务和侦查任务的宣誓警官。

进行潜在指印识别的人员的培训随着机构不同而不同。机构可能已经形成正式的培训项目，也可能应用非正式的指导过程，或者派遣新的检验人员参加一到两周的课程。国际鉴定协会提供了一个培训出版物《摩擦嵴皮肤鉴定培训手册》[17]，摩擦嵴分析、研究和技术科学工作组（SWGFAST）提供了一个指引，即《潜在手印检验人员能力培训》。[18] 尽管这些都是极好的资源，它们却不是必需的，没有对非认证机构开发的培训项目内容的审核。国际鉴定协会同时提供认证测试，以衡量潜在指印检验者的知识和技能；然而，不是所有的机构都能要求潜在指印检测者获得和保持认证。

数据收集和分析方法

对由摩擦嵴所留印记进行检验的方法可以由其首个字母缩写描述为 ACE-V，即“分析，比对，评估和验证”[19]。自从 1959 年起，它就被法庭科学文献描述为一种对证据进行比较分析的方法。[20] 这个过程开始于对未知摩擦嵴印痕（现在常常是潜在指印的数码影像）的分析。许多因素会影响潜在指印细节特征的数量和质量，同时引起结果印痕的变化。检验人员必须要注意以下（几个因素）：

(1) 皮肤的状况——自然的嵴结构（健全的嵴结构）、老龄化的结果、皮肤表面的损伤、永久的伤疤、皮肤疾病和一些伪装。

(2) 残余的类型——自然的残余（汗液残余、油脂残余、汗油结合物）；其他类型残余（血液、油漆等）；残

⑰ International Association for Identification. *Friction Ridge Skin Identification Training Manual*. Available at www. theiai. org.

⑱ SWGFAST. *Training to Competency for Latent Print Examiners*. Available at www. SWGFAST. org.

⑲ Ashbaugh, op. cit.; Triplette and Cooney, op. cit.; J. Vanderkolk. 2004. ACE +V: A model. *Journal of Forensic Identification* 54 (1): pp. 45 - 52. SWGFAST. 2002. *Friction Ridge Examination Methodology for Latent Print Examiners*. Available at www. SWGFAST. org.

⑳ R. A. Huber. 1959 - 1960. Expert witness. *Criminal Law Quarterly* 2: pp. 276 - 296.

余的量（多、中等或者少量）；残余物的积聚场所（嵴的顶部，嵴的两侧，嵴的某一侧，或者小犁沟）。

(3) 触碰的方式——手足的基本结构（骨头在皮肤表面引起的高压区）；嵴的柔韧性；小犁沟和褶皱；临近嵴彼此间的距离在横向运动的时候会被挤压或者扩大；嵴的长度可能被挤压或者拉伸；手转动的时候嵴线也会随之转动；在这些因素的作用下嵴的流向。

(4) 所接触的表面的性质——质地（粗糙或者光滑）、柔韧性（僵硬或者柔顺）、形状（平坦或者弯曲）、状况（干净或者脏）、背景颜色和形态。

(5) 显现方法——方法的化学标记和用于各种压痕时这些化学标记的一致性。

(6) 获取方法——照相（数字或者胶片）或者立体模型提取（例如，录像或者凝胶提取）。

(7) 潜在指印的尺码或者可供比对用的表面所占的百分比。

检验人员还必须着手分析已知的印痕（来源于犯罪嫌疑人或者由指印数据库检索得到），因为许多影响潜在指印质量的相同因素同样能影响到已知的印痕。

如果潜在指印并不具有进行识别或者排除的足够细节，它就无须经历后续的过程（比对和评估）了。这些不充分的印痕常常被称作“无价值”或者“不适合”比对的印痕。已知手印的质量较差也会导致检验终止。如果检验人员认为潜在指印（包括已知手印）中有足够的细节，则可以开始潜在指印和已知指印的比对。

视觉比对包括辨明、目视“量度”和比较在潜在指印和已知指印的可比较区域内相对应的细节特征。这一步当中，可见的摩擦嵴线的数量特征取决于两印痕的清晰度。观察到的细节可能包括潜在指印的总体形状、结构方面的特征、嵴的流向、嵴线的总数、核心的形状、三角所在区域和形状、嵴线的长度、细节所在处和类型、嵴线和小犁沟的高度、嵴的形状、汗孔位置、褶皱形态、伤疤形状、暂时性的特征形状（例如，肉赘）。

在完成比对后，检验人员要对两个印痕中摩擦嵴构成的一致性进行评估，从而评估作出鉴定（来源同一确证）所用细节特征之充分性。[21] 当检验人员基于其经验，认为在潜在手印和已知手印的一致性上有足够数量和质量的摩擦嵴细节特征，则作出来源确认。如果过程表明在潜在手印和已知手印之间有足够的不一致，则可以作出排除来源同一的结论。如果确认同一和排除同一均无法作出，比较的结果就是非结论性的。当有其他的合格的鉴定人重复观察并得到一样的结论，则这就是在进行验证，即便第二个检验者已经知道第一次的结论。在 Haber 和 Haber 的文章中，可以看到一个更加完整的关于 ACE-V 分析步骤的描述，以及对其局限性的分析。[22]

尽管某些自动指印比对系统允许对与犯罪历史相关联的手印记录进行充分的自动比对（例如，对求职人员进行筛查），但对于来自犯罪现场的潜在手印的评估主要是基于人的解读。需要注意的是，ACE-V 方法并没有明确规定特定的量度或者标准的检测实验方案，检验人员自始至终要作出主观评价。在美国，评估同一认定时一开始有意要保持主观，以使检验人员就比较细节的质量和数量均予以考虑。其结果是，由于检验人员不同，摩擦嵴分析的结果不必然具有可重复性。事实上，由 Dror 最近进行的研究[23]表明，当检验是之后在不同的背景下进行时，有经验的检验者的结论并不必然与其以往的结论相一致。

与 DNA 分析相比较，摩擦嵴分析具有内在的主观性。对

[21] Ashbaugh, op. cit.; SWGFAST. *Friction Ridge Examination Methodology for Latent Print Examiners*.

[22] L. Haber and R. N. Haber. 2008. Scientific validation of fingerprint evidence under *Daubert*. *Law, Probability, and Risk* 7 (2): 87-109.

[23] I. E. Dror and D. Charlton. 2006. Why experts make errors. *Journal of Forensic Identification* 56 (4): 600-616.

DNA 分析而言，对两个 DNA 样本进行比较是根据 13 个特定片段进行比对的。其每一片段包含碱基对的有序序列，称为 A、G、C 和 T。已经做了一些研究来确定 13 个位点的碱基对次序的变化幅度，以及在不同的人群中存在多大的变化。从这些数据中，科学工作者能够计算出不同人群的两组 DNA 样本在 13 个位点的碱基对上排序相同的可能性有多大。

与此形成对比的是，在检验两个指印之前，无法事先说清应当就哪些特征进行比对。在 ACE-V 的比较阶段，特征才被筛选出来，此时指印检验者要确定两个压迹具有哪些共同点、哪些特征足够清晰，并可供评估。因为在先前比较中，有用的特征在潜在印痕中可能不存在或不易获得，检验过程并不能像 DNA 分析那样允许预先规定具体的量度方法。此外，手指在遗留痕迹时的差异性以及按压过程中的动作扭曲，都会造成两个指印特征距离的拉伸或者角度的扭曲。由于这些原因，并没有开展关于指印的群体统计活动，摩擦嵴分析依然依靠检验者的主观判断。很少有关于群体统计方面的研究，尽管多数是可行的。[24]

解读方法

如果检验人员发现潜在指印的细节与已知指印的相应部分并不匹配，就可以直接作出排除同一的结论，尽管图像扭曲或图像质量差会使这种结论更为复杂化。但是认定的标准更加难以界定，因为它们取决于检验者在无数特征中识别形态（有可能很复杂）的能力，取决于检验者判断这些形态的区分性价值的能力。作比

[24] See, e. g., E. Gutiérrez, V. Galera, J. M. Martínez, and C. Alonso. 2007. Biological variability of the minutiae in the fingerprints of a sample of the Spanish population. *Forensic Science International* 172 (2 - 3): 98 - 105. For information about the basic availability of data, see C. Champod, C. J. Lennard, P. A. Margot, and M. Stoilovic. 2004. *Fingerprints and other ridge skin impressions*. Boca Raton: CRC Press; D. A. Stoney. 2001. "Measurement of Fingerprint Individuality." In: H. C. Lee and R. E. Gaensslen (eds.). *Advances in Fingerprint Technology*. 2nd ed.. Boca Raton, FL: CRC Press, pp. 327 - 387.

较的指印的清晰度是一个主要的、根本性的因素。对一个十指手印卡片，能够有良好的清晰度的话，即便是应用形态自动比对软件（它是不可能和人工检验相媲美的）来检索数据库中的匹配项也会很成功，从而得到更广泛的应用。然而当处理一个单一潜在手印的时候，对其解读的任务变得更有挑战性，而且更多地要依靠检验者个人的判断。委员会听取了摩擦嵴专家的发言，他们相信一个仔细的检验者对一个高质量的潜在手印作检验是没有问题的。显而易见，如果特定的量度标准得以确定，ACE-V 过程的可靠性会得以提高。当检验污损或不完整的潜在手印时，或者比对两个异常相似的手印时，那些标准将变得日益重要。

指印共同体继续声称，观察手印细节是一个必需的技能，这种技能只能由重复观察摩擦嵴痕迹来获得。在他们看来，与一个有经验的潜在手印鉴定者一起进行长时间的实习（在联邦调查局实验室通常是两年），才能够培养出对罕见特征和集群特征、罕见的嵴线流向种类、手足不同区域特征的频度、皮肤的机械扭曲所导致的差异程度的感觉，对怎样从背景干扰中抽取特征的感觉，对两个不同来源的印痕有多少摩擦嵴细节是共同的[25]感觉。以此经验为基础，手印共同体声称，潜在手印检验者在 ACE-V 评估阶段能够学会判断是否有足够的细节（会由于图像质量而变化）而得出来源认定。

美国的潜在指印共同体已经回避了数量标准和相应的门槛，因为发展至今的技术[26]都是仅仅建立在细节的基础上，而不是建立在摩擦嵴线皮肤独有特点之上（例如，嵴线长度、嵴线形状、褶皱的长度和形状、疤痕的长度和形状）。此外，基于一致特征的数量的门槛（这被一些人称赞为更加“客观”），实际上仍然主要是基于主观标准——一个检验者必须具备视觉上的专业技能来辨别

㉕ See T. Busey and J. Vanderkolk. 2005. Behavioral and electrophysiological evidence for configural processing in fingerprint experts. *Vision Research* 45: 431－448.

㉖ See, e. g. , I. W. Evett and R. A. Williams. 1996. A review of the sixteen points fingerprint standard in England and Wales. *Journal of Forensic Identification* 46 (1): 49－73.

特征（在低清晰度的痕迹中最为重要），而且必须确定它们确实一致。一个简单的数目计算对于描述潜在手印中的细节是不充分的，我们需要更细致的标准，而这在事实上是可以确定的。

报告结果

就潜在指印比对结果而言，摩擦嵴分析、研究和技术科学工作组已经规定了三个可接受的结论：同一认定（或鉴定同一）、排除同一或者无结论。[27] 尽管人们普遍遵照这一标准，但某些潜在手印检验人员将结果报告为“鉴定同一”或“否定”。“否定”（有的时候叫作“不确定”）是一个模棱两可的结论，它可能意味着排除、无结论或者经过穷举检索而不能定位。对一个特定机构、检验者或案件而言，否定的含义是有问题的。

当潜在手印检验人员确信由两个不同来源形成的印痕在细节中有一样程度的一致性时，就可以作出同一认定。这是一个主观的评定。根据特定摩擦嵴特征在人群中的分布来使用统计学方法分配匹配概率，对此已有讨论。然而，目前公布的统计模型在已有的对应特征的统计数据方面还不成熟，也没有将清晰度纳入考虑范畴。（对这一领域进行额外研究的时机已经成熟。）因此，摩擦嵴共同体积极地劝阻它的会员就匹配的概率作证。当一个潜在手印检验人员作证说两个压痕“匹配”时，他们是在传达这样一个看法，即印痕不可能来源于两个不同的个体。

就像第 3 章所指出的那样，加州大学洛杉矶分校法学院的 Jennifer Mnookin 将指印分析报告活动总结如下：

> 目前，指印检验人员通常以绝对确定的语言来作证。无论是概念基础还是潜在指印鉴定的职业标准，都禁止专家就认定作证，除非他们自己确信他们作出了正确的匹配。因此，

[27] SWGFAST. *Friction Ridge Examination Methodology for Latent Print Examiners*. Available at www.swgfast.org/Training_to_Competency_for_Latent_Print_Examiners_2.1.pdf.

专家仅仅作出他们称为“肯定”或者“否定”的鉴定——实际上是在说他们已经将潜在指印与整个世界上某个唯一的人相匹配……考虑到指印鉴定一般缺少验证性检测、有难度的能力验证相对缺乏、指印鉴定缺乏统计上的有效模式以及宣称匹配缺少确认性标准，这种对鉴定的绝对、确定的信任的宣称，是得不到证成的……因此，为了通过根据 *Daubert* 标准进行的审查，指印识别专家应当在认识论上展现更大程度的谦虚。“绝对”和“阳性”鉴定的说法应当为关于“匹配”含义的更为谦虚的说法所取代。[28]

点评

历史上看，摩擦嵴分析在识别有罪者和排除无辜者方面，是一个有价值的工具。因为摩擦嵴中有一定数量的细节，对两处痕迹进行仔细比对就能够精确地辨别它们是否出于同一来源，这似乎是说得通的。尽管对于摩擦嵴分析的精度和可靠性有有限的信息，但由此声称这些分析的误差率为零是不合乎科学的。

ACE-V 就摩擦嵴分析规定了大体的框架。然而，这一框架作为对此种分析类型的验证方法，还不具有足够的具体性。ACE-V 并不能预防偏见；对于保证可重复性和透明性显得过于宽泛，而且不能保证两个分析人员遵循它就能够获得同样的结论。由于这些原因，仅仅依靠 ACE-V 的步骤并不必然表明一个人是以科学的方法进行分析的，或者得出的结果是可靠的。Haber 和 Haber 最近所写的一篇论文[29]就 ACE-V 方法及其科学有效性进行了彻底分析。他们的结论是很明确的：“我们就 ACE-V 方法的有效性审查

㉘ J. L. Mnookin. 2008. The validity of latent fingerprint identification：Confessions of a fingerprinting moderate. *Law，Probability and Risk* 7：127. See also the discussion in C. Champod. 2008. Fingerprint examination：Towards more transparency. *Law Probability and Risk* 7：111－118.

㉙ Mnookin，op. cit..

了可得的科学证据，根本没有找到。”[30] 此外，他们说道：

> 我们报告了一系列现有的证据，这些证据表明在这一方法的各个阶段，检验人员得出结论的方法是不同的。就其不同的程度而言，某些结论是没有适当根据的。我们已经分析了文献中所描述的ACE-V方法本身。我们发现这些描述是不同的，没有一个实验方案已经被该行业正式接受，方法结论所依赖的标准并没有被明确定量。因而，此时此刻我们不能够测试ACE-V方法的有效性。[31]

最近的两个法律挑战，*New Hampshire vs. Richard Langill*[32] 和 *Maryland vs. Bryan*[33]，已经充分说明了潜在手印共同体的两个重要问题：记录和误差率。对于ACE-V过程或者与其相当的程序的每一步而言，需要进行更好的记录。至少，要有充足的记录以便在必要的情况下来重建分析。通过记录在潜在指印分析、评估和比对过程中收集的相关信息，以及得出结论（鉴定同一、排除同一和无结论）的根据，检验人员将会创建一种有关方法的透明记录，因而向法院提供额外的信息，使得法院能够就特定案件评估其方法的可靠性。目前，还没有要求检验人员对潜在指印中那些能够支撑他们的推理和结论的特征加以记录。

误差率是一个更为困难的挑战。在任何以判断为基础的方法中都可能发生差错，特别是在能够导致最终结论的因素没有被记录时。潜在指印共同体中的某些人认为，方法本身如果能被正确地遵循（即由训练有素的检验人员恰当地应用方法），则误差率为零。显而易见，这种宣称是不符合现实的。此外，它并没有导向方法改进的过程。方法和方法应用者的能力是相互联结的，二者无法脱离，二者都涉及许多误差来源（例如，程序执行过程中的

[30] Ibid., p. 19.

[31] Ibid..

[32] 157 N. H. 77, 945 A. 2d 1 (N. H., April 04, 2008).

[33] No. K06-0545 (MD Cir. Ct. Oct. 19, 2007).

差错，以及人为判断中的差错）。

某些科学证据支持这样的假定，即摩擦嵴形态对每个人都是特定的，而且在其一生会保持不变。[34] 唯一性和不变性是摩擦嵴鉴定可行性的必要条件，但是这些条件并不意味着任何人都可以可靠地辨别两个摩擦嵴痕迹是否由同一人所留。唯一性并不保证来源于两个人的印痕总是有充分的差异性而不会让检验者混淆，或者由同一个手指遗留下的两个印痕有足够的相似性而能够辨别它们来源相同。由于不可避免的压力变化，由一个特定的手指留下的印痕每一次也会有所不同，这将导致嵴线结构的每一部分和压痕承载体的接触程度发生改变。所有的这些差异，无论是跨越人群的特征还是被同一手指留下的重复印痕，都没有被描述、定量和比较。[35]

为了适当地巩固摩擦嵴分析的过程，需要对手和脚上的嵴线流向和褶皱形态作一些额外的研究。这一信息可以在统计学方法上用于限定特定指印的可能来源人群，能够就不同的嵴线流和褶皱形态的流行程度为检验人员提供更强有力的解释。此外，需要就不同的嵴线构成和嵴线簇构成的区别价值作更多的研究。[36] 这将给检验人员通过经验获得的直觉知识提供坚实的基础，同时提供卓越的培训工具。它也能够为未来统计模型形成一个好的框架，

㉞ F. Galton. 1892. Fingerprints. New York：MacMillan；H. Cummins and C. Midlo. 1943. *Finger Prints, Palms and Soles：An Introduction of Dermatoglyphics*. Philadelphia：The Blakiston Company；A. Hale. 1952. Morphogenesis of volar skin in the human fetus. *The American Journal of Anatomy* 91：147 - 173；S. Holt and L. S. Penrose. 1968. *The Genetics of Dermal Ridges*. Springfield，IL：Charles C. Thomas Publishing；W. Montagna and p. Parakkal. 1974. *The Structure and Function of Skin*. New York：Academic Press；J. Raser and E. O'shea. 2005. Noise in gene expression：Origins，consequences，and control. *Science* 39：2010 - 2013.

㉟ 摩擦嵴共同体的一些人将 Lockheed-Martin 公司未发表的 1999 年的一项研究—— the "50K vs. 50K Fingerprint Comparison Test" ——作为指印匹配具有科学有效性的证据。但是，该研究有几个主要设计和分析缺陷。See D. H. Kaye. 2003. Questioning a courtroom proof of the uniqueness of fingerprints. *International Statistical Review* 71（3）：524. 此外，即使它是有效的，该研究也仅仅是就摩擦嵴分析的可靠性提供了高度乐观的分析，是建立在高度有利条件基础上的。

㊱ Haber 和 Haber 也就提高指印比对的有效性制定了合理的研究日程。

同时给法院在评估科学可靠性时提供额外信息。最近，一些研究已经开始来构筑某些这样的基础。[37]

就影响潜在痕迹质量的各种因素（例如，皮肤的状况、残留物、接触方式）而言，还有相当大的研究空间。正式的研究能够提供给检验人员额外的工具来支持或者反驳失真的解释。当前，对失真和质量问题的解释通常是基于“常识”，或者基于检验者之间世代传递的口头信息。一项对潜在指印共同体的批评说道，为了作出一项鉴定，检验人员能够过于容易地将一项“差异”解释为“可接受的失真”[38]。

其他形态/压痕证据：鞋印和轮胎痕

其他形态证据，也叫作压痕证据。当一个物体，例如鞋子或者轮胎，在犯罪现场或在其他物体或人身上留下压痕时，压痕证据就会出现。压痕可能是二维的，例如尘土上的鞋印，也可能是三维的，例如泥中的轮胎痕迹。鞋印和轮胎痕是法庭科学检验人员检验的常见压痕证据类型，但是潜在的压痕证据的类型清单是很长的，例如，咬痕、枪弹痕迹、耳印、唇纹、工具痕迹、某些血迹形态和手套印。[39] 尽管就各种类型的压痕证据的分析次序有通用的方法，每一种都有它自己的一套特征。例如，某些类型的压痕证据，诸如那些来源于鞋类和轮胎的证据，要求有制造和磨损

㊲ E. g., C. Neumann, C. Champod, R. Puch-Solis, N. Egli, A. Anthonioz, and A. Bromage-Griffiths. 2007. Computation of likelihood ratios in fingerprint identification for configurations of any number of minutiae. *Journal of Forensic Sciences* 52 (1): 54-64; N. M. Egli, C. Champod, and p. Margot. 2007. Evidence evaluation in fingerprint comparison and automated fingerprint identification systems—Modelling within finger variability. *Forensic Science International* 167 (2-3): 189-195.

㊳ U. S. Department of Justice, Office of the Inspector General. 2006. *A Review of the FBI's Handling of the Brandon Mayfield Case*. Office of the Inspector General Oversight and Review Division, January.

㊴ M. Liukkonen, H. Majamaa, and J. Virtanen. 1996. The role and duties of the shoeprint/toolmark examiner in forensic laboratories. *Forensic Science International* 82: 99-108.

知识，而其他类型的压痕证据，诸如耳印和血迹形态，则不需要。因为鞋类和轮胎压痕涉及了所实施检验的主要内容，这一部分的讨论特别集中于这些分析。本章后续章节将会涉及咬痕、枪弹痕迹和血迹形态。

样本数据和收集

现场的压痕证据通常有两种类型：潜在（裸眼不可见）或者显现（可见）。留在现场的压痕证据的质量不能控制，但是用于收集、保存和提高证据质量的现场工作如果发生错误的话，可能会降低最终用于比对分析的证据的质量。在对证据进行现场记录以后，对证据加以保存并可能使用增强效果的技术，诸如基于化学（例如金属探测）、物理特征（例如超级胶熏、刷显粉末、铸模）的方法，或者将其转移到对比性的表面（例如静电转移或者胶提取法）。用于比对的增强压痕的质量很大程度上取决于现场调查者的经验、培训和科学知识，以及其所在机构的资源。

尽管对压痕证据的某些分析可能在现场就开始了，但是将现场证据和已知模型进行比对则始于实验室。检验鞋印和轮胎压痕的法庭科学工作者的教育背景，从高中文凭到自然科学博士不等。鉴定在很大程度上是主观的，是基于检验者的经验和独有的、与已知标准相一致的标识特征。

分析

压痕证据分析的目标是鉴别压痕的具体来源，其分析过程应该遵守通常已经被确认的顺序：识别证据的种属特征，接着定位和比较个体，识别（也被称作是偶然和随机的）特征。[40]

鞋和轮胎的种属特征是由重复的、可控的典型机械过程形成的，例如，那些用于制造大量物品的机械过程。尽管不同的作者都有类似的定义，Bodziak 把鞋的种属特征描述为“制造过程中重

㊵ Ibid..

复出现的、有意的或者不可避免的、出现于一双和更多双鞋子上的特征”[41]。对于轮胎，Nause将其特征界定为“生产过程中（由同一个模具制造）形成的共同的物理特征”[42]。他继续说，“种属特征常常能够组合，从而将轮胎压痕限定在从具有类似种属特征的组群中精选出来的组群里。（在轮胎法庭科学证据领域，种属特征常常是指诸如设计、图案、形状、模具变化等这样一些事物）”[43]。无论压痕证据为何种类型，单凭种属特征都不足以作出任何特定的鞋和轮胎留下压痕的认定。后一步——不一定总是会发生——要求对压痕证据上的个体鉴别特征与遗留压痕的嫌疑鞋和轮胎作比对。这些个体特征出现于其正常使用当中，有的时候叫作磨损[44]，是“随意和不可控的过程”[45] 产生的。对于鞋类，Bodziak写道，“同一认定特征是指在鞋外底上随机添加或减去某物所造成的特征，从而使鞋外底变得独一无二”[46]。这些特征可能包括破口、刮痕、槽痕、孔洞或者来自于制造过程中的随机的包含物（例如气泡），以及那些黏附的物质，例如石子、口香糖、纸张或者细枝。

在对压痕进行分析以后，要根据检材和嫌疑样本相同的个体特征的多少，来决定认定同一或者排除同一。但是并没有规定一个必须逾越的数量门槛，也没有就匹配特征数量与压痕来源于同一出处的概率之间的关联性进行任何研究。通常认为，作出肯定的鉴定结论所需要的明确的特征数量，取决于这些随机特征的数量和质量，以及各个实验室确立的评断标准。[47] 根据Cassidy所

[41] W. J. Bodziak. 1999. *Footwear Impression Evidence - Detection, Recovery, and Examination*. Boca Raton, FL: CRC Press, 2nd ed., p. 329.

[42] Nause, op. cit..

[43] Ibid..

[44] M. J. Cassidy. 1980. *Footwear Identification*. Quebec, Canada: Government Printing Office Centre.

[45] K. Inman and N. Rudin. 2001. *Principles and Practice of Criminalistics*. Boca Raton, FL: CRC Press, p. 129.

[46] Ibid., p. 335.

[47] Liukkonen, Majamaa, and Virtanen, op. cit..

述，得出一个肯定的结论之前需要了解许多因素和随机特征，然而，最重要的是检验人员的经验、压痕的清晰度和特征的唯一性。[48] 压痕证据检验人员的能力验证可以从协作检测服务公司（Collaborative Testing Service，Inc.）来获得，但是对鞋类压痕的能力验证包括的样本要么匹配要么不匹配[49]，即在测试中的样本都不具有会导致一个有经验的检验者得出一个“不确定”结论的模糊性。国际鉴定协会有一个对鞋类和轮胎印痕检验人员的认证项目。[50] 它推荐的学习课程有 13 部分，每一部分包括建议阅读书目和实践和/或书面练习。学生必须通过考试。这一课程学习不需要理解检验的科学基础，而且不推荐使用科学方法。同样，对于能力验证和继续教育也没有规定或者建议。鞋类与轮胎压痕证据科学工作组（由联邦调查局组建的鞋类和轮胎压痕检验人员群体）建议受训候选人：（1）具有经过认证的学院或大学的学士学位（物理或者自然科学优先）；（2）修满二年课程的大专文凭或 60 个学院学时，外加两年与工作相关的法庭科学经验；或者（3）高中文凭或者相当的文凭，外加四年与工作相关的法庭科学经验。[51]

科学解释和报告结果

对于鞋类证据，Fawcett[52] 和 Bodziak[53]尝试对压痕比对赋予或然性或者统计学意义。一般而言，鞋印和轮胎压痕检验人员更喜欢用非统计性的语言就其研究结果进行报告或者作证。例如，“肯定认

---

[48] Cassidy，op. cit..

[49] H. Majamaa and Y. Anja. 1996. Survey of the conclusions drawn of similar footwear cases in various crime laboratories. *Forensic Science International* 82：109 - 120.

[50] Recommended Course of Study for Footwear & Tire Track Examiners. 1995. Mendota Heights，MN：International Association for Identification.

[51] SWGTread. *Guide for Minimum Qualifications and Training for a Forensic Footwear and/or Tire Tread Examiner*. Available at www.theiai.org/guidelines/swgtread/qualifications_final.pdf.

[52] A. S. Fawcett. 1970. The role of the footmark examiner. *Journal of the Forensic Science Society* 10：227 - 244.

[53] Bodziak，op. cit.，pp. 342 - 346.

定”和“不认定”这样的术语可以分别用于表明同一认定或者非同一认定，“无结论”能够表明分析达不到另外两者的任一种状态。[54]

在欧洲的一项调查中，给检验人员同样的模拟案例。意外的是，鉴别特征被故意地放在新鞋的鞋底上，要求检验人员就匹配度发表意见。得出的调查结果是，由不同的实验室检验同一案件，其结论有显著的差别。[55] 鞋印与轮胎压痕证据科学工作组推荐术语如下：

- “确定同一”（明确的同一性结论）
- “几乎肯定”（很高的关联程度）
- “有一定可能性”（多重种属特征具有显著的关联）
- “不确定性”（某些特征的有限关联）
- “几乎不匹配”（较高程度的不匹配）
- “排除”（明确的排除）
- “不适合比对”（缺乏足够的细节特征用于有意义的比对）

此外，鞋印与轮胎印压证据科学工作组不鼓励使用一度通用的术语，诸如“与某事物一致”（当用于描述特征相似性的时候，是可以接受的）、“匹配/不匹配”、“是造成……的原因/不是造成……的原因”和“由……造成/不是由……造成”[56]。国际鉴定协会以及鞋印与轮胎压痕证据科学工作组都没有解决压痕证据的统计学评估问题。

点评

评估压痕证据的科学基础是，大量生产的物品（例如，鞋子、轮胎）经过一定时间后会由于磨损获得个体化的特征。然而，因

[54] Ibid..

[55] H. Majamaa and Y. Anja., op. cit..

[56] SWGTREAD. *Standard Terminology for Expressing Conclusions of Forensic Footwear and Tire Impression Examinations*. Available at www.theiai.org/guidelines/swgtread/terminology_final.pdf.

为这些特征随着磨损而持续改变，犯罪以后的时间流逝能够减低法庭科学工作者的确定性。至少，能够确定种属特征，有足够的磨损痕迹，就可能进行具体的同一认定。然而，就作出肯定同一认定所需要的个体特征数量还没有达成一致意见，委员会并不知道关于种属或个体特征的变量的数据，或者关于方法的确定性和可靠性的任何数据。没有这样的群体研究，是不可能评估为了就压痕来源形成特定程度的信心所需要的必须匹配的特征数量的。

压痕证据专家争辩说，他们通过经验积累了可能性的感觉，这可能是真的。然而，在以经验为基础的判断中很难避免偏见，尤其在缺乏反馈机制以纠正错误的判断的时候。在更不常见的压痕证据类型中这些问题更为严重。例如，欧洲的一项调查发现，42 个实验室实施了 28 093 项鞋印检验，41 个实验室实施了 591 项轮胎压痕检验，但是只有 14 个实验室总共实施了 21 项唇纹检验，17 个实验室总共实施了 100 项耳印检验。[57] 尽管可能有人认为，在那些做了成千上百个压痕证据评估的实验室工作的人，已经培养出有用的实验和判断，但是很难声称其在这一领域基于数十例的检验，就能就唇纹和耳印变量积攒了足够的判断。就那些并不常见的印痕的自然变量而言，除了有明显的畸形或者疤痕的情况外，共同体并没有足够的数据来推断所观察到的类似性程度是否具有意义。

这一领域的大多数研究是在法庭科学实验室进行的，结果刊登于行业杂志上，例如《法庭科学鉴定杂志》。就报告而言，鞋印与轮胎压痕证据科学工作组正在向使用标准语言来表达得出的结论这一方向发展。[58] 但是国际鉴定协会和鞋印与轮胎压痕证据科学工作组都没有讨论这样的问题，即应当由谁作何种重要性研究。需要解决的重要问题包括个体特征的留存时间、特定种属特征的罕见性、应用于个体特征意义的适合的统计标准。同样，就罕见压痕证据问题很少有研究。就这些事项需要作更多的研究。

---

[57] Liukkonen, Majamaa, and Virtanen, op. cit..

[58] SWGTREAD. *Standard Terminology for Expressing Conclusions of Forensic Footwear and Tire Impression Examinations*. Available at www. theiai. org/guidelines/swgtread/terminology _ final. pdf.

工具痕迹和火器识别

当一个硬物（工具）与相对较软的物体接触时，就会产生工具痕迹。在犯罪时，如果使用了诸如螺丝刀、撬棍或者剪钳这样的工具，或者火器的内部机件与构成弹药的铜和铅接触时，就会形成这样的工具痕迹。由诸如螺丝刀或火器的击针等工具留下的痕迹很大程度上取决于制造过程与制造工具，即用于生产和造型的制造过程与工具，尽管其他表面特征（例如缺口、凿孔）可能由于生产后的磨损而出现。制造工具用于切割、刮擦或者用别的方法给金属造型时会造成磨损，就此形成了这样的理论，即任何两个制造的产品，即便是使用同样的加工工具连续生产，都将带有显微镜下可见的不同痕迹。火器与工具痕迹检验人员认为，工具痕迹可以追踪至个体工具的物理异质性，即工具痕迹的“个体特征”可能与特定的工具和火器唯一地联系在一起，并且可以由那件工具，也只能由那件工具加以复制。

火器的制造和使用产生了大量专业化的工具痕迹。枪筒通常做了来复线以提高精度，也就是说要在枪管的内壁刻上螺旋凹槽。在枪管内壁刻上凹槽的过程将会在枪管相对较软的金属部分留下印记和擦痕。[59] 反过来，这些标记在子弹位于枪管时，就会转移到子弹较软的金属上。经过一段时间，伴随着反复的使用（和金属对金属的擦刮），枪管上的痕迹（和转移到子弹上的相应的条纹）会随着个别瑕疵的形成或者枪管的清洁而发生变化。子弹外部的铜在枪支开火时形成相似的工具痕迹：击针通过锤击位于子弹底部柔软的火帽表面来开火，引火区域由于气压积累而退后（这样枪后膛表面的材质就在弹壳上留下印痕），退壳器和推出器在排出用过的弹壳、装入新的弹药时留下痕迹。

火器检验是犯罪实验室更为普遍的职能之一。即便仅能够提

[59] 尽管金属以及最初加工来复线的工艺很类似，但对特定枪管的切割、最后的加工、清洗和抛光的过程，使得两个相继生产的枪管产生了不同。

供有限服务的小型实验室通常也可以做火器分析。除了分析子弹和弹壳上的痕迹以外，火器检验也包括确定开火距离、确定武器的可操作性。有时候，还要分析火帽的残留物来确定某人最近是否接触过武器。这些更为广泛的方面不在此讨论。

样本和数据收集

当犯罪中使用工具的时候，可能的话要提取包含工具痕迹的客体。如果一个工具痕迹不能被提取，应加以拍照和制模。可以在实验室用提取的工具制作测试痕迹，与犯罪现场的工具痕迹进行比对。

20 世纪 90 年代初，联邦调查局与酒类、烟草、火器和爆炸物管理局开发出各自的枪弹痕迹影像数据库，能够经查询显示可能的匹配。1996 年，国家标准与技术研究院开发出数据交换标准，使得联邦调查局的 DRUGFIRE 数据库（弹壳图像）和酒类、烟草、火器和爆炸物管理局的 CEASEFIRE 数据库（当时局限于子弹图像）得以整合。现在的国家弹道信息综合网络（NIBIN）包括由酒类、烟草、火器和爆炸物管理局保存的与犯罪现场相关的弹壳和子弹的图像。

扩大像国家弹道信息综合网络这样的数据库的范围，将新近生产火器的试枪图像包括在这一问题，被人们经常周期性地提出，尤其是在 2002 年华盛顿特区狙击案以后。在概念上，这将允许在犯罪现场提取弹壳，以及子弹的下游调查者鉴别可能的火器来源。尽管两个州（马里兰州和纽约州）开始就新制造的火器建立参考弹道图像数据库，创建国家级的数据库的建议在国会上没有取得实质性的进展。国家研究院最近的一份报告——《弹道图像》——详细地研究了这一选择，得出结论说“建立关于所有新型和进口枪支的国家参考弹道图像数据库在此时此刻是不可取的”[60]。

[60] National Research Council. 2008. *Ballistic Imaging*. Washington, D.C.: the National Academies Press, p. 5.

分析

在火器与工具痕迹鉴定当中，区分几种检验人员要考虑的特征类型是很有用的。“种属特征”是同种类型许多物品共有的特征。例如，螺丝刀头的宽度或者刀刃的锯齿形态可以是特定生产商或模型制造的所有螺丝刀或者刀子的共同的种属特征。与此类似，火器枪管的凹槽数量和凹槽“扭转”的方向，是可以对与在犯罪现场所发现的证据匹配的火器范围进行过滤和限制的种属特征。“个体特征”是细致、微小的标记和纹理，对特定的工具或火器而言是独一无二的。在这两极之间是一小部分火器可能共有的“亚种属特征”，这是使用诸如已经磨损了的或者钝的工具来切割枪管来复线的加工过程所产生的特征。

一开始，要检验子弹和弹壳来确定它们有什么样的种属特征。如果这些特征不同于用以比对的子弹或者弹壳，进一步的检验就可能不必要了。接下来使用比对显微镜（由两个复合的显微镜通过比较器连接在一起，允许同时观察两个物体）检验子弹和弹壳上以及工具痕迹上的显微标记。火器检验人员通过视觉对未知和已知的子弹、弹壳或者工具痕迹的表面进行比对，来评估是否存在匹配。

科学解释

火器与工具痕迹检验人员的任务是鉴别除了种属和亚种属特征以外的显微工具痕迹的个体特征，继而评估两组工具痕迹中可用来对特定工具或者火器进行个体识别的个体特征的一致性。

火器与工具痕迹检验人员协会的指南[61]表明，当两组痕迹形态具有“足够的一致性”时，检验人员就可以提供意见说特定的工具或者火器是特定的工具痕迹组或者特定的枪弹条纹形态的来源。这一标准接着认为，“当这种一致性超过了由已知的不同工具制造的工

[61] Theory of identification, range of striae comparison reports and modified glossary definitions—An AFTE Criteria for Identification Committee report. 1992. *Journal of the Association of Firearm and Tool Mark Examiners*. 24: 336-340.

具痕迹所表现出来的最大一致性，并且与已知的同一工具形成的工具痕迹所表现出来的一致性相一致时”[62]，该一致性就具有意义。

了解由不同的工具形成的痕迹的一致程度，以及由同一工具形成的痕迹的变化幅度，是一项有挑战性的任务。火器与工具痕迹检验人员协会标准承认，这些决定涉及检验人员主观的定性判断，并且检验人员评估的准确性高度依靠于他们的技能和训练。早些年间，工具痕迹检验人员根据他们过往的个案，形成了区别同一、种属和亚种属特征的基础。最近以来，使用已知样本的大量培训项目扩大了检验人员的知识基础。

弹道图像技术和诸如国家弹道信息综合网络这种数据库的出现，有助于检验人员发现各个证据（包括其他司法辖区所持有的犯罪现场证据）之间的可能匹配。然而，很重要的一点是，最后的匹配结论通常是通过火器检验人员对证据进行直接的物理比对来完成的，而不是通过计算机进行图像分析来完成的。这些数据库的增长也使得检验人员对由不同火器产生的条纹形态的相似性变得更加熟悉。更新的图像技术使用三维表面测量数据来评估工具痕迹，这考虑到了痕迹的深度。但是即便有更多的训练和经验来使用更新的技术，工具痕迹检验人员的结论仍然是基于无法言明的标准而作出的主观决定，在评估误差率方面并没有统计学基础。[63]国家研究院的报告《弹道图像》，虽然没有宣称它是关于火器

[62] Ibid., p. 336.

[63] 最近的研究尝试制定一个统计学基础，用于评估根据连续的匹配沟纹确定多种工具形成特定痕迹的可能性，但这一方法只用于少数案件中。See A. A. Biasotti. 1959. A statistical study of the individual characteristics of fired bullets. *Journal of Forensic Sciences* 4：34；A. A. Biasotti and J. Murdock. 1984. “Criteria for identification” or “state of the art” of firearms and tool marks identification. *Journal of the Association of Firearms and Tool Mark Examiners* 16（4）：16；J. Miller and M. M. McLean. 1998. Criteria for identification of tool marks. *Journal of the Association of Firearms and Tool Mark Examiners* 30（1）：15；J. J. Masson. 1997. Confidence level variations in firearms identification through computerized technology. *Journal of the Association of Firearms and Tool Mark Examiners* 29（1）：42. 对这一领域的批评以及工具痕迹所涉科学问题和DNA证据所涉科学问题的比较，see A. Schwartz. 2004－2005. A systemic challenge to the reliability and admissibility of firearms and tool marks identification. *Columbia Science and Technology Law Review* 6：2。关于对这一批评的挑战，see R. G. Nichols. 2007. Defending the scientific foundations of the firearms and tool mark identification discipline：Responding to recent challenges. *Journal of Forensic Sciences* 52（3）：586－594。

鉴定的权威研究，却评论说“关于与火器相关的工具痕迹的独特性和可重复性这一基本假设的有效性还没有得到充分的证明”。这一研究承认就与火器相关的工具痕迹进行比较时所涉及的逻辑，它指出，“尽管它们受到无数变量来源的影响，与火器相关的工具痕迹并不是完全随机和不稳定的；人们能够发现来源于相同枪支的子弹和弹壳上类似的痕迹”。但是它警告说，“需要非常大量的研究来科学地确定与火器相关的工具痕迹是唯一的，甚至需要就这种唯一性的概率之量化特征进行研究”[64]。

点评

工具痕迹和火器分析也存在着之前讨论的关于压痕证据的同样局限。因为我们没有充分地知道特定工具和枪支的变量参数，我们就不能够明确我们就结果形成特定的信心水平需要多少相似点。就认识这种方法的可靠性和可重复性还没有进行足够的研究。委员会同意，种属特征有助于缩小可能遗留下特有痕迹的工具的范围。生产加工或者磨损所形成的特定形态在一些情况下有足够的特色，足以表明特定的来源，但是应当作额外的研究以使同一认定的过程更加准确和具有可重复性。

工具痕迹和火器分析的一个基本问题就是缺少准确界定的过程。如上所述，火器与工具痕迹检验人员协会已经采取了一套认定理论，但它并没有提供具体的作业指导书。它宣称当在两套痕迹的形态方面存在“足够的一致”时，检验人员可以提出这样的意见，即特定的工具或者火器是特定工具痕迹或者弹道条纹的来源。它的界定是，“当这种一致性超过了由已知的不同工具制造的工具痕迹所表现出来的最大一致性，并且与已知的同一工具形成的工具痕迹所表现出来的一致性相一致时”，该一致性就具有意义。“超过最大一致性”和“与……相一致”并没有被明确，检验

[64] All quotes from National Research Council. 2008. *Ballistic Imaging*. Washington, D. C.: the National Academies Press, p. 3.

人员需要立足于自己的经验。火器与工具痕迹检验人员协会的这一文件，是工具痕迹鉴定领域内可找到的最好的指南，但是它没有考虑，更不必说设法解决关于变量、可靠性、可重复性、达到特定的置信度所需的相关数据的数量等问题了。

尽管就由不同工具制造的痕迹的可发现的相似性和由同一工具制造的痕迹的变量，已经作了一些研究，但工具痕迹和火器分析的科学知识基础是相当有限的。例如，一份来自 Hamby、Brundage 和 Thorpe 的报告[65]，包括了 68 个工具痕迹和火器研究的概要。但是这些概要表明，对检验者的主观认定存在相当的依赖，而不是基于严格的量化和对变量来源的分析。总体上，工具痕迹和火器比对过程缺乏诸如 13 个短串联基因组 DNA 分析作业指导书那样的明确规定。这并不是说工具痕迹分析需要像 DNA 分析那样客观才具有价值。而且，就像摩擦嵴分析与 DNA 分析所形成的对比那样，不可能预先规定工具痕迹之间检验和比对的确切特征。但是 DNA 分析的实验方案确实代表了明确规定的、科学合理的、能够形成具有良好置信区间的结果的系列步骤，那也正是所有法庭科学方法的目标。

毛发证据分析

毛发分析作为法庭科学证据的根据，来自于这一事实，即人类和动物的毛发经常脱落，因此能够从个体转移到犯罪现场，或者反之。法庭科学毛发检验人员通常认为，毛发的不同物理特征能够被鉴别，这些物理特征在不同的个体间有充分的不同，以至于它们可以用以包括或者排除可能毛发来源中的特定人员。毛发比对的分析结果通常被认为是种类关联性，即“匹配”的结论意

[65] J. E. Hamby, D. J. Brundage, and J. W. Thorpe. The identification of bullets fired from 10 consecutively rifled 9mm Ruger pistol barrels—A research project involving 468 participants from 19 countries. Available online at http://www.fti-ibis.com/DOWNLOADS/Publications/10%20Barrel%20Article-%20a.pdf.

味着那些毛发来自于其毛发表现有相同的显微特征——在某些测量不确定度范围内——的任何人，但是它不能唯一地确定某个人。然而，这一信息对于缩小范围，排除作为毛发来源的一些人是足够有用的。

尽管动物毛发可能在特定案件中提供有用的证据（例如动物偷猎），但动物毛发分析通常只是能够得出动物类型的鉴定，而不是明确的品种[66]；因此，大多数（90%到 95%）毛发分析是针对于人类毛发的。来自于人体不同部位的人类毛发具有不同的特征；Houck 强烈警告说，不要根据不同的身体部位有不同的毛发这一理论而得出毛发是来自于某个身体部位的结论。[67]

Houck 和 Bisbing 建议作为毛发检验人员的最低培训标准是，具有自然和应用科学的学士学位（例如，化学、生物、法庭科学）、在职培训项目和年度能力验证。[68]

样本数据和收集

一开始，要以肉眼检查收到的用于分析的毛发样本，以获得一定的明显的特征，比如颜色、形状（例如直的、波状的、弯曲的、纠结的）、长度和总体上毛发轴的粗度（例如好、中等、粗糙）。

在分析的第二个阶段，使用和毛发有同样折射率（约 1.54）的封固剂将毛发封固于显微镜的载玻片上，来更好地观察显微特征（参见下一节）。可以用合适的盖玻片将同一来源的一根毛发或多根毛发安装在玻片上，只要每一根被安装的毛发都清晰可见。最重要的是，嫌疑毛发和已知的毛发样本要用同一类型封固剂来封固。

⑯ P. D. Barnett and R. R. Ogle. 1982. Probabilities and human hair comparison. *Journal of Forensic Sciences* 27 (2): 272-278.

⑰ M. M. Houck and R. E. Bisbing. 2005. Forensic human hair examination and comparison in the 21st century. *Forensic Science Review* 17 (1): 7.

⑱ Ibid., p. 12.

在检验当中，毛发分析人员基于能区分身体不同部位的特定的、明显的特征来试图识别毛发可能来自身体的哪个部位。有的时候，可以此简单的显微特征为基础来排除犯罪嫌疑人。

"对照"或者"比对"毛发组必须来自于已知的毛发来源。已知的头发样本应当包含头皮上五个不同部位（顶部，前面，后面，包括后颈和两侧）的毛发。已知的毛发样本应当是由自样本区拔下和梳下的毛发的组合。理想情况下，应当有采自头皮的总计 50 根毛发。理想情况下，已知的阴毛样本或者来自于其他身体部位的样本，应该由自不同部位拔掉和梳下的 25 根毛发所构成。如果毛发少于推荐数量，比对仍然能够完成，但是这会增加错误排除的可能性。[69]

人类毛发分析的特征可以大体上分为"主要特征"和"次要特征"。前者包括颜色、护理（例如染色、漂白、卷曲、烫发）、色素聚集（例如有条纹的、结块的、斑驳的）和毛发茎杆的形态（例如波纹的、笔直的、卷的）。其他主要特征可能包括色素的分布（例如全部相同的、边缘的、丛生的）、可能存在的髓质外观（例如连续的、中断的或者片段的——不透明或者半透明的）、毛发直径、髓质标志和皮质梭的有无（例如根或者茎）。次要特征包括表皮边缘（例如光滑的、边缘呈锯齿的、成圈的或者有裂缝的）、色素密度（例如不存在的、稀少的、浓重的）、色素尺码（例如不存在的、良好的、粗糙的）、尖部形状（例如锥形的、切割的、圆形的、磨损的、分叉的）和轴径（例如窄或者宽）。[70]

准确识别研究

1974 年，调查人员 Gaudette 和 Keeping 描绘了一个毛发分析系统，并将它应用到一项对来自 100 个不同个人的 861 根毛发的

[69] Scientific Working Group on Materials Analysis (SWGMAT). 2005. Forensic human hair examination guidelines. *Forensic Science Communications* 7 (2). Available at www.fbi.gov/hq/lab/fsc/backissu/april2005/standards/2005_04_standards02.htm.

[70] Ibid..

成对比对研究之中。[71] 他们承认，“毛发样本不是随意从人群中选择的，而是经过选择以便使两处毛发相似的可能性较一般人群更大”[72]。根据概率分布，作者估计说，宣布来自同一人身的两处毛发之间存在差异的可能性是很小的，大约是 1/4500。[73] 从那时起，这一概率分布就被证明是不可靠的。[74]此外，这一研究并没有确认宣称两个不同毛发之间匹配的可能性，作者承认，“由于这样一个事实，即很多编码特征是主观的，例如，颜色、质感，在两个或两个以上检验人员就同一毛发进行编码时，不可能获得完全的可重复性”[75]。

Barnett 和 Ogle 对 Gaudette 和 Keeping 的研究表达了四个方面的担心：（1）它立足的是理想化（而不是来自于真实的生活）的测试场景；（2）选择特征时没有客观基础；（3）对研究的数据统计分析是存在问题的；（4）可能有检验人员的偏见。[76] Gaudette 试图通过更深入的研究解决这些问题。然而，这一额外的研究除了作者以外仅涉及三个毛发检验人员。作者总结道：

> ……而毛发不是进行肯定性的人身识别的一般基础，异常情况的存在或者不寻常的特征或者与标准相似的大量不同未知毛发的存在，能够导致更具肯定性的结论。目前这一问题取决于发现合适的（关于毛发的，能够有效进行同一认定的）额外特征。尽管对于被应用的肉眼可见和显微镜可见的特征之价值存在一个基本的认同，其他特征要么是不可靠的，要么是有争议的。一些工作者提出了诸如折射率、密度、鳞片数、抗张强度和电特性这样的物理特征，却被其他人攻击，

[71] B. D. Gaudette and E. S. Keeping. 1974. An attempt at determining probabilities in human scalp hair comparison. *J. Forensic Sciences* 19 (3): 599 - 606.

[72] Ibid., p. 65.

[73] 稍后的关于人类阴毛（仅限于高加索人）的一项研究，估计这一概率“大约是 1/800”。B. D. Gaudette. 1976. Probabilities and human pubic hair comparisons. *Journal of Forensic Sciences* 21 (3): 514 - 517.

[74] P. D. Barnett and R. R. Ogle. 1982. Probabilities and human hair comparison. *Journal of Forensic Sciences* 27 (2): 272 - 278.

[75] Gaudette and Keeping, op. cit..

[76] Barnett and Ogle, op. cit..

总体的一致意见是它们在毛发比对中没有什么用处。[77]

1990年，Wickenheiser和Hepworth尝试了一项讨论证明检验人员偏见的研究，该研究是一个局限于仅有两名检验人员的小型研究。他们报告说，“任一检验人员都没有作出不正确的关联”[78]。但是只有两个检验人员的研究并不能就检验人员群体的偏见提供准确和正确的估计。

Verma等基于神经式网络试图为毛发样本鉴定“匹配”提供一个客观系统。[79] 根据这一文章的作者，“这一系统准确地判断了两种群毛发是否来自于同一个人或是不同的人，当时准确率达到83%”[80]。文章说，83%是通过测试来自于9个人的9份毛发样本的所有可能配对的神经式网络得出的（即81份组合，9份是“真实的匹配”，72份是“真正的错配”）。他们的表格3[81] 可以总结列举如下：

	系统认为“相同”	系统认为“不同”	
同一个人	5	4	总数＝9
不一个人	9	64	总数＝73

因为这四个数字的总数为82，不是81，有人认为是表格中的排字错误；如其所述，正确调用的数字是（5＋64）/81＝0.85，或者85%。（如果总数中的一个，5或者64，去掉1，百分比则变成84%。）然而，此表同时显示出神经式网络声称的73个不同组对中，9个是“相同”的，假阳性率是9/73＝12%，来自同一人的毛发有4组是不同的，假阴性率为4/9＝44%。发生这样高的误差率，人们应该在将其投入日常操作之前研究对该系统的改进。

[77] B. D. Gaudette. 1978. Some further thoughts on probabilities and human hair comparisons. *Journal of Forensic Sciences* 23（4）：758－763，pp. 761－762.

[78] Wickenheiser and Hepworth，op. cit.，p. 1327.

[79] M. S. Verma，L. Pratt，C. Ganesh，and C. Medina. 2002. Hair-MAP：A prototype automated system for forensic hair comparison and analysis. *Forensic Science International* 129：168－186.

[80] Ibid.，p. 179.

[81] Ibid.，p. 180.

Houck 等指出，对犯罪实验室的毛发专家进行定期能力验证。[82] 协作服务测试公司[83]提供年度毛发和纤维能力验证。遗憾的是，试样（比如毛发）的大规模生产是有问题的。因为已知样本要就主要特征和次要特征展现一系列的特征，但给大量的检验人员提供比对样本是不可能的。

科学解释和报告结果

在很多方面，毛发分析能否得出成功的肯定性鉴定是被限定的。大多数毛发检验人员只有在这种情况下才表达意见，即毛发所展现出的显微特征“可能”（could）与特定个人的毛发特征一样。此外，“最佳”或者最可靠的特征随案件而变。例如，毛发在人工处理过的情况下，“颜色”可能是一个关键的决定因素，因为这引入了额外的自变量，例如什么时间染色的、实际的毛发颜色是什么，而自然的毛发可能提供的信息较少。

然而，几名委员会委员所经历的庭审案例中，尽管缺乏统计学基础，显微毛发检验者基于自己的经验作出了盖然性的断言，就像发生在某些因 DNA 鉴定而宣告无罪的案件中的那样，显微毛发分析证据已经被引入了庭审。Aitken 和 Robertson 讨论了某些与毛发分析相关的概率概念。[84]

因为有了 DNA 分析，减弱了对毛发检验的依赖。包含毛发证据的案例大多可以提取到 DNA，即便犯罪已经过了数年。即使提取到的 DNA 只包含线粒体 DNA（mtDNA），这样的分析很可能要比毛发物理特征分析精确得多。由于这样的原因，主要依靠毛发检验的案例最近还要再使用 DNA 进行额外的分析。[85]因为毛发比对固有

[82] M. M. Houck, R. E. Bisbing, T. G. Watkins, and R. P. Harman. 2004. Locard exchange: The science of forensic hair comparisons and the admissibility of hair comparison evidence: *Frye* and *Daubert* considered. *Modern Microscopy Journal*. Available at www. modernmicroscopy. com/main. asp? article=36&searchkeys=Houck%2BBisbing.

[83] See www. collaborativetesting. com.

[84] C. G. G. Aitken and J. A. Robertson. 1986. A contribution to the discussion of probabilities and human hair comparisons. *Journal of Forensic Sciences* 32 (3): 684 - 689.

[85] M. M. Houck and B. Budowle. 2002. Correlation of microscopic and mitochondrial DNA hair comparisons. *Journal of Forensic Sciences* 47 (5): 964 - 967.

的局限性，由于线粒体 DNA 具有更高质量和更高的精度，传统的毛发检验在将来作为证据会出现得更少，尽管物理特征的显微比对对于以下方面将会持续有用：确定哪些毛发具有充分的相似性，并值得进行 DNA 分析，以排除嫌犯以及协助犯罪调查。

点评

特定的毛发特征分布于人群的频度尚无合乎科学的公认的统计数据。在检验人员宣称“匹配”之前，就毛发必须一致的特征的数量并无统一的标准。在一项关于技术的有效性和准确性的研究中，作者要求有 7 处“主要”特征确切地一致，6 处“次要”特征当中至少有两处一致。[86] 毛发特征的分类方法在很大程度上依靠检验人员的能力和实际经验。

联邦调查局的一项研究发现，通过显微检验具有“相关性”的 80 个毛发比对中，通过线粒体 DNA 分析复检时发现 9 份（12.5%）实际上出自不同的来源。[87] 这不仅说明了显微毛发分析之不准确性，也说明不精确的报告术语存在问题，比如“与……相关”这样的报告术语，没有得到清晰的界定，这可能被误解为意味着同一认定。

在某些最近的案件中，法院已经明确表示显微毛发分析是科学共同体普遍接受的方法。[88] 但是法院还认识到，关于与特定被告人有关的显微毛发分析的证言是高度不可靠的。[89] 在一个形态学上看起来匹配（基于显微检验）的案件中，必须要使用线粒体 DNA 分析加以确认；单独的显微镜研究，其证明价值有限。委员会认定在没有核 DNA（分析）的情况下，以毛发比对进行个体识别缺

[86] R. A. Wickenheiser and D. G. Hepworth. 1990. Further evaluation of probabilities in human hair comparisons. *Journal of Forensic Sciences* 35（6）：1323－1329.

[87] Houck and Budowle，op. cit..

[88] E. g.，*State v. West*，877 A. 2d 787（Conn. 2005）；*Bookins v. State*，922 A. 2d 389（Del. Supr.，2007）.

[89] See P. C. Giannelli and E. West. 2001. Hair comparison evidence. *Criminal Law Bulletin* 37：514.

少科学支撑。显微镜应用和线粒体 DNA 分析可以串联式使用，可以就共源分类增加彼此价值，但是对于它们联合使用的可靠性，在量化方面还没有进行专门的研究。

纤维证据分析

和犯罪相关联的纤维——包括合成纤维（例如尼龙、聚酯和丙烯酸），以及植物纤维（例如绳索当中常见的苎麻或者黄麻）——能够像毛发一样进行显微检验，但也具有同样的局限性。然而，对纤维还可以使用分析化学工具加以分析，这与形态学检验相比有着更稳固的科学根基。在某些案件中，衣物和地毯处于相对特别的环境条件（例如，太阳曝晒或者洗衣剂）下，这能够形成将某物品与同一生产地区生产的其他物品区别开来的特征。然而，纤维检验人员一致认为，这些特征都不适合于进行个体识别（将来自于犯罪现场的某个纤维与某个唯一来源联系在一起），纤维证据只能被用于将一个特定的纤维与某一类纤维联系到一起。[90]

另一种类型的纤维分析就是将彼此撕裂的残余部分进行物理匹配。通过比对相配对的边缘形状，拼接布匹上的图案，有的时候能够将碎片和一件衣服或者被撕坏的其他东西联系起来。这是一种形态匹配形式，类似于鞋印和轮胎压痕匹配，在此不再作进一步的探讨。

样本收集和分析

纤维和比对组的收集要像封固毛发那样，遵循同样的程序。

[90] See, e. g. , R. R. Bresee. 1987. Evaluation of textile fiber evidence: A review. *Journal of Forensic Sciences* 32 (2): 510-521. See also SWGMAT. 1999. Introduction to forensic fiber examination. *Forensic Science Communications* 1 (1), available at www. fbi. gov/hq/lab/fsc/backissu/april1999/houcktoc. htm. 它在第 5.4 条作出以下总结："我们还不能确定说某纤维来自于特定的织物，因为其他织物也是使用同样的纤维类型和颜色制造的。然而，尽管我们不能肯定地将某纤维与特定的织物联系在一起，从而排除其他，但是这并不意味着这种纤维关联性没有价值。"

如果宏观分析（例如颜色、质地、形状）表明两份样本看起来是一样的，就要遵循另外如下的程序：

1. 显微镜法（反射光）
2. 偏振光显微镜法/荧光显微镜法
3. 红外显微镜法（来确定人造纤维成分，例如尼龙、涤纶）
4. 介质中的溶解度
5. 熔点
6. 断面形状
7. 裂解气相色谱法
8. 显微分光光度计法
9. 拉曼光谱法

这当中最后一种方法，即拉曼光谱法，常常能够就聚合物链长度（短、中等、长）和分支提供额外的信息。它在法庭科学实验室应用较少，尽管关于其应用可能性的开发研究已经起步。Grieve 和 Robertson 提供的关于纤维证据的概述很不错。[91]

点评

一个由有经验的涂料检验人员组成的群体，即材料分析科学工作组涂料分组，已经提出了指南[92]，但是就两个纤维来自于同一生产批次作出结论所必须符合的特征数量和质量，还没有设定标准。还没有就建立这样一个门槛而对纤维进行研究（例如，生产中和生产后相应特征的变化性）。与此类似，还没有研究帮助我们作出这样的判断，即在特定纤维上发现的与环境相关的变化，是否足以作为对其来源进行可靠个体识别的特征。也没有就其程序的可靠性和误差率进行任何研究。因此，“匹配”仅仅意味着纤维可能来自于同种类型的衣服、毯子或者家具，它只能够提供种类

[91] M. Grieve and J. Robertson. 1999. *Forensic Examination of Fibres*. London: Taylor and Francis Ltd..

[92] SWGMAT, op. cit.. Available at www. fbi. gov/hq/lab/fsc/backissu/april1999/houcktoc. htm.

证据。

因为纤维分析在很大程度上是通过定性清楚的化学方法进行的，在原则上是可以理解这些分析的不确定性的。[93] 然而，至今为止，还没有这么做。纤维分析是可以跨实验室重复的，因为对这一类分析有标准化的程序。通常，能力验证是常规的，每年进行一次，可以从协作检测服务测试中心那里获得报告。

可疑文件检验[94]

可疑文件检验包括对文件和印刷品及书写工具的分析、比对，以认定或排除作为字迹来源的人，揭露改写、添加或者删除，认定或排除打字稿或者其他压痕的来源。与文件相关的问题出现于商业、财政活动中，民事及刑事审判中，以及任何受书写通信和记录完整性影响的事务中。典型的分析包括：

- 确定文件是否是机械或者电子图像设备（比如打印机、复印机和传真设备）形成的；
- 认定或者排除手写材料、印刷材料或者打印材料来源的特定人员或机器；
- 认定或者排除墨水、纸张和书写工具；
- 确定文件的来源、历史、制作顺序、改写或者添加以及文件之间的相互关系；
- 判读和恢复文件中模糊的、被删除的或者被损毁的部分；
- 识别和保存其他可能存在于文件中的物证；

---

[93] 前引 Bresee 文指出了某些需要解决的相关问题。

[94] 这一讨论主要基于 *Standard Descriptions of Scope of Work Relating to Forensic Document Examiners* (*ASTM Designation E* 444 - 98), *Standard Guide for Test Methods for Forensic Writing Ink Comparison* (*ASTM Designation E* 1422 - 01), *Standard Guide for Writing Ink Identification* (*ASTM Designation E* 1789 - 04), and *Standard Guide for Examination of Handwritten Items* (*ASTM Designation E* 2290 - 03)。

✦ 确定文件制作时间。

可疑文件检验人员也被叫作法庭科学文件检验人员或笔迹专家；可疑文件检验包括笔迹鉴定，而笔迹包括手写体字迹、手写印刷体、签名、数字符号或其他手写印记或符号。法庭科学文件检验并不包括这样的笔迹研究，即宣称能够通过笔迹研究分析个性特征，或者对书写者的个性或者品性作出其他分析或判断。

分析

用于可疑文件检验的设备包括显微镜和其他光学辅助设备、摄影和其他成像装置，使用适合很多光学方法的种类繁多的成像物质（包括紫外光、可见光、红外光，电磁波谱中的其他区域）。最近也有了分析笔迹的软件工具。[95]对纸张与墨水的分析类似于其他法庭科学化学工作。墨水检验的主要程序是应用无损光学检验和化学检验。光学检验包括应用可见光和替代光源来确定墨水种类是否是圆珠笔印油，使用紫外光检验来揭示文件被化学品污染的迹象，使用红外光反射观察不同波长的荧光反应。化学检验包括在将小剂量溶剂应用于墨线时的点滴试验检测。例如，油基或者乙二醇基的圆珠笔墨水在吡啶中有高度的溶解性。为钢笔、渗透性圆珠笔和水性圆珠笔配制的墨水多可溶于乙醇和水。擦不掉的标记通常在吡啶中是可溶的。

墨水检验有两个目的：种属鉴定（旨在基于墨水参考数据库中的样本来确定墨水配方或类型）和比对（其目标是比较两份墨水样本以确定它们是否是同一来源）。实施墨水比对通常要回答四类基本问题：（1）在配方上，墨水是否与同一文件其他部分的墨水或者其他文件上的墨水相同；（2）使用类似墨水的两份书写文件是否有共同的来源（例如，同样的书写工具或者是墨水）；（3）经过一段时间后书写墨水是否和时间的变化相一致，或者表明了其制备时间；（4）墨水形成时间是否与所称时间相同。

[95] For an overview, see S. N. Srihari and G. Leedham. 2003. A survey of computer methods in forensic document examination. *Proceedings of the 11th International Graphonomics Society Conference*, pp. 278 – 281. Available at www. ntu. edu. sg/sce/labs/forse/PDF/docExam _ 7. pdf.

大多数墨水检验的问题起因于与墨水互相影响的混淆因素。这些可能是书写过程的一部分，比如涂污了湿润墨水，纸张的不同，文件上各种形式的污染，或者是这些因素的共同作用。大多数墨水检验必须实施于纸张之上而不得损坏字迹，这为取样和分析上制造了很多挑战。

通常情况下，对手写材料的检验要将提交检验的可疑材料和已知的与调查事项有关的、业已证明的原始件进行比对。进行比对要求是同种类型（手写的/草书与手写的字迹进行比较），而且应该是可比对的文本（类似的字母/词语组合）。特殊情况下，会涉及非自然的书写情况，即伪造（试图模仿/复制另一个人的笔迹）和伪装（试图避免被鉴定为书写者）。比对的基础是，字迹/手书/数字可被检验，从而获得其书写特征（也称为特色或者特性）。特征可以进一步划分为种属特征（书写者习得的风格）和个体特征（书写者的个人风格），和总体/细微特征。

用于笔迹比对的具体特性也被称为区分性的要素，Huber 和 Headrick 已经确认了 21 项。[96] 比对基于这样的高度可能性，即没有两个人写字是完全一样的，并且考虑到每个人的字迹都有它自己的变量这一事实。因此，对字迹的分析必须比对人与人之间的变量（书写特点会在可能的书写者之间存在多大变化的某些特征）和个人的内在变量（某个特定个人的字迹从一个样本到另一个样本有多大程度的变化幅度）。两份样本系同一人所书写的结论取决于通过一些测评来证明它们的变量，较人和人之间的变量而言，其内在变量更为一致。在某些伪造文字的案例中，签名特征的变量极小，因而与这样的事实不一致，即我们自己的笔迹都有内在的变化。

科学解释和报告结果

考虑到对鉴定和排除有无限的数量分级或意见，已经制定了术语来表达笔迹比对和鉴定的主观结论。几个数量分级，例如五分数量表和九分数量表，在世界范围内被应用于对可疑文件的检

[96] R. A. Huber and A. M. Headrick. 1999. *Handwriting Identification: Facts and Fundamentals*. Boca Raton, FL: CRC Press.

验。九分数量表如下：

1. 认定同一（可疑书写材料与另一样本匹配的确定结论）
2. 极有可能是（证据是有说服意义的，但是一些关键特征缺失）
3. 有可能是（特征点强烈指向认定同一）
4. 倾向于［同一个人］确实［创建了两个样本］（有少量的重要特征）
5. 没有结论（用于存在诸如伪装的现实性因素，或者缺少比对书写材料时应用）
6. 倾向于［同一个人］没有［创建两个样本］（与一个无说服力的意见的指示居同样的分量）
7. 有可能不是（证据相当强）
8. 极有可能性不是（实际上的确定）
9. 排除（最高程度的确信）[97]

点评

笔迹比对的科学基础需要得到加强。[98] 最近的研究已经增强了我们对笔迹的个人特征与稳定性以及电脑研究的认识[99]，这些研究表明笔迹比对可能有科学的基础，至少在排除了故意模糊或者伪造的情况下是这样的。尽管在训练有素的文件检验人员所使用的方法的可靠性和可重复性的量化方面，研究还很有限，但委员会

[97] *Standard Terminology for Expressing Conclusions of Forensic Document Examiners*, *ASTM Designation E* 1658－04.

[98] M. Kam, G. Fielding, and R. Conn. 1997. Writer identification by professional document examiners. *Journal of Forensic Sciences* 42 (5): 778－786. 报告说对一百多位可疑文件检验人员以及由具有类似教育背景的人所组成的控制群体进行了能力验证。每个接受测试者进行了 144 对比对。虽然研究表明，在确定两个样本是否“匹配”（基于 ASTM 标准 E1658 界定的“同一认定”和“强烈的可能性”）时，文件检验人员比外行人更准确，但是这些职业人员在 6.5%的比对中作出了错误的匹配。一个与此类似、更新的研究关注的是个人签名是否为真，see J. Sita, B. Found, and D. Rogers. 2002. Forensic handwriting examiners' expertise for signature comparison. *Journal of Forensic Sciences* 47: 1117。该研究发现，职业笔迹比对人员在 3.4%的判断中出现了错误。

[99] E.g., S. N. Sargur, S.-H. Cha, H. Arora, and S. Lee. 2002. Individuality of handwriting. *Journal of Forensic Sciences* 47 (4): pp. 1－17.

一致认为，笔迹分析存在某些价值。

墨水和纸张的分析，由于是建立在为人所认识的化学基础之上的，所以有着更加坚实的科学基础。然而，就这些特别专业化的方法而言，委员会并没有得到什么信息，因而对这些方法的合理性及在实践中的做法不能提出什么明确的看法。

油漆和涂料证据分析

油漆是固体颜料与聚合物溶剂所形成的悬浮液，经由刷、喷、蘸或者以其他方式，形成了一个保护性和/或装饰性的覆盖。当两个物体彼此接触，并且其中至少一个附着油漆时，油漆的转移便可能发生。这一转移过去的油漆能够和位于受损位置附近的油漆进行比对，以确定两个样本是否为同一来源。油漆表面经过一段时间可能会被重新刷涂，故能够提供层次顺序的特有历史。在犯罪现场的车辆、建筑物、工具、自行车、船只和许多其他物品上，经常会遇到油漆表面。检验的结果通常在调查和庭审发生时作为证据使用，并且是很有价值的。油漆检验在揭示犯罪现场证据和其来源之间可能的联系方面是很有用的，因此在缩小和排除可能的证人和犯罪嫌疑人方面是有帮助的，同时能够提供有用的调查线索。

样本数据和收集

有许多不同类型的油漆和其他涂料，包括建筑上的、车辆上的和船舶上的。在犯罪现场收集的证据，可能包括涂漆表层，比如机动车仪表板、工具、被害人或犯罪嫌疑人的衣服、喷漆、污渍、碎片。犯罪现场记录以后，应对受损的涂漆表层加以保护和保存，然后提交到实验室。如果不可能将油漆的物件或其一部分带到实验室的话，可以剥离油漆样本，但要以整个层次顺序完整无缺的剥离方式进行。

分析

在实验室进行证据比对之前，要在现场对油漆证据进行正确的识别和收集。对已知和可疑油漆的颜色、质地、类型、层次顺序和化学构成进行比对后，形成结论。此外，在那些没有嫌疑车辆和可疑油漆的案件中，至少能够基于现有油漆的颜色和金属/非金属类型提供一个可能的侦查线索。如果适当的话，可以检索加拿大皇家骑警的油漆数据查询数据库，获得使用了可疑油漆的车辆的可能品牌、型号和车辆使用年限等信息。

油漆证据的检验和比对需要显微镜与仪器技术和方法。可疑和已知样本的检验遵循一个鉴别和比对证据种属（或群类）特征的分析过程。[100] 有的时候，鉴别特征存在于边缘，可以进行边缘或者碎片吻合。这些特征包括不规则的边缘、涂刷条痕、抛光条痕或者表面磨损的印记。当油漆片段完全对应于一个已知来源的样本时，该碎片就被认定为出自该特定来源。只有当物理吻合发生时，才能确定同一性来源。

在实验室参与油漆证据分析的检验人员通常拥有广泛的科学背景，因为许多方法和分析严重依赖于化学。[101] 所建议的最低教育要求是自然科学[102][103]或者应用科学[104]的学士学位，许多求职者则拥有研究生学位。课程设置需要包括一年（或者相当的）的实验室普通化学、实验室有机化学、化学/仪器分析和光学显微镜技术，包括基本的偏振光显微镜技术——如果在研究生和本科阶段无法

[100] SWGMAT. 1999. Forensic paint analysis and comparison guidelines. *Forensic Science Communications* 1（2）. Available at www.fbi.gov/hq/lab/fsc/backissu/july1999/painta.htm.

[101] SWGMAT. 2000. Trace evidence quality assurance guidelines. *Forensic Science Communications* 2（1）. Available at www.fbi.gov/hq/lab/fsc/backissu/jan2000/swgmat.htm.

[102] G. S. Anderson (ed.). Canadian Society of Forensic Science. 2007. *CSFS Careers in Forensic Science*, p. 15. Available at www.csfs.ca/contentadmin/UserFiles/File/Booklet2007.pdf.

[103] SWGMAT. 2000, op. cit..

[104] Ibid..

获得[105]，后者可通过特别设计的课程设置获得。在实验室接着要进行岗位培训，其时间长度取决于检验人员的经验。在受训检验人员能够独立办案前，他们必须在有经验的检验人员的监督下观察和工作。完成实验室油漆分析培训项目，可能需要12个到18个月的时间。[106]

科学解释和报告结果

材料分析科学工作组规定了这一领域的指南，但是它没有推荐进行报告的措辞，也没有为确定结论而设置标准，尽管有各种各样的结论用于说明检验结果的含义。结论的强度取决于这样的一些变量，比如涂层的数量、样本的条件和油漆的类型（车用的或者建筑用的）。在陈述比对结果时，除了说明用以比较的油漆特性外，还会用到诸如“匹配”、“不能分辨”、“一致”或者“相似”等这样的术语。

如果比较的特性没有重大的差别，检验人员可以得出结论，油漆或者涂层样本可能有一共同的来源。这并不意味着它们具有同一来源，从而排除所有其他来源，而是意味着它们可能有同一来源或是来自于以同样的方式刷涂的其他来源。随着相关的不同涂层数量的增加（例如，在重复涂刷的表面上有多层不同的涂层），就可以作出结论，即可疑油漆不可能来源于已知油漆之外的其他来源。

材料分析科学工作组已经提出了法庭科学油漆分析和比对指南[107][108]，该指南讨论了检验程序和仪器选择，ASTM国际组织也已经发布了通行的指南。[109] 然而，以上两者都没有包括关于报告措辞

[105] Ibid..

[106] Anderson, op. cit.; SWGMAT.

[107] SWGMAT. 1999. Forensic paint analysis and comparison guidelines. *Forensic Science Communications* 1 (2). Available at www.fbi.gov/hq/lab/fsc/backissu/july1999/painta.htm.

[108] SWGMAT. 2002. Standard guide for using scanning electron microscopy/X-ray spectrometry in forensic paint examinations. *Forensic Science Communications* 4 (4). Available at www.fbi.gov/hq/lab/fsc/backissu/oct2002/bottrell.htm.

[109] Ibid..

的建议。应当做额外的工作以提供就结论和不确定性来源进行报告的标准语言。其他法庭科学学科的工作组已经完成了这样的工作。最重要的认证组织——美国犯罪实验室主任协会/实验室认可委员会已经就能力验证要求达成了一致，即每年进行一次内部或外部能力验证。

点评

就像有纤维证据的案件一样，油漆和涂料分析基于坚实的化学基础，可以进行种属认定。肉眼与显微镜检验通常是油漆和涂料检验的第一步，因为它们具备根据油漆和涂料特性作出区别的能力。几项已经进行的研究涉及几百种随机机动车油漆样本[110]，这些研究得出结论说，结合溶解性测试和微量化学测试结果，超过97%的样本可以被显微镜检验区分开。另一项研究[111]确定，在2 000份建筑油漆样本中，超过 99% 的可以被同样区分出来。然而，共同体还没有规定明确的标准，以确定两份样本是否出自同样的来源。

爆炸物证据和火灾残留物分析

爆炸物证据包括的材料很广泛：从未燃物、未燃尽的粉末、液体和浆状物，到爆炸装置的片段，再到被认为含有爆炸残留物的最接近爆炸现场的物体。通常的分析方法是识别它们的组件并对爆炸装置进行重建，对未燃尽的爆炸物和残留物进行分析。除了对低爆炸药和高爆炸药进行分析与鉴别以外，也对发生化学反应式瓶状炸弹进行分析。对爆炸物现场进行调查时予以特别的注

[110] S. G. Ryland and R. J. Kopec. 1979. The evidential value of automobile paint chips. *Journal of Forensic Sciences* 24 (1): 140-147; J. A. Gothard. 1976. Evaluation of automobile paint flakes as evidence. *Journal of Forensic Sciences* 21 (3): 636-641.

[111] C. F. Tippet. 1968. The evidential value of the comparison of paint flakes from sources other than vehicles. *Journal of the Forensic Sciences Society* 8 (2-3): 61-65.

意。所有可能出现的小的金属碎屑实际上都可能是引爆装置的重要组成部分。爆炸的性质对所搜集证据的质量具有直接的影响。对于未受损的装置或者装置碎片，或者相当可观的未燃尽爆炸材料，不应当抱有太大的希望。

分析

通常来讲，实验室不会接受爆炸装置，除非它们拿来时已经是安全的。对爆炸物证据进行检测的实验室人员通常具有广阔的科学背景，因为所使用的方法需要大量的化学和仪器分析手段。火灾和爆炸物技术工作组（TWGFEX）——一个火灾残留物和爆炸物检验人员群体，建议对爆炸物进行检验的人员应当具有自然或应用科学的学士学位，并修习过推荐的化学和仪器分析课程。[112] 这个小组同时建议检验人员应该完成有关的培训项目，该培训包括对低爆炸药和高爆炸药的分析、如何使用常规分析所用的仪器、爆炸装置的建造，并参加爆炸后调查课程。尽管爆炸物检验人员还没有官方认证项目，火灾和爆炸物技术工作组已经设计出了一项建议性的培训指南。这一指南分为 7 个单元，每一单元附有一个参阅书目、实用练习和评估方法。[113] 为确保检验人员保持一定的能力水平，美国犯罪实验室主任协会/实验室认可委员会要求每年进行一次能力验证（内部或者是外部）。[114]

对爆炸物检验的最终目的是鉴别所用的爆炸物材料，无论是通过对未受损的材料的分析来进行，还是通过对材料爆炸后的残留物的分析来进行。未受损材料要更容易鉴别。爆炸后残留物的各个成分常常能被鉴别出来（例如氯化钾和硫酸钾）。检验人员的培训和经验让他们能够从爆炸材料的混合物中推断出最初的爆炸材料类型。

[112] TWGFEX Explosive Examiners Job Description. Available at http://ncfs.ucf.edu/twgfex/documents.html.

[113] TWGFEX Training Guide for Explosives Analysis Training. Available at http://ncfs.ucf.edu/twgfex/Documents.html.

[114] American Society of Crime Laboratory Directors International. 2006. *Supplemental Requirements for the Accreditation of Forensic Science Testing Laboratories*, p. 20. See www.ascld-lab.org/international/indexinternational.html.

无论是低爆炸药还是高爆炸药，对未受损爆炸材料进行分析要遵循这样的程序，即一开始进行肉眼检验和显微检验，接着在适当的情况下进行燃烧测试。初步观察的结果将会决定剩余的分析步骤如何进行。通常情况下，要使用诸如 X 射线衍射、扫描电子显微镜—X 射线能谱仪分析、红外光谱法等仪器分析方法获得材料的元素和结构信息。火灾和爆炸物技术工作组已经设计出一项分析未受损爆炸物的指南，根据仪器提供的信息水平对其进行了分类。[115]这些信息汇集起来，如果足够的话，可以应用于材料鉴别。

在开始的时候，对爆炸后残留物的分析几乎与对未受损爆炸物的分析相同，要对所提交的证据（无论是已经耗尽的装置、装置碎片，还是靠近炸点的残留物）进行肉眼和显微检验。如果找不到未受损的爆炸材料，可以用一系列的提取物来获取任何有机或无机的残留物。接下来用分析未受损爆炸物一样的仪器对提取物进行分析。然而，产生的结果会在它们的特异性方面产生不同，在此方面，检验人员的训练和技术专长发挥着巨大的作用。为了恰当地说明该结果，检验人员必须具备爆炸物自身成分和其反应产物的专门知识。如果有污染物（例如，来自装置或者土壤的污染物）存在的话，这将使得解读变得更加复杂。[116]

就爆炸后残留物的检验结论而言，有“残留物与某爆炸材料一致”、“残留物仅仅指向某炸药”和“现场没有爆炸后残留物”几种情况。火灾和爆炸物技术工作组最近制定了一套分析爆炸后残留物的指南[117]，但是没有就报告所使用的语言提出任何建议。

和爆炸并无联系的火灾现场的检验常常意在确定是否使用了助燃剂。为了评估助燃剂的影响，可能需要设计一项实验，实验

[115] TWGFEX Recommended Guidelines for Forensic Identification of Intact Explosives. Available at http：//ncfs. ucf. edu/twgfex/documents. html.

[116] C. R. Midkiff. 2002. Arson and explosive investigation. In：R. Saferstein (ed.). *Forensic Science Handbook*. Vol. 1，2nd ed. Upper Saddle River，NJ：Prentice Hall.

[117] TWGFEX Recommended Guidelines for Forensic Identification of Post-Blast Explosive Residues. Available at http：//ncfs. ucf. edu/twgfex/action_items. html.

分两组，在一系列的条件（例如，风速、温度、有无其他化学物品）下进行。一组在有助燃剂的条件下燃烧（“处置”），另一组在没有助燃剂的条件下燃烧（“对照”）。燃烧物的测量结果，可以用以确定损毁模式（例如，烧灼深度、表面泡状物大小）。两组实验（处置与对照）中，材料在这些测量结果方面的差异将表明是否使用了助燃剂。在这种探究之后，我们就可以设计一个验证研究，来确认这些测量结果确实与用助燃剂处置过的材料和未使用助燃剂处置过的材料之间的差别相符。

点评

支撑爆炸物分析的科学基础是存在的，因为这一类的分析主要是基于稳固确立的化学。作为实验室工作的一个部分，分析人员常常要设法去重建炸弹，这将会导致程序上的复杂化，但并不是科学上的问题。

相比之下，需要就燃烧形态和损害特征的自然变化性以及它们怎样受到不同种类助燃剂的影响作更多的研究。尽管研究不足，某些纵火案调查人员仍能继续作出特定的大火是否确定的结论。然而，根据提交给委员会的证言[118]，许多通常被认为能够查明所使用的助燃剂的经验（例如，木头的“皲裂”、特定的烧灼模式）被证明并非如此。[119] 应当设计实验，将纵火案犯罪调查置于更为坚实的科学基础之上。

法医齿科学

法医齿科学，作为牙医科学在法律领域的应用，包括几个截然不同的重点领域：未知遗骸的认定、咬痕比对、口部损伤解释、

[118] J. Lentini. Scientific Fire Analysis, LLC. Presentation to the committee. April 23, 2007. Available at www7. nationalacademies. org/stl/April%20Forensic%20Lentini. pdf.

[119] NFPA 921 Guide for Explosion and Fire Investigations, 2008 edition. Quincy, MA: National Fire Protection Association.

牙科医疗事故。咬痕比对通常应用于刑事检控，是上边提到的四个领域中最具争议的。尽管通过牙齿特征对人体遗骸进行鉴定在法庭科学学科中得到了良好的确立，但就咬痕比对和鉴定的价值与科学有效性仍然有持续的争论。[120]

许多提供关于咬痕的刑事证言的法医齿科学工作者属于美国法医齿科学工作者委员会，这一组织成立于1976年，为美国法庭科学学会所认可。美国法医齿科学工作者委员会为它的会员提供委员会认证。[121]

样本数据和收集

咬痕在杀人案件、性侵犯案件和儿童虐待案件中最为常见。美国法医齿科学工作者委员会已经批准了从咬痕受害者及嫌疑咬痕遗留人那里收集证据的指南。[122]这些自人类皮肤提取咬痕证据的方法，例如，各种形式的照相技术、牙齿铸模、清晰覆盖物、计算机增强、电子显微镜检查和抽吸血清或者DNA，通常是经充分确立的，相对没有争议。不幸的是，皮肤上的咬痕经过时间会发生改变，也会因为皮肤的弹性、咬痕表面的不平坦、肿胀及愈合而扭曲。这些特征可能会严重地限制法医齿科学的有效性。同时，一些实践中的困难，比如照片图像的失真和嫌疑人牙齿经过时间的改变，可能会限制结果的准确性。[123]

分析

美国法医齿科学工作者委员会关于咬痕分析的指南列出了很多分析方法，包括组织透视法、计算机增强法和/或咬痕或牙齿的数字化、立体显微镜检查、扫描电子显微镜检查、视频叠加和组

[120] E. g. , J. A. Kieser. 2005. Weighing bitemark evidence: A postmodern perspective. *Journal of Forensic Science, Medicine, and Pathology* 1 (2): 75-80.

[121] American Board of Forensic Odontology at www. abfo. org.

[122] Ibid. .

[123] Rothwell, op. cit. .

织学。[124]然而这一指南并不表明这是应用每一种方法来确定咬痕和特定人的牙齿的相关性以及达到何种概率程度的必需标准。就得出有关匹配可能性结论的不同分析方法，尚无科学来研究其可重复性。这包括专家之间的可重复性和同一专家经历一段时间之后的可重复性。即使在适用指南的情况下，就咬痕应用对照比对研究时，不同的专家会作出很大程度上不同的结论和高百分比的假阳性匹配率。[125]

还没有进行彻底的大规模人群研究，用以建立咬痕的唯一性；推动唯一性理论的理论研究包括提交比对的大多数咬痕中，与可见的牙齿相比，存在更多牙齿。没有牙齿咬痕的中心库。大多数比对发生在咬痕和特定人的牙齿铸模之间。很少发生就咬痕与有关人员之外的其他人的铸模进行比对的情况。如果应用美国法医齿科学工作者委员会指南就咬痕与牙齿铸模进行比对，并且提供牙齿铸模的嫌疑人不能作为可能留下咬痕的人员而被排除，则还没有确立的科学表明多大百分比的人口或者人口的亚群同样可能形成该咬痕。这是咬痕分析和解读的固有的基本问题。

和其他“基于经验”的法庭科学方法一样，在警察局提供了用于比对的嫌疑犯和选取用于证据比对的模型数量时，法医齿科学咬痕专家在评估特定咬痕时也存在受到重大偏见影响的可能。咬痕常常与备受关注、成见颇深的案件联系在一起，检验专家就咬痕与嫌疑人进行匹配时要承受巨大的压力。盲法比对和使用第二专家并没有得到广泛的应用。

科学解释和报告结果

美国法医齿科学工作者委员会已经发布了报告咬痕比对的指南，包括使用术语对结论进行分级，但是在刑事司法系统下还没有动机和要求来使用这些指南。专家证言一般是基于他们的经验

[124] American Board of Forensic Odontology, op. cit..

[125] Bowers, op. cit..

和他们对咬痕分析所采用的特别的方法。一些以根据咬痕确定某个个体的身份的专家证言为主要依据的判决，因为有了有力的相反证据（通常是DNA证据）被推翻了。[126]

需要进行更多的研究来确证咬痕比对的基本科学基础。尽管法庭齿科学专家理解牙齿解剖结构和咬合的力学机制，并且能够从皮肤上的咬痕获得足够的信息，来协助刑事调查并在刑事审判中提供证言，但是得出咬痕比对能够产生确凿的匹配结果的结论，这在科学基础上是不足的。事实上，美国法医齿科学工作者委员会采纳为咬痕专门术语的标准之一即：“保证无条件确认或者没有疑问地确认行凶者的术语，是不能被批准作为最终结论的。”[127]

某些内在于咬痕分析和解读的基本问题如下：

(1) 人类牙列的独特性还没有在科学上被证实。[128]

(2) 如果牙列是独特的，则其将独特形态转移至人类皮肤上的能力以及皮肤保持该独特性的能力还没有在科学上被证实。[129]

i. 分析或者解读人类皮肤上咬痕的扭曲程度或者范围的能力还没有被证明。

ii. 不同比对技术的失真影响没有被充分认识，因而还不能够被量化。

(3) 需要表明咬痕已经达到证据价值门槛的个体特征的类型、质量和数量标准还没有被确立。

点评

尽管咬痕比对包含其固有的弱点，但是我们还是可以合理地认为，有时候该过程可以可靠地排除嫌疑人。尽管咬痕证据收集

[126] Bowers, op. cit..

[127] American Board of Forensic Odontology, op. cit..

[128] Senn, op. cit..

[129] Ibid..

的方法相对而言是没有争议的，就其所收集的用于解释的数据之可靠性和价值却有相当的争议。一些争论的关键领域包括，人类皮肤作为咬痕可信赖的记录材料的准确性、人类牙列的唯一性、用于分析的技术和检验人员偏见的影响。[130]美国法医齿科学委员会已经为咬痕分析的标准化制定了分析指南[131]，但是就法医齿科学工作者而言，他们还没有就全国性或国际性比对标准达成一致意见。

尽管大多数法医齿科学工作者认为，咬痕能够提供充分的细节用于明确的认定[132]，却没有科学研究支持这一估计，而且没有做大量的群体研究。在许多情况下，专家就同一咬痕证据的评估会发生很大的分歧[133]，这已经导致对此类证据的价值和科学客观性的质疑。

咬痕证言也受到了批评，其理由与对可疑文件检验人员和显微毛发检验人员证言的批评理由大体上是一样的。委员会没有收到这样的证据，即（使用这种方法）认定某人而排除所有其他人存在科学基础。2001 年的一篇评论报告了同样的研究结果，该评论揭示的是，“法医齿科学工作者进行咬痕比对时的许多假设缺乏有效的支撑论据”[134]。为了确定在什么情况下法医齿科学方法具有证明价值，需要进行某些研究。

血迹形态分析

理解特定的血迹形态是如何发生的，可以成为关键的物证，因为它能够帮助调查人员理解犯罪事件。血迹形态出现于多种犯

---

[130] Ibid..

[131] American Board of Forensic Odontology, op. cit..

[132] I. A. Pretty. 2003. A web-based survey of odontologists' opinions concerning bite mark analyses. *Journal of Forensic Sciences* 48 (5): 1－4.

[133] C. M. Bowers. 2006. Problem-based analysis of bite mark misidentifications: The role of DNA. *Forensic Science International* 159 Supplement 1: s104－s109.

[134] I. A. Pretty and D. Sweet. 2001. The scientific basis for human bitemark analyses—A critical review. *Science and Justice* 41 (2): 85－92. Quotation taken from the abstract.

罪类型之中，如在凶杀案、性暴力案、盗窃案、交通肇事逃逸事件经常出现。当犯罪现场的一部分要求解释这些形态时，血迹形态分析适用于犯罪重建或者事件重建。

然而，血迹形态的形成，其变量有多种来源，其解读也并非像过程表明的那样简单。解释和整合血迹形态用于重建，至少需要：

- 适当的科学教育；
- 应用专门术语方面的知识（例如，作用角度、动脉喷涌、后部溅落、脱落形态）；
- 理解应用于血迹形态测量的测量工具（例如，计算器、软件、激光、量角器）的局限；
- 理解应用数学和重要数字的使用；
- 理解流体物理；
- 理解损伤病理学；以及
- 理解血迹离开人体后的一般形态。

样本数据和收集

在犯罪现场能够发现干的血迹，这要么是通过汇集形成的，要么是通过空中的传输（溅落）形成的。血迹形态能表明遭受伤害的种类、受害人最后的动作、射击的角度，等等。人工制品上的血迹，比如布料或者武器上的血迹，对于理解血迹是怎样沉积形成的至关重要，它能够说明血液的来源。例如，衣服（例如一件衬衫）上的血迹，就能够说明穿衬衫的人和有血物体的接触。而微小的滴状血迹会说明与诸如打斗这样的暴力事件距离很近。

分析

发现于现场的血迹形态可能很复杂，因为尽管叠合形态看上去简单，但是在很多情况下对它们的解读是困难甚至不可能的。[135][136]研讨会会教给你关于基本形态构成的基本知识，但在把知识运用于犯罪重建时，并不能替代经验和实验。[137]这些研讨会对于需要认识到这些形态的重要性以便于获得适格专家服务的调查者而言，是更加合适的。对于在准备案件的过程中或者当在法庭上准备提出证言时遇到这些血迹形态的律师而言，这些课程同样是有帮助的。

尽管有一个血迹形态分析工作者的职业协会，两个具有或者推荐了资格条件的组织是国际鉴定协会和血迹形态分析科学工作组（SWGSTAIN）。血迹形态分析科学工作组建议的进行血迹形态分析的要求看起来令人印象深刻，国际鉴定协会 240 课时的指导也是如此。但是国际鉴定协会对于血迹形态分析认证没有教育方面的要求。[138] 考虑到严密、客观的猜想验证和流体动力学的复杂性，对经验的重视超过了对科学基础的重视，这在指导思想上似乎是错误的。总的来说，血迹形态分析工作者的意见更加主观而不是科学。此外，许多血迹形态分析案例是检控方启动或者辩护方启动的，具有目标性的要求，因而容易导致背景偏见。

点评

科学研究支持血迹形态分析的某些方面。例如，人们会辨别出血液溅开得快抑或慢，但一些专家的推断，远远得不到支持。尽管枪弹的轨迹是直线的，它们在柔软组织上造成的损害和当血

[135] H. L. MacDonell. 1997. Bloodstain Patterns. Corning, NY: Laboratory of Forensic Science; S. James. 1998. *Scientific and Legal Applications of Bloodstain Pattern Interpretation*. Boca Raton, FL: CRC Press; P. Pizzola, S. Roth, and P. DeForest. 1986. Blood drop dynamics - II. *Journal of Forensic Sciences* 31 (1): pp. 36-49.

[136] Ibid.; R. M. Gardner. 2004. *Practical Crime Scene Processing and Investigation*. Boca Raton, FL: CRC Press; H. C. Lee; T. Palmbach and M. T. Miller. 2005. *Henry Lee's Crime Scene Handbook*. Burlington, MA: Elsevier Academic Press, pp. 281-298.

[137] W. J. Chisum and B. E. Turvey. 2007. *Crime Reconstruction*. Burlington, MA: Elsevier Academic Press.

[138] See Bloodstain Pattern Examiner Certification Requirements, available at theiai.org/certifications/bloodstain/requirements.php.

流离开伤口时造成的复杂形态均是高度可变的。对于这种情况，需要做许多实验来确定犯罪中的特定动作所形成的血痕形态的特点是什么，并就那些因果关系的环节及其变量形成解释。出于这些同样的原因，对在法庭上展示这种分析的方式也要给予更多的注意。与血迹形态分析相连的不确定性是极大的。

一个新兴的法庭科学学科：数字和多媒体分析

数字证据分析要对数字证据进行收集、处理和解读，例如，电子文件、电话号码列表和呼叫日志、特定时间某设备的方位记录、电子邮件、照片，等等。除了传统的台式和笔记本电脑外，刑事调查中存储可能有价值的数据的数字装备包括手机、GPS设备、数码照相机、个人数字助理（PDAs）、大型服务器和存储装置（例如RAIDS和SANS）、视频游戏控制台（例如PlayStation和Xbox）和便携媒体播放器（例如iPods）。和这些装置相连的存储媒体当前可以划分为三大类。第一类是磁存储器，包括硬盘、软盘、磁带。第二类是光存储器，包括压缩光盘（CDs）和数字多功能光盘（DVDs）。第三类是电存储器，包括USB闪存驱动器、某些记忆卡和某些微晶片。这些物件是刑事和反谍报事务中最常遇到的，但是实验室已经被要求检验这样的项目，如在死亡调查中检验便携式水下潜水表和在飞行器事故中检验黑匣子。

过去30年，计算机和相关设备的增长，造成了产生数字证据的犯罪活动类型的显著变化和扩张。起初，计算机要么是犯罪的武器，要么是犯罪的对象。在早期，大多数计算机犯罪都是操纵大型商业计算机程序以窃取钱财或其他资源。随着计算机变得更为普及，它们成了证据的存储器。毒品贩子、图书商和白领犯罪者开始存储计算机化的电子表格来详细记录他们的交易。数字照相机和互联网已经使得儿童色情作品日益泛滥，计算机成了存储这些违禁材料的数字文件柜。最后，数字媒体已经成为日常活动的证人。许多个人有两部带有文本信息发送和电子邮件功能的手机、几台电脑、家庭报警系统、车载 GPS，等等；即便是孩子，也常常有一些这样的设备。工作场所使用磁卡读取器来控制建筑物进出。大多数通信都需要电脑，每天结束时，数百兆字节数据可能会产生，这些数据记录着人们在哪里、他们到达哪里有多快、都和谁说了话甚至是说了什么。电脑被用来书写自杀笔记。性劫掠者在网上通过电子邮件、交谈和即时短信潜近受害者。即便是逃离的车辆也装配有 GPS 设备。最后，计算机系统已经变成未经授权的控制或入侵的受害者，且频率不断增加。这些入侵常常致使文件被篡改和敏感信息被泄露。此外，汽车中追踪速度、刹车、转向的计算机在事故重建中很有价值。因此，几乎每一场犯罪都能够有与之相伴的数字证据。

样本数据和收集

收集数字证据的最优方法，经常要求现场人员切断电脑和相关外围设备（例如显示器、打印机）的电源线，然后扣押这些物件，以及任何零散的存储介质，比如优盘和 CD。这一方法在大多数案例中都运行得很好。然而，某些数据（像刚刚敲进的密码、恶意程序和主动通信程序）都是不稳定的，被存储于系统的电子芯片当中。在这些情况下，当设备关闭的时候信息就会丢失。在入侵调查或使用加密软件的案例中，这一不稳定的信息可能成为成功分析和起诉的关键。[139]

认识数字证据的潜在来源，同样是一项不断发展的挑战。调查人员有可能扣押台式计算机而忽视 PlayStation。优盘能够被做得像一把折叠刀、写字笔，甚至是一片寿司。移动电话和无线互联网功能带来了另一个挑战：如果这些设备在被执法人员保管的时候仍然处于开启状态，则它们还能够被犯罪嫌疑人远程进入和改变。

[139] See W. G. Kruse and J. G. Heiser. 2001. *Computer Forensics: Incident Response Essentials*. Boston: Addison-Wesley.

分析

检验电脑的典型方法包括两个主要阶段。第一个是镜像阶段。在这一过程中，存储设备（大多数情况下是硬盘）要装备阻止写入新信息的装置。接下来，所有的数据被拷贝到一个新的空白硬盘中。在就副本与原件进行比较时，大多是使用被称作为 MD-5 的数学算法，也被称为 MD5 哈希值算法。MD5 哈希值为每一个文件给出一个独特的数列和代码。在检验阶段，这一法庭科学意义上合理的副本作为有证据价值的被存储的电脑文件被加以检验。这些所谓的逻辑文件常常是被用户保存在不同的文件夹或者目录里的图片、文件、电子表格和 e-mail 文档。逻辑文件是显然证据。下一步，要检查法庭科学副本，寻找先前被删除的文件。电脑文件有时被称作物理文件，因为数据是物理地存放于硬盘的，但是它们对于计算机操作系统并不是逻辑上可以获得的。这样的文档是潜在证据。

最后，要检验操作系统创建和保存的系统文件。这些文件类似于显现运行于计算机上的程序和被改变的文件的监控录像。大多数此类检验的目的是查找带有证明信息的文件，发现这些文件何时和怎样来到了电脑上的信息。[140]

数字证据已经经历了一个快速的成熟过程。这一学科并不是开始于法庭科学实验室。相反，计算机作为证据研究是由对电脑有兴趣或者专长于电脑的警察和侦探进行的。在过去的 10 年中，这一过程变得更加日常化，像法庭科学其他领域一样，人们也对其有着严苛的要求和期待。三个过去的挑战仍然存在：（1）数字证据共同体并没有一致的认证项目或者数字法庭科学检验人员资

[140] See E. Casey. 2004. *Digital Evidence and Computer Crime*. Burlington: Academic Press; E. Casey. 2001. *Handbook of Computer Crime Investigation: Forensic Tools & Technology*. Burlington: Academic Press; B. Carrier. 2005. *File System Forensic Analysis*. Boston: Addison-Wesley; S. Anson and S. Bunting. 2007. *Mastering Windows Network Forensics and Investigation*. Indianapolis: Sybex; and H. Carvey and D. Kleiman. 2007. *Windows Forensic Analysis*. Burlington: Syngress.

格清单；（2）某些机构仍将数字证据检验视为调查活动而不是法庭科学活动；（3）就这一学科的实务人员而言，其教育、经验和训练有很大的差别和不确定性。

司法部计算机犯罪和知识产权部门的一个出版物——《刑事调查中搜查、扣押计算机和获取电子证据》[141]，描述了围绕数字证据检验产生的具有挑战性的法律问题。例如，有的时候，法院把计算机视为送到实验室进行法庭科学检验的一个证据，并没有特别的法律限制；而在其他时候，法院把计算机视为虚拟空间或者文件柜。[142] 就后者而言，检验电子装置之前必须获得令状，明确说明如何进行检验以及要找哪些文件。

最后，数字证据分析不同于其他法庭科学学科，因为检验产生的不仅仅是法庭科学报告，而且会发掘出可能具有证明价值的文件、数据表和图片。不同的机构以不同的方式处理这些生成的文件：某些机构将其视为展示件，而其他的机构将其视为衍生证据，要求有保管链条和特别保护。

越来越多的学院和大学提供计算机安全和计算机法庭科学方面的课程。然而，大多数执法机构在训练有素的计算机安全专家配备方面，仍然是人员不足。

结论

"法庭科学"一词包括广泛的学科，每个学科都有其自己的独特做法。法庭科学学科在技术、方法论、可靠性、误差水平、研究、一般可接受性和发表的材料等方面，展现了广泛的差别。某

[141] Available at www. usdoj. gov/criminal/cybercrime/s&smanual2002. htm.

[142] See, e. g. , G. R. McLain, Jr. , 2007. *United States v. Hill*: A new rule, but no clarity for the rules governing computer searches and seizures. *George Mason Law Review* 14 (4): 1071 - 1104; D. Regensburger, B. Bytes, and B. Bonds. 2007. An exploration of the law concerning the search and seizure of computer files and an analysis of the Ninth Circuit's decision in *United States v. Comprehensive Drug Testing, Inc. Journal of Criminal Law and Criminology* 97 (4) 1151 - 1208.

些学科是以实验室为基础的（例如，细胞核 DNA 分析和线粒体 DNA 分析、毒物和毒品分析），其他的则立足于专家对观察到的形态（例如，指印、书写样本、工具痕迹、咬痕以及诸如纤维、毛发和火灾残留物）的解释。某些方法形成的是种属证据，某些方法形成了对特定个人的认定——伴随着某些相关的不确定性。科学发展和评估的水平在各个法庭科学学科间存在重大差异。

6

改进法庭科学的方法、实践和效能

在给委员会的一份报告中，加州大学洛杉矶分校法学院的 Jennifer Mnookin 告诫道，在对法庭科学学科提出期望时，不要陷入两个极端。第一个是凡事过于求全的风险。就是说，一旦被安排了适当的任务，许多形式的法庭科学调查和分析可能运行得相对较好。“与此相对的危险是对我们认为我们知道什么过于自信的风险——在有限信息基础上作出无正当理由的推论的风险，或者有的时候抵制有可能帮助我们做得更好的新的信息。”[①]

但是，许多法庭科学学科，就像当前所做的那样，没有在刑事司法中作出它们可能作出的贡献。这一章讨论了需要进行的改进，并提出了 4 个主要建议。它并不评估证据收集和管理的质量（这些步骤为法庭科学方法提供输入），尽管很明显，这些步骤的质量在最大化证据的调查和证明价值方面是至关重要的。

法庭科学实验室的独立性

大多数法庭科学实验室都是由执法机构管理的，例如警察部门，其实验室管理者要向该机构的领导人进行报告。这一制度引起了对实验室及其预算独立性的重大关切。理想状态下，公立法庭科学实验室应当独立于执法机构，或者在执法机构内实行自治。在这样的背景下，主任才会和司法系统中的其他人一样，就涉及

① J. Mnookin, Professor of Law, University of California, Los Angeles Law School. Presentation to the committee. April 23, 2007.

实验室和其他机构的事项发出平等的声音。这样实验室才能够就案件、支出和其他重要事项确立自己的优先选择。而且因科学实验室和执法机构面对的任务不同而产生的文化压力将在很大程度上得以化解。最后，法庭科学实验室将可以设置它们自己的预算优先权，而不必与其上级执法机构进行竞争。

不确定度与偏见

很少有法庭科学方法已经就法庭科学工作者进行的推论制定了足够的措施。每个法庭科学方法的所有结果都应当说明其所做量度中的不确定度，也必须要做研究以使得对它们的价值加以估计是可能的。对于鉴定科学（例如，摩擦嵴分析、工具痕迹分析、笔迹分析）而言，此类研究将积累个体内部变量（例如，一个手指压痕随压痕的不同有多大的变化、或者一个工具痕迹或签名随情况不同会有多大变化）方面的数据和个体间变量（例如，指印压痕会随着人群的不同发生多大的变化、会在哪些方面发生变化）方面的数据。有了这些信息，就可以开始设置个体识别的置信界限，同时也可以开始理解，需要多高的相似性才能达到认定匹配所需的信心水平。需要注意的是，这一必需的步骤将改变“个体识别”这一词语的通常使用方式。个体识别的概念是，一个在犯罪现场发现的物品能够与某特定来源唯一地联系在一起。通过承认这一过程中的不确定度，“唯一地联系”这一概念必须为盖然性联系所替换，犯罪现场证据的其他来源不能够完全不考虑。法院已经证明了它们具有处理个体识别中某些不确定度的能力，DNA分析（尽管误差率很小，但是非零）的成功运用已经说明了这一点。

最后，如第4章所讨论的，形成种属认定和同一认定结论所用的法庭科学方法的准确性，需要通过精心设计和严格实施的研究来评估。一项分析的准确性水平可能是其最终证明价值大小的决定性因素。

某些初步但令人震惊的研究，揭开了法庭科学程序中一些偏见的影响[②]，但是必须做更多的研究以理解偏见的来源，并制定针对性措施。[③] 某些应用于其他领域的方法应该是有用的，尽管某些方法（例如盲测法）可能对一些类型的法庭科学工作并不可行。法庭科学学科刚刚开始意识到背景偏见的影响及其造成的危险。此类偏见所制造的陷阱可能非常地微妙，通常人们不会意识到他或者她的判断正在受到影响。对法庭科学学科中存在的偏见影响的概述，可参见 Risinger 等于 2002 年发表的文章。[④] 关于需要作何种分析、以何种顺序完成的决定，也会受到偏见的影响，并最终有可能使结果发生偏差。

执法机构、检察官办公室的法庭科学工作者，或者被这些单位雇用的法庭科学工作者，容易受一般的偏见风险的影响。就证据收集所作的决策也会存在偏见，这种决策支配着谁会被列为犯罪嫌疑人。证据收集和犯罪现场调查也要求具有科学知识和判断，这些职能通常在法庭科学工作者的控制范围以外。

报告结果

在大多数法庭科学领域，都迫切需要提高就调查结果进行报告和作证的标准。法庭科学工作者在科学报告和法院证言中使用

② E. g. , I. E. Dror and D. Charlton. 2006. Why experts make errors. *Journal of Forensic Identification* 56 (4): 600－616; I. E. Dror, D. Charlton, and A Peron. 2006. Contextual information renders experts vulnerable to making erroneous identifications. *Forensic Science International* 156 (1): 74－78; D. E. Krane, S. Ford, J. R. Gilder, K. Inman, A. Jamieson, R. Koppl, I. L. Kornfield, D. M. Risinger, N. Rudin, M. S. Taylor, and W. C. Thompson. 2008. Sequential unmasking: A means of minimizing observer effects in forensic DNA interpretation. *Journal of Forensic Sciences* 53 (4): 1006－1007; L. S. Miller. 1987. Procedural bias in forensic science examinations of human hairs. *Law and Human Behavior* 11 (2): 157－163.

③ 参见第 4 章关于偏见的讨论。

④ D. M. Risinger, M. J. Saks, W. C. Thompson, and R. Rosenthal. 2002. The *Daubert/Kumho* implications of observer effects in forensic science: Hidden problems of expectation and suggestion. *California Law Review* 90: 1－56; Krane, et al. , op. cit. .

的许多术语，被用来描述结果、结论以及证据材料（例如，毛发、指印、纤维）与特定人或者物的关联程度。这样的术语包括但是不限于“匹配”、“一致”、“同一”、“在检测的各个方面均类似”以及“不能排除是……的来源”。使用这样的术语能够并且确实在刑事或者民事案件中的事实审判者感知和评估科学证据时产生深远的影响。然而法庭科学学科就这些术语的确切意义并没有达成一致。尽管某些法庭科学学科就报告所使用的词汇和度量提出了建议，但它们还没有变成标准做法。词汇的不精确在某种程度上是因为缺乏法庭科学研究，以及在解读法庭分析结果方面存在相应的局限。一些出版物，例如 Evett 等⑤、Aitken 和 Taroni⑥ 以及 Evett⑦ 等著的文献，为对法庭科学结论进行适当的评估和交流提供了重要的基础材料。

一般而言，作为科学分析的结果而形成的实验室报告，应当是完整而详尽的。它们至少应当包括“方法和材料”、“程序”、“结果”、“结论”，以及——在适当情况下——程序和结论中不确定度（例如置信度）的来源和量值。尽管像在研究论文那样提供大量的细节是不适当、不可行的，但还是应该提供充分的内容，以让并不是科学家的一般读者能够理解已经做了什么，从而对结果进行明智的、无偏见的审查。

有一些法庭科学实验室的报告达到了这一报告的标准，但是大多数还没有达到。某些报告包含的仅仅是识别和机构信息、对所提交的证据的简短描述、对需要进行的分析的类型的简短描述，以及对结果的简短陈述（例如，“样品中的绿褐色植物材料被鉴定

⑤ I. W. Evett, G. Jackson, J. A. Lambert, and S. McCrossan. 2000. The impact of the principles of evidence interpretation on the structure and content of statements. *Science and Justice* 40 (4): 233 - 239.

⑥ C. G. G. Aitken and F. Taroni. 2004. *Statistics and the Evaluation of Evidence for Forensic Scientists*. 2nd ed.. V. Barnett, ed. Chichester, UK: John Wiley & Sons Ltd..

⑦ I. W. Evett. 1990. The theory of interpreting scientific transfer evidence. *Forensic Science Progress* 4: 141 - 179.

为大麻")。这样的模式没有对所使用的方法和程序进行描述，大多数报告也没有讨论测量不确定度和置信限度。许多法庭科学学科以外的学科就数据报告制定了标准、模板和实验方案。尽管某些法庭科学学科的科学工作组就结果报告有着评分系统，但是这些系统没有得到统一和一致的应用。

法庭科学报告，以及据此提供的庭上证言，必须包括对分析局限的清晰的界定，在可能情况下，要包括相关概率。庭上证言应当以非专业的术语表达，以便所有庭审参与者能够理解怎样衡量和解读证言。为了实现这一点，必须做研究来评估不同鉴别方法步骤的可靠性，以及与整体结论相关的置信区间。

研究需要

洛杉矶县警察局犯罪实验室主任 Barry Fisher 说过，"由于没有多少研究，我们冒着我们的科学在法庭遭受质疑的风险"[8]。2001 年，Giannelli 写道："在许多（法庭科学）领域，没有进行什么系统研究来确认该领域的基本前提和方法，并且常常没有正当理由来解释为什么这样的研究是不可行的。"[9] 如 Smith 等指出的那样，美国有一个知名的高等教育体系，并且学术界已经获得了许多与法庭科学学科相联系的基础研究发现。[10] 然而，法庭科学学科因为不足的研究基础饱受其苦：很少有法庭科学工作者有机会来进行研究，很少有大学教师专门从事这一类的学术研究，而且，重要的是法庭科学研究资金不足。其他人认为，这一领域之所以存在这些问题，是由于在资助和开展研究行动方面，缺少一

⑧ K. Pyrek. 2007. *Forensic Science Under Siege: The Challenges of Forensic Laboratories and the Medico-Legal investigation System*. Burlington, MA: Academic Press, p. 231.

⑨ P. C. Giannelli. 2001. Scientific evidence in civil and criminal cases. *Arizona State Law Journal* 103: 112.

⑩ F. P. Smith, R. H. Liu, and C. A. Lindquist. 1988. Research experience and future criminalists. *Journal of Forensic Sciences* 33 (4): 1074－1080.

个全面的战略计划。[11]

就法庭科学学科的基础、应用研究相对缺乏资金，有几种不同的解释。第一，法庭科学实践起始于，而且是脱胎于刑事司法和执法系统。许多法庭科学方法之所以发展，是因为要在执法调查阶段提供帮助，接下来适应于通过提供法庭证言为检控提供帮助。因此，在公立犯罪实验室工作的法庭科学从业人员常常被视为检控队伍的一部分，而不是科学事业的一部分。第二，某些法庭科学学科依靠学徒模式进行培训，而不是在一个科学框架内编纂相关的方法。第三，为科学工作提供资助的联邦机构，例如，国家科学基金会、美国卫生研究院和国防部，通常并不认为法庭科学是他们需要资助的科学基础的一部分。只是到了最近几年，国家司法研究院才对资助法庭科学研究产生了兴趣，但是这些资金的大多数被用于减少案件积压，特别是用于涉及 DNA 分析的案件（参见第 2 章）。

法庭科学学科需要制定严格的实验方案来指导这些主观解释，并开展同样严格的研究和评估项目。开展这样的研究项目能够从其他领域的工作，特别是从诊断医学关于观测者效能评估的大量研究和认知心理学在偏见可能性和人类观测者错误方面的研究发现中大大受益。

在评估法庭科学分析的精确性时，很关键的一点是弄清需要进行分析的问题的类型。因此，尽管某些技术过于不准确，不能用于进行准确的个人识别，但是它们仍然可以就种属问题提供有用和准确的信息。例如，显微毛发分析在样本来源人的某些特征方面，可以提供可靠的证据，但是它不能就样本与特定人员提供可靠的匹配。然而，适当问题类型的界定仅仅是评估法庭科学技术性能的第一步。研究设计应当解决由法庭科学特定背景产生的问题。

---

⑪ IAI Positions and Recommendations to the NAS Committee to Review the Forensic Sciences. September 19, 2007. See presentation by K. F. Martin, IAI President, to the committee. December 6, 2007.

一个完整的研究日程应当包括这些研究：确立每一程序的强度和局限性、偏见来源和变量、这些来源造成的不确定性的量化、效能量度、法庭科学证据分析过程的程序性步骤，以及对这一过程进行持续监视和改进的各种方法。

结论和建议

各个法庭科学学科中广泛的变量，不仅涉及技术与方法（参见第 5 章），也涉及可靠性、误差率、报告、研究基础、普遍接受性和出版资料。某些学科是基于实验室的（例如，核与线粒体 DNA 分析、毒物与毒品分析、纤维与火灾残留物分析），其他一些学科基于对所观察形态（例如，指印、书写样本、工具痕迹、咬痕和毛发）的专家解释。本报告所依据的各种情况简介和资料表明，各个法庭科学学科之间在科学发展和评估的水平方面，存在显著不同。

在法庭科学大多数领域，尚不存在用以确定误差率的充分界定的制度。能力验证表明，一些检验者工作拙劣。在某些学科中，例如法医齿科学，关于证据收集方法相对而言是没有争议的，但是对结果解释的可靠性和价值存在争议。

在大多数法庭科学学科中，还没有做大量群体研究来确立痕迹或者特征的唯一性。然而，尽管缺乏统计基础，检验者仍会基于他们的经验作出盖然性的主张。非常需要一个统计框架，来对这些主张进行量化。这些学科同时非常需要标准化和阐明那些用于就结果进行报告和作证、提供更多信息的术语。

许多法庭科学学科没有得到严格的系统研究的支持，以确认该学科的基本前提和方法。委员会没有看到什么鲜明的理由说明为什么不能进行这样的研究。一些研究人员已经提出研究议程来加强特定法庭科学学科的基础。[12] 需要更多的联邦资金来支持致力

[12] See, e.g., L. Haber and R. N. Haber. 2008. Scientific validation of fingerprint evidence under *Daubert*. *Law, Probability and Risk* 7 (2): 87-109.

于该工作的大学和私立实验室在法庭科学学科与法医病理学方面所进行的研究。法庭科学和法医共同体（参见第 9 章）将因有机会与更广泛的科学和工程共同体协作而得以改善。特别是，迫切需要进行协作来：（1）制定新的技术方法或者提供深层次的基础，以促进法庭科学学科的进步；（2）提供法庭科学和法医共同体与基础科学的接口；以及（3）为这些共同体之间的对话提供沃土。我们提议建立的国家法庭科学研究院应当推荐、贯彻和指导支持这些行动的策略。

尽管长期的研究日程要求对作为法庭科学方法基础的每一假设有深入透彻的评估，许多有关法庭科学学科的担心，能够通过研究立即得以解决，这些研究将向法庭科学从业者提供标准化的、实际可行并且复杂性各异的培训材料。此类研究并不探究决策过程的各个组成部分，但是它们能够允许就此作出评估，即在面对导致分歧的各类材料时，熟练的法庭科学从业者将在多大程度上得出同样或相似的结论。

建议 2：

国家法庭科学研究院在审查了已经确立的标准（例如，ISO 17025）并同其咨询委员会磋商后，应当确立就法庭科学调查结果进行报告和作证时使用的标准术语。与此类似，它应当就不同的法庭科学学科建立示范实验室报告，并明确规定应当包括在内的最少信息。作为认可和认证过程的一部分，应当要求实验室和法庭科学工作者在总结其分析结果时，使用示范实验室报告。

建议 3：

需要就法庭科学学科中存在的准确性、可靠性和有效性问题进行研究。国家法庭科学研究院应当在下列领域竞争性地资助同行评审性的研究：

(a) 建立表明法庭科学方法的有效性的科学基础的研究。

(b) 就法庭科学分析的可靠性和准确性，制定和确立量化尺度。关于法庭科学方法可靠性和准确性的研究，应当反映现实案件场景中的实际做法，达到法庭科学工作者和实验室具有代表性的样本的均值。研究还应当建立随着法庭科学证据条件的变化，分析方法在可靠性和准确性方面的界限。确定可靠性和准确性的量度的研究，应当经过同行评议，并发表在受人尊重的科学杂志上。

(c) 就法庭科学分析结论的不确定度制定量化尺度。

(d) 能够改进法庭科学技术的自动化技术。

为了回答法庭科学的可靠性和准确性方面的问题，研究人员必须就（各个执业者和实验室达到的）平均性能与（具体执业者和实验室达到的）个别性能进行区分。根据关于刑事和民事诉讼的证据规则，法庭科学程序是否足够，是一个难以回答的法律问题，超出了科学探究的范围。

建议 4：

为了改善法庭科学检验的科学基础，最大化对执法共同体的独立性或者执法共同体内的自治性，国会应当批准并向国家法庭科学研究院拨付激励资金，分配给州和地方司法辖区，以使所有的公立法庭科学实验室和机构能够免受执法机构或者公诉人办公室的行政控制。

建议 5：

国家法庭科学研究院应当鼓励进行研究项目来就法庭科学检验中的人类观察者偏见和人为误差来源展开研究。这样的项目可能包括用于确定法庭科学实践中受背景偏见影响的研究（例如，确定法庭科学分析的结果是否受到以及在多大程度上受到关于犯罪嫌疑人的背景的知识和调查人员关于案件的理论的影响的研究）。此外，关于人为误差来源的研究应当与关于差错的量化的研究联系在一起。根据这些研究的结果，并经与咨询委员会磋商，国家法庭科学研究院应当制定标准操作程序（这将为示范实验室方案奠定基础)，以在最大可能的合理范围内，最小化法庭科学实践中潜在的偏见和人为误差来源。这些标准操作程序应当适用于可能在诉讼中使用的所有法庭科学分析。

7

加强对法庭科学活动的监督

几个论者在委员会指出，理论上任何人只要有一间库房和一些资金，几乎就能开设一家法庭科学实验室并开始提供服务。尽管这可能有点夸张，但事实上，关于法庭科学实验室是否应符合为质量保证之目的而确定的具体标准，或从业人员是否应根据一系列商定的标准取得一定资格，在这些问题上除了部分州（如纽约州、俄克拉何马州和得克萨斯州）以外，其他各州均无任何要求。[①] 大型犯罪实验室里一些众所周知的问题暴露了质量控制上存在着系统性缺陷。例如，2002 年，休斯敦警察局犯罪实验室及证据保管室（Houston Police Department Crime Laboratory and Property Room）受到审查，原因就在于存在一系列质量问题，这些质量问题“引发了对 Harris 县刑事司法系统某些重要方面适正性的强烈质疑”[②]。其中的问题包括：书面文件不足，严重的分析性和解释性差错，质量保证项目的缺失，缺乏经过培训的人员，错误的报告，使用不准确或误导性的统计数据，乃至造假（drylabbing）（伪造实验室检验结果）。[③] 大多数情况下，当今对法庭科学执业标准和最优方法的贯彻，主要是依靠法庭科学共同体中致力于提高本领域全面质量的部分人的自愿参与。

① See N. Y. EXEC. § 995－b (McKinney 1996)（由法庭科学委员会进行认可）；OKLA. STAT. ANN. tit. 74 § 150. 37（要求由美国犯罪实验室主任/实验室认可委员会或美国法医毒物学委员会认可）；TEX. CRIM. PROC. CODE art. 38. 35（公共安全部进行认可）。

② M. R. Bromwich. 2007. *Final Report of the Independent Investigator for the Houston Police Department Crime Laboratory and Property Room*. June 13. See www. hpdlabinvestigation. org , p. 1.

③ Ibid. .

虽然最近几年来开展了制定和贯彻法庭科学学科质量控制措施的重要活动，但是，由于缺乏统一的和强制性的质量保证程序，以及大型犯罪实验室某些问题的高度曝光，人们高度关注通过贯彻标准和最优方法来矫正实验室参差不齐的质量。美国律师协会建议，“犯罪实验室以及法医局应当通过认可，检验人员应当通过认证，程序应当是标准的和公开的，以保证法庭科学证据的有效性、可靠性并及时得到的分析”④。

在 *Daubert v. Merrell Dow Pharmaceuticals*⑤案件中，最高法院在评价专家证言时援引了一项相关因素，即“存在并且维持有对操作方法的控制标准”。标准和最优方法创造了一种职业环境，该职业环境允许组织或职业建立质量体系、方针及程序，并保持相对于特定利益群体的自治。标准可以保证服务或方法符合人们希望其具备的特点，如质量、可靠性、效率及从业人员之间的一致性。一般情况下，标准是通过认可或认证制度来实施的，即由独立的检验人员或审核员对实验室或服务提供者的绩效、方针及程序进行验证和审查。此外，这种质量控制要求可以适用于接受联邦资助的实体，职业组织可制定相应的道德和行为守则，作为评定绩效的手段。

本章讨论了某些传统方法，如认可、认证（包括能力验证），及监督，技术性职业可用这些方法提高与联邦资助有关的法庭科学活动质量。就每种方法而言，都应通过标准，从方针和程序或从事该行业的个人的能力与技能的角度，来评估机构或组织的质量。然而，如前所述，除了三个州（纽约州、俄克拉何马州和得克萨斯州）采取强制认证外，对实验室的认可及对法庭科学检验人员的认证仍是自愿性的。

④ American Bar Association. 2006. *Report of the ABA Criminal Justice Section's Ad Hoc Innocence Committee to Ensure the Integrity of the Criminal Process. Achieving Justice: Freeing the Innocent, Convicting the Guilty*. P. C. Giannelli and M. Raeder (eds.). Chicago: American Bar Association.

⑤ 509 U. S. 579 (1993).

认可

认可仅仅是机构质量保证项目的一个方面，这种质量保证项目还应当包括相关的能力验证、继续教育及其他有助于机构提供更好的全面服务的项目。对于实验室来说，通过认可并不表示经过认可的实验室不会出现错误，也不表示实验室在每一个案件中都能使用最优方法，而只是表示实验室遵守了一套已确立的质量标准，并采取了符合这些要求的做法。经过认可的实验室具有适合的管理体系，这种管理体系包括：日常工作的各种程序、对这些工作的监控、通过例行的程序和周密的方法纠正不符合规范的工作。这不应是一个自我评估的项目。监督必须来自于参与实验室的外部，以避免标准的自利性和表面化，同时也能避免在与质量保证相冲突的其他要求出现时走捷径。此外，认可作为一种机制，可以用来加强职业共同体之间的联系，推广最优方法，使实验室雇员了解本行业其他领导者的期待。

例如，《1988年改进临床实验室修正案》⑥ 所要求的认可制度就很有力。通过这部制定法，医疗保险与医疗补助中心规制了美国针对人身的所有临床实验室检测（研究性的除外）。《1988年改进临床实验室修正案》所覆盖的实验机构总计约189 000家（见表7—1）。

《1988年改进临床实验室修正案》及其他认可制度中可以纳入法庭科学强制性认可制度的关键要素包括：

- 可居中处理认可过程的全国性组织；
- 符合要求的机构申请认可的申请过程；
- 自我评估过程；
- 外部评估过程，包括外部评估人员临场评估；
- 上诉过程；

⑥ 42 U.S.C. §263a.

- 周期性的评估及外部评估；
- 对实体进行评估所依据的整套标准。⑦

表 7—1　　《1988 年改进临床实验室修正案》

保证实验室检验质量是《1988 年改进临床实验室修正案》项目的目标。所有临床实验室收取医疗保险或医疗补助金，都必须经过相应的认可。《1988 年改进临床实验室修正案》要求所有的机构，即使是只做一项检验，若该检验要使用“来自人体的材料以对人体进行诊断、预防或治疗疾病或损伤、健康检查”，则该机构也应满足特定的联邦条件。如果某机构为上述目的进行检验，则被视为为《1988 年改进临床实验室修正案》所覆盖，则必须在《1988 年改进临床实验室修正案》项目中注册。 医疗保险与医疗补助中心和疾病控制与预防中心制定了实验室认可的标准（实际上是一种认证）。此外，疾病控制与预防中心进行研究并召集会议以确定何时需要调整其监管要求。实验室每运营 2 年必须通过现场检查监督，该检查由联邦检查人员或有权机构或负责州《1988 年改进临床实验室修正案》项目的机构的检查人员进行。监督包括对实验室运营环境、人员及其能力验证、质量控制和质量保证程序的综合评估。在保证实验室检验的适当性及安全性问题上，实验室主任发挥着关键性作用——该主任必须达到所要求的资格，并保证选用的方法足以提供护理患者所要求的质量。实验室主任应采取具体的措施以建立综合性质量保证项目。 6 家机构被授权为《1988 年改进临床实验室修正案》提供实验室认可。如果认证机构向医疗保险与医疗补助中心申请或再申请获得授权，或者州核证项目向医疗保险与医疗补助中心申请或再申请免于适用《1988 年改进临床实验室修正案》关于实验室获得许可并在州内执业的条件，则必须就其过程提交大量文件。这些文件包括对监督过程的详细说明，对监视缺陷矫正所采取的措施的说明，对绩效监视过程的说明，关于对实验室的投诉的反馈及调查程序的说明，以及目前的全部实验室清单和认可有效期。 实验室一旦被发现不符合一项或数项认可条件（如未通过能力验证），《1988 年改进临床实验室修正案》将会对其进行惩罚。这种惩罚包括暂停、限制或撤销对其的认证，对公共健康构成重大威胁的实验室提起民事诉讼，对被判定故意违反《1988 年改进临床实验室修正案》要求的人处以监禁或罚金。《1988 年改进临床实验室修正案》还要求卫生与人类健康服务部部长每年公布前一年度被惩罚的实验室名单。对惩罚可进行上诉。

来源：www. cms. hhs. gov/clia/。

⑦ Institute of Medicine. 2001. *Preserving Public Trust: Accreditation and Human Research Participation Protection Programs*. Washington, D. C.: National Academy Press.

此外，认可组织通常会为参与认可的机构提供教育和培训，以便其遵守认可标准。认可并不能保证高质量，因为其无法避免蓄意违反或无视这些要求的行为。但是，经过一段时间后，认可可以降低违反事件的发生可能性，违反事件的报告机制也会促使认可机构加强审查。而且，认可程序要求培训教育必须成为一项标准，因而能够促使人人实现渐进式的改变和质量改进。

当前法庭科学实验室认可组织的发展

20 世纪 70 年代联邦调查局局长 Clarence Kelley 和联邦调查局实验室主任 Briggs White 组建了一个犯罪实验室主任团体，即后来为人们所熟知的美国犯罪实验室主任协会。美国犯罪实验室主任协会实验室评估和标准委员会致力于制定质量保证标准。1981 年美国犯罪实验室主任协会/实验室认可委员会（ASCLD/LAB）成立，1988 年其正式设立为一家非营利性机构。

1994 年，《DNA 鉴定法》通过，并据此建起了 DNA 咨询委员会，为检索联邦调查局全国 DNA 图谱数据库的犯罪实验室制定和执行质量保证标准（见下文）。DNA 咨询委员会建议犯罪实验室尽可能快地通过认可。根据《犯罪实验室报告》（*Crime Lab Report*），“由于美国犯罪实验室主任协会/实验室认可委员会的方针和程序不允许向单个工作团队授予许可，所以尚未准备接受美国犯罪实验室主任协会/实验室认可委员会全面认可评估的实验室，在准备好全面认可审核之前无法检索 DNA 数据库”⑧。

1995 年，美国犯罪实验室主任协会认可培训、教育和支持执行委员会设立了私立非营利性法人组织——国家法庭科学技术中心。⑨ 国家法庭科学技术中心可以支持和协助犯罪实验室准备美国犯罪实验室主任协会/实验室认可委员会的全面认可及审核，并授

⑧ *Crime Lab Report*. December 20，2007. Available at www.crimelabreport.com/monthly_report/12-2007.htm.

⑨ See http：//nfstc.org/aboutus/history/history.htm.

予符合 DNA 特定质量保证标准的 DNA 工作团队以临时资质。[⑩⑪]其后国家法庭科学技术中心设立了新的独立的认可法人组织——法庭质量服务机构，该项目的依据为新的适用于检测与校准实验室的 ISO/IEC 17025 国际标准。[⑫]

2003 年，美国犯罪实验室主任协会/实验室认可委员会代表大会批准实施 ISO/IEC 17025 项目，美国犯罪实验室主任协会/实验室认可委员会于 2004 年 4 月 1 日开始提供这些认可。法庭科学实验室认可目前适用《检测与校准实验室能力认可准则 17025 ISO/IEC（2005）》［*General requirements for the competence of testing and calibration laboratories* 17025 *ISO/IEC*（2005）］[⑬]，其对公立和私立的实验室认可适用同样的要求。该国际标准由技术委员会制定，主要针对技术领域的活动。考虑到法庭科学实验室的特殊要求，国际标准组织允许扩张或补充其要求，如《美国犯罪实验室主任协会/实验室认可委员会关于法庭科学检验实验室认可的国际补充要求（2006）》［*ASCLD/LAB International Supplemental requirements for the accreditation of forensic science testing laboratories*（2006）］。

美国犯罪实验室主任协会/实验室认可委员会关注的问题包括：实验室的管理和运作、人员的资格及场地。为了取得认可必须采取如下措施：

- 防范证据遗失、交叉转移、污染和/或有害性变质的程序；
- 有效的及书面化的技术程序；
- 采用合理的控制和标准；
- 校准程序；

⑩ Ibid..

⑪ DNA 程序由《1994 年 DNA 鉴定法》调整。DNA Identification Act of 1994, 42 U.S.C. § 14132（1994）.

⑫ See www.forquality.org.

⑬ See www.iso.org/iso/catalogue_detail? csnumber=39883.

- 对证据检验的全面记录；
- 就包括能力验证在内的培训项目形成文件；
- 对各检验人员工作成果的一部分进行技术审查；
- 对所有作证人员进行证言监视；
- 综合能力验证项目。[14]

美国犯罪实验室主任协会/实验室认可委员会认可周期为5年，每家经过认可的实验室均须提供年度报告，该年度报告应涉及管理、人员、设备、方法、能力验证以及证言监视等方面的任何变化。每家经过认可的实验室都应当保存相应技术程序的书面副本，包括对样本准备方法、控制、标准、校准程序的规定，关于预防措施、误差可能发生的来源及参考文献的讨论。美国犯罪实验室主任协会/实验室认可委员会就不符合要求的报告制定了方针，部分方针节录如下：

> 为了实现“确认符合标准的实验室”这一目标，美国犯罪实验室主任协会/实验室认可委员会规定，作为实施认可的机构，我们必须对不符合认可条件的情况及时进行审查。为了促进该目标，所有通过认可的实验室必须在认定已发生不符合认可条件的重大事项之日起30个日历日内向美国犯罪实验室主任协会/实验室认可委员会披露。[15]

除了这些特别要求，ISO项目还要求进行年度监督考察。在现场考察中，美国犯罪实验室主任协会/实验室认可委员会将就其关注的问题或其确定的问题进行审查。认可项目由一个在经代表大会选任的委员会主任指示下的领薪工作人员进行管理。代表大会由经过认可的全部实验室及实验系统的主任组成。审核员必须完成培训并受雇于经过认可的实验室。在任何时候，某问题一旦引起美国犯罪实验室主任协会/实验室认可委员会的关注，委员会

⑭ R. Stacey, President, ASCLD/LAB. Presentation to the committee. January 25, 2007.

⑮ 2008 version of the ASCLD/LAB Legacy Accreditation Manual.

主任认为问题重大的，可对该问题及整个实验室进行临时性检查。该项目也包括处罚制度及上诉程序。

认可的法律地位

截至 2008 年 4 月，除了有 337 家实验室经过了原遗产项目（Legacy program）的认可外，美国犯罪实验室主任协会/实验室认可委员会的国际项目已认可 60 家实验室。⑯ 国际法庭质量服务机构（FQS-International，FQS-I）已经就一个或多个学科对五十余家实验室进行了认可；FQS-I 允许法庭科学实验室按阶段每次自行确定认可的某个学科。⑰ 针对国际鉴定协会非传统犯罪实验室会员的一项调查表明，只有 15%的回复者通过了认可。⑱

仅有少数司法辖区要求法庭科学实验室必须通过认可。根据 2005 年针对 351 家公立犯罪实验室的调查，超过四分之三的实验室（78%）通过了美国犯罪实验室主任协会/实验室认可委员会的认可。⑲ 另有 3%的实验室通过了其他职业组织的认可，如国际标准组织。相比县一级的实验室（67%）及市一级的实验室（62%），州一级的实验室（91%）通过认可的比例更高。有 230 家实验室均参加了 2002 年的调查⑳与 2005 年的调查，其中取得认可的比例在这 3 年里从 75%增长到了 87%。

然而，鉴定小组——犯罪实验室之外的法庭科学工作实体——未参与认可体系，也未被要求参与认可体系。考虑到某些学科活动很大程度上游离于实验室环境之外（如 66%的指印分析

⑯ See www. ascld-lab. org/legacy/aslablegacylaboratories. html.

⑰ See www. forquality. org/fqs _ I _ Labs. htm.

⑱ T. S. Witt. Director, Bureau of Business and Economic Research, West Virginia University. Presentation to the committee. December 6, 2007.

⑲ M. R. Durose. 2008. *Census of Publicly Funded Forensic Crime Laboratories*, 2005. U. S. Department of Justice, Office of Justice Programs, Bureau of Justice Statistics. Available at www. ojp. usdoj. gov/bjs/pub/pdf/cpffcl05. pdf.

⑳ J. L. Peterson and M. J. Hickman. 2005. *Census of Publicly Funded Forensic Crime Laboratories*, 2002. U. S. Department of Justice, Office of Justice Programs, Bureau of Justice Statistics. Available at www. ojp. usdoj. gov/bjs/pub/pdf/cpffcl02. pdf.

不是由犯罪实验室进行的)，参与认可项目的机构的数量将会有很大的误差。[21][22]

如前所述，DNA 分析由 1994 年《DNA 鉴定法》予以规范，该法建立了负责质量保证的 DNA 咨询委员会，其任务是为实验室和分析人员的能力验证制定标准。首届咨询委员会任期已届满，联邦资助的 DNA 实验室目前采用的是《联邦调查局质量保证标准》。该标准要求根据《联邦调查局质量保证标准》对是否达到要求进行定期审核（隔年一次）。联邦调查局指南要求 DNA 检验人员及进行相关分析工作的技术支持人员每年度须完成两次能力验证。验证必须由该实验室之外的机构组织。联邦调查局负责制定和保存 DNA 审核文件，以评估 DNA 标准的遵守情况，并就如何解释 DNA 标准，为美国犯罪实验室主任协会/实验室认可委员会审核员及法庭科学 DNA 共同体提供 DNA 审核人员指示。联邦调查局也会审查审核结论及矫正措施，如果需要矫正的话。如果符合所有标准，实验室将被通知全面合格。

质量控制标准和指南

标准为评定工作表现、可靠性及有效性提供了基础。遵守标准有助于减少结论的偏见性、提高结论的一致性，并增强结论的有效性和可靠性。遵守标准可减少因检验人员的个体差异导致的结论的不统一，例如，设定检验人员在法庭科学鉴定中宣布匹配的条件。这些标准使得对程序进行重复和经验验证成为可能，同时也有助于将因方法造成的误差与因从业人员造成的误差区分开。重要的是，标准并不指导鉴定工作，而是提供认可及认证的指标要求。许多法庭科学学科已制定了标准，但有的学科还没有相应

[21] Witt, op. cit..

[22] 其他特定的法庭科学学科也已经可以进行认可。例如，全国法医协会组织了对验尸官和法医办公室的认可项目（参见第 9 章），美国法医毒物学委员会对毒理学实验室进行认可。

的标准，这导致了人们对其结论有效性的质疑。

某些团体为法庭科学学科制定了相应的标准。例如，ASTM国际组织（原名为美国检测与材料协会）是一家国际标准组织，为种类繁多的材料、产品、系统和服务制定并发布了自愿性技术标准。例如，就法庭科学学科提供的标准有：

- ✦ 关于对法庭科学文件检验人员进行最低限度培训的指导标准；
- ✦ 关于法庭科学涂料分析和比对的指导标准；
- ✦ 关于对纸质进行无损检验的指导标准；
- ✦ 关于对纤维进行红外光谱法庭科学分析的指导标准；
- ✦ 关于法庭科学文件检验人员表达结论的标准术语。

在联邦一级，国家标准与技术研究院研究并制定了部分法庭科学领域的标准，例如，枪击组织的残留物分析、微量爆炸物探测仪及简易爆炸装置。[23] 其实验室开发了测试和测试方法，提供参考数据，进行概念验证，以及进行技术分析。这些实验室还制定指南，以帮助法庭科学组织制定适当的方针和程序，例如，移动电话的法庭科学检验。这些指南并非针对全部情况，也不规定执法部门和紧急反应部门应该如何进行调查，而只是提供确立方针和程序的原则。[24]

根据ISO/IEC 17025的规定，法庭科学实验室采用的所有技术程序在适用于具体案件前，应获得全面的验证。因此，欧洲法庭科学研究机构网络为其会员实验室在法庭科学案件中适用经验证的方法制定了指导性文件。[25]

20世纪90年代早期，联邦调查局建立了第一个科学工作组，

㉓ B. MacCrehan. National Institute of Standards and Technology. Analytical Chemistry Division. Presentation to committee. September 21, 2007.

㉔ B. Guttman. National Institute of Standards and Technology National Software Reference Library. Presentation to the committee. September 21, 2007.

㉕ European Network of Forensic Science Institutes Standing Committee for Quality And Competence (QCC). 2006. *Validation and Implementation of (New) Methods*.

以促使联邦、州及地方机构在法庭科学运作方面保持一致性。[26] 每个科学工作组都根据其规章确立了正式的组织和职责，其成员资格由科学工作组主任自行决定。大多数科学工作组的成员包括公立及私立的组织。工作组每年至少举行一次会议，工作组成员在会议上就所关心的问题进行讨论，并就全年度起草的文件形成一致意见。科学工作组为其法庭科学共同体中的相应成员制定、准备和颁布标准与指南。这些文件为犯罪实验室提供了操作要求的基础，尽管委员会认为某些标准和指南尚不够具体到可以确保一致性的程度。但是，指南的贯彻由适当的管理机构及各工作组内部方针确定。科学工作组制定的指南和作业指导书不具有法律强制力。但科学工作组仍是改善法庭科学学科标准的一种动力，并产生了一种职业化的效果，即致力于在资源有限的情况下加强其职业化服务。

联邦调查局实验室目前资助的工作组如下：

- 火器与工具痕迹科学工作组（SWGGUN）；
- 法庭科学文件检验科学工作组（SWGDOC）；
- 材料分析科学工作组（SWGMAT）；
- 血迹形态分析科学工作组（SWGSTAIN）；
- DNA 分析方法科学工作组（SWGDAM）；
- 警犬探测指导方针科学工作组（SWGDOG）；
- 法庭科学恐怖主义化学分析科学工作组（SWGFACT）；
- 法庭科学放射材料分析科学工作组（SWGFARM）；
- 摩擦嵴分析、研究及技术科学工作组（SWGFAST）；
- 微生物遗传学与法庭科学科学工作组（SWGMGF）；
- 鞋印与轮胎印证据科学工作组（SWGTREAD）。

另外还有一些科学工作组由联邦调查局的分支机构或其他机

㉖ Federal Bureau of Investigation. 2000. Scientific Working Groups. Available at www. fbi. gov/hq/lab/fsc/backissu/july2000/swgroups. htm.

构资助。例如，美国缉毒局资助了禁毒分析科学工作组（参见表7—2）。

表 7—2　　科学工作组示例

禁毒分析科学工作组[a]

1997 年，美国缉毒局与国家毒品控制方针办公室建立并资助禁毒分析技术工作组（TWGDRUG），其后于 1999 年更名为禁毒分析科学工作组（SWGDRUG）。禁毒分析科学工作组的目标包括：具体规定毒品类法庭科学从业人员资格条件，促进职业化发展，加强法庭科学共同体内的信息交流，提高从业人员的道德标准，制定毒品检验与报告的最低标准，确立质量保证条件，考察相关国际标准，推动禁毒分析科学工作组的建议在国际范围内得以采纳。各分委员会目前致力于评估分析方法，制定质量保证标准，评估不确定性，起草并形成最终的建议以及制定术语表。分委员会制定建议，由核心委员会投票决定接受或否决。如果接受的话，草案应发布至少 60 日以供公众评论。在公众评论及可能的修改后，核心委员会进行最终表决。经 3/4 的核心委员出席并由其中的 2/3 表决通过后，建议草案方可具备正式的效力。

禁毒分析科学工作组制定了作业指导书、毒品分析和鉴定方法、法庭科学从业人员教育和培训材料等方面的指南。质量保证指南强调证据的保管与适正性、程序的验证和文件化以及对标准的确证。禁毒分析科学工作组关于教育方面的建议包括法庭科学毒品分析人员的入门要求，即应取得自然科学学士学位且修过普通化学、有机化学及分析化学。在关于分析方法的指南中，根据识别能力将分析方法分为三类：A 类的识别能力最强，C 类的识别能力则最弱。出于鉴别物质的目的，禁毒分析科学工作组建议至少选择一种属于 A 类的方法并另行选择一种方法进行验证。如 A 类方法无法适用，则至少须采用两种无关联关系的 B 类方法并建议另行选择一种其他方法进行验证。禁毒分析科学工作组还发布了补充性文件，以帮助贯彻这些指南。

火器与工具痕迹科学工作组[b]

联邦调查局于 1998 年建立了火器与工具痕迹科学工作组，并于次年对其进行了资助。由火器与工具痕迹科学工作组委员会 20 名委员组成的分委员会与外部专家一道，起草了指南。指南应发布在其网站上，以征求公众的意见，此后经过火器与工具痕迹科学工作组委员会出席会议委员的 2/3 同意方可通过。[c] 目前，火器与工具痕迹科学工作组制定的指南包括：扳机力分析、火器与工具痕迹检验人员与受训人员的教育和资历条件、实验室训练手册、实验室质量保证计划、工具痕迹比对各种可能结论的范围、弹道曲线重建、消音器检验。火器与工具痕迹科学工作组的网站还登载了证据可采性资料集，包括满足 *Daubert* 各项标准

续前表

的意见。

材料分析科学工作组[d]

材料分析科学工作组自 1996 年开始发布包括毛发比对在内的微量物证指南。2000 年发布的质量保证指南建议由两名检验人员分别独立分析样本，并为检验人员和实验室提出了最低限度的培训与资格要求。2005 年发布的毛发比对指南规定的方法，涉及毛发样本收集、显微镜检验的检验与解读作业指导书、毛发分析中 DNA 检验的运用。值得指出的是，（毛发比对指南）建议，只有经过最初的显微镜分析后方可进行毛发的 DNA 检验。相比其他较大型的法庭科学共同体近来专注于盲测及统计验证，材料分析科学工作组建议采用如下方法：基于已知的案件环境，检验人员应当考虑如何表述排除或联系。在对显微毛发对比进行解读时不得采用概率和人口统计的方法。从人口统计中形成的数据库（如 DNA 分析中所运用的）在毛发分析中缺乏实际的意义。

摩擦嵴分析、研究及技术科学工作组[e]

1995 年，联邦调查局组建了摩擦嵴分析、研究及技术工作组（TWG-FAST），后于 1998 年更名为摩擦嵴分析、研究及技术科学工作组（SWG-FAST），并在联邦调查局的资助下，陆续就指印证据发布指南。此外，国家司法研究院的一项资助为起草摩擦嵴分析、研究及技术科学工作组参考手册提供了支持，该手册即将发布。

摩擦嵴分析、研究及技术科学工作组的章程允许至多 40 名成员，并要求每半年举行一次会议，成员已包括联邦、州和地方、境外组织、学术界及私人领域的机构雇员。指南草案经摩擦嵴分析、研究及技术科学工作组出席会议的成员 2/3 通过后，发布给指印共同体评论。共同体评论和反馈后，如果摩擦嵴分析、研究及技术科学工作组出席会议的成员 2/3 再次表决支持该文件的，则通过该草案。指南被采纳 5 年后将重新进行审查。目前适用的摩擦嵴分析、研究及技术科学工作组指南包括：自动化培训、数字成像、潜在指印检验中的摩擦嵴分析、潜在指印能力验证、职业行为、潜在指印受训人员的最低资格和称职性、质量保证、解读和结论及验证研究。[f]

与其他法庭科学工作组的文件一样，摩擦嵴分析、研究及技术科学工作组指南无固有的权威性或者法律强制性。然而，摩擦嵴分析、研究及技术科学工作组与学术机构、执法机构和实业界一道，通过美国信息系统国家标准（the American National Standard for Information Systems-NIST,

续前表

ANSI-NIST-ITL 1-2007），参与了相关标准数据格式的制定，这些数据格式涉及指印交换、面容、疤痕与文身信息。此外，据称，犯罪实验室为达到美国犯罪实验室主任协会/实验室认可委员会认可标准，已经开始遵守摩擦嵴分析、研究及技术科学工作组指南。[g]

a N. Santos. 2007. "Drug Identification" . Presentation to the committee. April 23, 2007.

b P. Striupaitis, Chair, IAI Firearm/Toolmark Committee, and member, SWG-GUN. Presentation to the committee. April 23, 2007.

c Ibid. .

d R. E. Bisbing, Executive Vice President, McCrone Associates, Inc. , and member SWGMAT. Presentation to the committee. April 24, 2007.

e S. Meagher, Fingerprint Specialist, Federal Bureau of Investigation, and Vice-Chair SWGFAST. Presentation to the committee. April 24, 2007.

f See www. theiai. org/guidelines/swgfast/index. php.

g See Meagher, op. cit. .

尽管许多法庭科学学科都已制定了大量的标准，但这些标准都是自愿性的，并且未得到始终如一的贯彻，因此无法对其效果作出评估。理想的情况下，标准在适用和评估上应当是一致的。此外，还应当建立贯彻这些标准的机制，并对未执行标准的机构或人员予以处罚。因此，制定标准时应当考虑建立相关评估措施，以便对组织或个人达到标准的程度进行有意义的评估。适当的标准应当配合有效的认可或认证系统，这种认可或认证系统要有严格的执行和惩罚机制。

经认可的各个实验室可制定自己的实验室作业指导书。这些作业指导书是否符合法庭科学工作组标准，取决于所属学科的实验室检验人员。认可机构要求方法应达到操作中可接受的水准。目前，大部分操作方法与法庭科学工作组指南只有细微的差异，这种微调是为了适应设备上的差异。

能力验证

在过去的几十年中，尽管许多法庭科学学科参加了能力验证，部分法院还是指出某些学科的能力验证不够严格。[27] 美国犯罪实验室主任协会/实验室认可委员会在网站上表示，"能力验证是有效的质量保证项目中不可缺少的部分，是实验室监视工作绩效并找出尚待改进领域的方法之一。能力验证项目是证明实验室技术程序的有效性及保持工作质量的一种可靠方法"[28]。与此类似，ISO/IEC 17025 方针规定：

> 能力验证是实验室及认证机构对检测和校正结果进行监视，并对认可过程的有效性进行确认的重要工具。因此，对于本制度涵盖的签字人及其所隶属的经认可的实验室来说，能力验证是确立对其能力的信心的一种重要因素。[29]

有几类能力验证，其主要区别是检验人员是否意识到他或者她正在接受验证（公开检验），或者未意识到分析样本是供检验的样本而不是真正的案件（盲测）。检验可以是由外部机构进行的，如其他实验室（有的时候，将这种检验称为跨实验室检验）进行，或者在内部进行。另一种检验方式是随机案件再分析法，例如，随机选取检验者先前已经完成的案件，由其监督者或其他检验人员进行再分析。[30]

跨实验室检验的目的包括：

[27] See *United States v. Crisp*, 324 F. 3d 261, 274 (4th Cir. 2003); *United States v. Llera Plaza*, 188 F. Supp. 2d 549, 565, 558 (E. D. Pa. 2002); *United States v. Lewis*, 220 F. Supp. 2d 548, 554 (S. D. W. Va. 2002).

[28] See www. ascld-lab. org/legacy/pdf/aslabinternproficiencyreviewprogram. pdf. 值得注意的是，几项研究评估了或发布了犯罪实验室能力验证结果，这种结果通常反映了改进的需求：J. L. Peterson, E. L. Fabricant, K. S. Field, and J. I. Thornton. 1978. *Crime Laboratory Proficiency Testing Research Program*. Washington, DC: U. S. Government Printing Office; J. L. Peterson and p. Markham. 1995. Crime laboratory proficiency testing results, 1978 - 1991, I: Identification and classification of physical evidence. *Journal of Forensic Sciences* 40 (6): 994 - 1008; J. L. Peterson and p. Markham, 1995. Crime laboratory proficiency testing results, 1978 - 1991, II: Resolving questions of common origin. *Journal of Forensic Sciences* 40 (6): 1009 - 1029。

[29] See www. iso. org/iso/catalogue _ detail? csnumber=39883.

[30] Refer to ISO/IEC Guide 43 - 1: 1997 (E) Section 4 for a list of proficiency testing schemes. Refer to ASTM E 1301 Section 6 for an overview of organization and design of proficiency tests. 科学工作组同样也规定了相关学科能力验证的指导方针。

(1) 确定各个实验室在具体检验或测量中的表现，并监视实验室的持续效能；

(2) 确认实验室中出现的问题及最初的补救措施，这可能与实验室员工的个人表现及设备的校准有关；

(3) 确定一种方法的效能参数，并确立新的检测或测量方法的有效性及可比对性；

(4) 确定参考物质的值并评估其在具体检验或测量程序中的可适用性。[31]

美国犯罪实验室主任协会/实验室认可委员会建议但并不要求将能力验证盲测作为确定误差率的方法，而是作为确定某工作人员的准确率的一种更精确的方式。最初，有人曾建议联邦的《DNA鉴定法》包括强制性盲测。司法部的一个专门小组就盲测进行了设计和评估，并估算说，如果每家实验室都进行一项盲测的话，则每年将增加50万到100万美元的支出。[32] 在适当的情况下能力验证应当包括盲测。

美国犯罪实验室主任协会/实验室认可委员会制订了详细的能力验证计划，要求所有执业的检验人员每年至少参加一次能力验证（在DNA领域每年参加两次验证），并要求实验室的每个学科接受能力验证审查专家小组进行的外部能力验证。如未能通过能力验证，必须立即向美国犯罪实验室主任协会/实验室认可委员会报告，并同时提交纠正方案。为了在5年的有效期内保持认可的资质，实验室必须一直遵守对其进行认可所依据的标准。美国犯罪实验室主任协会/实验室认可委员会进行监视的方法之一是，对获准的能力验证提供者提交的能力验证报告

[31] European Network of Forensic Science Institutes. 2005. *Guidance on the Conduct of Proficiency Tests and Collaborative Exercises Within ENFSI*. Available at www.enfsi.eu/uploads/files/QCC-PT-001-003.pdf.

[32] J. L. Peterson, G. Lin, M. Ho, Y. Chen, and R. E. Gaensslen. 2003. The feasibility of external blind DNA proficiency testing. Available at www.astm.org/journals/forensic/pages/4241.htm.

进行审查。

根据司法统计局 2002 年的调查[33]，351 个公立实验室中的 274 个参加了能力验证。在稍小一些的实验室及在市级司法辖区提供服务的实验室中（8 家实验室未参与验证，69 家实验室未对问卷调查作出回应）能力验证的普及程度较低一些。在参加能力验证的实验室中，无一例外均采用了公开验证，且略过半数的实验室采用的是随机案件再分析法，能力验证采用盲测的实验室的比例为 26%。此外，司法统计局的调查表明，参加能力验证的实验室都采用了外部验证（该方法允许进行比对分析），另有 74%的实验室还进行了内部验证。2005 年的调查没有收集关于能力验证的数据。

认证

对质量保证项目整体来说，个人的认证是实验室认可的补充。其他科学技术领域和职业，包括护士、医生、职业工程师以及某些实验人员，通常必须在执业前取得证书。[34] 对从业并提供证言的法庭科学工作者来说，也应进行认证。虽然认可程序主要针对实验室的管理体系、技术方法和工作质量（包括对工作人员的教育和培训），但认证是直接确保检验人员个人能力的程序。

美国律师协会建议检验人员的认证标准包括“严格的书面考试、能力验证、继续教育、再认证程序、道德守则及有效的惩戒程序”[35]。除了提高质量，认证项目还可以提高通过认证人员的可

[33] Peterson and Hickman, op. cit..

[34] T. Ortelli. 2008. Characteristics of candidates who have taken the Certified Nurse Educator: CNE examination: A two-year review. *Nursing Education Perspectives* 29 (2): 120; P. Nowak. 2008. Get IT-certified: Having employees with the right certifications can help dealers and integrators qualify for business and gain access to IT networks. *Network Technology* 38 (3): 123; S. Space. 2007. Investigator certification. *Issues in Clinical Trials Management* 8 (2): 73.

[35] American Bar Association, op. cit., p. 7.

信性。全国法医协会网站对认证程序进行了精练的描述：

> 一般而言，认证委员会由在各个职业领域德高望重的专业人员组成，其职责是制定教育、培训及经验方面的标准，从业人员在某个职业领域获得认证前应达到该标准。通常也要求从业人员通过书面考试和/或操作测验。本质上“认证”通常主要是指某个人完成了特定的教育、培训和实践课程并通过了同行所准备的考试，以证明该人已经达到在特定学科从业的最低能力要求。“认证委员会”代表了各个科学学科成员……[36]

职业法庭科学共同体支持该认证的概念。美国犯罪实验室主任协会建议实验室管理者支持同行认证项目，从而促进职业主义并提供相应的客观标准。2002 年，法庭科学教育技术工作组建议个人能力认证由独立的同行组织进行，如果可以的话，由具有适当资质的认证机构进行。国际鉴定协会也支持法庭科学从业人员的认证。[37]

某些组织，如美国刑事技术人员委员会，提供了检验人员的认证项目，但某些认证组织的要求并不严格。[38] 因此，美国法庭科学学会成立了法庭科学专业认证委员会，对认证机构进行认可。如某机构达到了相关条件，例如，其制定了定期再认证程序、具备充足的认证知识基础、制定了资质证书颁发程序和道德守则等，则法庭科学专业认证委员会将邀请其参与认可。[39] 目前通过认可的委员会包括：

㊱ See http：//thename.org/index.php? option=com_content&task=view&id=80&Itemid=41.

㊲ K. F. Martin，President，IAI. Presentation to the committee. September 19，2007.

㊳ See M. Hansen. 2000. Expertise to go. *ABA J*. 86：44 - 45；E. MacDonald. 1999. “The Making of an Expert Witness：It's in the Credentials.” *Wall Street Journal*. February 8，p. B1.

㊴ See FABS Standards for Accrediting Forensic Specialty Certification Boards at www.thefsab.org/standards_20070218.pdf.

- ✦ 美国刑事技术人员委员会；
- ✦ 美国法庭科学文件检验人员委员会；
- ✦ 美国法庭科学毒物委员会；
- ✦ 美国法医死因调查委员会；
- ✦ 法庭科学文件检验人员委员会；
- ✦ 法庭科学工程科学国际协会。

国际鉴定协会建立的认证项目包括：

- ✦ 血迹形态分析；
- ✦ 犯罪现场调查；
- ✦ 鞋印；
- ✦ 法庭科学艺术；
- ✦ 法庭科学照相/成像；
- ✦ 潜在印迹；
- ✦ 十指指印。[40]

目前其他认证项目包括但不限于如下法庭科学学科：

- ✦ 文件检验（美国法庭科学文件检验人员委员会）；
- ✦ 毒品分析、火灾残留物分析、分子生物学、痕迹分析及综合刑事技术人员（美国刑事技术人员委员会）；
- ✦ 火器与工具痕迹识别（火器与工具痕迹识别检验人员协会）；
- ✦ 法医齿科学（美国法医齿科学委员会）；
- ✦ 法医病理学（美国病理学委员会）；
- ✦ 毒理学（美国法医毒理学委员会）。

前述机构都有具体的教育、培训和经验要求，包括一系列的能力考试——书面考试及实务测验——和能力验证，这些机构也

[40] K. F. Martin, President, IAI. Presentation to committee. September 19, 2007.

通过出版物、报告会与专业组织的会员身份，提供继续教育和积极参与有关活动的机会。

PAUL COVERDELL 法庭科学进步补贴计划的监督要求

加强质量控制的方法包括附条件的拨款计划。《2004 年所有人的正义法》（*Justice for All Act of* 2004，P. L. 108－405）创设了 Coverdell 法庭科学进步补贴计划，该计划要求补贴接受方证明其建立了在“发生严重疏忽或不当行为并对法庭科学结论的适证性造成重大影响时”[41] 进行适当的外部独立调查的程序。

2005 年 12 月，司法部监察主任办公室发布的一项审计报告发现，管理该计划的司法项目办公室在“Coverdell 项目 2005 财政年度未根据外部调查条件执行或进行有效的监督”[42]。司法项目办公室未要求补贴申请者说明它们取得认证的政府部门能够进行外部的独立调查：

> 我们发现国家司法研究院未履行法案所规定的认证要求。在什么是外部的独立调查及如何获得必要认证等问题上，国家司法研究院 2005 财政年度的《Coverdell 补贴项目通告》未向申请人提供必需的指南。此外，该通告未提供外部调查认证的示范，也未要求申请人列出进行外部独立调查的政府部门名单。由于潜在申请人提出了有关问题并向监察主任办公室表达了担忧，国家司法研究院意识到了通告中的不足，但并未能就此进行纠正。[43]

监察主任办公室为改进项目通告及申请程序提出了 3 项建议

[41] 42 U. S. C. §3797k（4）.

[42] U. S. Department of Justice Office of the Inspector General. 2005. *Review of the Office of Justice Programs' Forensic Science Improvement Grant Program*, Evaluation and Inspections Report I－2006－002. Available at www. usdoj. gov/oig/semiannual/0605/ojp. htm.

[43] Ibid..

（参见表 7—3）。

2008 年 1 月发布了该项目第二次审核的结果。[44] 该报告同样表明，接受 2006 财政年度补贴的实验室中，并不是所有的实验室在发生严重疏忽或不当行为时都接受了具有相应职权和能力的政府部门的监督。“而且，司法项目办公室的指导方针并未要求补贴获得者及次级补贴获得者（如实验室）将重大疏忽和不当行为移交给调查机构。”[45] 监察主任办公室发现，其联系的 231 家机构中有 78 家未达到外部调查的认证要求，此外还发现“司法项目办公室未对其获得的信息进行充分的审查，以确定补贴获得者提交的认证是否被恰当地完成了”[46]。监察主任办公室就司法项目办公室纠正认证程序提出了三项建议（参见表 7—3）。

表 7—3　　对 Coverdell 补贴项目两次审核后的建议

2005 年

我们认为《Coverdell 补贴项目通告》必须向申请者提供必要的指南，并要求其提供国家司法研究院就外部调查认证进行评估以及对补贴进行有效监督所必需的信息。为达到《2004 年所有人的正义法》的要求，我们对司法项目办公室提出如下建议，作为国家司法研究院自身监督的一部分：

1. 要求在《Coverdell 补贴项目通告》中就下列事项提供相关指南：什么是独立外部调查，符合认证要求的政府相关部门及程序的范例。

2. 要求所有 Coverdell 补贴的申请人在获得补贴前，提供对严重疏忽或不当行为进行独立外部调查的政府部门的名称。

3. 考虑要求所有 Coverdell 补贴的申请人在获得补贴前，提供将要进行独立外部调查的相关政府部门出具的函件，表明该部门对重大疏忽或不当行为具有进行调查的权限和工作程序。

2006 年

为改进司法项目办公室对 Coverdell 补贴项目的管理，并进一步保证

[44] U. S. Department of Justice Office of the Inspector General. 2008. *Review of the Office of Justice Programs' Forensic Science Improvement Grant Program*, Evaluation and Inspections Report I-2008-001.

[45] Ibid., p. ii.

[46] Ibid., p. iii.

续前表

对重大疏忽和不当行为进行独立外部调查，监察主任办公室建议司法项目办公室采取如下措施： 1. 对认证模板进行修订，要求申请人列明相关政府机构并确认该政府机构： a. 拥有相应的权限； b. 具有独立性； c. 具有排除实验室管理人员的程序； d. 具备就拟接受 Coverdell 补贴的实验室的重大疏忽或不当行为情况进行独立外部调查的资源。 2. 向申请人提供相应的指南，即对法庭科学结论的适证性产生重大影响的重大疏忽或不当行为情况应当提交给被认可的政府部门处理。 3. 对 Coverdell 补贴项目的审查过程进行修订并书面化，以保证申请人只有进行完整的外部调查认证后，方可获得补贴。

来源：U. S. DOJ Office of the Inspector General. 2005. Review of the Office of Justice Programs' Forensic Science Improvement Grant Program, Evaluation and Inspections Report I－2006－002. Available at www. usdoj. gov/oig/semiannual/0605/ojp. htm. U. S. DOJ Office of Inspector General. 2008. Review of the Office of Justice Programs' Forensic Science Improvement Grant Program, Evaluation and Inspections Report I－2008－001.

道德守则

道德守则是鼓励制定和运用职业行为标准的另一种机制。但对于道德守则能否有效地实现该目标尚有不同意见。[47] 1991 年，Ladd 认为，道德守则不能发挥有价值的作用，依靠道德守则将混淆法律与道德。[48] 某些作者已经指出，虽然从业的职业人员很少将道德守则作为指导方针，但采用道德守则对一个群体的职业化是至关重要的，因为这意味着该群体认识到其对社会的责任超出了

㊼ *Journal of Forensic Sciences* 34（3）（May 1989）发表的一系列论文探讨了在刑事司法系统中开展科学工作的人所面临的一系列道德两难问题。

㊽ J. Ladd. 1991. The quest for a code of professional ethics：An intellectual and moral confusion. In：D. G. Johnson（ed.）. *Ethical Issues in Engineering*. Englewood Cliffs，NJ：Prentice-Hall，pp. 130－136.

自身的利益。[49] 然而，道德守则可以为惩罚提供合理的基础，比如，将违反道德守则者逐出共同体。

在工程领域，Davis 认为道德守则应当被理解为职业人员的契约：

> 守则通过使这样的情形成为合理可能，即该职业的大多数其他成员不会利用其良好行为，来帮助职业人员免受某些压力（如走捷径以削减成本的压力）。守则还可以帮助其成员避免某些竞争结果。守则是化解问题的一种解决方法。[50]

同样在工程领域，Harris 等人也认为，道德守则可以作为该职业成员关于其职责所形成的集体认同感，从而创设了一种将道德行为作为标准的氛围。[51] 此外，道德守则也是一种教育工具，为教学课程及职业会议提供讨论的起点。

许多法庭科学组织，诸如美国法庭科学学会、加利福尼亚州刑事技术人员协会和美国犯罪实验室主任协会，都制定了道德守则或者职业从业守则，要求其成员以诚实、正直和客观的态度行事，在职业能力范围内行事，以清楚而客观的方式提供证言与报告，避免利益冲突与潜在偏见。现行的守则通常是综合性的，但其内容各异。所以，尚无一部守则得到法庭科学职业全体成员一致认同。正如委员会在工作中得出的结论，它了解到美国犯罪实验室主任协会/实验室认可委员会在努力制定统一的道德守则。

---

[49] H. C. Luegenbiehl. 1983. Codes of ethics and the moral education of engineers. *Business and Professional Ethics Journal* 2：41 – 61；D. G. Johnson (ed.) . 1991. *Ethical Issues in Engineering*. 1991. Englewood Cliffs，NJ：Prentice-Hall，137 – 154.

[50] M. Davis. 1991. Thinking like an engineer：The place of a code of ethics in the practice of a profession.

[51] C. E. Harris，M. S. Pritchard，and M. J. Rabins. 1995. Engineering Ethics：Concepts and Cases. Belmont，CA：Wadsworth Publishing.

结论和建议

尽管法庭科学学科的某些领域为实现标准化和最优方法付出了卓越的努力，但大部分学科仍未建立一致的制度以实施“更好方法”、操作标准及认可与认证项目。只有三个州对认可作出了要求——纽约州、俄克拉何马州和得克萨斯州。在其他州，认可只是自愿性的，个人认证也是这样。法庭科学共同体虽然广泛接受了认证，但在认证的提供和要求上并不统一。

尽管许多法庭科学组织都制定了道德守则，但这些守则只能规范从属于该组织的职业人员。应该制定一部适用于所有法庭科学组织的统一的道德守则，任何法庭科学执业人员及实验室都必须遵守。

建议 6：

为了便于国家法庭科学研究院开展工作，国会应当批准并向国家法庭科学研究院拨付资金，使其和国家标准与技术研究院一道，协同政府实验室、大学和私立实验室，并与科学工作组磋商，创设提高法庭科学中的度量、确认、可靠性、信息共享和能力验证的工具，建立关于法庭科学的检验、方法和做法的实验方案。标准应当反映最优方法，并作为实验室认可工具和对专业人员进行教育、培训和认证的指南。在完成工作后，国家标准与技术研究院及其合作者应当向国家法庭科学研究院报告调查结果和建议，以促进传播和贯彻。

建议 7：

实验室认可和法庭科学专业人员的个人认证应当是强制性的，所有的法庭科学专业人员都应当接受认证过程。在确定认可和认证的适当标准时，国家法庭科学研究院应当考虑确立和认可国际标准，如国际标准化组织（ISO）公布的标准。不得允许任何人（无论公职还是私人）未经认证而在法庭科学学科领域执业或者作为法庭科学职业的一员作证。认证要求至少应当包括书面考试、受监督的执业活动、能力验证、继续教育、重新认证程序、遵守道德守则和有效的惩戒程序。所有的实验室和研究机构（公立或者私立）都应当通过认可，所有的法庭科学专业人员应当在有资格的情况下，在国家法庭科学研究院确定的期限内通过认证。

建议 8：

法庭科学实验室应当建立日常质量保证和质量控制程序，以保证法庭科学分析和法庭科学从业人员工作的准确性。质量控制程序应当旨在识别错误、舞弊和偏见，肯认标准操作程序和实验方案的持续有效性和可靠性，确保遵循最优方法，矫正被发现需要改进的程序和实验方案。

建议 9：

国家法庭科学研究院，经与其咨询委员会磋商，应当为所有的法庭科学学科建立一个全国性的道德守则，并鼓励各个协会将这一全国性守则整合为其职业道德守则的一部分。此外，国家法庭科学研究院应当就那些严重违反道德的法庭科学工作者探索执行机制。这样的道德守则应当通过法庭科学工作者认证过程加以执行。

8

法庭科学教育与培训

法庭科学检验者必须要理解科学原理、实践和背景，包括科学方法在内。培训不应再依赖于学徒式的实践经验传授，而应转向学院甚至学院以上的教育，这种教育要基于第 4 章所述的科学有效原理。例如，资历较浅者除了需要通过较漫长的学徒期或实习期从经验较丰富的司法鉴定人那学到一些技能外，还应该学习哪些是测量的对象、相关的群体统计（如果需要的话）、需要避免的偏差和错误、对证据有效性的其他威胁、如何计算结论有效概率以及如何就分析结果进行记录和报告。法庭科学教育与培训必须能提供认识在不确定情况下作出决策的可能性和局限性的工具。

为弥补现有的一些不足，必须要从较好的本科生和研究生项目入手，并为继续教育提供更多的机会。法庭科学中的合理做法必须基于已确立的科学知识、原理和实践，通过正规教育与培训及正确进行研究才能够最好地学到上述科学知识、原理和实践。

法庭科学教育与培训的目的至少有三。第一，教育项目是为提供下一代的法庭科学从业者做准备。近年来，对法庭科学学科感兴趣的中学生和高中生的数量大幅增加。相应，许多学院和大学已增设了新的文凭和学位，目的是让学生为投身法庭科学领域做好准备。法庭科学从业者有几种类型，其中包括：刑事技术人员（他们在犯罪实验室工作），其占法庭科学从业者的很大一部分，他们进入该职业时要有学士学位；其他法庭科学从业者（例如，病理学者、牙医师、昆虫学者、毒物学者、人类学者等），这些人往往拥有高学位，通常是博士，而且可能是兼职从事法庭科学活动。另外一类法庭科学检验者是犯罪现场调查人员，这些人往往学位不高，许多人不过是大专生。

第二，法庭科学从业者需要继续职业发展和训练。法庭科学技术上的革新和法庭科学领域内的研究，对于法庭科学从业者而言事关重大，因为他们必须要知道这些新的发展。法庭科学从业者出于获取执业证书的目的可能还需要完成其他的训练，或是可能希望学到一些新技能以作为其职业发展的一部分。培训是指一个“正规的、有体系的过程，通过训练，法庭科学工作者可获得实施特定的法庭科学分析所需的科学知识及专业知识”[1]。继续职业教育是一种“机制，通过这种机制，法庭科学工作者将与更高层次的专业知识、专业要求或者职责与时俱进”[2]。

第三，有必要对使用法庭科学分析的人员进行教育，尤其是那些法律共同体的人员。法官、律师和法律专业的学生会因更充分地认识法庭科学学科的科学基础及潜在的科学技术有效性如何影响结果解读而获益。本章将对上述三大目标进行更为翔实的解释。

法庭科学教育现状

对法庭科学从业者的需求

不管是从宏观上来看，还是从微观上来看，对较专业和熟练的法庭科学从业者的需求量一直在增加。从宏观层面上，有人会问：在美国需要法庭科学技能做什么？从微观层面上，有人会问：犯罪实验室雇用新的法庭科学人员有什么必要？

就像国家司法研究院所指出的那样：

> 近年来，对法庭科学从业者需求的增加源于多种原因，包括人口统计学、执法机构越来越重视法庭科学、执法人员

① National Institute of Justice. 2004. *Education and Training in Forensic Science: A Guide for Forensic Science Laboratories, Educational Institutions, and Students*. Washington DC: National Institute of Justice, p. 25.

② Ibid..

> 数量的增加、数据库在几类物证上的自动化、陪审团的期望、法律要求、实验室和人员的认可和认证要求、目前大量的法庭科学从业者临近退休、公众通过大众媒体对法庭科学愈加了解。③

需要更多检验者的表现之一，是犯罪实验室法庭科学服务的案件积压越来越多。就像本报告前边章节（基于 2005 年对公立法庭科学犯罪实验室进行的调查）所指出的那样，许多法庭科学实验室在法庭科学服务请求上都积压了大量案件。针对 2005 年提出的所有请求，要想在 30 天周期内完成上述请求，不同的法庭科学学科都需要不同程度地增加实施该工作的专职检验人员的数量——DNA 检验者的数量预计要增加 73%，毒物学分析检验者的数量预计要增加 6%。④

美国劳工部劳工统计局最新出版的《职业展望手册》发现，法庭科学技术人员职位数量的增长速度要比所有岗位的平均值快，2006 年有 13 000 个法庭科学工作职位，计划在 2016 年前，该工作职位将有 31%的增长或者说达到 17 000 个工作职位。⑤ 但某分析家认为"在刑事技术学方面，相对于实际劳工市场而言，现有科学项目的毕业生过多"⑥。确保人员需求量的精确性，以及雇主吸引新入行的法庭科学专业人员的能力——对于各大学院和大学来说非常重要，原因是各大学院和大学要负责教育与培训未来的从业人员。其他的诸如关于退休和耗损率的信息以及用于实验室人员的资金趋势等信息，都将帮助教育提供者就其学生未来的就

③ Ibid., p. 3.

④ M. R. Durose. 2008. *Census of Publicly Funded Forensic Crime Laboratories*, 2005. U. S. Department of Justice, Office of Justice Programs, Bureau of Justice Statistics. Available at www.ojp.usdoj.gov/bjs/pub/pdf/cpffcl05.pdf.

⑤ Bureau of Labor Statistics, Department of Labor. "Science Technicians." In: *Occupational Outlook Handbook*. 2008 - 09 edition. Available at www.bls.gov/oco/ocos115.htm#projections_data.

⑥ R. E. Gaensslen. 2003. How do I become a forensic scientist? Educational pathways to forensic science careers. *Analytical and Bioanalytical Chemistry* 376: 1151 - 1155.

业前景作出更为准确的把握。

微观层面关注的是个人进入法庭科学领域所需的技能（参见表8—1）。法庭科学从业者最起码需要取得适当的学位，最低限为学士学位，直至博士学位或医学学位。[7] Almirall 和 Furton[8] 认为，犯罪现场调查人员，或者在火器、文件或指印方面，具有大专水平即可。

表 8—1　　某些法庭科学职业教育之路

法庭科学学科	教育要求
犯罪现场调查	通常由执法人员从事该工作；要满足加入执法机构的要求；对于联邦工作而言，需要拥有大学文凭
计算机犯罪调查/法庭计算机科学	计算机科学或计算机工程理学学士；通常是理学硕士
刑事技术学	物理学理学学士，有学习化学的背景
法庭工程学	工程学理学学士；从业者可能需要取得职业工程师资格
法医病理学	适当的大学学位；医学硕士；实习医师和病理学住院医生；接受过法庭病理学的专业训练；此外还需要州的执业证书和委员会认证
法医齿科学	适当的大学学位；牙科博士或牙科硕士；可能包括其他专业训练；此外还需要州的执业证书和委员会认证
法医昆虫学	昆虫学博士
法医人类学	至少是理学硕士或文学硕士；许多人拥有博士学位
法医精神病学	与法医病理学相似，拥有精神病学住院医生职位
法医心理学	社会工作硕士或心理学博士；通常必须满足州在临床实践方面的要求，可能需要认证

来源：Gaensslen，2003。

需要指出是，首选学位通常要高于大专。Almirall 和 Furton 断定，未来法庭科学几乎所有领域所需的人员至少都应拥有学士学位。[9]

⑦ Gaensslen，op. cit..

⑧ R. Almirall and K. G. Furton. 2003. Trends in forensic science education：Expansion and increased accountability. *Analytical and Bioanalytical Chemistry* 376：1156 - 1159.

⑨ Ibid..

目前较受关注的一个问题是犯罪实验室各职位的学位要求情况。大多数犯罪实验室的入门级职位对学位的要求至少是自然科学或法庭科学的学士学位，许多实验室还要求有硕士学位并且有1或2年的工作经验。在过去几年间，犯罪实验室雇用的大多数人需要获得化学或生物学学位。

有些研究将侧重点放在了犯罪实验室的需求上。1988年，Siegel对密歇根州立大学的本科生、密歇根州警察局雇用的法庭科学从业者和美国犯罪实验室主任协会的240名成员进行了调查。[⑩] 受调查者表示更青睐法庭科学硕士学位，而不是刑事技术学/法庭科学理学学士学位。受调查者认为，"许多标榜为法庭科学项目的项目，实际上不过是刑事司法项目加上法庭科学实习以及略知'硬'科学知识一二而已"[⑪]。另外一项发现，学习过化学的经历对于未来的法庭科学检验者十分重要。

同样是在1988年，Higgins和Selavka对实验室管理人进行了调查。[⑫] 与Siegel的发现相似的是，"在评估潜在受雇者时，化学知识被认为是最重要的能力……"[⑬] 1996年，Furton等对美国犯罪实验室主任协会成员进行了调查，他们主要是毒品分析员和微量证据分析员。[⑭] 此次调查发现，"大部分的犯罪实验室主任回应说要求申请人拥有理学学士学位，最好是化学、生物化学方面的理学学士学位，接下来是希望其拥有生物和法庭科学方面的理学学士学位，并要求其学习过足够时间的化学和其他自然科学课程"[⑮]。

⑩ J. A. Siegel. 1988. The appropriate educational background for entry level forensic scientists: A survey of practitioners. *Journal of Forensic Sciences* 33 (4): 1065-1068.

⑪ Ibid., pp. 1067-1068.

⑫ K. M. Higgins and C. M. Selavka. 1988. Do forensic science graduate programs fulfill the needs of the forensic science community? *Journal of Forensic Sciences* 33 (4): 1015-1021.

⑬ Ibid., p. 1017.

⑭ K. G. Furton, Y. L. Hsu, and M. D. Cole. 1999. What educational background is required by crime laboratory directors? *Journal of Forensic Sciences* 44: 128-132.

⑮ Ibid., p. 130.

法庭科学项目的激增

近几年来，通过新书、电影、受到高度关注的法庭案例，特别是诸如“犯罪现场调查”（CSI）这样的电视节目等形式的媒体，法庭科学学科日益受到了关注。[16] 这种媒体关注导致大学（以及小学和中学）学生极度需要学习可让其将来从事类似媒体中所描述的法庭科学工作的相关理论课程和学位项目。很明显的表现就是大学校园内报名学习法庭科学课程的人员数量暴增。[17]

法庭科学学术项目所面临的一个主要问题是，要与好莱坞版的法庭科学职业者进行较量。“进入法庭科学领域的学生们通常希望能在与他们看到的电视犯罪节目中相似的条件下工作。许多人发现他们并没有为该领域会出现的一些现实问题做好准备。丹佛大都会州立学院法庭科学专业的主任 Charles Tindall 说，‘许多进入法庭科学领域的新生期待一份令人激动的职业。不幸的是，他们这种期待非常不切实际’。”[18]

直到最近，法庭科学学科中的学术项目也很少。美国法庭科学最早的法庭科学学位项目和最老的目前仍在运行的法庭科学教育学位项目分别于 1946 年和 1950 年设立于密歇根州立大学和加利福尼亚大学伯克利分校。[19] 20 世纪 70 年代中期实施的一项调查显示，美国 22 个学院和大学提供刑事技术学/法庭科学学位，尽管

⑯　See, e. g. , S. Smallwood. 2002. As seen on TV. *Chronicle of Higher Education* 48 (45): A8 - A10.

⑰　在 K - 12 水平上的需求也有了类似的增长。法庭科学已经成为科学教育的大众化组成部分。全国科学教师协会在 2004 年进行的一次调查发现，“就 450 个对一项非正式调查作出回应的高中和高校科学教育者而言，77%表示他们的学校或者学区在使用法庭科学调查来进行科学教育。当被问及以法庭科学为基础的电视节目的流行化是否点燃了学生对科学的兴趣时，回答是一个响亮的‘是’（78%）”。NSTA Survey Reveals Forensic Science Is Hottest New Trend in Science Teaching, available at http: //science. nsta. org/nstaexpress/nstaexpress_2004_10_25_forensic. htm.

⑱　National Institute of Justice. 2007. *Addressing Shortfalls in Forensic Science Education*. InShort, NCJ 216886. Washington, DC: U. S. Department of Justice, National Institute of Justice.

⑲　A. Vollmer, Chief of Police, Berkeley, California, established the School of Criminology at the University of California at Berkeley.

其中的一些学校提供共同学位。[20]

20世纪80年代，课程数量出现缩减，尤其是在研究生一级。Stoney认为这主要是由于缺少经济和行政支持。[21] Higgins和Selavka认为，1978年执法援助局资助的终结，使许多机构失去了重要的联邦支持。[22] 此外，他们还认为当时研究生课程入学人数的减少还反映了这样的问题，即新毕业研究生的工资收入普遍较低。

近年来，这种趋势出现了逆转。许多学院和大学在看到了新生数量增加会带来的潜在收益后，特别建立了各种新的学术项目。美国法庭科学学会列举了138个大学本科生、59个硕士生和6个博士生法庭科学学位项目。[23] 上述项目并不是全部基于科学——许多都是刑事司法课程。这些学位课程内容从严格的科学课程（相当于有法庭科学内容的化学或生物学学位课程），到有实习内容的刑事司法学位课程不等。

法庭科学博士项目

没有专门针对法庭科学的博士项目；美国法庭科学学会所指明的提供博士学位（大部分为化学博士）的项目只不过是对该领域有所关注。一些学者认为这将成为法庭科学教育的缺陷。二十多年前，Kobilinksy和Sheehan对整个美国的犯罪实验室进行了调查，调查结果发现73%的受调查方认为需要博士项目。[24] 博士项目的优势在于其会对该领域的基础研究带来积极影响。博士项目可提供更强的研究深度和能力，与其他领域建立联系，对质量有更高的期待，让作为研究生毕业的人员可对过去的工作提出质

[20] J. L. Peterson, D. Crim, and P. R. De Forest. 1977. The status of forensic science degree programs in the United States. *Journal of Forensic Sciences* 22 (1): 17-33.

[21] D. A. Stoney. 1988. A medical model for criminalistics education. *Journal of Forensic Sciences* 33 (4): 1086-1094.

[22] Higgins and Selavka, op. cit..

[23] See www. aafs. org.

[24] L. Kobilinksy and F. X. Sheehan. 1984. The desirability of a Ph. D. program in forensic science. *Journal of Forensic Sciences* 29 (3): 706-710.

疑并进行检查，对通常被视为常识的理论发起挑战，并激发更多的指导，这种指导具有互动益处。

改进法庭科学教育面临的挑战和机遇

法庭科学教育自开办到现在，质量参差不齐和资金不足是其所面临的最大挑战。论者屡次谈到法庭科学教育项目存在的不足。[25] 直到最近，没有任何全国认可的、强制性的法庭科学学位项目标准，导致无法实现教育质量的一致性。Peterson 等人认为，"即便所有学位项目的主要目标都是相似的，各机构的毕业生所具备的能力也并不相同。实验室被迫要对每名研究生进行评估，以确定其是否适合特定的职位"[26]。

这些教育项目的质量不均已对学生和未来雇主构成了难题。法庭科学教育者委员会称，"完成这些较小项目的学生希望在犯罪实验室找到工作，但他们惊奇地发现实验室管理层对他们的课程几乎没有什么兴趣"[27]。

此外，缺少拥有科学或法庭科学背景的申请者意味着犯罪实验室不得不花费宝贵的时间和资源培训新的法庭科学工作者。[28] 如果法庭科学教育项目在科学、法律和法庭科学方面足够严格的话，实验室就无须花费更多的时间和金钱来搞训练了[29]，因而学徒所需要的时间也会缩减。应当在常见的法庭科学实践中教授法庭科学方法（参见第 4 章至第 6 章）。即便某大学毕业生拥有理科学位，但他或她在对犯罪实验室来说十分重要的问题上通常还是缺乏教

㉕ See, e. g. , Peterson et al. , op. cit. ; L. W. Bradford. 1980. Barriers to quality achievement in crime laboratory operations. *Journal of Forensic Sciences* 25 (4): 902-907; Stoney, op. cit. ; NIJ, op. cit. .

㉖ Peterson et al. , op. cit. , p. 31.

㉗ See www. criminology. fsu. edu/COFSE/default. htm.

㉘ Stoney, op. cit. .

㉙ NIJ, 2007, op. cit. .

育的，包括质量保证和控制、职业道德和专家证言。Peterson 等人发现，“接受调查的教师们认为，他们的学生们已为进入该领域做好了相关准备。但该情况与一些实验室提供的反馈结果并不完全相符，这些实验室往往对一些新毕业的大学生的表现不太满意”[30]。他们接着建议，“为确保实验室对学校的反馈情况能有所好转，应该相应采取一些措施，以保证课程不仅具有学术角度的综合性，还应当满足实验室操作的实际要求”[31]。

在过去几年，法庭科学教育取得了较大进步，其中包括法庭科学教育项目的标准化和教育质量的提升。国家司法研究院的报告（《法庭科学：现状和需求评审》）呼吁为这些项目建立认可制度。在该报告公布后，2001 年，国家司法研究院设立了法庭科学教育与培训技术工作组（TWGED）——由 47 名专家组成，包括教育工作者、法官、律师、犯罪实验室主任和各领域专家——该工作组负责根据建议制定大学本科生和研究生法庭科学项目的课程指南。2004 年的报告对此有相关介绍。[32] 2002 年，美国法庭科学学会成立了一个特别委员会，即法庭教育项目认可委员会，负责研究认可制度相关问题。该委员会于 2004 年成立常设委员会，名称变更为法庭科学教育项目认可委员会（Forensic Science Education Program Accreditation Commission，FEPAC）。法庭科学教育项目认可委员会由 5 名法庭科学教育工作者、5 名犯罪实验室主任和 1 名公众代表组成。法庭科学教育项目认可委员会利用法庭科学教育与培训技术工作组的标准，建立了一项用于认可大学本科生和研究生法庭科学项目的程序。[33]

㉚ Peterson et al.，op. cit.，p. 32.

㉛ 法庭科学教育项目认可委员会所认证的项目需要进行定期的自我评估，包括就业统计数字和雇主满意度调查。

㉜ Technical Working Group for Education and Training in Forensic Science. 2004. *Education and Training in Forensic Science：A Guide for Forensic Science Laboratories，Educational Institutions and Students*，Special Report. Washington，DC：U. S. Department of Justice，National Institute of Justice. NCJ 203099.

㉝ See FEPAC Accreditation Standards，available at www. aafs. org/pdf/FEPAC%20Accreditation%20Standards%20_082307_. pdf.

法庭科学教育项目认可委员会的标准分为三部分（参见表8—2），其中，通用标准是所有项目都需要满足的，其他标准是针对大学本科生和研究生项目而设立的。

表8—2　法庭科学教育项目认可委员会标准所针对的主要领域

所有项目的通用标准

— 资格
— 策划与评估
— 机构支持
— 学生支持服务
— 招生和入学的要求、校历、目录、出版物、分级和广告
— 学生投诉记录
— 远程学习和其他教育机制

大学本科生项目标准

— 任务、目标
— 大学本科生入学要求
— 课程
— 项目负责人
— 教师队伍
— 学生取得的成就
— 职业参与

研究生项目标准

— 任务、目标
— 研究生入学要求
— 课程
— 项目负责人
— 教师队伍
— 学生取得的成就
— 职业参与

来源：www.aafs.org。

就认可过程而言，很重要的一点是，接受认可的项目必须至少可授予法庭科学或自然科学学士学位，并且在学士和硕士层面上要对法庭科学有所关注。如果项目只能授予证书或大专学位，则无进行认可的资格。此外，当时只有美国的项目具有认可的

资格。

简而言之，就通用标准而言，这样的项目应当：

✦ 拥有一个明确的过程，来评估和监视其实现其任务和目标的全面活动，评估其服务于各种组成人员的有效性，根据评估活动的结果在必要的时候修改其课程设置，就在未来实现其目标而进行策划；

✦ 在财务资源、教学人员、指导和支持服务等方面有足够的机构支持；

✦ 提供足够的学生支持服务，例如，提供指导、建议和就业安置；

✦ 拥有招生和入学方面的相关方针与程序，就就业要求有人为学生提供咨询。

✦ 拥有学生投诉处理程序；以及

✦ 考虑将远程学习作为一种教育技术，并能表明所有学生都亲身进行了所要求的实验室实验。

就大学本科生课程而言，课程至少确保每名学生：(1) 在自然科学方面获得稳固的基础；(2) 在这一背景之下继续学习更为先进的科学课程；及 (3) 通过课程论文和实验室指导，对法庭科学的特定问题有一定的评估能力。

化学方向的法庭科学本科生至少应学习主修化学专业学生所需要学习的一些课程——普通化学、有机化学、物理化学、分析化学、仪器分析和生物化学。生物学方向的法庭科学学生应学习主修生物学专业学生需要学习的一些化学课程和生物课程，包括普通生物、生物化学、仪器分析、遗传学、分子生物学和群体遗传学。所有的法庭科学学生应尽早参加亲历性的犯罪现场调查课程学习，该课程教授证据原理，包括收集、保管和评估。此外，毒品分析、刑事技术学和法庭生物学（包括 DNA 分析）类的法庭科学课程应当是最高级别课程。所有主修法庭科学专业的学生应学习这些课程。

对于研究生项目来说，课程至少应确保每名学生：（1）清楚了解法庭科学学科的一些关键问题，包括降低误差率；（2）培养（学生）理解对法庭科学而言至关重要的一些知识领域；（3）获得使用基本法庭科学概念的技能和经验，以及解决问题的专业知识；（4）在职业价值、概念和职业道德方面定位清晰；及（5）通过顶尖实验，例如，正规的、客观的工具（如美国刑事技术学会法庭科学能力标准）、其他综合性考试或论文和/或研究项目来表明知识和技能的结合。

根据具体方向的不同，研究生应学习专业领域的高级课程——毒品分析、毒物学、刑事技术学、法医生物学和法医 DNA 分析（包括 mtDNA 测序、低拷贝数技术及单核苷酸多态性）。研究生所学的刑事技术学和法庭生物学课程要比本科生所学的同样课程复杂得多。如果研究生在上大学期间没有学习过上述课程，首先需要补学上述课程。研究生还需要学习亲历性的犯罪现场调查课程，该课程涵盖了调查技术和证据问题，包括证据的检验、收集和保存。此外，还可通过参与合作机构的服务工作来获取实践训练的机会。

最后，上述标准为法庭科学教育项目列出了建议教授的课程。对于大学本科生来说，课程包括一些自然科学的课程（侧重化学），专业科学课程（如生物学、遗传学、生物化学），法庭科学课程——包括法庭证言，法律入门，质量保证，职业道德，专业实践，证据鉴定、采集和处理，法庭科学学科调查，以及学生专业领域的其他课程。此外，学生必须亲身进行训练，高度模拟体验犯罪实验室工作。对于研究生来说，应该参加法庭科学的核心主题课程，例如，物证概念、职业道德和职业职责；学习专业领域课程；参与研究生研讨会——上述所有项目都旨在培养学生开展独立研究的技能。

法庭科学教育项目认可委员会于 2003 年秋开设了试点认可项

目，对 5 个项目进行了认可[34]，通过认可的项目的数量继续在增长（参见表 8—3）。截至 2008 年 1 月，16 个项目已达到法庭科学教育项目认可委员会严格的认可标准，得到了该委员会的认可。

表 8—3　2008 年法庭科学教育项目认可委员会认可的项目

项目名称	学位项目
阿尔巴尼州立大学	法庭科学理学学士学位
阿卡迪亚大学	法庭科学理学硕士学位项目
Cedar Crest 学院	化学、生物化学、生物学和遗传工程理学学士学位，侧重于法庭科学
东肯塔基大学	法庭科学理学学士学位项目
佛罗里达州国际大学	与诸如化学或生物学等自然科学理学学士学位项目合作的授予证书的项目
佛罗里达州国际大学	法庭科学理学硕士学位项目
马歇尔大学	法庭科学理学硕士学位项目
丹佛城市州立学院	化学理学学士学位项目，侧重于刑事技术学
密歇根州立大学	理学硕士学位项目（生物学和化学方向）
密西西比州大学	法庭化学理学学士学位
俄亥俄州大学	法庭化学理学学士学位
纽约州立大学 Albany 分校	法庭分子生物学理学硕士学位
弗吉尼亚联邦大学	法庭科学理学学士学位
弗吉尼亚联邦大学	法庭科学理学硕士学位
西切斯特大学	法庭和毒物化学理学士学位项目
西弗吉尼亚大学	法庭和调查科学项目理学学士学位

来源：www.aafs.org。

通过认可的法庭科学项目可见于美国法庭科学学会网站。认可被视为“为某机构加盖了质量印章”，可帮助教员们改进课程质量；设立了衡量法庭科学项目质量的标准；通过减少内部培训的需要来使实验室受益。[35] 认可应成为一种标准和规范。该委员会认

㉞ Cedar Crest College (Allentown, Pennsylvania), Eastern Kentucky University (Richmond, Kentucky), Florida International University (Miami, Florida), Metropolitan State College of Denver (Denver, Colorado), and Michigan State University (East Lansing, Michigan).

㉟ NIJ, 2000, op. cit..

为，为鼓励认可，可以制定这样一种机制，即只有认可合格的项目才有资格接受一定的联邦教育拨款和/或学生奖学金。如果法庭科学学科的地位要得到提升，并且其科学严密性和质量的高标准要得到认可，其研究基础力量势必要得到扩展和加强。只有诸如国家卫生研究院和国家科学基金会这样的科学资助机构为各大学提供大笔联邦研究基金，上述情况才有可能实现。一大批受过良好教育的法庭科学从业者能够提升该领域的科学标准，且犯罪实验室将会成为受益者。标准不够严格的法庭科学学位项目，其最终有可能会消失，主要原因是其项目的毕业生在职业雇佣领域内不具备竞争力。这样，雇主对法庭科学项目的毕业生的能力更为信任，因而更愿意雇用他们。

研究——法庭科学教育项目的组成部分

学生参与研究是适当的法庭科学教育的重要组成部分之一。[36] 研究资金支持教师和毕业生研究。研究资金还支持设备和主要研究仪器的采办、维修及实验室修缮工作。[37] 如第 2 章所述，许多论者认为法庭科学研究项目资金相对不足。Fisher 指出，“实验室越来越需要拥有硕士和博士学位的法庭科学从业者。对于各大学来说，要想运转理学方面的研究生项目，必须要有研究资金。然而，国家司法研究院提供给法庭科学的研发经费还是非常少的，国家科学基金会和其他资助机构几乎不提供相关经费”[38]。同样，国家司法研究院 2004 年报告说，“目前，州或联邦都没有可持续的资金来支持法庭科学领域的研究生教育或研究。州和当地政府也不为研究投入资金，因为其资金还得用于支持实验室服务。国家司

[36] 为了获得法庭科学教育项目认可委员会的认证，研究生项目必须包括这样的组成部分，即每个学生要完成一个形成论文或者书面报告的独立研究项目，该论文或者书面报告要在公开论坛上演讲以供评估。

[37] NIJ，2004，op. cit.，p. 23.

[38] B. A. J. Fisher. 2003. Field needs adequate funding，national forensic science commission. *Forensic Focus*. See http：//forensicfocusmag. com/articles/3b1persp1. html.

法研究院传统上向法庭科学提供了所有联邦研究经费，但通过其他渠道获取相关经费也是十分必要的”[39]。

一些规模较小、理学方面的研究生项目较少、研究资源也非常有限的学院或大学设立了许多法庭科学学位项目。经费的缺乏阻碍了美国一些大学开发基于研究的法庭科学学位项目，这直接导致吸收研究生参与这类项目的机会很有限。仅有少数大学提供博士层次的法庭科学教育和研究机会，这些教育与研究机会通常是侧重于法庭科学的化学或生物学项目。法庭科学的大部分研究生项目为硕士生项目，为毕业研究（提供）的相关经济支持非常有限。

此外，大学缺少研究经费意味着其不太可能去开发法庭科学研究项目。经费缺乏阻碍了顶尖科学家研究探索许多法庭科学学科中的科学问题。这导致出现了一种恶性循环现象，即缺乏资金导致尖端科学家疏离此领域，而他们不在该领域开展研究又导致投资机构不愿意投资于法庭科学研究。传统的投资机构从没有支持法庭科学研究的职责。

培训现状

多年来，法庭科学专业的继续教育和在职培训问题一直是一个重要的问题。20 世纪 70 年代初，执法援助局最初向法庭科学项目给予过资金支持。随着法庭科学的发展，培训和继续教育的需求也在增加。自 1999 年始，国家司法研究院资助的几个项目开展了研究：《法庭科学：现状与需求评审》（1999 年）[40]；由法庭科学教育与培训技术工作组制定的《法庭科学教育与训练：法庭科学实验室、教育机构和学生指南》（2004 年）[41]；以及由美国犯罪实验室主任协会为国家司法研究院撰写的报告，即《180 天研究

㊴ NIJ，2004，op. cit.，p. 22.

㊵ National Institute of Justice. 1999. *Forensic Sciences：Review of Status and Needs*. Washington DC：National Institute of Justice.

㊶ National Institute of Justice. 2004. *Education and Training in Forensic Science：A Guide for Forensic Science Laboratories，Educational Institutions，and Students*. Washington DC：National Institute of Justice.

报告：美国犯罪实验室现状与需求》[42]，该报告发表于 2004 年 5 月。

上述这些报告中强调的问题都是一样的，即不同学科的现职检验人员都需要继续教育和接受在职培训：

> 在对证据进行分析前，法庭科学从业者需要接受基础科学教育和专门学科培训。为了达到广为接受的认可标准，每个学科的科学工作者必须至少拥有自然科学、法庭科学或相关近似领域的学士学位。每名检验人员在真正独立从事工作前需要成功完成一项资格测试（通常是在训练期以后）。[43]

最初的培训结束后，为了维持和更新对有关新技术、设备和方法方面的知识和技能，进行继续培训是十分必要的。

认可和认证项目要求有某种类型的继续教育，各科学工作组也推荐了这样的项目（参见第 7 章）。继续专业教育同样是一种专业知识提升和事业进步的方式。

培训需求

就像美国犯罪实验室主任协会所描述的那样：

> 新分析员或检验员（通常是新毕业的大学生）被雇用后，通常需要接受最初的培训以获得一定的称职性。分析员或检验员最初培训的时间长短取决于受训人员未来将从事的实验室专业。
>
> 例如，管制物质分析员接受培训的时间仅为 6 个～12 个月。那些基于经验的学科培训，例如潜在指印检验、火器和工痕分析，以及可疑文件检验，在允许受训人员独立进行相关工作前，可能需要他们接受 3 年的培训。培训期内，这种以经验

㊷ American Society of Crime Laboratory Directors (ASCLD). 2004. 180 - *day Study Report*: *Status and Needs of United States Crime Laboratories*. Largo, FL: ASCLD.

㊸ Ibid., p. 12.

为基础的学科的受训人员类似于高级检验人员的学徒。[44]

国家司法研究院按照岗位对犯罪实验室法庭科学从业者的培训需求进行了描述。[45] 对于进行操作的科学工作者来说，为了掌握最新的理论和实践问题（例如应用方法和实施分析），培训是必要的。实验室任何成员都需要在诸如刑事司法系统、法律制度、职业道德、职业组织、法庭科学基本哲学、法庭科学学科概述、质量控制（例如良好的实验室实践）、有效专家证言和安全等主题获得指导。一线的监督人员需要接受质量保证、案卷审查和基本监督技能等方面的培训；管理人员需要接受财务管理、质量体系管理、领导力、项目管理、人力资源管理和客户服务方面的培训。培训可在工作中或通过学习短期课程完成。1999 年，国家司法研究院在报告中列举了许多这些课程的示范。

在职培训面临着一些特定的挑战：工作强度大，而且费用较高。[46] 培训费用包括受训人的薪金以及培训人员暂停工作的机会成本。此外，在法庭科学各个学科的培训内容上也没有统一的建议。美国犯罪实验室主任协会提出了一些确保培训更有效的方法，包括与大学一道实施培训（尤其针对学生并在其成为专职法庭科学从业者之前开展培训），而且一些实验室已尝试在培训雇员方面进行协作。

继续教育

继续教育对于犯罪实验室的所有从业者以及其他法庭科学学科的从业者来说都是非常重要的，这些人员包括法医病理学者或法医人类学者等。继续教育通常采取的方式包括导师指导、专业会议/研讨会、分散学习、学徒学习、住院实习、实习、受训人/雇员授课和讲解及独立学习。[47]

㊹ ASCLD, op. cit., p. 15.

㊺ NIJ, op. cit., 1999.

㊻ Ibid..

㊼ NIJ, op. cit., 2004.

继续教育面临的最大的问题就是质量问题。法庭科学教育与培训技术工作组已针对培训课程提出了相关指导方针。第一，培训课程应当有具体的资格要求。具体的最低要求和经验要求应当满足得到认可的、同行界定的标准（如科学工作组、美国犯罪实验室主任协会/实验室认可委员会的标准）。例如吸食毒品、信用和犯罪记录、个人的推荐信等因素可能会影响职业机会。第二，培训项目体系应包括：学习的具体目标、讲授人资格、学生要求、具体的课程提纲、绩效目标、定期评估以及能力验证。第三，项目内容可以是与学科相关的特定内容和核心要素的混合。核心要素是指为一个人进入该职业铺垫基础的重要课程，不论具体专业如何。它们包括以下内容：

- 行为标准——包括职业道德培训。
- 安全——包括生物学、化学和物理危险。
- 方针——包括诸如标准操作程序、质量保证、认可和安全这样的管理和实验室方针。
- 法律——包括专家证言、证言存录、证据规则、刑事和民事实体法及程序法以及证据鉴真。
- 证据处理——包括跨学科的问题；证据的识别、收集和保存；以及保管链条。
- 交流——包括书面、口头和非口头交流技能；撰写报告；展示物和审理前的准备；以及审判中陈述。

与各个学科相关的要素包括学科历史、相关文献、方法论和确认研究、仪器设备、统计学、相关领域的知识以及证言等主题。最后，将通过诸如口试、笔试、实验室实践和训练、模拟审判以及由适合的高级职员进行技术评估等机制来对受训人员评估。

法律系统内部的教育

法庭科学共同体需要对那些使用其服务，因而需要了解相关服务及相关术语的人员进行教育。以下人员和机构会用到法庭科学分析：执法人员、法医病理学者、律师、法官、公众及决策者。本部分内容将主要谈到对法律共同体（法官、律师和陪审员）的教育问题。

近年来，一些法官在努力理解日趋复杂的科学证据。群体性民事侵权诉讼中常常会提出复杂的流行病学和毒物研究。在反托拉斯诉讼中，复杂的计量经济学模型很常见。关于复杂的机械原理的争端，常常是专利诉讼的核心。如果不能对上述证据进行全面和深刻的分析，将影响到司法系统的适正性和独立性。在 *Daubert* 案以后，联邦司法中心出版了《科学证据参考手册》，此手册第 2 版于 2000 年发行，目的是“通过为法官列出容易产生争议的科学领域中的一些核心问题，来推动对有关科学证据问题的识别和集中关注”[48]。此外，法庭已就证据日益复杂化采取了应对措施，主要是指开发基于科学的司法教育项目，解释在诉讼过程中会出现的一些科学问题。即便如此，这些课程也并不是强制性的，在法律业务中就科学而言也不存在继续教育的固定做法，并且没有什么很好的方法衡量参与这些项目的法官对科学问题的掌握程度。

Pfefferli 认为，针对法官的需求相应制定有针对性的教育项目是非常重要的：

> 以精通证据问题为目的的法庭教育项目必须满足治安法官的需求，这些项目必须可让治安法官更好地理解为证明犯罪而进行的调查中所应用的科学原理和技术方法。这些项目需要着眼于不同种类的法庭证据及其互动过程，应特别关注个体识别/鉴定程序、证据价值和证据评估、关键问题和质量保证以及专家意见的确定性和可能性。[49]

---

[48] Federal Judicial Center. 2000. *Reference Manual on Scientific Evidence*. 2nd ed., p. vi.

[49] P. W. Pfefferli. 2003. *Forensic Education & Training of Judges and Law Enforcement Magistrates*. Presentation at the International Society for the Reform of Criminal Law, 17th International Conference, The Hague. Available at www.isrcl.org/Papers/Pfefferli.pdf, p. 2.

Pfefferli 进而指出，司法机构的各成员应受益于这种定制培训。例如，公诉人和辩护律师可能受益于侧重证据解读和证据要求的培训课程；法官可能受益于评估专家证言科学严格性和法庭证据可靠性的培训课程。

20 世纪 90 年代末，国家司法研究院指出，联邦、州和当地政府一级针对司法官员的培训是零零星星的，而且总体来看是非常少的。[50] 弗吉尼亚州每年组织司法官员的研讨会，美国犯罪实验室主任协会过去也为法官提供培训。

法庭科学中为实施鉴定往往要依赖于 DNA 技术，也就是这一点，推动了司法教育项目的发展。作为总统 DNA 行动计划的一部分，司法部撰写了一系列出版物并开发了针对包括法官在内的法庭官员的在线培训项目。"法庭人员法医 DNA 原理"课程于 2006 年正式开课，该课程旨在"向刑事司法专业人员和其他从业人员讲授有关 DNA 分析的科学知识和在法庭上如何使用 DNA 的相关法律问题"[51]。课程中的 15 个训练模块包括：

- DNA 生物学信息；
- 法医 DNA 分析历史；
- 如何读懂法医 DNA 实验报告；
- 定罪后 DNA 测试请求的考量因素；
- 法医 DNA 数据库相关信息；
- 在法庭上出示 DNA 证据涉及的问题；
- 有关使用 DNA 证据的可采性问题的相关信息；以及
- 对法医 DNA 分析作出基本界定的大量术语。

除了该行动计划之外，司法教育项目并没有关注法庭科学学科。

进行教育的其他方法包括法庭科学教育项目所教授的一些课

[50] NIJ, op. cit., 1999.

[51] Office of Justice Programs, U.S. Department of Justice. 2006. *Department of Justice Releases Interactive Training Tool on Principles of Forensic DNA*. Available at www.ojp.usdoj.gov/newsroom/pressreleases/2006/NIJ06036.htm.

程，与全职学生相比，这些课程要调整以适合继续教育人员的需要。例如，佛罗里达州大学为在佛罗里达州律师协会注册的律师提供远程继续教育课程，该课程涵盖各种法庭科学主题。职业组织也提供了相关课程。例如，国家地区律师协会创办了美国公诉人研究院，作为针对政府各级公诉人的一种非营利性研究、技术支持和项目开发资源。即便近年来美国公诉人研究院相关项目数量越来越少，但在过去，该研究院还是提供过法庭科学培训机会。国家地区律师学院和国家刑事辩护律师协会同样会定期提供法庭科学课程。第三种选择就是通过法学院，这类学院会提供法庭学科、统计学或基础科学方法论的相关课程，或为有意学习上述领域课程的学生提供学分。

不幸的是，一旦律师和法官开始从事相关专业领域工作，再想进行有效培训就有点为时过晚了。从短期来看，培训项目是有益的，因为该项目可向负责的司法工作者提供一种学习途径，他们可据此掌握需要掌握的知识。然而从长远来看，让律师和法官迅速掌握有关知识的最好培训方法是通过法学院设置法庭科学相关课程。

陪审团和科学证据

尽管我们就陪审团存在不称职和不受控的固定形象，但研究发现，不论所涉及的科学问题多么复杂，陪审团裁决和法官审裁决是有一致性的。[52] 即便在某些案子中陪审员对科学和技术证据表现得不称职，理解得不到位，但研究人员还是认为陪审团作出的裁判结果是有充足的理由的。[53] 此外，还有人认为，陪审团对证据

---

[52] V. p. Hans, D. H. Kaye, M. B. Dann, E. J. Farley, and S. Albertson. 2007. *Science in the Jury Box: Jurors' Views and Understanding of Mitochondrial DNA Evidence*. Cornell Law School Legal Studies Research Paper No. 07－02, available at http://ssrn.com/abstract = 1025582; T. Eisenberg, P. L. Hannaford-Agor, V. p. Hans, N. L. Mott, G. T. Munsterman, S. J. Schwab, and M. T. Wells. 2005. Judge-jury agreement in criminal cases: A partial replication of Kalven & Zeisel's *The American Jury*. *Journal of Empirical Legal Studies* 2: 171－206.

[53] Hans, op. cit..

的错误解读，通常可在一定程度上归咎于律师和法官的误导性证据展示和指示。[54]

然而，陪审团被认为至少还是能很好地解读统计证据的。[55] 有趣的是，在与 DNA 证据有关的统计学数据上，与专家表现出的信心相比，陪审团常常表现出犹豫。[56] 即便对方律师还没有就实验室错误和采样污染提出问题，陪审团也常常会对该类问题产生顾虑。[57]

在陪审员使用和解读法庭证据方面的研究并不多，需要在该领域做更好的研究。在科学证据将要发挥重大或关键作用的审判中，为了让陪审团以适当、无偏见的方式进行审判，需要使用各种项目或方法对陪审团进行培训，对此我们也需要建议。然而，几项研究表明，在绝大多数刑事案件中，审判法官的判决结果与陪审团的裁决还是一致的。[58]

结论和建议

尽管近年来法庭科学教育项目在采取措施促进标准化和提高质量方面取得了长足的进步，但就有关可提供项目的数量、所提供课程的深度和广度而言，相关信息我们掌握得还不够。目前看

---

[54] Ibid..

[55] Ibid. See also W. C. Thompson and E. L. Schumann. 1987. Interpretation of statistical evidence in criminal trials: The prosecutor's fallacy and the defense attorney's fallacy. *Law and Human Behavior* 11: 167 - 187; W. C. Thompson. 1989. Are juries competent to evaluate statistical evidence? *Law and Contemporary Problems* 52: 9 - 41.

[56] J. J. Koehler. 2001. When are people persuaded by DNA match statistics? *Law and Human Behavior* 25: 493 - 513; D. A. Nance and S. B. Morris. 2002. An empirical assessment of presentation formats for trace evidence with a relatively large and quantifiable random match probability. *Jurimetrics Journal* 42: 403 - 448; J. Schklar and S. S. Diamond. 1999. Juror Understanding of DNA evidence: An empirical assessment of presentation formats for trace evidence with a relatively small random-match probability. *Journal of Legal Studies* 34: 395 - 444.

[57] Schklar and Diamond, op. cit..

[58] Hannaford-Agor, Hans, and Munsterman, op. cit..

来，法庭科学教育项目还缺乏正式和系统的应用标准或标准化需求，导致现有项目的质量和相关性具有不确定性。此外，目前还没有要求或动机机制来保证法庭科学教育项目必须通过认证才能够获得联邦资助。

在开发跨越组织、项目和学科界限的研究生培训项目以吸引生命科学和物理科学的学生从事对法庭科学而言至关重要的跨学科研究方面，当前的资金也是不够的。同样，用于与法庭科学研究生项目有关的研究资金的来源也很少。

此外，没有很多的机会和场所供法庭科学研究人员、法律学者、法庭科学从业者及法院和律师界人员交流和共享信息。这就阻碍了将法庭科学的进步传达给法律学者、诉讼人（包括民事诉讼人、公诉人和刑事辩护律师），联邦、州和地方立法者、司法系统人员以及执法官员，结果是在刑事法律和程序、民事法律和程序、执法实践、诉讼策略和司法裁决的改进上出现了不必要的延迟。

律师和法官在科学方法的培训和背景方面常常不足，他们通常不能充分理解各种法庭科学学科所使用的科学方法，以及审判过程中提出的法庭科学证据的优势与不足。

除了具有专业特色内容的培训外，法庭科学检验人员还需要接受科学方法原理、实践和背景方面的培训。培训应当超越类似于实习生这样的实务传授，而是着重于基于科学有效原理的教学。受训人员除在实习期获取实践经验和相关知识外，还应接受作为特定法庭学科基础的科学领域方面的严格跨学科教育与培训，以及在如何就分析结果进行记录和汇报方面接收指示。受训人员还应掌握基本的概率和统计方面的应用知识，原因是受训人员在相应学科中解决某些问题时会用到相关方面的知识。

为了矫正某些现有的缺陷，很重要的一点是改进大学生和研究生的法庭科学项目。法庭科学学科执业活动的合理性必须建立在已经确立的科学知识、原理和实践的基础上，这些只有通过正规教育才能够最好地获得。学徒模式扮演着附属角色，在任何情况下都不能取代对科学基础教育和法庭科学实践的需要。此外，律师和法官在科学方法的培训和背景方面常常不足，他们通常不能充分理解不同法庭科学学科所使用的科学方法和审判中提出的法庭科学证据的可靠性。这样的培训是至关重要的，原因是关于科学或技术证言的可采性（如 *Daubert* 标准）的任何查核清单都是不完美的。与查核清单上的条目一致，能够表明证言是可靠的，但是它不能对此作出确保，必须建立和促进法庭科学的专家与法学院、法律学者和从业人员之间的更紧密联系。法庭科学学科中的进步所取得的任何成果都应直接传达给法律学者和从业人员（包括民事诉讼人、公诉人和刑事辩护律师），联邦、州和地方立法者，司法人员以及执法人员，以便能够对刑事和民事法律及程序、陪审团示范指示、执法实践、诉讼策略和司法裁决活动作出适当调整。法学院应通过提供法庭科学方面的课程、为学生参加其他学院的法庭科学课程给予学分、设立联合学位项目，来加强这种联系。

建议 10：

为了吸引物理学和生命科学领域的学生从事对法庭科学实践而言至关重要的跨学科领域的研究生研究，国会应当批准并向国家法庭科学研究院拨款，使其与适当的组织和教育机构一道，改进和创设旨在跨越组织、项目和行业界限的研究生教育项目。为了使这些项目对潜在的学生具有吸引力，它们必须包括提供具有吸引力的奖学金。重点应当放在制定和改进适用于法庭科学实践的研究方法和方法论上，以及资助能够吸引与法庭科学相关的领域内的研究大学和学生的研究项目上。国家法庭科学研究院还应当支持法学院管理者和司法教育组织为法学院学生、从业人员和法官建立继续法律教育项目。

9

法医和验尸官制度：当前和未来的需要

验尸官这一职位出现于9世纪或10世纪的英格兰。到了12世纪，在理查德一世时期，巡回法院章程（Articles of Eyre）中正式确立了验尸官这一职位。[①] 验尸官是“皇室利益的守卫者”，其设立之初的目的是建立一个在刑事诉讼中捍卫皇室经济利益的地方机构。验尸官代表皇室负责进行巡查，以核实死亡者身份，确定死亡原因和方式，征收财产，征缴死亡税并调查贵重的发现物。北美移民通过适用大不列颠普通法，将验尸官制度引入了早期的殖民地。[②] 此外，早期的州宪法也明确提到了验尸官这一职位，但通常并未界定其职责。[③] 佐治亚州宪法是其中最早的一部，其第XL条规定：“在大法官缺席时候，高级法官应当代行大法官的职责，与法庭职员、律师、治安官、验尸官、警官及陪审员进行庭审。”[④]

1860年，马里兰州通过立法允许验尸官在需要时要求医师在场，自此开始正式承认验尸官需要医学训练。1877年，马萨诸塞州最先将具备医师身份的法医替代验尸官。1890年，在巴尔的摩，法医开始为验尸官进行解剖工作。1918年，纽约市建立了法医系统。[⑤]

国家科学院于1928年首次探讨了死因调查状况问题。国家研究委员会的医学法律问题委员会——其成员包括哈佛大学法学院

① Institute of Medicine (IOM). 2003. Medicolegal Death Investigation System: Workshop Summary. Washington, DC: The National Academies Press, p. 8.

② Ibid..

③ Ibid..

④ GA. CONST. of 1777, art. XL.

⑤ IOM, 2003, op. cit..

院长罗斯科·庞德和西北大学法学院院长乔治·亨瑞·威格莫尔——发布了一份名为“验尸官与法医”的严厉批评性报告。[⑥] 1928 年委员会首次提出的四条建议要求：（1）废除验尸官办公室，该机构是一个过时的机构，已被根本性地证明不具备履行一般职能的能力；（2）验尸官办公室的医学职责应由法医局行使；（3）法医局应由一名受过科学训练、能力适格的病理学家领导，其由选举产生并接受过民事服务培训，其薪酬足以吸引具备真正的科学训练和能力的人士；（4）法医局应聘用具备毒理学、细菌学以及其他对死亡原因进行科学调查所需要的学科知识的工作人员，并配备有足够的科学设备……[⑦]

此外，1928 年委员会建议建立隶属于大学或医院的法医学院。[⑧] 1932 年，国家研究委员会的另一个委员会对当时主要位于欧洲的法医学协作活动进行了审查。[⑨] 该委员会再次建议在法庭科学及刑事诉讼程序中扩大医学人员的职能。[⑩]

1954 年，统一州法委员会颁布了《示范尸体检验法》（Model Post-Mortem Examinations Act，简称“示范法”）。[⑪] 该法在序言中说道：

> 《示范尸体检验法》的立法目的在于，在涉及刑事责任的死因判断中，使所运用的方法具备更充分的能力。历史表明，被选任的验尸官中许多未接受过病理学的训练，法案可在各州建立一个由受过训练的病理学家领导的州办公室，办公室具备在刑事诉讼中进行死因检验的权限。该办公室将取代验

⑥ Bulletin of the National Research, No. 64. 1928. *The Coroner and the Medical Examiner*. Washington DC: National Research Council.

⑦ Ibid., p. 89

⑧ Ibid., p. 90.

⑨ Bulletin of the National Research Council, No. 87. 1932. *Possibilities and Need for Development of Legal Medicine in the United States*. Washington DC: National Research Council.

⑩ Ibid., pp. 111 – 112.

⑪ 该示范法被全国法医协会（NAME）公布在：http://thename.org/index.php?option=com_content&task=view&id=97&Itemid=41。

尸官办公室行使在该领域的职权。[12]

该示范法颁布之后，许多州采纳了其提议的指南。在1960年至1979年，12个州的验尸官变更为法医。[13] 然而，在接下来的几十年里死因调查组织的变革步伐放缓了许多。在1980年至1999年，只有3个州将验尸官制度变更为法医系统。[14]截至目前，有11个州仍保留着验尸官制度，其中只有少量的县独自贯彻了示范法的建议。[15] 一些保留验尸官制度的州在其州宪法中规定验尸官由选任产生。[16] 尽管这些规定可能会被修改或删除，但这需要政治上的动力。但是，这些规定并不禁止增加任命法医检验人员。例如，根据肯塔基州宪法，其保留有县级验尸官，但也在州及地方一级采用法医制度。[17]

法医和验尸官

2004年，在美国大约有2 342个法医和验尸官办公室进行死因调查。[18] 各州自行立法决定由法医还是由验尸官提供死因调查服务，包括死亡现场调查、医学调查、审查医疗记录、法医学解剖、确定死亡的原因和方式，以及开具死亡证明。

法医和验尸官的管辖权

法医和验尸官的管辖权限由各州的立法确定，通常其范围可

⑫ Ibid..

⑬ Hanzlick，2003，op. cit..

⑭ Ibid..

⑮ Ibid..

⑯ ARK. CONST. art. VII，§46；COLO. CONST. art. XIV，§8；IDAHO CONST. art. XVIII，§6；IND. CONST. art. VI，§2；MISS. CONST. ANN. art. V，§135.

⑰ KY. CONST. §99；KY. REV. STAT. ANN §72. 210（2007）.

⑱ Hanzlick，2007，op. cit.. 司法统计局将路易斯安那州、得克萨斯州视为有法医局的州而将其忽略，因此报告说总数是1 998。按照Hanzlick的说法，得克萨斯州254个县中许多设立的是治安法官办公室或验尸官办公室。

扩大到突然性死亡、未经医治的死亡及所有可疑和暴力性的死亡。各州确定的法医和验尸官对死亡类型的管辖权均有所不同，其可能包括与伤害有关的死亡，如暴力或投毒致死；与环境有关的死亡，如因火灾或麻醉致死；或与死者身份有关的死亡，如囚犯或精神病患者；或与时间有关的死亡，如进入医院后24小时内死亡。每年大约有1%的美国人口死亡（约260万人）。2004年，法医和验尸官办公室接到了大约100万起死亡举报，占美国死亡人数的30%至40%，其中有一半的举报（50万起，或1/6的死亡）经过了进一步的调查和确认。[19] 依司法辖区的不同，向法医和验尸官举报的死亡案例中40%到50%经过法医和验尸官调查和检验后，被确认为自然死亡，有27%到40%为意外事故，有12%到15%为自杀，7%到10%为谋杀，另有1%死因不明。[20]

法医和验尸官的职责

法医和验尸官的工作有两种作用：首先，其作为医学方面的侦查人员服务于刑事司法系统，识别并记录可疑和暴力死亡的病理结论，并作为医学方面的专家证人出庭作证；其次，作为公共健康官员，通过对传染性或有毒性病例的监控，对可能发生的生物或化学恐怖主义袭击进行预报，发现流行病的可能性，并记录人身伤害的趋势。

此外，法医和验尸官的职责还包括：就各种灾害造成的死亡进行调查和反应，包括恐怖主义重大恶性事故，查验身份不明的死亡者的身份。此外，已经有13 000名身份不明者进入了数据库以确定死亡者身份，另有数以千计的失踪人员进入数据库，千万

⑲ J. M. Hickman, K. A. Hughes, K. J. Strom, and J. D. Ropero-Miller. 2004. *Medical Examiners and Coroners' Offices*, 2004. U. S. Dept of Justice, Bureau of Justice Statistics Special Report NCJ216756.

⑳ *Office of the Chief Medical Examiner's Annual Report*: 2006. Available at www. vdh. state. va. us/medExam/Reports. htm.

家庭在寻找着他们。使用数据库并对身份不明的死亡者与失踪者进行匹配分析对所有机构来说都是一个挑战。被调查的法医和验尸官机构中 80%的表示，“很少或从未”使用全国身份不明与失踪人员犯罪信息中心的档案，就死者遗体与被执法机构报告的失踪者进行匹配，即使全国身份不明与失踪人员犯罪信息中心最近已允许法医和验尸官接入其档案。但这种接入并不统一，可获得的信息也有限。[21]

新成立的国家司法研究院司法项目办公室全国失踪及身份不明人员系统（NamUs）仍未得到充分的使用。使用任何国家政府数据库进行识别，都要求数倍的调查工作及数据输入技巧，这都是劳动密集型的工作。法医和验尸官需要实用的死因调查系统，需要进行特征识别开发的工作人员，以及使用多重数据库所必要的教育、培训和设备。为了识别身份不明的死亡并满足社会公众对法医和验尸官识别身份不明死亡者的能力不断增长的期望，前述要求都是必需的。[22] 联邦最主要的要求是将法医和验尸官系统的身份不明者信息输入联邦数据库。本报告后面的部分将讨论法医/验尸官在国土安全中的作用。

法医和验尸官的演变

到 2004 年，在行政管理上，16 个州有州内集中化的法医系统，14 个州有县验尸官系统，7 个州有县法医系统，13 个州采用法医与验尸官的混合体系。[23] 8 个州采用的是并行安排，验尸官和州法医局共同履行法医职能。哥伦比亚特区采用的是法医系统（参见图 9—1）。在一些较大的城市和县，法医病理学家既是法

---

[21] J. C. U. Downs, Board Member and Chair, Governmental Affairs Committee, National Association of Medical Examiners; Vice Chair, Consortium of Forensic Science Organizations; Coastal Regional Medical Examiner, Georgia Bureau of Investigation. Presentation to the committee. June 5, 2007.

[22] National Missing and Unidentified Persons System, NamUS. See www. namus. gov.

[23] Downs, op. cit..

医又是病理学家。一些较大的体系中，如洛杉矶、加利福尼亚和俄亥俄州 Cuyahoga 县，都采用了验尸官这一历史上的名称，但其本质上是法医的结构。80％的法医/验尸官办公室由县验尸官运营。

全美总共大约有 2 342 个独立的死因调查辖区。[24] 全美国有 1 590 家验尸官办公室的辖区人口超过 25 万，有 660 家中等规模的办公室的辖区人口在 2.5 万到约 25 万人，另有 848 家办公室管辖人口不足 2.5 万的小型辖区。[25] 体系和管制法规的混合型与多样型，造成操作的标准化虽然不是完全不可能，但也非常困难。某些论者认为必须修订示范守则，许多研究机构近年来也提出了同样的建议，要求为满足公民的需求，应就死因调查系统制定一部将现行可行的新技术运用其中的现代示范守则。[26]

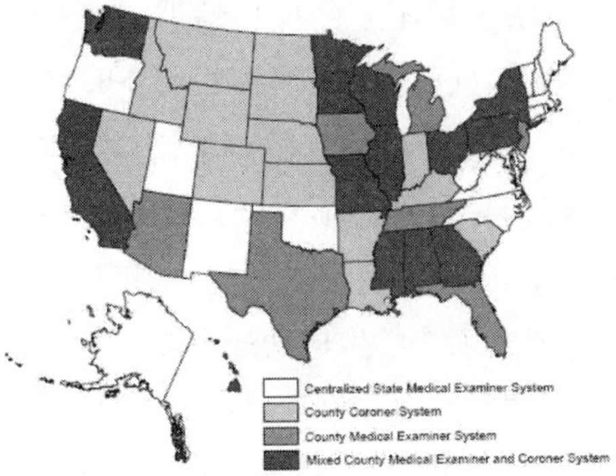

图 9—1 美国 2004 年死因调查系统

来源：J. M. Hickman，K. A. Hughes，K. J. Strom，and J. D. Ropero-Miller. 2004. *Medical Examiners and Coroners' Offices*，2004. U. S. Dept of Justice，Bureau of Justice Statistics Special Report NCJ216756.（Note：In 2007，Kentucky became legally a mixed county ME/C system. [a]）

a Constitution of the State of Kentucky，§ 99.

㉔ See R. Hanzlick. "An Overview of Medical Examiner/Coroner Systems in the United States - Development，Current Status，Issues，and Needs." Presentation to the committee. June 5，2007.

㉕ Ibid..

㉖ Ibid..

法医和验尸官的资格

各个司法辖区对死因调查人员的资格、技能和活动等方面的要求均有所不同。验尸官作为宪法性的机构，有82%的是选任产生的，另有18%的是任命产生的。[27] 被选任为验尸官的行政官员应符合相应的要求，如居住期、最低年龄及制定法规定的其他资格要求。他们可能是，也可能不是医师；可能接受过，也可能没接受过医学训练；可能参与，也可能不参与解剖（参见表9—1）。某些验尸官担任死因调查系统的行政管理人员，某些验尸官则只负责作出关于死亡原因和方式的决定。被选任为验尸官所需要的主要资格包括：注册为选民、达到18岁到25岁的最低年龄要求、未被判处重罪、完成长短不一的项目培训。候选的范围一般针对于当地，且范围较小（因为这项工作不太令人舒服，收入也相对较低），医学训练一般也不是必需的要求。验尸官是独立的执法机构，但作为被选任的官员其必须对公众负责，这可能导致验尸官就死亡原因和方式作出不受欢迎的决定时遇到障碍。

最近一名17岁的高中学生成功地完成了验尸官测试并被任命为印第安纳州司法辖区的副验尸官。[28] 在一个州，治安法官负责判断死亡的原因和方式，但他们不是医学死因调查人员。验尸官是否将案件提交给病理学家解剖很大程度上取决于预算（一次尸体解剖须花费大约2 000美元），虽然区域内在跨辖区安排不存在的情况下通过病理学家解剖本身就是一个问题。即使这样，84%的验尸官办公室认为其需要专业标准[29]，并且认为其对设备、人员及培训有持续的需求。

㉗ P. M. Murphy, Coroner, Clark County Coroner's Office, Las Vegas, Nevada. "The Coroner System". Presentation to the committee. June 5, 2007.

㉘ "Teen Becomes Indiana's Youngest Coroner." See http://happynews.com/news/5122007/teen-becomes-indiana- youngest-coroner.htm.

㉙ Murphy, op. cit..

表 9—1 什么是尸体解剖？

尸体解剖是对尸体进行的内外部系统检验，以通过对人体组织的总体检验及显微检验来确定是否患有某种疾病。病理学家从左肩峰至右肩峰作横切口，在其中点向下作直形纵切口至耻骨联合上方。分离皮肤后，取出胸腔（包括颈部结构）、腹部和盆骨的所有组织脏器并仔细检查。从颞骨乳突部的左边到右边冠状位切开头皮，向两侧翻卷，分离颅骨，暴露大脑。大脑将被取出来进行检验。病理学家取出小块样本或者活体组织，并用福尔马林保存起来用于以后的分析。对法医学解剖来说，除活体组织外的其他组织都将被放回尸体。大脑或者心脏，这两个器官将被保存起来由高级顾问医师就死亡原因进行检验。对医院解剖来说，组织和器官将根据有权作出许可的人许可的清单保存起来用于教学、研究或者其他调查。病理学家对提取的脏器进行取材，提交组织学实验室。取材的组织块大小为 2×2 厘米，并对组织块进行超薄切片，上述标本检材经化学固定处理，可长期保存。超薄切片可以展片于载玻片上进行染色，以辨别不同的细胞。病理学家可以通过染色的组织判别疾病。法医学解剖可以确定死亡原因，协助确定自然、他杀、自杀或事故等死亡方式，可以收集对公共健康或法院有价值的医学证据，以及开发用于重现人体受到致命伤过程的信息。

提高验尸官死因调查能力的方法包括：（1）以法医系统取代验尸官系统；（2）提高关于验尸官能力的法定条件；或者（3）增加资金投入以提高验尸官的能力。[30]

某些验尸官建议建立“验尸官学院”[31]。验尸官希望得到相应的设备、认可方面的动力，以及使用法庭科学实验室、国家犯罪信息中心和自动指印识别系统的途径。[32] 缺少直接使用实验室的途径和检验经费的不足损害了验尸官的专业性。某些验尸官青睐于保证可以利用法医病理学家进行尸体解剖的实验方案。然而，尽管有了这些进步，对与疾病、伤害、病史及实验室研究有关的死亡进行评估，是一项医学结论，而不应是由只受过侦查及部分医学培训的非专业人员作出的结论。医学专业人员作出的涉及死亡原因和方式的结论，与验尸官就死亡原因和方式独立作出的确认

㉚ Ibid..

㉛ Ibid..

㉜ Murphy, op. cit..

和判断，二者之间存在脱节，这仍然是程序中最薄弱的环节。

相比之下，法医几乎都是医生，是被任命的，而且通常是病理学家或者法医病理学家。在评估既往的身体结论时，以及在决定确定死亡原因和方式所需要的恰当的实验室研究时，他们是以其医学知识来进行判断的。在州系统中，城市和县都有受过培训的地方法医，其作为医生接受过的培训包括：接受死亡报告、判断管辖问题、检验尸体、就死亡原因和方式作出判断等。他们就明显的自然和事故死亡签发地方性证明。在州系统或州行政区域系统，地方法医不需要是法医病理学家，不进行解剖，但是他们根据实验方案将暴力性死亡——特别是自杀、他杀及可疑环境下的死亡——提交到中央或区域性解剖机构进行解剖，然后由法医病理学家进一步跟进。在混合型或组合型的州系统中，验尸官可以将案件提交法医病理学家进行尸体解剖，但是并没有监督或者质量保证来确保验尸官签发的死亡原因和死亡方式证明与病理学家的结论相一致。

法医和验尸官的管理与监督

法医和验尸官系统的组织性监督模式各有不同。全美国43%的人口由独立的法医和验尸官系统管辖，33%的人口由行政上隶属于公共安全或者执法机构的办公室管辖，14%的人口由卫生部门内的办公室管辖，另有10%的人口由法庭科学实验室内的办公室管辖。近年来政府报告均建议法医系统应当是独立的机构或者应当向某委员会报告工作，以避免任何利益冲突并直接向有管辖权的主管部门报告。如果前述建议难以实现，那么将法医和验尸官系统并入卫生部门，相比将其并入执法机构来说，则是更合适的定位。[33]

[33] V. Weedn. “Legal Impediment to Adequate Medicolegal Death Investigation.” Presentation to committee. June 5, 2007.

法医和验尸官的人员与经费

管辖人口少于 2.5 万人的法医和验尸官办公室，其雇用 1 名到 2 名全职员工，而管辖人口超过 100 万的则平均雇用 50 名全职员工。[34] 适格的死因调查要求包括：训练有素的医学死因调查人员进行现场勘查；具有医学资质的人员进行外部身体检验；法医病理学家进行法医学解剖、使用 X 光透视并进行解读、准备记录、维护数据库，并向法院提供适格且可信的证言。为使用和整合新技术，工作人员需要经过培训并获得昂贵的设备。这些工作都受制于预算，而预算相差的幅度相当大，由于人口规模不同，各个县每年的预算从 1.8 万美元到 250 万美元不等。根据 Hanzlick 于 2007 年为全国法医协会进行的一项调查表明：县系统的人均预算为 1.1 美元到 9.19 美元，其平均数为 2.89 美元。州系统受益于其经济规模和功能，因而更为经济，人均预算为 0.64 美元到 2.81 美元，其平均数为 1.76 美元。[35] 在适格的死因调查所要求的资质、人员、预算、多种技能等方面，特别是在小型辖区，存在着很大的差异，这种差异造成全美国死因调查的质量和数量明显参差不齐。

在物质设施是否充足的问题上也存在着差异。只有 1/3 的办公室内部有进行组织学分析的设施，这种组织学分析需要就尸体解剖中取得的组织样本进行显微镜分析。只有 1/3 的办公室内部具有自行进行毒理学分析的能力，这种毒理学分析可以识别尸体中的毒品是否是引发死亡的原因之一或主要原因。1/3 的办公室内部不能提供 X 光检验服务，这种检验可以识别投掷物、疾病、

㉞ Downs, op. cit..

㉟ R. Hanzlick. "An Overview of Medical Examiner/Coroner Systems in the United States - Development, Current Status, Issues, and Needs." Presentation to committee. June 5, 2007.

骨伤或死者的某些特征。[36] 某些验尸官系统没有任何物质设施。

显而易见，美国的死因调查依赖于验尸官和法医拼凑起来的服务，而且其在预算、人员、设备和培训以及他们所提供服务的质量方面参差不齐。无论其他法庭科学领域在特定司法辖区的支持下质量水平如何，如果死因调查不具备适格的死因调查和法医病理学服务，民事与刑事案件都可能受到影响。

各个法医和验尸官系统在某种程度上都存在以下方面的不足：

- 控制死因调查的法律结构或规则不完善；
- 对死亡人员进行调查及医学评估的专业知识不足；
- 进行适格死因调查的资源不足；
- 进行尸体勘查和解剖的设备与设施不足；
- 技术性的基础设施（实验室方面的支持）不足；
- 工作人员在法庭科学学科上的训练不足；
- 缺乏最优方法和信息标准；
- 缺乏质量评估与控制；
- 缺乏信息系统；
- 缺乏与大学研究的合作及成果转换机制。[37]

验尸官系统转化为法医系统的运动

如上所述，以法医系统的形式引进医学专业知识，从而改进死因调查的运动，并不是最近才发生。在国家研究委员会发布其研究报告后，一家关于法医学死因调查系统的医学研习所于 2003 年也发布了其报告，该报告也得出结论认为，为了运用医学专业知识来判断是否存在疾病或伤害，以及将医学结论与调查信息进行关联以判断死亡原因和死亡方式，法医系统是最好的组织结构。但这种变革的步伐异常缓慢。

---

[36] Murphy, op. cit..

[37] Downs, op. cit..

这种变革还存在其他障碍，包括：有的州需因此修改宪法或法典，支持地方验尸官制度的政治选民基础，某些小型地方的预算与人口不足以负担独立的适格系统，缺乏尸体解剖服务跨区域合作的意愿，医生——特别是病理学家和法医病理学家——匮乏，以及缺乏利益、倡导或对变革需要的认知。[38]为了实现这种转变，美国需要全国性的视角、一部示范守则，增加法医病理学家的人数，和在基础设施、人员、教育、培训与设备方面的资金投入。

另一种可能激励这种变革的方法与执法援助局采取的行动类似。执法援助局是一个联邦机构，存续于1968年到1982年期间，主要职责为通过其向州和地方执法机构投入联邦资金。该机构设立了州规划部门，资助教育项目、研究活动并根据设备情况提供配套补助，以及为各种地方犯罪控制行动计划提供资金。例如，向弗吉尼亚州拨款800万美元以建立弗吉尼亚州法庭科学部，该部门是最权威的州法庭科学实验室，向弗吉尼亚州内所有州机构和法医系统提供法庭科学服务。[39] 如果法医系统的资金问题是影响其变革的主要障碍，则执法援助局模式可以清除此障碍。然而，为了使法医不会被视为服务于执法机构并因此处于明显利益冲突的位置，需要设立法医援助局。在某些敏感的案件中，如警察枪击和与警察遭遇导致的死亡，看守所和狱内死亡，以及发生在公共机构中的死亡等，均要求一个明确独立于执法机构的无偏见的死因调查。之前的各项研究均建议法医独立于其他机构，或者如果其处于某中央机关管理下时应通过卫生部门报告工作。法医首先是一名医生，其接受的教育、培训及经验是在必须由医学工作人员回答有关问题的、具有法律维度的情形中运用人体医学知识。

[38] Downs, op. cit.; Weedn, op. cit., Hanzlick, op. cit..

[39] Law Enforcement Assistance Administration, at www.archives.gov/research/guide-fed-records/groups/423.html.

使用最优方法

死因调查系统之间巨大的差异性同样阻碍了跨部门、跨区域的交流，以及死因调查和法医学解剖中最优方法的标准化。

国家司法研究院和全国法医协会已试图着手制定最优方法的指南。目前已经颁布的包括：国家司法研究院的文件《死因调查：现场调查人员指南》、《法医学死因调查人员：死因调查职业人员系统培训项目》；全国法医协会《尸体解剖标准和勘验查核清单》；全国法医协会《法医病理学尸体解剖标准》。但是对死因调查系统来说还缺乏在实践中贯彻前述指南的动机。[40]

由于案件量负担沉重、有经验的人员不足、设备缺乏、不具备日常及咨询服务能力，以及当前存在与之相悖的政策和实践，对这些指南的遵行受到了进一步的限制。

可能有助于法医和验尸官系统的潜在科学进步

除了经常无法得到或尚未运用的现有技术外，新的技术已经开始为死因调查人员、法医和法医病理学家提供帮助。

案件记录的计算机化与案件信息数据库的开发，应成为各个死因调查办公室的标准，这样就能根据死亡数据研究相关趋势，使得对公共卫生事件的响应及公共安全机构的介入更加高效和迅速，也可以贯彻持续的质量保证措施。法医和验尸官系统尚无收集样本与数据的标准方法。多机系统在商业上是做得到的，可以

㊵ See U. S. Department of Justice, Office of Justice Programs, National Institute of Justice. *Death Investigation: A Guide for the Scene Investigator*. Available at www. ojp. usdoj. gov. S. C. Clark, M. F. Ernst, W. D. Haglund, and J. M. Jentzen. 1996. Medicolegal Death Investigator: A Systematic Training Program for the Professional Death Investigator. Occupational Research and Assessment. Grand Rapids; NAME Autopsy Standards and Inspection Checklist at www. thename. org; and G. Peterson and S. Clark. 2006. Forensic Autopsy Performance Standards at www. thename. org.

对其进行设计来满足任何死因调查系统的特定需求。这种系统最初的费用较为高昂，而且需要持续的投入，因而小型的或资金不足的办公室无法使用。即使每个办公室都使用这类计算机系统，但是也未标准化，这会造成办公室之间仍无法进行数据交换，而这在发生卡特里娜飓风之类跨司法辖区的灾害时是必需的，因为跨州数据库对于识别死亡人员及追踪幸存者来说至关重要。

实验室信息系统可用于管理医学证据、实验室检材、实验室数据、法庭样本及个人物品。有效的数据库管理有助于工作人员收集和使用信息，分析趋势及质量问题。有效的数据库对于管理多重死亡事件十分重要。如果采用加密软件，则报告可以通过电子形式快速发送。目前法医/验尸官信息系统的兼容性尚不及现在的自动指印识别系统（参见第 10 章）。尽管尸体解剖报告标准已经涵盖对尸体内部组织系统的检验，但报告的格式在司法辖区之间并没有标准化。虽然全国法医协会《法庭科学尸体解剖操作标准》提供了尸体解剖结论的报告范本[41]，但其运用并不广泛。

为了向法院提供得以充分记录的结论，供外部专家审查，并随着医学知识的进步重新进行评定，成像设备将非常重要。荧光透视有助于投射物定位。计算机断层摄影术（CT）扫描及核磁共振成像通常会有助于对某些人身伤害提供更好的图像资料，并很可能减少为排除某些隐蔽伤害而进行的解剖，并更详尽地记录事故伤害程度。虚拟尸体解剖或者虚拟解剖（virtopsy）将运用多层螺旋计算机断层摄影术（multislice computed tomography）与核磁共振成像，并同 3D 成像技术结合起来，建立栩栩如生的人体内部图像。[42]

虚拟解剖的优点是不会进入人体体腔内或无须损坏人体组织，并且可以提供骨骼和软组织损伤的生动图片。在宗教界反对尸体解剖时，也可以用虚拟解剖来获得某些信息。虚拟解剖可以发现

㊶ G. Peterson and S. Clark. Forensic Autopsy Performance Standards. 2006. Available at www. thename. org.

㊷ See www. nlm. nih. gov/visibleproofs/galleries/technologies/virtopsy. html.

体内出血、投射物的路径、骨骼与投射物碎裂情况及碎裂形态、脑部挫伤、气体栓塞，以及通过传统的尸体解剖难以发现的隐性骨折。尽管对于取得诸如体内子弹或炸弹碎片等证据以及收集用于检验的检材来说，需要进行标准的法医学尸体解剖，但是，在无法进行解剖的时候，或证据难以目视的时候，或在非刑事案件中进行更彻底的人身伤害评定时，虚拟解剖仍是一种有价值的工具。如在交通事故致死中，相对于就明显的致命伤进行简单身体外部检验来说，虚拟解剖可以对伤害进行更广泛的检查，从而帮助机动车工程师设计更安全的车辆。该技术可以提高对咬痕和某些形态的伤害的检验能力。目前只有少数法医/验尸官系统有渠道进行虚拟解剖，但几乎没有任何法医/验尸官系统有足够的预算购买昂贵的设备或者修建合适的设施并聘请相应的人员维护这些设备。

扫描电子显微镜并不是一种新技术，但很少有法医/验尸官系统能够有机会在金属导体触电致伤、枪击伤的火药残留物以及其他皮肤或组织的金属痕迹检验中使用这种技术。

康涅狄格州、马里兰州、纽约州、弗吉尼亚州和华盛顿特区受到的炭疽生物恐怖主义攻击，凸显尸体解剖设施的生物研究安全性问题。目前，大多数尸体解剖设施平均已使用 20 年，在物理场地、技术与生物安全性能方面都已过时。其中 1/3 缺乏针对病原体的布局与气流控制，大多数的生物研究安全性能都在第二级而不是第三级上。[43] 对设备进行升级改造以控制与生物恐怖主义相关的潜在生物危害，需要投入大量的资金，而各地方目前没有能力，也不愿意进行这样的投入。在生物恐怖主义现实存在的地区，实验室安全仍是一个尚未解决的问题。

使用最尖端的设备以提供内部毒物检验服务，对于识别毒品、酒类和有毒物质，以及侦查无嫌疑人的杀人事件、自杀及老幼虐待事件具有重要意义。目前只有 37 %的法医/验尸官系统具备内

㊸ See Downs, op. cit..

部毒物检验能力。[44]在案件中使用私人部门实验室完成毒物检验的费用非常高昂，因此无法充分地进行毒物甄选和最低要求的检验，即使对这些案件有很明确的检验要求。

对血液和组织样本进行分子诊断是医院实验室疾病诊断的日常工作。更广泛地运用分子诊断有利于调查无法解释的突然死亡，特别是年轻人与婴儿的死亡事件。现在存在分子诊断流程，但是大多数法医/验尸官办公室无法承担按该流程操作的费用，也缺乏相应的医学专业知识和对此进行解释的技能。例如，检测新陈代谢的先天性缺陷，应当是对婴幼儿无法解释的死亡进行任何检验都必须具备的项目；在年轻人及有突然死亡家族史的人因心脏病死亡的情况下，检验遗传性 QT 延长综合征是确定死亡原因的重要工作。分子检验可以用于多因导致的突发心脏病死亡的死因检测，包括细胞膜离子通道或输液管的异常情况、肥厚型心肌病、QT 延长综合征、马方综合征、右室心肌病、扩张型心肌病及爱-唐综合征。[45]

某些检验可以通过死亡很久后的干血样本进行。[46]某些分子疾病是可以遗传的，因此可以认为法医/验尸官有责任识别这些疾病并就这些疾病对有关家庭发出警告。许多法医局存有带有死者干血样本的卡片，以便在需要时证明死者个人身份，这也可以用于未来的研究。将来，随着分子诊断的发展，当家族需要确定其面临的危险时，可以索取存档的血液卡片。因此，法医/验尸官系统

[44] Ibid..

[45] S. E. Lehnart, M. J. Ackerman, D. W. Benson, R. Brugada, C. E. Clancy, J. K. Donahue, A. L. George, A. O. Grant, S. C. Groft, C. T. January, D. A. Lathrop, W. J. Lederer, J. C. Makielski, P. J. Mohler, A. Moss, J. M. Nerbonne, Y. M. Olson, D. A. Przywara, J. A. Towbin, L. H. Wang, A. R. Marks. Inherited arrhythmias: a National Heart, Lung, and Blood Institute and Office of Rare Diseases workshop consensus report about the diagnosis, phenotyping, molecular mechanisms, and therapeutic approaches for primary cardiomyopathies of gene mutations affecting ion channel function. *Circulation* 13; 116 (20): 2325-2345.

[46] Personal communication between M. J. Ackerman and Marcella Fierro. June 16, 2008.

需要就专业化的实验室检验进行教育和培训，并建立这样的专业化实验室以奠定对疾病及突发性自然死亡进行分子学检验的基础。

法医和法医病理学家的短缺

法医是被任命并负责判断死亡原因和方式的医生。在某些州，法医是法医病理学家，而在其他州系统，地方、城市和县的法医是医生，但是并不需要是法医病理学家。他们接受死因调查培训，负责检验不需要进行法医学尸体解剖的尸体，根据系统的指南将需要解剖的案件移送给地区办公室，由地区办公室的法医病理学家进行检验并在需要时启动进一步调查。训练有素的地方法医可以控制成本，因为其减少了移送到地区或中央办公室的交通成本量，而且这种地方法医比遥远地区办公室的病理学家更容易找到。提供医疗服务方面的变化、就诊数量不断增加、不便于进行现场调查、对死亡人员死亡前后检验的需求、薪酬水平等问题，造成州系统难以聘请忙碌的医生担任社区或地方法医。如果这一趋势持续下去，系统只能更加依赖于非专业的医学死因调查人员，并且需要开发培训计划来保证这些人员的适格性。

法医病理学是医学的附属专业，其研究主要侧重于对突然死亡、意外死亡、可疑死亡或暴力死亡等的死者进行调查和身体检查。法医病理学（Forensic pathology）一词的词源是“forensis”（公开）——或者与公开论坛相关，及“pathos”（病痛）——指病苦或病痛。该词的含义最终演变为与法律“公开论坛”相关的对因伤害和疾病造成的死亡的研究。法医病理学家是一名医生，其完成了至少 4 年的医学院教育及解剖病理学或解剖与临床病理学领域 3 到 4 年的医学专业培训，然后还要进行为期 1 年的法医病理学实习。他们至少在解剖病理学方面须经过美国病理学委员会的考试与资格评估，并且通过了附属考试，才能被认为具备了法医病理学的专门资格。

到 2008 年，通过了研究生医学教育认可委员会认可的大约 38

个法医病理学驻院实习项目资助了 70 个培训奖学金项目。某些职位无资金支持，另外一些职位则没有合适的人选。2008 年 1 月，42 名人选取得了美国病理学委员会法医病理学的认证。为了继续持有其所在州的执业证书之外还保持其病理学家的证书，他们必须每 10 年经过再认证。就此，他们必须提交一份说明，说明是作为病理学家执业而非作为医院人员执业，此外，他们还要取得继续医学教育的学分。[47]

法医病理学家通过对死者的检验来识别伤害的类型，收集医学证据，确定患有或未患有某种自然疾病，并确定生理学上的死亡原因。他们在用于民事和刑事法院的报告中记录其结论，并向死者家庭成员或法律规定有权知道该结论的人提供信息。他们可以签发死亡证明，在证明上说明死亡发生的方式及环境（自然死亡、事故、自杀、他杀或尚不确定）。法医病理学家进行的检验可以是对尸体外表进行勘验或检验，也可以进行法医学尸体解剖，包括对头部、胸部、腹部以及与案件有关的其他部位进行体外和体内检验。死亡的性质与环境决定了法医病理学家在个案中进行何种类型的检验。在美国，大量的法医学解剖是由未取得法医病理学认证的病理学家进行的。

法医病理学家在各种环境下执业。大多数法医病理学家在死因调查系统内执业，并被任命为公职人员及法医病理学家。另有部分为私人从业人员，其他人则担任顾问。他们可能根据有偿服务协议提供服务，或者根据与市或者县司法辖区的合同提供法医服务。其他人可能担任验尸官的病理学家，进行解剖并为验尸官准备报告，验尸官根据立法，确定死亡的原因和方式并签发死亡证明。

自美国病理学委员会于 1959 年开始进行认证以来，大约有 1 300名病理学家经过了法庭科学病理学认证（每年大约有 5 000

[47] American Board of Pathology, at www. abpath. org/200801newsltr. htm; ABP Examiner 39. January 1, 2008 , at www. abpath. org/200802newsltr. htm.

名医学实习生参加内部医学项目)。目前，400 名到 500 名医生从事全职法医病理学工作。尽管每年大约可以提供 70 个职位，但最近的数据表明只有 70％的职位有人申请。全国法医协会建议尸体解剖的案件量每人每年不应该超过 250 件。这样估计需要1 000名法医病理学家；而人员不足或有资金支持的病理学职位不足，造成 10％的职位空缺。[48] 尽管许多法医病理学家年收入在 15 万到 18 万美元之间，但这一幅度还是低于大多数医院的病理学家入行的收入水平。

美国医学院校协会的一项调查表明，医学院毕业生在 2006 年时，清偿的债务平均超过了 130 571 美元（包括医学院预科的借贷)，其中 72％的毕业生的债务至少达到了 10 万美元。[49] 由于已经承担了较为沉重的债务，对病理学感兴趣的实习医生不太可能选择法医病理学作为职业；但是如果用服务法医系统的年限来抵偿其债务，那么对于那些对病理学感兴趣的学生来说这将颇有吸引力。雄心勃勃的法医系统需要人员，而适格法医病理学家的不足不仅对法医局现在的人员招募活动构成挑战，对其将来进行招募的活动也构成了挑战。

死因调查系统的标准和认可

目前，法医局死因调查的质量标准由全国法医协会认可。在认可中须证明办公室制订了实际实施的守则，人员、设备、培训和合适的物理设施充足，并且能够记录准确的、可信的法医死因调查结果。就全国所有的法医/验尸官系统而言，只有 54 家通过全国法医协会的认可。全国法医协会认可所需要的文件清单在网上可查得，并说明了认可所需要的条件。[50] 认可的期限为 5

㊽ Hanzlick，2007，op. cit..

㊾ Association of American Medical Colleges at www. ama-assn. org/ama/pub/category/5349. html.

㊿ NAME Autopsy Standards and Inspection Checklist at www. thename. org.

年。全国法医协会也提供了个性化的评估项目，使司法辖区可以判断其需要符合的认可标准。阻碍相关系统发展达到认可条件的因素包括：

- 大多数验尸官系统无法取得认可资格，其原因涉及规模、人员和设备不足，人员缺乏培训。这限制了其某些方面的能力，包括：进行适格的身体检查，进行和/或不进行尸体的医学诊断，及判断死亡的原因和方式。验尸官在历史上的角色并不足以使其正确无误地履行与突然性、意外性或暴力性死亡相关的法医学或公共卫生职能。
- 许多法医系统受到预算、人员匮乏、设备不足、基础设施不充分等方面的限制，无法达到全国法医协会标准。
- 认可过程需要进行大量人力工作，包括书面的方针和程序。
- 该过程要求进行展期。
- 存在程序中的行政管理成本。
- 许多办公室尚未发现认可可带来的益处。

各州在适用全国法医协会现行职业标准、指南及认可条件作为评估的基准和目标，来对其死因调查系统进行评估以确定其状况及需求方面，缺乏来自联邦的激励。

质量控制和质量保证

质量控制和质量保证的第一步，是由取得资格的人员实施标准化的方针和程序。对于非专业的医学调查人员来说，如要通过美国法医学死因调查人员委员会的注册和认证，必须遵守标准的操作程序，该程序规定在国家司法研究院的文件——《死因调查：

现场调查人员指南》及其他出版的教育和培训文件中。[51] 对法医病理学家来说，其基本资格首先要通过考核和认证加以证明，然后由美国病理学委员会进行再认证。随着时间的推移，对办公室与停尸间的方针和程序进行定期审查与更新，有助于保证工作表现的一致性。职业表现的标准由全国性的文件作出规定，例如，国家司法研究院针对调查人员的调查指南与全国法医协会的法医尸体解剖标准，所有的系统都应当遵守这些规定。此外，必须提供并支持职业继续教育，而且职业继续教育应当是强制性的。

医学继续教育

病理学家如果要保持其职业资格，必须根据其所在州医学执照委员会的学分数要求取得医学继续教育学分。参加法庭科学教育会议，例如，全国法医协会和美国法庭科学学会的年度会议，有助于医学人员的与时俱进。其他可以获得医学继续教育学分的机会包括：儿科法庭科学问题会议及普通病理学最新成果会议等。美国法庭科学学会会议是跨学科性质的，可以提供关于法医人类学、法医齿科学和其他法庭科学学科等方面的最新信息。美国临床病理学家协会提供专家筹备的样品检验练习和法庭科学科目考试。[52] 就病理学和法庭科学新技术进行的定期内部培训，以及涵盖各种期刊的期刊俱乐部，都有助于法医病理学家和调查人员的教育与再教育。医学死因调查人员可以参加同样的会议。美国病理学家协会提供解剖学和法医病理学的自我评估项目，以及有关法医病理学案件难题的继续教育项目。[53]

---

[51] U. S. Department of Justice, Office of Justice Programs, National Institute of Justice. *Death Investigation*: *A Guide for the Scene Investigator*. Available at www. ojp. usdoj. gov.

[52] American Society of Clinical Pathologists Check Sample. Available at www. ascp. org/Education/selfStudyPublications/checkSample/default. aspx.

[53] See http: //cap. org/apps/cap. portal?.

国土安全

作为国土安全的一部分，国家应急预案（即 2008 年 3 月国家应急框架）根据“紧急支援职能第 8 项”指定法医/验尸官系统负责管理因任何危险事件引发的死亡。[54]由各种形式的恐怖主义造成的死亡均由法医/验尸官管辖。MED-X，即疾病控制与预防中心提供的生物恐怖主义监测项目，通过对医院外死亡（接受医院治疗及医学评估和检验前发生的死亡）进行症状监测，来迅速识别死亡是否由生物恐怖袭击造成。[55]

除了某些大城市、县及州的系统，法医/验尸官辖区的战备等级通常都很低。更大型的法医系统有能力在最低限度的外界支援下处理同时同地死亡的数百具尸体。死亡人数上千的事件则需要联邦的支援。某些州系统已经和邻近州联合，以在人员和设备上实现互补，但是较小的城市和县将完全依赖于联邦的资源，如灾祸丧葬作业响应小组和国防部民事支援特别行动队。[56] 国土安全和灾害响应将得益于法医/验尸官办公室在大规模死亡事故中的管理能力的广泛提高，如卡特里娜飓风造成的跨州灾难及世贸中心事件等，这种能力的提高也可以用于监测生物恐怖主义死亡之间的联系。考虑到某些系统缺乏医学方面的专业知识，缺乏效能衡量标准，也缺乏系统和程序间的协调兼容能力，在对卡特里娜飓风这类事故进行响应而需要跨司法辖区进行的多重死因管理，在目前的情况下几乎不可能实现。最近通过卫生部及国土安全部向各

[54] Homeland Security National Response Plan（known as the National Response Framework after March 2008）at www. dhs. gov.

[55] Ibid.；K. B. Nolte，S. L. Lathrop，M. B. Nashelsky，J. S. Nine，M. M. Gallaher，E. T. Umland，J. L. McLemore，R. R. Reichard，R. A. Irvine，P. J. McFeeley，R. E. Zumwalt. 2007. “Med-X”：A medical examiner surveillance model for bioterrorism and infectious disease mortality. *Human Pathology* 38：718－725.

[56] Disaster Mortuary Operational Response Team at www. dmort. org；Joint Task Force Civil Support at http：//jtfcs. northcom. mil.

州注入的资金，由于各州没有任何一个适格的系统有能力或有意愿使用，故并未发挥作用。为帮助管理跨州和跨司法辖区的事件，需要对州内部及各州通行的操作标准进行统一，对小型系统进行整合，将服务区域化，并使人员的培训标准化。我们需要一种可普遍适用的软件程序，法医/验尸官系统应该为应对多人死亡事故管理推广该软件程序的使用（参见第11章）。

法医病理学研究

在美国，目前很少进行死因调查和法医病理学领域的研究。各个法医/验尸官办公室主要使用自己的数据库进行流行病学回顾性调查。任何一个系统的法医病理学家都承担了沉重的案件量，因此通常并没有专门的时间、专业知识、设备或资金从事研究工作。许多办公室开展的培训项目独立于大学的医学院，这使其研究进一步受到限制。有时，某一具体的案件可能引发“诉讼研究”，该研究直接对与正在进行审理的诉讼案件相关的具体问题进行解释说明，但这不能取代对法庭科学问题进行广泛的系统性研究。大学病理学系很少会推动有关法庭科学问题的病理学基础研究，这些法庭科学问题包括死亡时间、损伤反应及时间或者组织毒理反应等。通过拨款资助的国家研究目标常常能够激发研究兴趣。一项对法庭科学法医病理学基础研究文献的综述表明，这种形式的努力很大程度上发端于欧洲、斯堪的纳维亚地区和日本。在其他国家，大学内部设有法医系或法庭科学系，其病理学家有进行基础性法庭科学研究所需要的时间、专业知识及资金。

研究生医学教育认可委员会要求法医病理学培训项目向其成员提供学术研究或其他学术活动机会。[57] 这些研究项目通常规模较小，范围也较窄，原因在于：其只有1年的实习期，法律不允许在未取得近亲属同意前就尸体解剖中获取的组织进行基础性研究，且资金与场地匮乏。在历史上，同意问题来源于这样的事实，

[57] Accreditation Council for Graduate Medical Education. Available at www.acgme.org/acWebsite/downloads/RRC_progReq/310 forensicpath07012004.pdf.

即法庭科学解剖是出于法医学目的，因此是不需要经过近亲属同意的。但未经近亲属同意使用，利用从法医局取得的人体组织进行的研究就不会发生。由于进行法医学解剖受时间限制，所以难以找到家属并征得同意。许多流行病学调查的项目虽然非常有价值，但并不属于基础科学。

美国某些大学可能开设了某些法医病理学实习项目，而在其他一些大学法医病理学家可能隶属于病理学系。在这些情况下，法医病理学家通常负责监督系里的医学和法庭科学解剖服务。（法医/验尸官）与大学的联系使大学常常有机会通过法医/验尸官办公室短期轮换病理医生和医学院学生，期限通常为数月，并使医学院学生了解作为综合教育项目一部分的法医病理学，或按照研究生医学教育认可委员会在普通病理学方面的培训要求使驻院医生了解法医病理学。即使在设立了法庭科学系的大学，法庭科学的研究也是有限的，很少有或根本没有关于法医病理学或者法医学的研究。在某些情况下，可能会有合作性和持续性的流行病学研究，如法医病理学家与创伤外科系的人员一同进行统计学研究，或者由法医病理学家在外科或婴儿死因审查会议上提供数据。在美国法医病理学学术研究的诸多障碍中，最重要的问题包括：缺乏对法庭科学研究面临的挑战的认识，缺乏对需求和国家目标的了解，缺乏支持研究的各种资金，缺乏法医病理学研究人员，以及大学共同体内部对于直接针对法医病理学研究的工作缺乏认知。资金驱动研究，但实际上没有资金用于激励病理学系将法医病理学研究作为重点，而学术界和法医病理学界也少有合作传统。

应用转化研究在基础科学研究成果与实际应用之间架起了一座桥梁。在法医病理学或法医学领域，这意味着将基础科学研究知识运用到尸体解剖台。[58] 在美国，法医局执行了大量的解剖案件，因此强烈需要可为尸体解剖病理学家所用的新知识，也强烈需要法医病理学家有机会发现需进行基础研究的问题。

---

[58] NIH Roadmap for Medical Research：Re-engineering the Clinical Research Enterprise - Translational Research. Available at http：//nihroadmap. nih. gov/clinicalresearch/overview-translational. asp.

样本和数据收集的常见方法

就法医/验尸官系统调查和检验的案件的样本与样本收集活动，州制定法作出了规定。每一案件中收集数据的最低限度是以人口统计学为基础，并记入了州人口记录与死亡统计部门制作的死亡记录，该部门也负责保管该数据。每年全国的这类数据都将向国家卫生统计中心报告。有数据库的法医/验尸官办公室可能会根据特定管辖权保留这些记录，并为了死因特定分析或分类而收集其他数据。它们通过儿童死亡审查小组、成人死亡审查小组、家庭及亲密关系人暴力监测项目以及国家暴力死亡审查系统收集有用的数据。[59]这些数据收集项目都不是联邦强制进行的，而且对小型系统来说这些项目没有可感知的收益。近亲属或法律规定的其他人可以得到法医/验尸官的报告。法医/验尸官调查发现导致死亡的产品或设备缺陷后，将向相关部门报告。在 2005 年之前，当资金被撤回后，疾病控制与预防中心维护了法医/验尸官信息共享项目，以接收与产品相关的死亡报告，从而可以在早期识别出产品问题。[60] 最初建立法医/验尸官信息共享项目的目的，是从法医/验尸官系统取得全部死因调查数据并在相关机构之间分享该数据。法医/验尸官信息共享项目的主要目标是改进法医学死因调查并促进死因调查信息的分享。[61] 许多机构根据法医/验尸官的调查和解剖完成其工作，如职业健康与安全管理局、社会服务机构、

[59] National Violent Death Reporting System. Available at www. cdc. gov/ncipc/profiles/nvdrs/default. htm.

[60] Centers for Disease Control and Injury Prevention Medical Examiner Coroner Information Sharing Project. Available at www. cdc. gov/ncphi/disse/nndss/contact. htm#mecisp.

[61] 国家疾病控制与预防中心于 1986 年设立了法医/验尸官信息共享项目，其目的在于通过使法医/验尸官在死因调查中获得的信息统一化并提高该信息的质量，来提高美国死因调查的质量。该项目积极有效，且很受法医欢迎。其形成了公共卫生与法医/验尸官系统的主要互动渠道。大约十年前，国家疾病控制与预防中心经过一段时间的内部重组，行政管理上对法医/验尸官信息共享项目的预算开始减少。法医/验尸官信息共享项目从国家疾病控制与预防中心的国家环境卫生中心划转到国家疾病控制与预防中心的流行病学项目办公室。虽然全国法医协会作出了相当的努力，但 2004 年该预算仍被取消。R. Hanzlick. 2006. Medical examiners, coroners, and public health. *Archives of Pathology and Laboratory Medicine* 130：1247－1282.

被害人证人补偿项目及工人赔偿机构。

内部配备法医病理学家的系统可以收集尸体解剖数据，但是通常收集这些数据的格式不同于死亡证明中记载的根本性（近似的）死因数据所采用的格式。报告者可以使用病理学分类系统，例如医药系统命名方法，或者单独开发的系统，来追踪疾病、人身伤害或为特定系统所感兴趣的信息。[62] 在法医/验尸官收集或者维护尸体解剖数据方面，目前尚无普遍接受或要求的系统。数据的分析可能是地方性或区域性的，其结论可能是由对具体数据类型感兴趣的审查团队、国家组织或机构作出的。

法医/验尸官办公室出具的报告中包括关于结论的科学解读及概述，医学死因调查人员作出的描述死亡环境的报告一般是描述性的，且由于办公室标准不同而质量参差不齐。病理学家作出尸体解剖报告，可能会，也可能不会就结论提供解读性的概述。这些报告参差不齐，从学术性病理学的报告（列举每种器官系统及其变异）到问题导向的报告（优先诊断导致死亡的最重要原因，接着列明与病理学有关的致死因素或非致死因素）不等。并不是所有的病理学家都采用全国法医协会的尸体解剖标准。通常大家希望，至少在法律领域，每一项尸体解剖都会通过文字叙述及图片充分详尽地记录结论，并通过其他病理学家的审查确认检验的准确性。

要求适用死因调查和解剖标准且所有法医/验尸官办公室均需通过认可，将会使各方均从中获益，包括接受法医/验尸官服务的一方。由于未通过认可的办公室的可信性很少受到怀疑，除了不遵守标准的消极后果外，贯彻和执行这些标准需要重要的推动力。

结论和建议

法医/验尸官系统的专业运作能力差别很大，常常在设施、设

[62] SNOMED. Available at www.snomed.org.

备、人员、教育和培训上存在不足。不幸的是，大多数系统都面临预算和人员不足。相比其他法庭科学学科，对死因调查人员目前尚未要求强制性的国家资格或认证，也并不总是要求其具有医学专业知识。此外，尚没有一套公认的法医/验尸官系统业绩标准或者最优方法，也没有推行公认标准或方法的激励因素。此外，还缺乏得到普遍接受或颁行的质量控制或者质量保证方法。许多研究建议验尸官系统转换为法医系统，显而易见的是这种转换实质上已经停滞，这种转换需要以联邦的激励来推动。

《1954年示范尸体检验法》需要进行修改及更新，以使其与有关死因调查的法律同步。修改后的法典应当包括管理、人员和培训的标准。系统的任何变革都需要以联邦的激励来推动其在各州的实施。

法医病理学家人员不足表明，需要激励年轻的医生接受法医病理学训练。由于这种人员短缺与预算赤字，系统虽有设有职位，但无人填补这种空缺。《全国法庭科学进步法》必须全额资助法医/验尸官的核心需求，为设备、设施、培训和教育及基础设施提供保证。

许多法医/验尸官系统并未使用有助于作出准确医学诊断的最新技术。此外，由于人员教育的匮乏、人员缺乏训练、预算紧张等原因，许多系统无法有效利用法庭科学技术。法医病理学的基础性和转化应用性研究几乎不存在。

由于与法医病理学相关的实施部门尚未标准化；且系统的多样性对部门之间的有效交流造成了妨碍，国土安全受到连累。对生物恐怖主义和化学恐怖主义的监测并不具有普遍性，而且数据库系统不能进行跨司法辖区操作以分享数据或处置多重死亡事故。

尽管已经采取措施来改造法医学死因调查系统，资源的短缺和一致的教育与培训要求的阙如，使得调查人员不能充分利用医学系统或其他学科所能提供的工具，例如，CT扫描和数字X射线。此外，在认可及遵守标准方面还需要更为严格的努力。目前，在法医病理学方面，除了美国法医病理学委员会要求在年龄和住所方面进行认证外，关于从业人员的要求五花八门。

以全国法医协会关于职业资质、标准和认可的现行要求为基准，对法医学死因调查系统进行评估，以确定其状况和需要，是需要资金的。实现法医学死因调查系统的现代化和改进也需要资金。从当前的情况看，法医/验尸官实质上没有资格从卫生部（包括国家卫生研究院）、司法部和国土安全部直接获得联邦资助或者拨款。《全国法庭科学进步法》是唯一的规定法医/验尸官有资格获得拨款的联邦拨款项目。然而，法医/验尸官必须就 Coverdell 拨款同公共安全机构进行竞争。因此，法医/验尸官能够得到的资金被大大削减。该项目并没有为法医/验尸官系统的重大改进提供足够的资金。除了直接资助外，可以采取其他行动来改进法医死因调查活动。

美国医学院校协会和其他适当的职业组织应当组织在教育、培训和研究方面的协作活动，以加强法医共同体与更大的医学学术共同体相对应领域的联系。如果法医局拥有与医学院有关联的培训项目，则应当鼓励其就资金进行竞争。应当有资金支持病理学家申请法庭科学奖学金。此外，应当允许法医病理学人员申请医学院的贷款豁免，如果他们在法医局全职工作达到合理时间的话。

此外，我们建议成立的国家法庭科学研究院应当从国会寻求资助，以使其和疾病预防与控制中心及国土安全部一道，在全国性灾害预案及后果管理方面开发法医和法医局感兴趣的项目。需要统一的全州范围的及跨州的运作标准，来管理跨司法辖区及跨州事件。国家法庭科学研究院也可以考虑是否应当支持一个联邦项目，来支持制作一个法医/验尸官系统用于管理多地点、跨州或多人死亡事件的软件。

国家法庭科学研究院也可以与诸如统一州法全国委员会、美国法律协会和全国法医协会等其他团体一道，和其他合适的职业团体合作，修改《1954 年示范尸体检验法》并起草一部关于现代死因调查示范守则的法律。一部改进的守则应该涵盖适格医学死因调查系统所包含的因素，并就器官捐赠明确法医的管辖权。尽管在实施任何具体方案之前，前述理念必须进一步具体化，但委员会仍提出了许多具体建议，这些建议一旦被采纳，将有利地改进法医学死因调查系统并使其现代化。这些建议值得得到国家法庭科学研究院和国会的立即关注。

建议 11：

为了改进法医学死因调查：

(a) 国会应当批准并向国家法庭科学研究院拨付激励资金，以分配给各州和司法辖区建立法医系统，目标是取代并最终取消现有的验尸官系统。还需要提供资金来建设地方法医局，购置必要的设备，改进管理，确保法医局的教育、培训和人员配备。资金也可以用于帮助当前的法医系统实现其设施的现代化，以符合当前疾病控制与预防中心建议的尸体解剖安全要求。

(b) 国会应当向国家卫生研究院和国家法庭科学研究院拨付资金，使它们共同支持法医病理学的研究、教育和培训。国家卫生研究院在国家法庭科学研究院的参与下，或者国家法庭科学研究院与满意的专家协作，应当建立一个研究部门，确立目标、审查和评估这些领域的建议，并向法医局和医科大学进行的合作研究分配资金。此外，医学学生贷款豁免和/或奖学金支持的形式的资助，应当提供给选择法医病理学作为其专业的病理学固定工作人员。

(c) 国家法庭科学研究院，与国家卫生研究院、全国法医协会、美国法医死因调查人员委员会以及其他适当的职业组织协作，应当为法医病理学和法医学死因调查建立一个科学工作组，该科学工作组应当就合格的死亡现场调查和尸体检验的最优方法、行政管理、人员管理、教育、培训和继续教育，制定并推广标准。最优方法应当包括使用新的技术，例如，对疾病的分子水平的实验室检测，以及专门的成像方法的贯彻。

(d) 所有的法医局都应当在国家法庭科学研究院规定的时间内，根据国家法庭科学研究院批准的标准通过认可。

(e) 所有的联邦资金应当限于符合国家法庭科学研究院批准的标准而通过认可的法医局，或者在规定的时间内在获得认可方面表明有重大和可测量的进展的法医局。

(f) 所有的法医学解剖应当由美国法医死因调查人员委员会认证的法医病理学家进行或者监督。这一要求应当在与相关州机构磋商后，在国家法庭科学研究院规定的时间内生效。

10

自动指印识别系统

20世纪70年代晚期和80年代早期，全国的执法机构开始采用自动指印识别系统来提高效率，减少识别（或者不排除）特定人员或者进行背景调查的时间。自动指印识别系统给地方、州和联邦执法机构管理指印和进行人身识别带来了巨大的改进。在使用自动指印识别系统之前，指印鉴定过程牵涉数不清的工作人员和指印检验人员，他们要从数以千计的纸质指印目录卡片中进行枯燥的筛选，并要处理好因与其他机构通过通信、传真或其他方式进行信息交换而造成的延迟或挑战。有了自动指印识别系统，指印检验人员应用计算机工作站标注指纹扫描图像的特征（例如嵴线末端、分叉），以机读格式对结果数据编码，接着在相关的已知指印数据库和记录中检索相似的指印。自动指印识别系统检索得很快，它们常常允许检验人员检索大量的被检索者。尽管一些困难的案件会很费时，这取决于被检索数据库的大小和系统的工作负荷，自动指印识别系统也常常能够在数分钟之内将结果返回给检验人员。

今天，自动指印识别系统检索可以分为截然不同的两类：

> **十指指印检索**　通常情况下是将质量较高的、专业获取的指印图像（例如，逮捕、登记时采集的图像或者作为背景检查的一部分所采集的图像）与某个机构的数据库（例如，联邦调查局的综合自动指印识别系统或者州的刑事指印数据库）中的指印记录进行比对。
>
> **潜在指印检索**　相对十指指印检索而言，这更为复

杂。在潜在指印检索中，指印检验人员试图将来源于犯罪现场的完全或者部分的潜在手印与自动指印识别系统数据库中的记录加以比对。潜在指印通常质量较差，而且可能是不完整的，指印检验人员甚至可能不知道它来源于哪一根手指。

第三类（尽管这一类包括以上所列两类的要素）可被称为"焚坏、腐烂或者支离破碎而无法识别的印痕"，这既可能是用完整的十指卡片与文档上已知的指印进行比对来确认身份，也可能是用完整的十指卡片与从身份不明死者的损伤手指的皮肤或者真皮取得的部分指印进行比对。第三类可以包括单一事件、单一个体的指印，或者自然灾难及恐怖事件所致的大量伤亡事件的受害者的指印。在任何情况下，自动指印识别系统将许多鉴定的时间，从数周降至数小时。

今天，增加自动指印识别系统记录，主要是通过上传来源于警察局登记和背景检查的十指记录来进行的。因为来源于这些（记录）的影像通常有较好的质量（确实，质量较差的十指记录通常需要在提取时重做），自动化的运算法则对于获取用于检索的影像特征是足够的。在运行十指自动比对方面（例如，在某人申请安全许可时采集的指印是否与之前在个人背景资料检查中采集的指印相互匹配），计算机运算法则运转良好。然而，提交一个潜在指印用以比对是一个更加定制化的过程，要求指印检验人员手工标注或者调校一些特征，来就相同位置的相同特征，从存储的指印中进行检索。因为潜在手印通常不如十指卡片清晰和完整，应用于十指分析的图像处理运算法则在测定质量较差的影像特征时，效果不如以人眼直接观察。

对于执法共同体而言，自动指印识别系统在过去几十年是一个重大的改进，但是今天自动指印识别系统的配置仍然远非理想。许多执法部门的自动指印识别系统仍然是单机系统，或者是使用共享数据库以及依据信息共享协议的相对有限的局部网络的一部分——西部鉴定网络就是这样一个地区网络的例子（更多关于西部鉴定网络的信息，参见表10—1）。

表10—1　　西部鉴定网络

“西部鉴定网络”创建于1988年5月，以促进创建多个州的自动指纹识别系统。一年以后，阿拉斯加、加利福尼亚、爱达荷、俄勒冈、内华达、犹他、华盛顿和怀俄明的州立法机关划拨出必需的款项开始这一系统的建设。

最初的西部鉴定网络自动指纹识别系统安置于加利福尼亚州的Sacramento，与怀俄明州的Cheyenne、犹他州的盐湖城、爱达荷州的Boise、内华达州的Carson城以及俄勒冈州的Salem和Portland的远端子系统相连。登记终端同样在这些州的很多地方安装，阿拉斯加、加利福尼亚和华盛顿现有的类似的单机系统在1990年接入西部鉴定网络，形成了最初的网络。起初，西部鉴定网络的集中化自动数据库包括900 000份指印记录，和阿拉斯加、加利福尼亚和华盛顿连接以后，可查询的指印记录数量增至超过1 400万份，今天，西部鉴定网络会员有权访问来自于美国西部的超过2 200万份指印记录。

注：关于西部鉴定网络的信息，参见www.winid.org/winid/who/documents/WIN-ServiceStrategyJanuary2008.pdf。

今天，来自不同经销商的自动指印识别系统大多数常常不能彼此互用。确实，来自同一经销商的不同版本的类似系统某些时候也不能彼此共享指印数据。此外，许多执法机构能够通过完全独立的单机系统访问联邦调查局的综合自动指印识别系统数据库①——事实是，这常常迫使指印检验人员为了某一项搜寻要多次输入指印数据（搜寻每个系统至少都要有一次）。

无疑，近年来在提升自动指印识别系统的贯彻和数据库互用性方面作出了很多的努力（参见表10—2），但是委员会认为，考虑到更具互用性的系统所带来的潜在利益，迄今为止所作出的这些努力的步伐实在太慢了，在实现有意义的、全国性的自动指印识别系统互用性方面，需要取得更大的进步。

① See www.fbi.gov/hq/cjisd/iafis.htm.

表 10—2 朝自动指印识别系统互用性方向努力

早在 1986 年，美国国家标准研究院（ANSI）和国家标准局（现在叫作国家标准与技术研究院，NIST）就一直致力于研究推动指印数据的交换。它们协作努力制定了一种界定细节数据及低和高分辨率指印图像的标准。然而，由于与其他专有系统相冲突，该标准并未成功。
1993 年，美国国家标准研究院和国家标准与技术研究院再次合作以建立另一个指印数据标准，该标准于 1997 年得到升级。它制定了以二进制和灰度格式存在的界定细节数据和高、低分辨率指印图像标准，以及压缩和解压缩图像数据的方法。[a]
20 世纪 90 年代末，国际鉴定协会的美国国家标准研究院委员会成功展示了一种方法，用于跨司法辖区和跨不同经销商设备进行指印远程检索。
2003 年，ANSI/NIST 标准再次更新。其总共增至 16 种记录类型，此外还有诸如掌印数据和潜在手印数据的标准。[b] 该标准最近再次更新，随后被美国国家标准研究院标准审查委员会批准为美国国家标准研究院标准。[c]
国家标准与技术研究院资助的细节互用性交换标准（MINEX）项目是一项正在进行的旨在提升指印细节标准性能和互用性的系列协作开发工作。2004 年，最初的项目展开，以确定使用细节数据（而不是图像数据）作为不同指印匹配系统进行指印信息互换的中介的可行性。[d]

a The committee's final report is available at www.onin.com/iaiafis/IAI_AFIS_071998_Report.pdf.

b For more information on the ANSI/NIST standards, see P. Komarinski. 2005. *Automated Fingerprint Identification Systems*. Boston: Elsevier Academic Press, pp. 162 - 166.

c This approved revision of the ANSI/NIST-ITL 1 - 2000 standard is now available as NIST Special Publication 500 - 271: *Data Format for the Interchange of Fingerprint, Facial, & Other Biometric Information-Part* 1 (ANSI/NISTITL 1-2007), at http://fingerprint.nist.gov/standard/Approved-Std-20070427.pdf.

d More information about the work of the MINEX series is available at http://fingerprint.nist.gov/minexII/.

互用性挑战

即便迄今为止，为实现更广阔的自动指印识别系统互用性和其潜在利益，已作出了很大的努力（例如，侦破了更多的罪案、检索更快和更有效率、有限执法资源得到了更有效的使用），但为实现该目标仍存在一些持久的挑战。

技术挑战

自动指印识别系统在互用性上面临的技术挑战，既包括其他学科的信息技术共同体所面临的和所要解决的挑战（例如，数据共享和算法），也包括自动指印识别系统和指印信息共享所面临的特别的挑战（例如，特征识别、潜在指印比对的可靠性）。此外，系统在设计时需要具有一定的灵活性，以期能在未来处理其他类型的计量生物学数据（例如，虹膜和手掌扫描及基因组数据）。随着这些挑战逐步得到解决，专有自动指印识别系统的检索算法可能会趋同，从而简化更大互用性所带来的挑战。

建立可用的技术标准并不是一项简单的工作，尤其是考虑到各种各样的利益相关者、专有系统和不断发展的技术能力（例如，改进的形态识别、更好的硬件、增强的数据压缩）。然而，其他分布式网络——例如，现代银行业务系统（例如 ATM 机②）、房地产领域的信息共享网络③、疾病预防与控制中心的公共健康信息网络④，甚至因特网本身，它们的运作都要依赖于许多精心设计和一致的标准及协议——的成功互用性就是一个明证，即发展和贯彻标准是值得的，因为这带来了更大的合作和信息共享。

实现自动指印识别系统互用性的技术挑战的另一个主要领域，牵涉系统使用的用以鉴别指印图像特征的运算法则。（例如，系统怎样确定与一个真实的嵴线末端或者分叉相对应的特定的像素形

② 确实，金融卡交易由于具有它自己的 ISO 标准而更加便利（ISO 8583-1：2003)。更多信息，可见于www. iso. org/iso/iso _ catalogue/catalogue _ tc/catalogue _ detail. htm? csnumber=31628。

③ See, e. g., the Metropolitan Regional Information System (MRIS), at www. mris. com/about/WhoWeAre. cfm.

④ 疾病预防与控制中心的公共健康信息网络是一个全国性的行动计划，目的是通过促进使用标准与界定功能和技术要求，改进公共卫生共同体使用和交换电子信息的能力。这一网络使用信息系统（PHINMS）来快速、安全地在互联网上在疾病预防与控制中心和其他地方、州与联邦组织之间共享敏感的卫生信息——比如有关 HIV 的记录、流行病的信息和有关生物恐怖活动的信息。关于公共健康信息网络和 PHINMS 的完整信息可见于 www. cdc. gov/phin/。

态，以及它怎样推断那些像素实际代表的特征属于何种类型）。到目前为止，这些运算法则很大程度上还是专用的，每个经销商都是不同的（即每种系统类型都是有差异的）。实际上，有经验的潜在指印检验人员已经发现，针对输入的特征图，不同的系统将会检索到不同的存储指印，他们已经学会根据各个系统的特点来就潜在指印的特征进行注释，以最大化地成功运用每一系统的推论检索算法。然而，要实现自动指印识别系统的充分互用性，则要求就这些运算法则制定基础标准，以便指印检验人员确信，不同系统的特征图谱是一致的。如上所述，指印检验人员由经验得知，对不同经销商的系统要提供不同的输入，他们常常故意忽略一些信息，因为知道更多的输入会降低检索质量：

> 检验人员不必为他在潜在指印中找到的每一个点编码。LPU（潜在指印组）检验人员已从经验获知，运用综合自动指印识别系统程序时，何种类型的特征点最有可能得到正确的匹配。LPU 主任 Meagher 告诉 OIG（监察主任办公室），检验人员获得培训以避免在高曲率嵴线流区域编码，例如一个手印的末端中心。潜在指印组主任 Wieners 和检查员 Green 告诉 OIG，当各个点被间隔而在解码时要分隔成两个或两个以上组时，综合自动指印识别系统的检索工作做得并不好。其中一个原因是综合自动指印识别系统侧重于特征点之间的嵴线数目。如果潜在手印中两组特征点之间的嵴线数目不清楚，综合自动指印识别系统可能不能检索手印的真实来源。因此，检验人员不必为潜在手印中的每一个特征点编码，而是将编码限定在点之间的嵴线数目很清晰的特定区域。⑤

今天的系统时常不能有效地利用大多数可用的特征信息，而且要求指印检验人员进行大量输入，这一事实表明，还存在巨大

⑤ Office of the Inspector General, Oversight and Review Division, U. S. Department of Justice. 2006. *A Review of the FBI's Handling of the Brandon Mayfield Case*. p. 119.

的改进空间。例如，一个理想的、综合性的自动指印识别系统将能够自动进行下列事项：

* 读取潜在指印；
* 能就质量好的大多数特征进行编码，包括那些被确定为一级的特征（例如螺旋或拱形的指印）、二级的特征（微小的细节）、三级的特征（汗孔、伤口）、嵴线路径，以及其他能够被经销商和用户界定的特征；
* 识别所见的指印中缺失的、模糊的、两次/多次覆盖的、质量较差的部分，并就此进行编码，让系统在检索的过程中对此忽视或者完全不计；
* 识别任何定位信息；
* 进行数据库检索；
* 提供“最佳匹配”，以及
* 收集基于指印质量、特征数量/类型的统计数据。

其他的技术挑战可能包括安全网络界面（或者类似的系统）的开发和使用，以使任何司法辖区的经授权的潜在手印检验者能够查询综合自动指印识别系统和其他联邦自动指印识别系统数据库，以及制定标准程序来安全维护自动指印识别系统数据库，消除冗余，确保指印数据正确输入，实施质量控制和检索确认（即确保查询实际上检索了整个数据库）。尽管此处提及的某些性能在今天的商业化系统下是可以获得的，但重大的改进仍然是可以实现的。

来自政策制定者的支持

考虑到自动指印识别系统互用性挑战的复杂性和大量操作者（其贡献和合作对于迎接该挑战是必需的），显而易见的是，如果没有来自联邦和州的政策制定者强有力、高水平的支持，旨在实现全国范围内互用性的努力就不可能成功。执法机构部署、使用、维护自动指印识别系统可用的资源会因司法辖区的不同而有极大的不同，用于购买、维护、使用培训、运作和更新自动指印比对系统的相关费用是巨大的——可能会动辄花费数百万美元⑥，对此必须仔细考虑，要与执法机构所面对的其他竞争性费用和利益相权衡。

委员会希望这一报告能够帮助政策制定者认识到全国范围互用性的益处，并且能够促使他们为执法机构、经销商和研究者提供迫切需要的支持，以帮助他们实现这一目标。确实，委员会认为，只有政策制定者提供强有力的、清晰的命令和来自于联邦与州政府的额外资金（既要支持为实现系统真正互用性所必需的研究和开发工作，又要帮助执法机构购买、贯彻和管理系统以及进行人事训练），才能够及时实现自动指印识别系统真正的互用性。

经销商

如上所述，自动指印识别系统设备和服务经销商必须合作，以确保全国范围自动指印识别系统的互用性。然而至今，如同人们可以合理想到的那样，在以产品差别化和保持产品竞争优势为首要关注的技术领域，经销商很少有动机去设计它们的系统，以使它们可以和竞争者的系统共享信息。委员会认为，自动指印识别系统经销商之间加强合作是实现更有意义的互用性的关键。例如，如果自动指印识别系统经销商们能够在制定检索运算法则的标准（或者基准）上合作（可以通过我们提议建立的国家法庭科学研究院来促进该工作），我们可以想象这将是极为有用的。这一措施一定可以使指印检验人员花费较少的时间在多个系统上运行检索，因为他们不必为在不同经销商的系统上检索而进行人工调整。

行政、法律和政策问题

如先前所述，大多数自动指印识别系统要么是单机系统，要

⑥　See p. Komarinski. 2005. *Automated Fingerprint Identification Systems*. Boston：Elsevier Academic Press，p. 145.

么是相对有限的地区数据库的一部分。为了实现系统真正的互用性，司法辖区必须更紧密地协作，来制定可以接受的协议和政策，从而规制指印信息的常规共享。国家法庭科学研究院能够促进按照这些方针制定标准协议，其中可能包括这样的问题，例如，检索其他司法辖区的系统的范围，检索优先权的管理，处理机构外检索要求所带来的成本的回收。此外，许多司法辖区可能还希望保证他们不需要就提供给其他执法机构的指印信息的误用承担责任。

结论和建议

就自动指印识别系统的互用性而言，还可以作巨大的改进。毫无疑问，许多数据库可能掌握有犯罪嫌疑人的指印或者还有与犯罪现场的未识别的潜在指印相匹配者，但可能仅仅因为调查机构不能跨数据库进行检索，许多犯罪得不到打击。一些行凶者有可能因为指印检索的局限性而逃之夭夭。

委员会认为，除了以上所指出的技术挑战外，在实践贯彻问题上，实现全国范围自动指印识别系统互用性方面还存在许多关键的障碍。这些障碍包括：（1）说服联邦或州的政策制定者要求实现全国范围的自动指印识别系统互用性；（2）说服自动指印识别系统设备经销商与执法共同体和研究人员协作配合，来创设和应用共享指印图像和细节数据以及支持所有检索的界面的基础标准；（3）向执法机构提供开发可以互用的自动指印识别系统的资源；（4）制定司法辖区之间的合作协议和公共政策，来让执法机构更为广泛地共享指印数据。

考虑到地方、州和联邦执法机构在可得的资源和信息技术专业知识方面存在的差异，迄今为止在实现互用性方面的缓慢进展，以及增加自动指印识别系统互用性可能带来的收益，委员会认为，一个新的重点是需要强调在全国范围实现指印数据互用性的重要性。

建议 12：

国会应当批准并向国家法庭科学研究院拨付资金，启动一个新的、范围广泛的行动来实现全国性指印数据互用。为实现该目标，国家法庭科学研究院应当召集一个包括来自国家标准与技术研究院和主要执法机构（包括地方、州、联邦以及可能情况下国际方面的代表）以及适当情况下实业界的相关专家在内的工作小组，来制定：

(a) 表示和沟通自动指印识别系统之间的影像和细目数据的标准。共同的数据标准将便于地方、州、联邦之间甚至国际间的执法机构共享指印数据，这将使得罪案侦破更多、错误识别更少、指印检索更为迅速；以及
(b) 用于绘制、记录和辨认指印图像的特征的基准标准——用于计算机算法，以及持续改进、提炼和表征这些算法的准确性（包括误差率的量化）的研究进程。

这些实现自动指印识别系统互用性的措施，必须要伴随有联邦、州和地方的资金，以支持司法辖区更新、运作其系统并保证其系统的完整性和安全，对当前的人员进行再培训，培训新的指印检验人员从真正的互用性中获益。此外，通过将指印数据或者数据库用于研究目的，还能实现更大的科学收益（当然，在科学工作者在使用这些数据时，要使用所有可供使用的现代安全和隐私保护措施）。一旦创立，国家法庭科学研究院可能还要负责新的标准和程序的维护和定期审查。

11

国土安全和法庭科学学科

在给委员会的指示中，国会提出了法庭科学在国土安全防卫方面到底发挥何种作用的问题。委员会认识到，为了彻底地讨论这个问题，需要额外的专业知识和更多的时间对法庭科学现在所发挥的作用以及未来可能发挥的作用作一充分的分析。而这需要分析者对国土安全部的现状，其同法庭科学共同体、执法以及国家安全等多方面的关系予以认真的研究。事实上，自从委员会开始探究这个问题起，法庭科学在国土安全方面发挥何种作用就是研究的一部分，这一点是显而易见的。正因为不想忽视这个问题，委员会把分析的范围限定在他们所收到的报告和成员所具备的专业知识领域。因此，这一章应该被当作探讨法庭科学在国土安全方面作用的第一步。

至少近二十年来，发展和应用法庭科学学科来支持情报、调查和操作，以预防、阻止、瓦解、追究和起诉恐怖主义，已经成为了现在被称为“国土安全”的活动的重要组成部分。20 世纪 80 年代至 20 世纪 90 年代，发生在美国国内和国外的大多数恐怖爆炸活动，促使美国政府强化联邦调查和法庭科学实体，以便更加有效地应对恐怖事件。比如说，在侦破泛美航空公司 103 号班机爆炸案（1988 年）、纽约世贸中心第一次爆炸案（1993 年）、俄克拉何马城爆炸案（1995 年）、环球航空公司 800 次航班疑似袭击和破坏案（1996 年）、美国科尔号驱逐舰爆炸案（2000 年）、美国驻肯尼亚和坦桑尼亚大使馆爆炸案（1998 年）等案件中，法庭科学发挥了重要的作用。虽然在 1996 年认定 Theodore Kaczynski 就是大学炸弹客（Unabomber），是其兄弟与当局合作的结果，但是对其不利的法庭科学证据，是本案的重要和关键性证据。

与刑事司法案件相比，国土安全的性质要求法庭科学更早地介入侦查过程。也就是说，对于国土安全而言，法庭科学所发挥的不仅仅是推断现场究竟发生了什么、谁是相关人的传统作用，它在国土安全方面更为重要的作用是获取调查线索及检验、指导侦查人员确定或重新修正案件调查的方向。在这个角色上，法庭科学为更加及时、有效地获取恐怖分子和恐怖组织的情报和调查信息作出了贡献。这既需要传统的法庭科学工具，也需要加强的、专门化的法庭科学分析和信息共享，这些新工具主要是由美国情报和国防共同体开发的，每一共同体都对新工具进行了调整，以适应其专业需求和任务。

因而，情报和调查能力建立在主要由军方和联邦调查局掌握的传统的法庭科学专业知识基础上。如美国国防部的美国军方刑事调查实验室，有 137 名工作人员，负责开展刑事犯罪侦查活动。同时它还开展一些研究活动以开发军方所需的专门化技术。该实验室也有某些非传统的法庭科学能力，包括情报收集、反情报方法和解读外文文件的能力。将来的计划包括诸如增强生物识别技术（应用于安全防卫）和法庭科学的一体化，以及改进事故调查和现场重建等。①

美国国防部的其他法庭科学技术能力则是由武装部队病理研究院（有 25 名工作人员）、网络犯罪中心（有约 190 名工作人员）、战俘与战斗失踪统计联合指挥部中央鉴定实验室（有 64 名以上的职员）、武装部队 DNA 鉴定实验室（有约 138 名员工）②掌握的。战俘与战斗失踪统计联合指挥部中央鉴定实验室把自己定位为世界上最大的法医人类学实验室。③生物识别工作小组也是

① C. Chelko, Director, U.S. Army Criminal Investigation Laboratory. "Department of Defense Forensic Capabilities." Presentation to the Committee. September 21, 2007.

② Ibid..

③ Ibid..

国防部法庭科学能力体系的一部分，为国防部法庭科学技术的发展作出了贡献，这一小组在战斗指挥、兵役以及为其他国防部机构开发和实施生物识别技术方面发挥了领导作用。④ 国防部法庭科学技术能力并不是集中管理的。⑤

国防部在 DNA 鉴定方面有着特别的兴趣，无论是己方的 DNA 还是敌方的 DNA。国防部有一个收集了 500 万份的 DNA 样本库，这些样本的大部分来自美军服役人员，主要是为对战争中伤亡人员的身份确认提供便利。同时国防部还通过情报和执法程序收集数据，以建立和维持联邦机构联合 DNA 数据库，这是一个可检索数据库，其 DNA 图谱来自于被拘留者和已知或嫌疑恐怖分子。⑥

按照美国军方刑事犯罪侦查实验室主任的说法，国防部法庭科学实验室相对而言是有着丰富的资源的，国防部职员在法庭科学职业组织、全国性的认证/认可组织和全国性的科学工作组中都非常地活跃。特别值得注意的是，与很多非军方执法实验室不同，所有国防部实验室都获得了全国性的认可。⑦

联邦政府致力于开发对国土安全具有重要意义的法庭科学方法，一个例子就是，新成立了国家生物防卫法庭科学分析中心，这是由国土安全部于 2004 年建立的。该中心的任务是形成对生物犯罪和生物恐怖活动调查所获得证据进行法庭科学分析及协作的全国性能力。国土安全部的研究弥补了其在短期和长期能力方面的不足，但是该中心本身专注于实际的案件工作。在中心建立之前，全国没有专门的生物防卫实验室、人员和设备进行生物犯罪证据的分析。人们没有办法处理生物传媒粉末，没有办法用传统的法庭科学方法对被生物传媒污染的证据进行分析，也没有地方

④ T. Cantwell, Senior Forensic Analyst, Biometric Task Force and Leader, Forensic Integrated Product Team, Department of Defense, "Latent Print Analysis". Presentation to the Committee. December 6, 2007.

⑤ Chelko, op. cit..

⑥ Ibid..

⑦ Ibid..

存放被生物传媒污染的数量庞大或体积巨大的证据。当时没有处理、分析案件证据的既定方法，没有确定的质量指南和对检验方法的同行评议，也没有统一的协调机构对生物法庭科学分析活动进行协调。这些缺陷在2001年应对炭疽病菌袭击时暴露无遗。[⑧]

生物法医鉴定学，一般称为微生物法医鉴定学或者法医微生物学，它是微生物学中一个发展中的交叉学科，致力于开发、评测和确认识别微生物的各种方法，以达到对比对分析结果形成高度信心的最终目的。在侦查活动中，它主要用于追查生物袭击中所使用的病原体或者生物源毒素。生物法医鉴定学工具包括能够迅速识别传染性微生物的实验诊断化验系统，有机、无机分析化学，电子显微镜检查以及遗传基因工程学。大部分的生物法医鉴定工作必须依照严格的安全和防卫作业指导书进行，为此正在建立专门的实验室。研究中心的技术能力包括：辨别和确认生化袭击、进行物理和化学分析、形成有助于调查和最终追究的数据。除了办理具体案件，研究中心还致力于开发和评估对人类、动物、植物具有高度危险性的生化传媒进行化验的方法，就生物法医鉴定工作获得认可，将认可扩大到新成立的相关机构，同时建立和维护生物媒体参考数据库以用于微生物法医比对鉴定。[⑨]

法庭科学中关于国土安全的另外一项是建立了国家情报主任办公室，它对各个情报部门进行协调。办公室下属的国家防扩散中心也进行了一些生物法医鉴定学的工作。[⑩] 大规模杀伤性武器（化学武器、生物武器、放射性武器、原子能武器）的获取、研制、

⑧ J. Burans, Director, National Bioforensics Analysis Center. "The National Biodefense Analysis and Countermeasures Center". Presentation to the Committee. September 21, 2007.

⑨ Ibid..

⑩ C. L. Cooke Jr., Office of the Deputy Director for Strategy & Evaluation, National Counterproliferation Center. "Microbial Forensics: Gaps, Opportunities and Issues". Presentation to the Committee. September 21, 2007.

使用会带来相当大的威胁，这使得美国政府机构不得不开发新的法庭科学技术。1996 年，由联邦调查局实验室设立了专门的法医学危险物质部门，标志着这一技术革新的开始。当时，人们对掌握大规模杀伤性武器的恐怖分子的威胁有了更加清醒的认识，并且正在筹备 1996 年亚特兰大奥运会。从那时起，联邦调查局、国防部、能源部、情报共同体以及国土安全部在此类技术方面有着多样化的兴趣，其投入也不断加大。上文中提到的各项计划显然表明，政府认为法庭科学及其基础设施是国土安全防御不可或缺的一部分。在编写这本书的时候，法庭科学的重要性和它在协助追查大规模杀伤性武器方面的潜力，也是国际上讨论的热点话题。

虽然美国联邦调查局实验室为法庭科学在国土安全防卫中的应用和在传统刑事司法中的应用提供了联系，但是在应对恐怖主义和国土安全问题上，传统的美国法庭科学共同体通常不直接参与大规模或者专门法庭科学活动的策划、预案、资源配备、响应、培训和实施活动。这种割裂的原因之一是，传统的法庭科学共同体在满足日常执法需求、及时办案以防积压方面承担着繁重的任务。此外，将法庭科学技术应用于国土安全需要一些并不常见的专业知识和技术设备，并且这些应用需要获得属于国家秘密的信息。虽然一些大都市（比如纽约城、洛杉矶）的执法机构和法庭科学实验室已经开发了一些此类专门化的战术能力，但是美国大多的法庭科学单位都不会，将来也不会合理地投资于这样的能力，反而主要依赖联邦调查局及其下属的在 100 个城市的联合反恐作战部队[11]等机构。

总的来看，对于大多数民用法庭科学实验室和法医局而言，不值得发展这些专门化的能力和国土安全所需要的能力，尽管有一些例外，一些新法庭科学活动所掌握的技能对于传统法庭科学

⑪ See Federal Bureau of Investigation. *Protecting America Against Terrorist Attack: A Closer Look at the FBI's Joint Terrorism Task Forces*. December 2004. Available at www. fbi. gov/page2/dec04/jttf120114. htm.

学科可能具有直接的应用性。然而，传统法庭科学和法医共同体所掌握的技能对于国土安全而言是潜在的重要财富。这些共同体在地理上的分散是额外的财富，因为一个安全事件或者自然灾害可能在任何地方发生，超过了专门化联邦能力的快速应急范围。此外，由于法庭科学和法医共同体的成员可以在专业化的人员到来之前对大规模杀伤性武器攻击作出响应，所以对地方响应人员进行足够的培训是很重要的，以便他们能适当地保全关键证据并保护自己免遭伤害。更为一般的是，加强民用法庭科学家和隶属于国防部和国土安全部的法庭科学工作者之间的联系是有益处的，可以使得所有部门共用他们的知识。

特别是法医共同体，可以被视为按地理分布的、快速部署的“兵团”，能够扩大联邦专家的人数，从而监视新出现的公共健康威胁，或对大规模灾难作出响应。当一个灾难性事件发生时，无论它是自然界还是恐怖主义的后果，都需要一个招之即来的大规模的法医队伍。然而，在大规模致命性事件管理方面，法医还没有得到适当的资助或培训。（关于法医在国土安全中的作用更为完整的讨论，参见第 9 章。）必须制订方案与方针以便临时使用法医队伍。

在给委员会的书面材料中，洛杉矶县警察局科技服务局主任 Barry A. J. Fisher 提到了如下需求和机会：

> ……考虑到在美国和境外同时会发生各种事件。资源有可能会被耗用到极点，更不用提浪涌能力（surge capacity）这一概念了。联邦调查局可用的法庭科学工作者并不是无限量的。但是在州和地方犯罪实验室有超过 5 000 名法庭科学工作者可以应募以提供帮助。一些司法辖区制订了使用当地人才的计划。另外一些则没有这样的计划。这种情况因地区不同而不同。
>
> 法庭科学工作者经常被叫到犯罪现场来协助收集证据。然而很少有人意识到他们莅临的是一个潜在的简易爆炸物实验室。在全国层面上几乎没有什么培训。大多数信息都是经

过分类的。州和地方的法庭科学工作者对于安全许可没有需求，但是经常要通过执法人员的背景检查。这制造出了一个典型的“第 22 条军规”。地方和州法庭科学人员不能获得这类保密信息以识别恐怖装置，而他们本来可以在他们和其他人受伤之前拆除这些装置。

对大规模伤亡事件中的受害者进行识别，是州和地方法庭科学实验室可能发挥作用的另外领域。（例如，他们能够提供指印鉴定服务。）在还没有几家实验室有能力开展 DNA 测试活动时，人们对那些进行证据收集并有助于这种鉴定的人是了如指掌的。重申一遍，尚没有使用地方或区域资源的一致计划。

法医和验尸官使用被称作 D-MORT（灾害丧葬业务响应小组）的志愿者系统来帮助处理大规模伤亡事件，无论是自然原因造成的还是恐怖事件造成的。可以考虑设立一个相似的项目，来征募州和地方的法庭科学工作者在重大的事件中提供帮助。⑫

这一章阐明了法庭科学能力和国土安全需要的叠合部分，但是理想的是，法庭科学共同体和国土安全共同体应该通过更好的沟通来愈加整合。然而，委员会就它在此事上的建议进行了限定，因为它认识到两个关键性因素：（1）法庭科学系统需要进行彻底的检查（参见第 2 章到第 8 章），直到这些问题得以解决，否则，州和地方法庭科学工作者在国土安全活动中的作用是没有什么意义的；（2）这种整合会产生许多问题，例如，联邦司法管辖权、国家安全问题、对共享信息的限制，许多问题超出了委员会的职责和主要关注点。⑬

---

⑫ B. A. J. Fisher. June 12, 2007. “Contemporary Issues in Forensic Science”, unpublished paper submitted to the committee.

⑬ See Institute of Medicine, 2008, *Research Priorities in Emergency Preparedness and Response for Public Health Systems* and workshop summaries of the Disasters Roundtable, dels. nas. edu/dr/.

结论和建议

从国土安全的角度看，良好的法庭科学和法医实践因其在将罪犯诉诸司法、处理自然和人为的大规模灾难的影响方面的作用，具有显然的价值。法庭科学方法（例如，DNA 片段评估）使得我们能够对遭到物理破坏的犯罪现场进行更为彻底的调查。对数字证据进行常规和可靠的收集，使用先进的方法对其进行及时的分析，在识别恐怖活动方面具有重大的潜在价值。因此，法庭科学共同体在保护国土安全方面发挥着作用。然而，为了转化这一潜力，法庭科学和法医共同体必须与国土安全活动相结合，以便在需要他们的时候他们能够作出贡献。为了奏效，这一结合将要求：（1）在联邦、州和地方司法辖区之间建立良好的工作关系；（2）创设强有力的安全项目来保护司法辖区之间的数据传输；（3）为法庭科学工作者和犯罪现场调查人员提供额外的培训；（4）制订应急计划来促进所需的有效的团队活动。与维护国土安全有关的政策问题非属本委员会的职责范围，因此也不在本报告范围内。然而，毫无疑问的是，法庭科学共同体和法医系统的改善将极大地提高国土安全能力。

建议 13：

国会应当向国家法庭科学研究院提供资金，和疾病控制与预防中心及联邦调查局一道，为法庭科学工作者和犯罪现场调查人员在管理和分析影响国土安全的事件中证据方面的潜在作用做好准备，以便在这些不寻常的环境中最大限度地保存证据价值，并保证这些人员的安全。这一准备还应当包括就地方法庭科学人员与联邦反恐组织之间的互用性制订预案（包括演练）。

附录 A

Biographical Information of Committee and Staff

Harry T. Edwards (Co-chair) was appointed to the United States Court of Appeals for the District of Columbia Circuit by President Carter in 1980. He served as Chief Judge from September 15, 1994, until July 16, 2001. Judge Edwards graduated from Cornell University, B.S., 1962, and the University of Michigan Law School, J.D., 1965, with distinction and honors. He was a member of the Michigan Law Review and was elected to the Order of the Coif. Before joining the bench, Judge Edwards practiced law in Chicago from 1965 to 1970. Between 1970 and 1980, he was a tenured Professor of Law at the University of Michigan and at Harvard Law School. He also served as Visiting Professor at the University of Brussels and as a member of the faculty at the Institute for Educational Management at Harvard University. Since joining the bench, he has taught at numerous law schools, including Duke, Georgetown, Harvard, Pennsylvania, Michigan, and New York University, where he has been a member of the faculty since 1990. Judge Edwards is currently a Visiting Professor of Law at the New York University School of Law. During his years as Chief Judge of the D.C. Circuit, Judge Edwards directed numerous automation initiatives at the Court of Appeals; oversaw a complete reorganization of the Clerk's Office; implemented case management programs that helped to cut the court's case backlog and reduce case disposition times; successfully pursued congressional support for the construction of the William B. Bryant Annex to the E. Barrett Prettyman U.S. Courthouse; presided over the court's hearings in *United States v. Microsoft*; established programs to enhance communications with the lawyers who practice before the court; and received high praise from members of the bench, bar, and press for fostering collegial relations among the members of the court. Judge Edwards' many positions have included Chairman of the Board of Directors of AMTRAK; member of the Board of Directors of the National Institute for Dispute Resolution; member of the Executive Committee of the Order of the Coif; member of the Executive Committee of the Association of American Law Schools, and Chairman of the Minority Groups Section; Vice President of the National Academy of Arbitrators; and member of the President's National Commission on International Women's Year. He also has received many awards for outstanding service to the legal profession and numerous Honorary Doctor of Laws degrees. Judge Edwards is a member of the American Law Institute; the American Academy of Arts and Sciences; the American Judicature Society; the American Bar Foundation; the American Bar Association; and the Supreme Court Historical Society. He is director/mentor at the Unique Learning Center in Washington, D.C., a volunteer program to assist disadvantaged inner city youth. Judge Edwards is the coauthor of five books. His most recent book, coauthored by Linda A. Elliot, *Federal Courts—Standards of Review: Appellate Court Review of District Court Decisions and Agency Actions*, was published in 2007. He has also published scores of law review articles dealing with labor law, equal employment opportunity, labor arbitration, higher education law, alternative dispute resolution, federalism, judicial process, comparative law, legal ethics, judicial administration, legal education, and professionalism. One of his most significant publications, "The Growing Disjunction Between Legal Education and the Legal Profession," published in the *Michigan Law Review* in 1992, has been the source of extensive comment, discussion, and debate among legal scholars and practitioners in the United States and abroad.

Constantine Gatsonis (Co-chair) is Professor of Biostatistics at Brown University and the founding Director of the Center for Statistical Sciences. He is a leading authority on statistical methods for the evaluation of diagnostic tests and biomarkers and has extensive involvement in research in Bayesian biostatistics, meta-analysis, and statistical methods for health services and outcome research. He is Network Statistician of the American College of Radiology Imaging Network, a National Cancer Institute-funded national collaborative group conducting multicenter studies of imaging in cancer diagnosis and therapy. Dr. Gatsonis has served on numerous review and advisory panels, including the Immunization Safety Review Committee of IOM, the Committee on Applied and Theoretical Statistics of NAS, panels of the Center for Devices and Radiological Health of U.S. Food and Drug Administration, the HSDG Study Section of the Agency for Health Care Policy Research, the Commission of Technology Assessment of the American College of Radiology, the Data Safety and Monitoring Boards for the National Institute of Neurological Disorders and Stroke and the

U.S. Department of Veterans Affairs, and several National Institutes of Health grant review panels. He is co-convener of the Screening and Diagnostic Tests Methods Working Group of the Cochrane Collaboration and a member of the steering group of the Cochrane Diagnostic Reviews initiative to develop systematic reviews of diagnostic accuracy for the Cochrane Library. Dr. Gatsonis is the founding editor-in-chief of *Health Services and Outcomes Research Methodology* and serves as Associate Editor of the *Annals of Applied Statistics, Clinical Trials and Bayesian Analysis*. Previous editorial positions include membership of the editorial board of *Statistics in Medicine*, *Medical Decision Making*, and *Academic Radiology*. He was elected fellow of the American Statistical Association and the Association for Health Services Research.

Margaret A. Berger received her A.B. from Radcliffe College and her J.D. from Columbia University School of Law. She is widely recognized as one of the nation's leading authorities on scientific evidentiary issues and is a frequent lecturer across the country on these topics. Professor Berger is the recipient of the Francis Rawle Award for outstanding contribution to the field of postadmission legal education by the American Law Institute/American Bar Association for her role in developing new approaches to judicial treatment of scientific evidence and in educating legal and science communities about ways in which to implement these approaches. Professor Berger served as the Reporter for the Working Group on Post-Conviction Issues for the National Commission on the Future of DNA Evidence. She has been called on as a consultant to the Carnegie Commission on Science, Technology, and Government and has served as the Reporter to the Advisory Committee on the Federal Rules of Evidence. She is the author of numerous amicus briefs, including the brief for the Carnegie Commission on the admissibility of scientific evidence in the landmark case of *Daubert v. Merrell Pharmaceutical, Inc.* She also has contributed chapters to both editions of the Federal Judicial Center's Reference Manual on Scientific Evidence (1994, 2000). Professor Berger has been a member of the Brooklyn Law School faculty since 1973. She has served on the following National Academies committees: the Committee on Tagging Smokeless and Black Powder; the Committee on DNA Technology in Forensic Science: An Update; and the IOM Committee on Evaluation of the Presumptive Disability Decision-Making Process for Veterans. She currently serves as a member of the National Academies Committee on Science, Technology, and Law, on the Committee on Science, Engineering, and Public Policy, and on the Committee on Ensuring the Utility and the Integrity of Research Data.

Joe S. Cecil is a Senior Research Associate and Project Director in the Division of Research at the Federal Judicial Center. Currently, he is directing the center's Program on Scientific and Technical Evidence. As part of this program, he serves as principal editor of the Center's *Reference Manual on Scientific Evidence*. He has published several articles on the use of court-appointed experts and is currently examining changes in summary judgment practice in federal district courts over the past 30 years. Dr. Cecil received his J.D. and a Ph.D. in psychology from Northwestern University. He serves on the editorial boards of social science and legal journals. He has served as a member of several panels of NAS, and currently is serving as a member of the National Academies Committee on Science, Technology, and Law. Other areas of research interest include federal civil and appellate procedure, jury competence in complex civil litigation, claim construction in patent litigation, and judicial governance.

M. Bonner Denton is a Professor of Chemistry and a Professor of Geosciences at the University of Arizona. He received his B.S. and B.A. in 1967 from Lamar State College of Technology. In 1972, he received his Ph.D. from the University of Illinois. He is the recipient of the American Chemical Society Division of Analytical Chemistry Award in Spectrochemical Analysis, 2001; the Pittsburgh Spectroscopy Award, 1998; the University of Arizona Excellence in Teaching Award, 1993; and the SAS Lester Strock Award, 1991. Dr. Denton has served as the editor of four texts on scientific optical imaging and has authored more than 190 peer-reviewed manuscripts. He has served as President of the Society of Applied Spectroscopy; Chair of the Analytical Division of the American Chemical Society; a Galileo Fellow, College of Science, University of Arizona, 2004; Fellow, Royal Society of Chemistry, 2004; Fellow, Society for Applied Spectroscopy, 2006; and Fellow, National Association of the Advancement of Science, 2006. His research interests include analytical instrumentation and spectroscopy and mass spectrometry.

Marcella F. Fierro served as Chief Medical Examiner for the Commonwealth of Virginia, and Professor of Pathology and Professor and Chair of the Department of Legal Medicine at Virginia Commonwealth University from 1994 to 2008. Dr. Fierro oversaw the medical examiner investigations of all violent, suspicious, and unnatural deaths in Virginia. She teaches forensic pathology to medical schools, law students, law enforcement agencies, the Commonwealth's attorneys, and other interested groups. She received a B.A. in biology cum laude from D'Youville College, Buffalo, New York, and earned her M.D. from the State University of New York at Buffalo School of Medicine. She completed residency training in pathology at the Cleveland Clinic and the Medical College of Virginia, Virginia Commonwealth University. She was a fellow in forensic pathology and legal medicine at Virginia Commonwealth University and the Office of the

Chief Medical Examiner in Richmond, Virginia. Dr. Fierro is certified by the American Board of Pathology in anatomical, clinical, and forensic pathology. After serving as Deputy Chief Medical Examiner for Central Virginia for 17 years, Dr. Fierro accepted a position as Professor of Pathology at East Carolina University School of Medicine, where she served as a Professor of Pathology in the division of forensic pathology and taught general and forensic pathology until she returned to Virginia in 1994 as Chief. Dr. Fierro has been active in professional organizations as a member of the Forensic Pathology Council of the American Society of Clinical Pathologists and Chair of the Forensic Pathology Committee of the College of American Pathologists. She is past president of the National Association of Medical Examiners and served on the board of directors and the executive committee of that organization and currently serves on several committees. Dr. Fierro is a Fellow of the American Academy of Forensic Sciences, was a member of the Forensic Science Board for the Commonwealth, and has served as a consultant to the Federal Bureau of Investigation for the National Crime Information Center Unidentified and Missing Persons Files and on federal panels and committees that are developing best practices in mass fatality management. Dr. Fierro has been active in the legislative process, serving as a resource and advocate in Virginia for matters related to forensic and medical examiner issues. Recent activities include establishing child and maternal mortality review teams and the National Violent Death Reporting System and Family and Interpersonal Violence surveillance programs for Virginia. Dr. Fierro has published in professional journals, edited a textbook, contributed chapters to several books, and presented at international meetings. Dr. Fierro served as a reviewer for the American Journal of Forensic Medicine and Pathology. She received Virginia's Public Health Hero Award and the National Association of Medical Examiners Service award, and she was elected to Alpha Omega Alpha as a distinguished alumna of the School of Medicine, State University of New York at Buffalo.

Karen Kafadar is Rudy Professor of Statistics and Physics at Indiana University. She received her B.S. and M.S. degrees from Stanford and her Ph.D. in statistics from Princeton under John Tukey. Her research focuses on exploratory data analysis, robust methods, characterization of uncertainty in quantitative studies, and analysis of experimental data in the physical, chemical, biological, and engineering sciences. Previously, she was Professor and Chancellor's Scholar in the Departments of Mathematical Sciences and Preventive Medicine & Biometrics at the University of Colorado-Denver; Fellow at the National Cancer Institute (Cancer Screening section); and Mathematical Statistician at Hewlett Packard Company (R&D laboratory for RF/Microwave test equipment) and at the National Institute of Standards and Technology (where she continues as Guest Faculty Visitor on problems of measurement accuracy, experimental design, and data analysis). Previous engagements include consultancies in industry and government, as well as visiting appointments at the University of Bath, Virginia Tech, and Iowa State University. She has served on previous NRC committees and also on the editorial review boards for several professional journals as editor or associate editor and on the governing boards for the American Statistical Association, the Institute of Mathematical Statistics, and the International Statistical Institute. She is an Elected Fellow of the American Statistical Association and the International Statistical Institute, and she has authored more than 80 journal articles and book chapters and has advised numerous M.S. and Ph.D. students.

Peter M. Marone is the Executive Director of the Virginia Department of Forensic Sciences. He joined the department in 1978 and served as Central Laboratory Director from 1998 until 2005, when he was named Director of Technical Services. Mr. Marone began his forensic career at the Allegheny County Crime Laboratory in 1971 and remained in Pittsburgh until 1978. Mr. Marone is a member of the American Society of Crime Laboratory Directors (ASCLD), the American Academy of Forensic Sciences, the Mid-Atlantic Association of Forensic Scientists, and the International Association for Chemical Testing and the Forensic Science Society. He has served on the ASCLD's DNA Credential Review Committee (for DNA) and was Co-chair of the Undergraduate Curriculum Committee of the Technical Working Group for Forensic Science Training and Education. He is a past chair of the American Society of Crime Laboratory Directors Laboratory Accreditation Board, a member of the Forensic Education Program Accreditation Commission for the American Academy of Forensic Sciences, and the chair of the Board of Directors of the Consortium of Forensic Science Organizations. Mr. Marone received his B.S. and M.S. in chemistry from the University of Pittsburgh.

Geoffrey S. Mearns is the Dean of the Cleveland-Marshall College of Law at Cleveland State University. Before his appointment in July 2005, Dean Mearns was a practicing lawyer. His practice focused on federal criminal investigations and prosecutions and complex commercial litigation. While in private practice, he was also actively involved in pro bono work. Before commencing private practice in 1998, Dean Mearns had a distinguished nine-year career as a prosecutor with the U.S. Department of Justice. During his tenure with the Justice Department, he was an Assistant United States Attorney for the Eastern District of New York, where he was Chief of the Organized Crime and Racketeering Section. In that position, he was responsible for investigating, prosecuting, and supervising cases against members and associates of organized crime families charged with racketeering, murder, extortion, bribery, and obstruction of justice. Dean Mearns also was the First Assistant United States Attorney for the Eastern District of North Carolina. From 1997 to 1998, as Special Assistant to the United States Attorney General, he participated in the prosecution of Terry Nichols, one of two men convicted for bombing the Oklahoma City Federal Building. Dean Mearns received his undergraduate degree from Yale University in 1981, and he received his law degree from the University of Virginia in 1987. After graduating from law school, he clerked for the Honorable Boyce F. Martin, Jr., of the United States Court of Appeals for the Sixth Circuit. Dean Mearns has been active in professional and community service. Among other activities, he was twice Chair of the Merit Selection Committee on Bankruptcy Judgeships for the Northern District of Ohio; he was Chair of the Merit Selection Committee on United States Magistrate Judgeship for the Northern District of Ohio; and he was Chair of the Board of Trustees of Applewood Centers, Inc. He is a trustee of Wingspan Care Group, Inc., of the Cleveland Metropolitan Bar Association, and of the Sisters of Charity Foundation of Cleveland. Dean Mearns has been an adjunct professor at Case Western Reserve University School of Law and New York Law School. He has published articles on criminal litigation, and he is a frequent speaker and commentator on various criminal law issues, including counterterrorism.

Randall S. Murch is the Associate Director, Research Program Development, Research Division, National Capital Region, Virginia Tech. He holds Adjunct Professorships in the School of Public and International Affairs, College of Architecture and Urban Studies, and the Department of Plant Pathology, College of Agriculture and Life Sciences. He is also a Visiting Professor, Department of War Studies, King's College London, United Kingdom. Dr. Murch received his B.S. in biology from the University of Puget Sound, Tacoma, Washington, his M.S. in botanical sciences from the University of Hawaii in 1976, and his Ph.D. in plant pathology from the University of Illinois, Urbana-Champaign in 1979. He has extensive strategy, analysis, and leadership experience in the design, development, and implementation of advanced forensic capabilities for intelligence, counterterrorism. and other national security applications and purposes. Following brief service in the U.S. Army Reserve, Dr. Murch's first career was with the Federal Bureau of Investigation (FBI), where he was a Special Agent. He was assigned to the Indianapolis and Los Angeles Field Offices, where he performed counterterrorism, counterintelligence, and other investigations. During his career, Dr. Murch was assigned to the FBI Laboratory as a forensic biologist, research scientist, department head, and deputy director, at various times. Interdispersed with his Laboratory assignments were four assignments in the bureau's technical investigative program: as a program manager for complex operations planning, Intelligence Division; unit chief for a technology development and deployment group, Technical Services Division; squad supervisor, New York Field Office; and Deputy Director, Investigative Technology Division (formally Technical Services Division). Between his last Laboratory assignment and his last technical investigative program assignment, he was detailed to the Defense Threat Reduction Agency, Department of Defense, where he was the director of the Advanced Systems and Concepts Office and led advanced studies on complex current and future challenges dealing with weapons of mass destruction. He created the FBI's WMD forensic investigative program, served as the Bureau's science advisor to the 1996 Olympic Games, led forensic investigative aspects of a number of major terrorism cases, and initiated a number of new programs for both the FBI Laboratory and technical investigative program. In 1996, Dr. Murch created the FBI's Hazardous Materials Response Unit, the Nation's focal point for the forensic investigation of WMD threats, events and hoaxes. Throughout his FBI career, he also was involved with extensive liaison at the national and international levels in furthering science and technology for law enforcement, counterterrorism, and national security purposes. Dr. Murch retired from the FBI in November 2002, after nearly 23 years of service. From December 2002 through December 2004, Dr. Murch was employed as a Research Staff Member, Institute for Defense Analyses, a leading Federally Funded Research and Development Center, where he led and participated in studies for the defense, intelligence, and homeland security communities. He is still an adjunct staff member at the institute. He joined Virginia Tech in December 2004, where he now works in the areas of life science research program development, systems biology, microbial systems biology, microbial forensics, and biosecurity and university strategic planning. He has served or still serves on several advisory boards, including the Board of Life Sciences, NRC; the Defense Threat Reduction Agency's Threat Reduction Advisory Committee; the Defense Intelligence Agency's BioChem 2020; the FBI's Scientific Working Group on Microbial Genomics and Forensics, and a new standing committee of NAS for the Department of Homeland Security's National Biodefence Analysis and Countermeasures Center. He has also been a member of or advised study committees of NRC, NAS, IOM, the Defense Science Board, and the Threat Reduction Advisory Committee. Dr. Murch has been a member of the American Academy of Forensic Sciences and the American Society of Crime Laboratory Directors; has served on the Board of Directors, American Society of Crime Laboratory Directors; and has been a member of the National Institute of Justice DNA Proficiency Testing Panel. He also served as the Designated Federal Employee on the DNA Advisory Board.

Channing Robertson received his in B.S. in chemical engineering from the University of California, Berkeley; his M.S. in chemical engineering from Stanford University; and his Ph.D. in chemical engineering, with an emphasis on fluid mechanics and transport phenomena, from Stanford University. Professor Robertson began his career at the Denver Research Center of the Marathon Oil Company and worked in the areas of enhanced oil recovery, geophysical chemistry, and polyurethane chemistry. Since 1970, he has been on the faculty of Stanford's Department of Chemical Engineering and has educated and trained more 40 doctoral students, holds 7 patents, and has published more than 140 articles. He is Director of the Stanford-National Institutes of Health Graduate Training Program in Biotechnology. He was Co-director of the Stanford initiative in biotechnology known as BioX, which in part includes the Clark Center for Biomedical Engineering and Sciences. He directed the summer Stanford Engineering Executive Program. Dr. Robertson received the 1991 Stanford Associates Award for service to the university, the 1991 Richard W. Lyman Award, and the Society of Women Engineers Award for Teacher of the Year 2000 at Stanford. He is a Founding Fellow of the American Institute of Medical and Biological Engineering. Dr. Robertson serves on the Scientific Advisory Committee on Tobacco Product Regulation of the World Health Organization and on the Panel on Court-Appointed Scientific Experts of the American Association for the Advancement of Science. Because of his interests in biotechnology, he has consulted widely in the design of biomedical diagnostic devices. Dr. Robertson has also served as an expert witness in several trials, including the Copper-7 intrauterine contraceptive cases (United States and Australia), the Stringfellow Superfund case, and, most recently, the Minnesota tobacco trial.

Marvin E. Schechter has been a solo practitioner, specializing in criminal defense matters before state, federal, and appeals courts, since 1994. Mr. Schechter has held several positions with the Legal Aid Society of New York, including Deputy Attorney-in-Charge, Criminal Defense Division, Kings County. He is currently a member of the Board of Directors of the National Association of Criminal Defense Attorneys, a member of the Executive Committee of the Criminal Justice Section of the New York State Bar Association, and a past president of the New York State Association of Criminal Defense Attorneys. Mr. Schechter co-founded Getting Out/Staying Out, a program that provides 18- to 22-year-old Rikers Island Correctional Facility inmates with the opportunity to earn a GED and receive job counseling, employment, and housing. He has taught at the National Institute for Trial Advocacy programs at Hofstra University and Cardoza Law School and has been an adjunct professor for trial advocacy at Fordham University Law School. He received his J.D. from Brooklyn Law School.

Robert Shaler received his Ph.D. from Pennsylvania State University in 1968 and has had academic appointments at the University of Pittsburgh School of Medicine, the University of Pittsburgh School of Pharmacy, the City University of New York, New York University School of Medicine, and, most recently, at Pennsylvania State University. He joined the scientific staff of the Pittsburgh and Allegheny County Crime Laboratory in 1970, where, as a criminalist, he practiced forensic science, testified in court, and investigated crime scenes. He joined the Aerospace Corporation staff in 1977 and managed four Law Enforcement Assistance Administration contracts, one of which resulted in setting the bloodstain analysis standard for the Nation's crime laboratories until the mid 1980s. In 1978, he joined the staff of the New York City Medical Examiner's Office as the head of its serology laboratory, a position he held until 1987, when he moved to the Lifecodes Corporation, the Nation's first forensic DNA typing laboratory. As the Director of Forensic Science and Business Development, he introduced "DNA Fingerprinting" to the Nation's legal and law enforcement communities, through a series of nationwide, informational lectures. Dr. Shaler returned to the Medical Examiner's Office in 1990, where he created a modern Department of Forensic Biology, designed its current 300,000 square foot modern building, and established the city's first crime reconstruction team, which still operates from within the Medical Examiner's Office. In the wake of the 9/11 attacks on the World Trade Center, he assumed responsibility for the DNA identification effort, designing the testing strategy and coordinating the work of six different laboratories. In 2005, he published a book, *Who They Were—Inside the World Trade Center DNA Story: The Unprecedented Effort to Identify the Missing,* that told the story of the people working behind the scenes of the DNA work done at the Medical Examiner's Office in New York City. In July 2005, he retired from the Medical Examiner's Office and accepted a professorship at Pennsylvania State University, where he is the director of the university's forensic science program. His crime scene investigation course has attracted national attention, and his research interests are broad, focusing on applying science and technology to crime scene investigation and quantifying the biological response to trauma and stress. He has taught several workshops to working law enforcement professionals in crime scene investigation, crime reconstruction, and bloodstain pattern analysis.

Jay A. Siegel is Professor and Director of the Forensic and Investigative Sciences Program at Indiana University Purdue University, Indianapolis. He was Director of the Forensic Science Program at Michigan State University. He was Professor of Chemistry at Metropolitan State College in Denver, Colorado, and he spent three years as a forensic chemist with the Virginia Bureau of Forensic Sciences, where he analyzed illicit drugs and trace evidence. Dr. Siegel has testified as an expert witness more than 200 times in 7 states, as well as in federal and military courts. Dr. Siegel is a Fellow with the American Academy of Forensic Sciences, where he was awarded the Paul Kirk Award for outstanding service to the Criminalistics section in 2005. He is also a member of the American Chemical Society, the Midwest Association of Forensic Scientists, and the Forensic Science Society (United Kingdom). He is a member of the International Association for Identification and an Academic Affiliate member of the American Society of Crime Lab Directors. Dr. Siegel is an active researcher in forensic science, with many scientific publications. He currently serves as the principal investigator on a research grant from the National Institute of Justice on ink analysis, his second grant for this work. He also is the author of two textbooks in forensic science and is the editor in chief of the *Encyclopedia of Forensic Sciences*.

Sargur Srihari received a B.Sc. in physics and mathematics from the Bangalore University in 1967, a B.E. in electrical communication engineering from the Indian Institute of Science, Bangalore, in 1970, and a Ph.D. in computer and information science from the Ohio State University, Columbus, in 1976. Dr. Srihari is a State University of New York Distinguished Professor at the University of Buffalo in the Department of Computer Science and Engineering. He is the founding director of the Center of Excellence for Document Analysis and Recognition. He has supervised 30 completed doctoral dissertations. Dr. Srihari is a member of the Board of Scientific Counselors of the National Library of Medicine. He is chairman of CedarTech, a corporation for university technology transfer. Dr. Srihari has been general chairman of several international conferences and workshops: the Third International Workshop on Handwriting Recognition held in Buffalo, New York, in 1993, the Second International Conference on Document Analysis and Recognition, in Montreal, Canada, 1995, the Fifth International Conference on Document Analysis and Recognition, 1999, held in Bangalore, India, and the Eighth International Workshop on Handwriting Recognition, 2002, held in Niagara-on-the-Lake, Ontario, Canada. Dr. Srihari has served as chairman of TC-11 (technical committee on Text Processing) of the International Association for Pattern Recognition. He is currently Chair of the International Association for Pattern Recognition's Publicity and Publications Committee. Dr. Srihari received a New York State/United University Professions Excellence Award for 1991. He became a Fellow of the Institute of Electronics and Telecommunications Engineers (India) in 1992, a Fellow of the Institute of Electrical and Electronics Engineers in 1995, and a Fellow of the International Association for Pattern Recognition in 1996. He was named a distinguished alumnus of the Ohio State University College of Engineering in 1999.

Sheldon M. Wiederhorn (NAE) received his B.S. in chemical engineering from Columbia University in 1956 and his M.S. and Ph.D. from the University of Illinois, also in chemical engineering, with a minor in solid state physics. His Ph.D. topic was high pressure physics, with an emphasis on phase transformations in alkali halides. After finishing graduate school, he worked at DuPont at the Research Station in Wilmington, Delaware, during which time his research and scientific interests gradually changed toward materials science with a specialization in the mechanical behavior of ceramic materials. After three years, he began work at the National Bureau of Standards, where he carried out an independent research program on the mechanical behavior of glasses and ceramic materials. At the National Bureau of Standards, now the National Institute of Standards and Technology, Dr. Wiederhorn carried out a program on the mechanical reliability of brittle materials. He was one of the first to apply fracture mechanics techniques to study the fracture of ceramic materials. A result of his research was the development of techniques to assure the structural reliability of brittle ceramic materials. Techniques pioneered by Dr. Wiederhorn are now used to assure the reliability of glass windows in airplanes and in space vehicles. Dr. Wiederhorn is best known for the experiments he developed to study and to characterize subcritical crack growth in glasses. The results of these studies illustrated the complexity of subcritical crack growth, and a natural conclusion of his study was that the failure of glass was caused by the slow growth of cracks to a critical size, which determined the time-to-failure. In addition to his work on the fracture of glass, Dr. Wiederhorn directed a program to measure the deformation of structural ceramics at very high temperatures. The objective of this work was to develop ceramic materials that could be used as turbine blades in power turbines used for more efficient production of electricity. The program has resulted in the development of new measurement techniques for characterizing creep at elevated temperatures. A new mechanism of creep has also been discovered by Dr. Wiederhorn and his group, and ways have been suggested to improve the creep behavior of nonoxide materials at high temperatures. Dr. Wiederhorn has received many awards for his research and leadership at the National Institute of Standards and Technology. These include both a Silver and Gold Medal awarded by the Department of Commerce and the Samuel Wesley Stratton Award by the National Bureau of Standards. He is also a Fellow of the American Ceramic Society and has received a number of important awards for his research from this society, including the Jeppson Award for outstanding research on ceramic materials. He is now a Distinguished Lifetime Member of the American Ceramic Society. In 1991, Dr. Wiederhorn was elected a member of the National Academy of Engineering. At the National Institute of Standards and Technology, Dr. Wiederhorn is now a Senior Fellow and continues to carry out a research program on the mechanical properties of ceramic materials. His current interests are to use the Atomic Force Microscope to investigate the atomistics of crack growth in glasses and ceramic materials, with the hope of learning more about the crack growth process and the relation between crack growth and the microstructure of glass.

Ross E. Zumwalt is Chief Medical Investigator of the State of New Mexico. He received his undergraduate education from Wabash College in Crawfordsville, Indiana. Dr. Zumwalt graduated from the University of Illinois College of Medicine. He completed a rotating internship and one year of pathology residency at the Mary Imogene Bassett Hospital in Cooperstown, New York. Dr. Zumwalt then completed his pathology residency at the Southwestern Medical School and Parkland Hospital in Dallas. He received his forensic fellowship training at the Dallas County Medical Examiner's Office. Dr. Zumwalt served in the United States Navy as director of laboratories at the Navy Regional Medical Center in Camp Lejeune, North Carolina. He spent two years as deputy coroner in Cleveland, Ohio, and six years as deputy coroner in Cincinnati, Ohio, before coming to the Office of the Medical Investigator in 1987. Dr. Zumwalt is certified in anatomic and forensic pathology by the American Board of Pathology. He was a trustee of the American Board of Pathology from 1993 to 2004. He is currently a member of the Residency Review Committee for Pathology. Dr. Zumwalt has served as president of the National Association of Medical Examiners and is a member of the following professional organizations: The National Association of Medical Examiners; the American Academy of Forensic Sciences; the College of American Pathologists; the American Society of Clinical Pathologists; the United States and Canadian Academy of Pathology; the American Medical Association; and the American Association for the Advancement of Science.

Staff

Anne-Marie Mazza is Director of the Committee on Science, Technology and Law. She joined the National Academies in 1995. She has served as Senior Program Officer with both the Committee on Science, Engineering, and Public Policy and the Government-University-Industry Research Roundtable. In 1999 she was named the first director of the Committee on Science, Technology, and Law, a newly created program designed to foster communication and analysis among scientists, engineers, and members of the legal community. In 2007, she became the director of the Christine Mirzayan Science and Technology Graduate Policy Fellowship Program. Dr. Mazza has been the study director on numerous Academy reports, including *Science and Security in a Post 9-11 World, 2007; Reaping the Benefits* *of Genomic and Proteomic Research, 2005*; *Intentional Human Dosing Studies for EPA Regulatory Purposes: Scientific and Ethical Issues, 2004*; *The Age of Expert Testimony: Science in the Courtroom, 2002*; *Issues for Science and Engineering Researchers in the Digital Age, 2001*; and *Observations on the President's Fiscal Year 2000 Federal Science and Technology Budget, 1999*. Between October 1999 and October 2000, she divided her time between the Committee on Science, Technology, and Law and the White House Office of Science and Technology Policy, where she served as a Senior Policy Analyst responsible for issues associated with the government-university research partnership. Before joining the Academy, Dr. Mazza was a Senior Consultant with Resource Planning Corporation. She received a B.A., M.A., and Ph.D. from The George Washington University.

Scott T. Weidman is the Director of NRC's Board on Mathematical Sciences and Their Applications. He joined NRC in 1989 with the Board on Mathematical Sciences and moved to the Board on Chemical Sciences and Technology in 1992. In 1996, he established a new board to conduct annual peer reviews of the Army Research Laboratory, which conducts a broad array of science, engineering, and human factors research and analysis, and he later directed a similar board that reviews the work of the National Institute of Standards and Technology. He has worked full time with the Board on Mathematical Sciences and Their Applications since June 2004. During his NRC career, he has staffed studies on a wide variety of topics related to mathematical, chemical, and materials sciences; laboratory assessment; and science and technology policy. His current focus is on building NRC's capabilities and portfolio related to all areas of analysis and computational science. He holds bachelor degrees in mathematics and materials science from Northwestern University and an M.S. and Ph.D. in applied mathematics at the University of Virginia. Before joining NRC, he held positions with General Electric, General Accident Insurance Company, Exxon Research and Engineering, and MRJ, Inc.

David Padgham is Policy Director at the High Performance Computing Initiative Council on Competitiveness. Before joining the council, he was an associate program officer at the Computer Science and Telecommunications Board of NRC. His work there comprised a robust mix of writing, research, and project management, and he was involved in the production of numerous reports, including, most recently, *Software for Dependable Systems: Sufficient Evidence?*; *Engaging Privacy and Information Technology in a Digital Age*; and *Renewing U.S. Telecommunications Research*. Before joining the Computer Science and Telecommunications Board in 2006, Mr. Padgham was a policy analyst for the Association for Computing Machinery, where he worked closely with its public policy committee, USACM, to support the organization's policy principles and promote its policy interests. Mr. Padgham holds a master's degree in library and information science, from the Catholic University of America in Washington, D.C., and a B.A. in English, from Warren Wilson College in Asheville, North Carolina.

John Sislin is a Program Officer with the Board on Higher Education and Workforce. His work focuses on topics in international affairs, higher education, globalization, and the impact of science and technology on society and security. His work on international affairs includes developing a system to monitor compliance with international labor standards for the U.S. Department of Labor and development of a biographical database on world leaders with foreign education or employment experience sponsored by the MacArthur Foundation. Dr. Sislin's work in higher education has focused on gender (three projects on recruiting, retaining, and advancing women in science and engineering in higher education and academic careers) and the role of community colleges in educating future engineers. He has worked on program evaluations for the NIST, the United States Institute of Peace, and NSF. Other projects include a survey of life scientists' attitudes toward personal responsibility regarding dual-use research and biosecurity and a study of priorities in civil aeronautics research sponsored by NASA. Before coming to the Academies, Dr. Sislin's previous research focused on international and civil conflict, human rights, international security, and U.S. foreign policy. Dr. Sislin received a B.A. from the University of Michigan in Russian and East European Studies and a Ph.D. in Political Science from Indiana University.

Steven Kendall is Senior Program Associate for the Committee on Science, Technology, and Law. He is a Ph.D. candidate in the Department of the History of Art and Architecture at the University of California, Santa Barbara, where he is completing a dissertation on nineteenth-century British painting. Mr. Kendall received his M.A. in Victorian art and architecture at the University of London. Before joining The National Academies in 2007, he worked at the Smithsonian American Art Museum and The Huntington in San Marino, California.

Kathi E. Hanna is a science and health policy consultant, writer, and editor specializing in biomedical research policy and bioethics. She served as Research Director and Senior Consultant to President Clinton's National Bioethics Advisory Commission and as Senior Advisor to President Clinton's Advisory Committee on Gulf War Veterans Illnesses. More recently, she served as the lead author and editor of President Bush's Task Force to Improve Health Care Delivery for Our Nation's Veterans. In the 1980s and 1990s, Dr. Hanna was a Senior Analyst at the congressional Office of Technology Assessment, contributing to numerous science policy studies requested by congressional committees on science education, research funding, biotechnology, women's health, human genetics, bioethics, and reproductive technologies. In the past decade, she has served as an analyst and editorial consultant to the Howard Hughes Medical Institute, the National Institutes of Health, IOM, NAS, and several charitable foundations, voluntary health organizations, and biotechnology companies. Before coming to Washington, D.C., she was the Genetics Coordinator at Children's Memorial Hospital in Chicago, where she directed clinical counseling and coordinated an international research program in prenatal diagnosis. Dr. Hanna received an A.B. in biology from Lafayette College, an M.S. in human genetics from Sarah Lawrence College, and a Ph.D. from the School of Business and Public Management, The George Washington University.

Sara D. Maddox is a science and health policy editor who served as senior editor for reports to the President of the National Bioethics Advisory Commission, including *Ethical Issues in Human Stem Cell Research* and *Research Involving Human Biological Materials: Ethical Issues and Policy Guidance*. Earlier in her career she was a writer and editor at the Howard Hughes Medical Institute, and she has served as a science editor and writer for reports of the Secretary's Advisory Committee on Genetics, Health, and Society. Ms. Maddox participated in editing *Firepower in the Lab: Automation in the Fight Against Infectious Diseases and Bioterrorism*, a publication based on a colloquium on bioterrorism and laboratory-based data held at NAS. She has edited reports of the National Resource Council, including *Intentional Human Dosing Studies for EPA Regulatory Purposes: Scientific and Ethical Issues* and *Participants* and *Science and Security in a Post 9/11 World*. She also was editor for IOM's *Genes, Behavior, and the Social Environment: Moving Beyond the Nature/Nurture Debate*.

附录 B

Committee Meeting Agendas

MEETING 1
WASHINGTON, D.C.
JANUARY 25, 2007

8:30 Welcome and Introductions

Committee Co-chairs
Harry T. Edwards, Judge, U.S. Court of Appeals for the District of Columbia Circuit
Constantine Gatsonis, Director, Center for Statistical Studies, Brown University

8:45 Charge to Committee

David W. Hagy, Deputy Assistant Attorney General for Policy Coordination, Office of Justice Programs, U.S. Department of Justice and Principal Deputy Director, National Institute of Justice, U.S. Department of Justice

9:10 Discussion

9:30 Importance of Study to the Forensics Community

Joe Polski, Chair, Consortium of Forensic Science Organizations

9:45 Discussion

10:15 Current State of Forensics: Census of Publicly Funded Forensic Crime Labs
Joseph L. Peterson, Director and Professor, School of Criminal Justice and Criminalistics, California State University, Los Angeles

Matthew J. Hickman, U.S. Department of Justice, Bureau of Justice Statistics

10:45 Discussion

11:15 Overview of Forensics Training and Education

Max M. Houck, Director, Forensic Science Initiative and Director, Forensic Business Development, College of Business and Economics, West Virginia University

Larry Quarino, Assistant Professor, Cedar Crest College

12:00 Discussion

12:15 Lunch

1:00 Daily Operations of Forensic Labs

Joseph A. DiZinno, Assistant Director, Laboratory Division, Federal Bureau of Investigation

Jan L. Johnson, Laboratory Director, Forensic Science Center at Chicago, Illinois State Police

Irma Rios, Assistant Director, City of Houston Crime Lab

2:15 Discussion

3:00 National Institute of Justice Research Program and Budget—Future Needs and Priorities

John Morgan, Deputy Director for Science and Technology, National Institute of Justice, DOJ

3:20 Discussion

3:45 Views from the Major Forensic Science Organizations: Issues and Challenges

Bruce A. Goldberger, President-Elect, American Academy of Forensic Sciences

Bill Marbaker, President, American Society of Crime Laboratory Directors

Robert Stacey, President, American Society of Crime Laboratory Directors, Laboratory Accreditation Board

Arthur Eisenberg, Board Member, Forensic Quality Services

Joe Polski, Chief Operations Officer, International Association for Identification

James Downs, Board Member and Chair, Government Affairs Committee, National Association of Medical Examiners

5:00 Discussion

5:30 Adjourn

JANUARY 26, 2007

8:30 Opportunities for Improvement: Critical Areas

Michael Risinger, Professor of Law, Seton Hall Law School

Peter Neufeld, Co-founder and Co-director, The Innocence Project

David Stoney, Chief Scientist, Stoney Forensic, Inc.

9:30 Discussion

10:00 Adjourn

MEETING 2
WASHINGTON, D.C.
APRIL 23, 2007

8:00 Welcome and Introductions

Harry T. Edwards and Constantine Gatsonis
Committee Co-chairs

8:10 Essential Elements of Science: Hypotheses, Falsifiability, Replication, Peer Review

Alan I. Leshner, Chief Executive Officer, American Association for the Advancement of Science

The Science of Statistics: Error Testing, Probabilities, Observer Bias

Jay Kadane, Senior Statistician, Department of Statistics, Carnegie Mellon University

9:00 Discussion

9:20 Forensic DNA

Science

Robin Cotton, Director, Biomedical Forensic Sciences Program, Boston University School of Medicine

Policy and Politics

Chris Asplen, Vice President, Gordon Thomas Honeywell Government Affairs and former Executive Director, U.S. Attorney General's National Commission on the Future of DNA Evidence

10:10 Discussion

10:45 The Science of Forensic Disciplines

What is the state of the art? Where is research conducted? Where is it published? What is the scientific basis that informs the interpretation of the evidence? Where are new developments coming from? What are the major problems in the scientific foundation or methods and in the practice? What research questions would you like to have answered?

Moderator: Constantine Gatsonis, Committee Co-Chair

10:50 Drug Identification

Joseph P. Bono, Laboratory Director, Forensic Services Division, U.S. Secret Service

11:15 Discussion

11:45 Lunch

12:30 Pattern Evidence with Fingerprints and Toolmarks as Illustrations

Fingerprints

Ed German, Latent Print Examiner, U.S. Army, Retired

Toolmarks

Peter Striupaitis, Chair, International Association for Identification, Firearm/Toolmark Committee and Member, Scientific Working Group for Firearms and Toolmarks (SWGGUN)

1:30 Discussion

2:00 Trace Evidence with Arson and Hair as Illustrations

Arson

John Lentini, Scientific Fire Analysis, LLC

Hair

Max M. Houck, Director, Forensic Science Initiative and Director, Forensic Business Development, College of Business and Economics, West Virginia University

3:00 Discussion

3:45 Forensic Odontology: Bite Marks
David R. Senn, Director, Center for Education and Research in Forensics and Clinical Assistant Professor, Department of Dental Diagnostic Science, The University of Texas Health Science Center at San Antonio

4:10 Discussion

4:30 Commentators

Robert E. Gaensslen, Head of Program in Forensic Science, College of Pharmacy, University of Illinois at Chicago

Jennifer Mnookin, Professor of Law, University of California, Los Angeles Law School

David Kaye, Regents' Professor of Law and Professor of Life Sciences, Arizona State University

5:15 Comments from the Floor

5:45 Adjourn

APRIL 24, 2007

8:00 Welcome and Introductions

Harry T. Edwards and Constantine Gatsonis
Committee Co-chairs

8:10 From Crime Scene to Courtroom: The Collection and Flow of Evidence

Barry A. J. Fisher, Director, Scientific Services Bureau, Los Angeles County Sheriff's Department and former President, American Academy of Forensic Sciences

8:45 Discussion

9:15 Practice and Standards: Scientific Working Groups

What is the process for establishing the guidelines and standards? What are the guidelines/standards for each of these disciplines? How is quality control/quality assurance monitored and enforced? What recommendations have these organizations made and have they been implemented? What is needed?

Moderator: Harry T. Edwards, Committee Co-chair

9:20	Drug Identification
	Nelson A. Santos, Drug Enforcement Administration and Chair, Scientific Working Group for the Analysis of Seized Drugs (SWGDRUG)
9:40	Discussion
10:00	Pattern Evidence: Latent Prints
	Stephen B. Meagher, Fingerprint Specialist, Federal Bureau of Investigation and Vice-Chair, Scientific Working Group on Friction Ridge Analysis, Study and Technology (SWGFAST)
10:30	Discussion
11:00	Trace Evidence: Hair Analysis
	Richard E. Bisbing, Executive Vice President, McCrone Associates, Inc. and member, Scientific Working Group on Materials Analysis (SWGMAT)
11:20	Discussion
11:45	Commentators
	Paul C. Giannelli, Weatherhead Professor, Case Western Reserve University School of Law
	Carol Henderson, Director, National Clearinghouse for Science, Technology and the Law and Professor of Law, Stetson University
	Michael J. Saks, Professor of Law & Psychology and Faculty Fellow, Center for the Study of Law, Science, & Technology, Sandra Day O'Connor College of Law, Arizona State University
12:30	Comments from the Floor
1:00	Adjourn

MEETING 3
WASHINGTON, D.C.
JUNE 5, 2007

8:15 Welcome and Introductions

Harry T. Edwards and Constantine Gatsonis
Committee Co-chairs

8:30 Forensic Sciences: Issues and Direction

Bruce Budowle, Senior Scientist, Laboratory Division, Federal Bureau of Investigation

9:30 Challenges for Crime Laboratories: City, County, and Private

Peter Pizzola, Director, New York Police Department Crime Laboratory

John Collins, Director, DuPage County Sheriff's Office Crime Laboratory

John E. Moalli, Group Vice President and Principal Engineer, Exponent

11:00 Emerging Issues: Cybercrime, fMRI (functional Magnetic Resonance Imaging) and Lie Detection, and Photographic Comparison Analysis

Eric Friedberg, Co-president, Stroz Friedberg, LLC

Hank Greely, Deane F. and Kate Edelman Johnson Professor of Law, Stanford University

Richard W. Vorder Bruegge, Supervisory Photographic Technologist-Examiner of Questioned Photographic Evidence, Federal Bureau of Investigation

12:30 Working Lunch: Continuation of Morning Session

1:15 Automated Fingerprint Identification Systems (AFIS) Interoperability

John Onstwedder III, Statewide AFIS Coordinator for the Forensic Sciences Command, Forensic Science Center at Chicago, Illinois State Police

Peter T. Higgins, Principal Consultant, The Higgins-Hermansen Group
Peter D. Komarinski, Komarinski & Associates, LLC

2:15 Medical Examiner System

Randy Hanzlick, Chief Medical Examiner, Fulton County Medical Examiner's Center, Fulton County, Georgia and Professor of Forensic Pathology, Emory University School of Medicine

James Downs, Board Member and Chair, Governmental Affairs Committee, National Association of Medical Examiners; Vice Chair, Consortium of Forensic Science Organizations; Coastal Regional Medical Examiner, Georgia Bureau of Investigation

Garry F. Peterson, Chief Medical Examiner Emeritus, Hennepin County Medical Examiner's Office, Minnesota; Chair, Standards, Inspection and Accreditation Committee and Standards Subcommittee and Past President, National Association of Medical Examiners

Victor W. Weedn, Medical Examiner

4:15 Comments from the Floor

5:00 Adjourn

MEETING 4
WOODS HOLE, MASSACHUSETTS
SEPTEMBER 20, 2007

1:30 Welcome

Harry T. Edwards and Constantine Gatsonis
Committee Co-chairs

1:35 Lessons Learned From the Houston Police Department Investigation

Michael R. Bromwich, Independent Investigator, Fried, Frank, Harris, Shriver & Jacobson LLP

2:45 200 Exonerations: A Look at the Cases Involving Faulty Forensic Evidence

Brandon L. Garrett, Associate Professor of Law, University of Virginia

Peter Neufeld, Co-Founder and Co-Director, The Innocence Project

4:15 Ethics in Forensic Science

Peter D. Barnett, Partner, Forensic Science Associates

5:00 Reducing Error Rates: A New Institutional Arrangement for Forensic Science

Roger G. Koppl, Director, Institute for Forensic Science Administration, Fairleigh Dickinson University

6:00 Adjourn

SEPTEMBER 21, 2007

8:15 Welcome

Harry T. Edwards and Constantine Gatsonis
Committee Co-chairs

8:20 The U.K. Forensics System

Carole McCartney, Centre for Criminal Justice Studies, School of Law, University of Leeds

9:20 The Role of Forensics in Homeland Security

Charles Cooke, Bio-Specialist, Office of the Deputy Director for Strategy and Evaluation, National Counterproliferation Center, Office of the Director of National Intelligence

James Burans, Bioforensics Program Manager, National Bioforensics Analysis Center, U.S. Department of Homeland Security

Larry Chelko, Director, U.S. Army Criminal Investigation Laboratory

Rick Tontarski, Chief, Forensic Analysis Division, U.S. Army Criminal Investigation Laboratory

11:00 Forensics at the National Institute of Standards and Technology

Michael D. Garris, Image Group Manager, National Institute of Standards and Technology

Barbara Guttman, Line Manager, National Software Reference Library, National Institute of Standards and Technology

William MacCrehan, Research Chemist, Analytical Chemistry Division, National Institute of Standards and Technology

12:20 Adjourn

MEETING 5
WASHINGTON, D.C.
DECEMBER 6, 2007

8:15 Welcome and Introductions

Harry T. Edwards and Constantine Gatsonis
Committee Co-chairs

8:30 Scientific Working Group on Friction Ridge Analysis, Study and Technology (SWGFAST)

Glenn Langenburg, Minnesota Bureau of Criminal Apprehension

9:15 Fingerprint Source Book

John Morgan, Deputy Director for Science and Technology, National Institute of Justice, U.S. Department of Justice

9:45 International Association of Identification: Key Issues

Kenneth F. Martin, Crime Scene Services, Massachusetts State Police

10:30 Forensic Science Issues at the U.S. Secret Service

Vici Inlow, Forensic Services Division, U.S. Secret Service

Deborah Leben, Forensic Services Division, U.S. Secret Service

11:10 Contextual Bias

Itiel Dror, School of Psychology, University of Southampton

12:00 Lunch

1:00 The Coroner System

Michael Murphy, Las Vegas Office of the Coroner

1:50 Survey of Non-Traditional Forensic Service Providers

Tom Witt, Bureau of Business and Economic Research, College of Business and Economics, West Virginia University

2:30 Department of Defense Latent Print Analysis

Thomas Cantwell, Senior Forensic Analyst, Biometric Task Force and Leader, Forensic Integrated Product Team, U.S. Department of Defense

3:15 Comments from the Floor

3:45 Adjourn

索引

A

Accreditation
ABA recommendation, 194
and admissibility of evidence, 194
ASCLD/LAB, 69, 74, 77, 169, 171, 197-200, 205, 206, 207-208, 214
of certification organizations, 74-75
CLIA legislation, 195, 196
continuing education programs, 197
cycle, 198
data reporting standards, 21, 189
of death investigation systems, 49-50, 294, 246, 252, 258-259, 261-262, 265
education or training requirements for, 197, 231-232
of education programs, 75, 197, 225, 228-229, 237
inspector training, 199
key elements, 195
of laboratories, 6, 21, 41, 47, 48, 53, 68, 69, 77, 132, 136, 190, 195-200, 205, 207
mandatory programs, 48, 194, 199-200, 214
meaning of, 195
noncompliance reporting, 198-199
organizations, 16, 196, 197-200
proficiency testing for, 208
recommendations, 25, 215
research requirement, 261-262
sanctions, 196
status, 199-200
Accreditation Council for Graduate Medical Education, 256, 261
ACE-V process, 105-106, 137, 138-139, 140, 141, 142-143
Admissibility of forensic evidence. *See also* Expert testimony; Litigation; *individual disciplines*
accreditation and, 194
appellate review standard, 10, 11, 85, 92, 97, 102
autopsy, 9
Daubert decision, 8, 9-10, 11-12, 90-93, 95-98, 99 n.37, 101-109, 110, 127 n.1, 142, 194, 204, 234, 238, 289
discretion of trial judges, 10, 11, 92, 96-97, 108
education of judicial community and, 234
Federal Rule of Evidence 401, 108 n.82
Federal Rule of Evidence 702, 9-10, 89, 90-92, 95, 101
fingerprint analyses, 9, 12 n.24, 43, 102-106, 142, 143
Frye standard, 88-89, 90-91, 95, 99 n.57
handwriting, 107

judicial certification of methodologies, 12, 86
judicial dispositions, 95-109
pressures on system, 4-5, 52-53
pretrial hearings, 92, 99 n.57
reliability standard, 9, 10, 12, 86, 88-89, 90, 91, 109, 111, 194
science and law, 12, 86-88
state standards, 95
toolmark and firearm identification, 97, 107-108
American Academy of Forensic Sciences (AAFS), 26, 74-75, 76, 173, 209, 214, 223, 225, 228, 259
American Bar Association (ABA), 194, 208-209
American Board of Criminalistics (ABC), 76, 209, 210, 227
American Board of Forensic Odontology (ABFO), 76, 173, 174, 175, 176, 210
American Board of Forensic Toxicology, 76, 210
American Board of Medicolegal Death Investigators, 30, 210, 259, 267
American Board of Pathology (ABP), 28, 210, 256, 257, 259, 265
American Law Institute, 29, 266
American National Standards Institute (ANSI), 205, 272
American Society of Clinical Pathologists, 259-260
American Society of Crime Laboratory Directors (ASCLD), 64, 68, 74, 76, 209, 214, 221, 231, 232, 233, 235
Laboratory Accreditation Board, 69, 74, 77, 169, 171, 197-200, 205, 206, 207-208, 214
Anthrax bioterroism attacks, 254, 281
Armed Forces Institute of Pathology, 69, 280
Army Criminal Investigation Laboratory, 65, 67, 69, 280, 281
Arson investigations, 172-173. *See also* Explosives evidence and fire debris
Association of American Medical Colleges (AAMC), 28, 257-258, 266
Association of Firearm and Tool Marks Examiners (AFTE), 76, 153, 155, 210
ASTM International, 76, 135, 169, 201
Automated Fingerprint Identification System (AFIS)
administrative, legal, and policy issues, 276
ideal system, 274-275
identification of prints, 52, 139, 269
interoperability challenges, 31, 51-52, 253, 270-271, 272-276
recommendations, 31-32, 277-278
search categories, 269-270
support from policymakers, 275-276
technical challenges, 273-275
vendor cooperation, 31, 276
Autopsies, 9, 30, 49, 50, 56, 86, 242, 243, 247, 248, 249-250, 251, 252, 253, 254, 256, 257, 259, 261-264, 267-268

B

Backlog of cases
defined, 39
impacts on criminal justice system, 37, 77
management and prevention, 14, 15, 61-63, 64, 77, 187
reliability of data on, 62
resource deficiencies and, 14-15, 39-40, 62, 68-69
volume, 39, 58, 66
Ballistic evidence, 44, 151, 152
Bioforensics, 70, 281-282
Biological evidence. *See also* Blood; DNA; Saliva; Semen
analyses, 60, 130-132
characteristics, 128
laboratories, 68, 70
reporting of results, 132
sample data and collection, 129-130
summary assessment, 133
Biotoxins and biological agents, 70
Bite mark analysis. *See also* Forensic odontology
admissibility of evidence, 107-108, 175
analytical approaches, 64, 174-175
distortion of skin, 174, 176
errors and bias, 47, 174-175, 176
guidelines, 173-174, 175
reporting of results, 175-176
research needs, 175, 176

sample data and collection, 173-174, 188
scientific validity, 7-8, 42, 87, 173, 174, 175-176, 188
summary assessment, 176
uniqueness theory, 174, 176
virtopsy and, 254
Bloodstain pattern analysis
analyses, 177-178
bias in,178
certification, 178, 210
crime scene/event reconstruction, 177
guidelines, 202
investigators, 64
reporting of results, 132
sample data and collection, 177
scientific basis, 158-179
summary assessment, 178-179
Botanical evidence, 128, 134, 161. *See also* Trace evidence
Bureau of Alcohol, Tobacco, Firearms and Explosives (ATF)
CEASEFIRE database, 151
forensic laboratories, 65, 68-69
Bureau of Justice Statistics (BJS), 14, 36, 39, 55, 58, 59, 60, 61, 64, 65, 66, 71, 208, 243 n.18
Bureau of Labor Statistics, 219

C

California Association of Criminalists, 76, 214
Case. *See also* Backlog of cases
defined, 36 n.3
CEASEFIRE database, 151
Census of Publicly Funded Crime Laboratories, 14, 36, 39, 58, 59, 64, 66, 71, 199, 200, 208, 219
Centers for Disease Control and Prevention (CDC), 29, 196, 260, 263, 266
Public Health Information Network, 260, 273
Centers for Medicare & Medicaid Services (CMS), 195, 196
Certification of examiners, 6, 16, 47, 53, 70, 74-75, 77, 78, 137, 147-148, 171, 173, 178, 181, 190, 193, 194, 196, 208-210, 214, 231-232
Chain of custody, 36, 182, 233
Charge to committee, 1-2, 5
Clinical Laboratory Improvement Amendments of 1988 (CLIA), 195, 196
Codes of ethics, 212-214
Cognitive biases, 122-124, 149
Combined DNA Index System (CODIS), 40, 61, 66, 67, 100, 131-132, 197
Computer crime investigations, 60. *See also* Digital and multimedia analysis
Controlled substance evidence
admissibility, 9, 101-102
analyses, 60, 117, 134-135
backlog of cases, 39
certification, 210
characteristics, 133
error sources and rates, 116-117, 135
personnel and equipment shortages, 59
reliability, 101, 136
reporting of results, 135
research, 73
sample data and collection, 86, 134
summary assessment, 135-136
SWGDRUG standards, 134, 135-136, 203-204
training and expertise of examiners, 136
Coroners. *See* Medical examiners and coroners; Medicolegal death investigation system
Coverdell. *See* Paul Coverdell
Crime scene investigation
certification, 210
"CSI effect," 48, 222
DNA evidence, 41
guidelines, 57
liability issues, 57
practices, 7, 35, 48, 56-57, 129
professional associations, 76-77, 210
research funding, 72, 73, 75
standards and oversight, 57
technologies, 72, 73, 75, 129, 130
training and experience of investigators, 32, 33, 35, 36, 57, 60-61, 64, 129 n.4, 185, 218, 220-221, 227, 285-286
"CSI effect," 48, 108, 222
Cyber Crime Center, 69, 280

D

Databases and reference libraries
  Armed Forces Repository of Specimen Samples for the Identification of Remains, 69
  automotive carpet fiber, 73
  CEASEFIRE, 151
  CODIS, 40, 61, 66, 67, 100, 131-132, 197
  DRUGFIRE database, 151
  Electronic Crime Portfolio, 71, 72-73
  EXPeRT, 67
  Explosives Reference File, 67
  FBI, 40, 65-66, 67, 73, 131-132, 151, 197
  fingerprints, *see* Automated Fingerprint Identification System; Integrated Automated Fingerprint Identification System
  funding, 73
  Joint Federal Agencies Intelligence DNA Database, 281
  MECISP, 263
  NamUs, 245
  National Automotive Paint File, 67, 118
  National Violent Death Review System, 263
  NCIC UP/MP, 244-245
  NIBIN, 151, 152, 153
  Paint Data Query database, 67, 168
  Standard Ammunition File, 67
  toolmarks and firearms, 67, 151, 152, 153
  Western Identification Network, 270-271
Death investigation systems. *See* Medicolegal death investigation system
Department of Commerce, 13, 65
Department of Defense (DOD)
  forensic science capabilities, 13, 69-70, 187, 280-281, 280-281
  Joint Task Force Civil Support, 260
  research support, 69
Department of Health and Human Services, 28, 196, 261, 265
Department of Homeland Security (DHS), 13, 80. *See also* Homeland security; National Bioforensic Analysis and Countermeasures Center; U.S. Secret Service
Department of Justice. *See also* Bureau of Alcohol, Tobacco, Firearms and Explosives
  Computer Crime and Intellectual Property Section, 181
  definition of backlogged cases, 39
  grant programs, 13, 28, 62-63, 66, 80, 210-211, 213, 266
  judicial training program, 235
  leadership potential in forensic science, 17, 80
  missions, 17, 80
  Office of Inspector General, 45-46, 68, 105, 211, 212, 213, 274
  proficiency test design, 207
Digital and multimedia analysis, 64
  certification, 181
  computer examination, 180-182
  crimes and devices associated with, 179, 180
  education and training, 181, 220
  sample data and collection, 180
  search and seizure, 181-182
DNA evidence
  accreditation of laboratories, 41, 68, 132, 197-198, 200, 207
  admissibility, 9, 41, 99-101, 103, 104, 107, 133
  amplification, 131
  analytical methods, 13, 130-132, 133
  ascendancy of, 4, 40-41
  backlog of cases, 14, 39, 40, 72, 187, 219
  California Proposition 69, 40
  databases and registries, 13, 40, 61, 66, 67, 69, 100, 131-132, 280-281
  errors or fraud, 9, 47, 57, 86-87, 100, 121, 130, 132, 133, 184
  exonerations, 37, 42, 100, 107, 109 n.87, 160
  FBI guidelines, 40, 47, 114-115, 131-132, 202
  funding, 41, 71-72, 73, 101, 187
  growth in use of, 4, 41, 219

hair analysis, 131, 160
interpreting evidence, 41, 100, 139
judicial education programs, 235
jury comprehension of evidence, 236-237
laboratories, 36, 40, 41, 58, 65, 68, 131, 132
mitochondrial (mtDNA) testing, 7, 38, 47, 130-131, 132, 160-161, 182, 188, 227
nuclear testing, 7, 38, 47, 87, 100, 115, 128, 130-131, 139, 155, 161, 182, 188
President's DNA Initiative, 41, 71, 235
proficiency testing, 40, 41, 132, 200, 207
reporting of results, 132
research, 13, 71-72, 73, 74-75, 101, 109
semen profiling, 73, 74
SNP testing, 74, 131, 227
standards and quality control, 40, 41, 65, 114-115, 131-132, 197, 200, 207
training and expertise, 13, 71, 132
validity and reliability, 7, 40, 41, 42, 47, 87, 99-100, 103, 104, 114-115, 121, 128, 130, 133, 139, 155
workload, 39, 40, 41, 72
Y STR testing, 131
DNA Identification Act, 197, 200, 207
Drug Enforcement Administration (DEA), 65, 203
Drug identification. *See* Controlled substance
DRUGFIRE database, 151
Drylabbing, 45, 193

E

Ear prints, 145, 149, 150
Education and training
accreditation of, 75, 197, 225, 228-229, 237
advanced courses, 227
apprenticeship model, 15, 26-27, 140, 187, 217, 224, 232, 233, 238
associate degree, 148, 220-221, 225
challenges and improvement opportunities, 14, 224-229
continuing education, 197, 218, 231, 233-234, 236, 259-260
"CSI effect," 222
curriculum, 27, 227-228, 233-234, 238
deficiencies in, 44-45, 78
demand for forensic practitioners and, 218-221
by discipline, 220
doctoral programs, 223, 230
funding, 62, 66, 71, 223, 230-231, 237
in-service programs, 27, 227, 232
institutions offering programs, 229
of judicial community, 27, 178, 234-238
medical examiners and coroners, 6, 49, 50, 242-243, 247-249, 255, 256, 259-260, 264-265
proliferation of programs, 222-223
purposes, 217-218
quality of programs, 224-225
recommendations, 27-28, 239
and reliability of evidence, 16, 129 n.4
requirement for accreditation or certification, 197, 231-232
research component, 230-231
sources, 16, 66, 69, 70, 73, 197, 229
standardization of materials, 189
standards for, 201, 224, 225-226, 237
status, 218-223, 231-234
training needs, 15-16, 218, 232-233
undergraduate and graduate programs, 27, 217, 220, 223, 224, 225-229, 238
variability within and across disciplines, 7, 15
European Network of Forensic Science Institutes, 135, 202, 207
Evidence processing
backlogs and, 37
chain of custody, 36, 182, 233
computer-generated files, 182
errors in, 4-5, 9, 45, 47, 57, 100
impacts of, 37, 45
Exclusionary evidence, 36, 51, 82, 127 n.1, 131, 138, 140, 141, 142, 143, 149, 156, 157, 160, 167, 204-205
Exculpatory evidence, suppression, 45, 107 n.81
Expert testimony. *See also* Admissibility of forensic evidence; Interpretation of forensic evidence; Reporting of results
access to, 11, 98

error or bias in, 4, 8 n.8, 9-10, 37, 87, 42, 100, 107, 109 n.87
junk science, 89
reliability standard, 9-10, 93-94
rhetorical dimension, 106 n.79
technical or specialized knowledge, 94-95
Explosives evidence and fire debris
analyses, 170-172
certification, 171, 210
databases and reference files, 67
education and training of examiners, 171
guidelines, 171, 172, 201
laboratories, 65
personnel and equipment shortages, 59
proficiency testing, 171
reporting of results, 172
research funding, 72, 73
scientific foundation, 172-173
standard setting, 65
summary assessment, 172-173
Explosives Reference File, 67
Explosives Reference Tools database (EXPeRT), 67

F

Falsification of evidence, 44, 45, 193
Federal Bureau of Investigation (FBI)
biased cases, 45-46
case backlogs, 66
case types, 65
Counterterrorism and Forensic Science Research Unit, 73
databases and reference libraries, 40, 65-66, 67, 73, 131-132, 151, 197
forensic laboratories and services, 16, 65-66, 67, 70, 73, 79, 131, 132, 140-141, 202-203
friction ridge analysis apprenticeship, 140-141
funding for research, 15, 66, 73, 78
Joint Terrorism Task Force, 283
Latent Fingerprint Unit, 46
leadership potential in forensic science, 16, 17, 79, 80
missions, 17, 80
Quality Assurance Standards for Forensic DNA Testing Laboratories, 114-115, 131-132
Research and Development Program, 73
Research Partnership Program, 73
SWG guidelines, 16, 40, 46, 47, 73, 114-115, 131-132, 202
workload, 66
Federal Rule of Evidence 401, 108 n.82
Federal Rule of Evidence 702
amendment in 2000, 92-95
Daubert decision, 9-10, 90-92
Frye standard and, 88-89
Fiber evidence
automotive carpet fiber database, 73
characteristics, 161, 163
guidelines, 162-163, 201
proficiency testing, 159, 163
sample collection and analysis, 161, 162
scientific validity, 122
summary assessment, 162-163
Fingerprint analyses. *See* Automated Fingerprint Identification System; Friction ridge analysis
Fire debris. *See* Explosives evidence and fire debris
Firearms identification. *See* Ballistics evidence; Toolmark and firearm identification
Footwear and tire impressions
analyses, 36, 64, 146-148
biases, 149
certification in, 78, 147-148, 210
characteristics, 146-147, 149
proficiency testing, 147-148
reporting of results, 148-149, 150
sample data and collection, 146
scientific interpretation, 43, 148-149
scientific validity and reliability, 149
SWGTREAD standards, 148-149, 150, 203
summary assessment, 149-150
training and expertise of examiners, 145, 147, 148
Forensic anthropology, 73, 220
Forensic art, 64, 77, 210
Forensic laboratories. *See* Laboratories
Forensic odontology. *See also* Bite mark analyis
board certification, 173, 210
defined, 173
education and training, 220

Forensic pathology. *See also* Medical examiners and coroners
certification, 210, 256-257, 265
classification systems, 264
defined, 256
education and training, 29, 220, 256, 257, 259-260
practices, 257
research, 261-263
shortages of pathologists, 60, 256-258
Forensic photography, 64, 77, 210
Forensic Quality Services (FQS), 74, 77, 197-198, 199
Forensic Resource Network, 71, 72
Forensic science, defined, 38-39
Forensic science community. *See also* *individual components*
case backlogs, 61-62
challenges, 4-5
components, 55-77
disparities in, 5-6, 55
federal activities, 64-70
fragmentation, 14-33, 6, 77, 78
governance, 16-20, 78-83; *see also* Oversight of forensic practice
nonlaboratory units, 63-64
professional associations, 16, 74-77
recommendations, 19-20, 78, 81-82
research funding, 71-75
Forensic science disciplines. *See also* Biological evidence; Bloodstain pattern analysis; Controlled substance evidence; Digital and multimedia analysis; Explosives evidence and fire debris; Fiber evidence; Footware and tire impressions; Forensic odontology; Friction ridge analysis; Hair evidence; Paint and coatings evidence; Questioned document examination; Toolmark and firearm identification
biases in, 184-185
categories, 37, 38-39
disparities between and within, 8
educational pathways by, 220
guidelines, 66; *see also* Scientific Working Groups
interpretation-based, 3, 7, 87, 136-145, 184-185, 188
knowledge base, 15, 77-78; *see also* Scientific method
laboratory based, 3, 7, 38, 87, 128-136, 167-170, 182, 188
pattern/impression evidence, 136-150, 155-167, 170-179, 182, 184
skills and expertise, 7, 38
variability, 6-7, 15, 182, 188
Forensic Science Education Program Accreditation Commission (FEPAC), 75, 225-226, 228, 229, 230 n.36
Forensic science system. *See also* Pressures on forensic science system
capacity and quality, 37
homeland security and, 5, 32-33, 52, 279-286
Forensic Specialties Accreditation Board, 74-75, 209-210
Friction ridge analysis. *See also* Automated Fingerprint Identification System; Integrated Automated Fingerprint Identification System
ACE-V process, 105-106, 137, 138-139, 140, 141, 142-143
admissibility of evidence, 9, 12 n.24, 43, 102-106, 142, 143
automated pattern recognition, 139, 140
backlogs, 64, 66
bias, 105, 123
certification, 78, 137, 210
characteristics of prints, 136
comparison to known prints, 138, 139
data collection and analysis, 137-140
error rates, 103-104, 105, 142, 143
funding for research, 73, 205
guidelines, 136-137, 141, 203, 205
identification units, 200
interpretation methods, 43-44, 139, 140-141, 269
laboratories, 65, 66, 68, 136
methods, 7-8, 51, 103, 105-106, 137, 138-139, 140, 141, 142-143
quality and distortion issues, 7-8, 9, 86, 87, 137-138, 140, 141, 145, 270
reporting of results, 141-142, 143
research needs, 73, 105, 141, 144-145
scientific reliability and validity, 43, 86, 87, 88 n.5, 102-104, 105-106, 140, 142-143
scores and thresholds, 141
shortages of personnel and equipment, 59

source determination or exclusion, 138, 139, 141
statistical models, 139-140, 141, 145
subjectivity in, 139-140
summary assessment, 142-145
training and expertise of examiners, 36, 58, 60, 64, 136-137, 140-141
uniqueness and persistence of prints, 143-144
verification, 138-139
Frye v. United States, 88-89, 90-91, 95, 99 n.57

G

Gunshot residue analysis, 35, 65, 201, 254

H

Hair evidence
accuracy in identification, 47, 121, 157-159
admissibility, 107, 161
automated analysis and comparison, 158-159
characteristics, 155-156, 157
DNA analysis, 131, 160
proficiency testing, 159
reporting of results, 159-160, 161
sample data and collection, 156-157
scientific interpretation, 159-160
scientific reliability and validity, 8, 117-118, 160
summary assessment, 160-161
training and expertise of examiners, 156
validation study (hypothetical), 118-120, 121
Handwriting analysis. See Questioned document examination
Homeland security
bioforensics, 281-282
Disaster Mortuary Operational Response Teams, 260
DOD forensic science capabilities, 280-281
forensic science role, 5, 32-33, 52, 279-286
ME/C and, 50-51, 260-261, 265, 283-284
National Biodefense Forensic Analysis Center, 281
National Counterproliferation Center, 70, 282
National Response Plan, 260
recommendations, 33, 285-286
WMD threat, 282
Houston Police Department Crime Laboratory, 44-45, 193
Hurricane Katrina, 253, 260, 261

I

Identification units, 46, 55, 57, 63-64, 136, 200
Illinois State Police, 57-58
Immunological tests, 129, 130
Individualization (matching) of evidence, 7, 43-44, 87, 101, 117-118, 136, 184
Innocence Project, 42, 45, 46-47, 100 n.58, 109 n.87
Integrated Automated Fingerprint Identification System (IAFIS), 46, 51, 65-66, 270, 271, 274, 275
International Association for Identification (IAI), 64, 74, 76-77, 136, 137, 148, 149, 150, 178, 199, 209, 210, 272
International Organization for Standardization (ISO), 21, 25, 113-114, 198, 199, 200, 215
Interpretation of forensic evidence
fingerprints, 43-44, 139, 140-141, 269
hair, 159-160
impression evidence, 43, 148-149
improving, 184-185, 188
individualization principle, 7, 43-44, 87, 101, 117-118, 136, 184
problems, 7-8, 9, 86, 100
research needs, 8, 188
scores and thresholds, 141

J

Jurors
comprehension of evidence, 236-237
expectations about evidence, 48-49, 86, 88, 219
model instructions for, 238
Justice for All Act, 62, 210-211, 213

L

Laboratories. *See also* Nonlaboratory service providers
accreditation, 6, 21, 41, 47, 48, 53, 68, 69, 77, 136, 190, 195-200, 205
ATF, 65, 68-69
backlog of cases, 14, 15, 37, 39, 58, 61-62, 66, 68-69, 77, 219
configurations, 57-58
Coverdell grant program, 62-63
defined, 36-37
DNA, 36, 40, 41, 58, 65, 68, 131, 132
DOD, 69-70
error sources and rates, 44, 45, 116-117
FBI, 16, 65-66, 67, 70, 73, 79, 131, 132, 140-141, 202-203
functions, 60-61
funding, 15, 58-59, 65, 68, 77
guidelines, 202-203
independence in administration, 23-24, 183-184
mobile, 68, 69-70
number in U.S., 58
outsourcing, 61
personnel and equipment shortages, 6, 14-15, 36, 59-60, 62, 65, 66, 68, 77-78, 219
private, 36, 41, 58, 61
proficiency testing, 208
publicly funded, 36, 39, 41, 52, 55, 58-61, 65-70, 183-184, 208
quality assurance standards, 44-45, 193, 194
recommendations, 23-24, 190-191
reporting data, 21-22, 189-190
research resources, 15, 71
state-operated, 200
training and expertise of staff, 36, 47, 58, 59-60, 132, 136, 221
U.S. Secret Service, 66, 68
validation of methods, 21, 22, 114, 115, 189, 197-198, 202, 206
workloads, 36, 58, 60, 61, 65-66, 68
Landmark decisions
Daubert v. Merrell Dow Pharmaceuticals Inc., 8, 9-10, 11-12, 90-93, 95-98, 99 n.37, 101-109, 110, 127 n.1, 142, 194, 204, 234, 238, 289
Frye v. United States, 88-89, 90-91, 95, 99 n.57
General Electric Co. v. Joiner, 10, 91, 92, 93, 97
Kumho Tire Co., Ltd. v. Carmichael, 10, 12, 91, 92, 93, 94, 96, 108
Maryland v. Rose, 105-106
People v. Castro, 99, 133
United States v. Brown, 96, 97, 102
United States v. Crisp, 102, 103, 104, 206
United States v Havvard, 103-104
Latent prints. *See* Friction ridge
Law Enforcement Assistance Administration, 223, 231, 251, 252
Lie detector tests, 64, 68, 88
Lip prints, 145, 149, 150
Litigation. *See also* Admissibility of forensic evidence; Expert testimony; Landmark decisions
appellate review standard, 85, 92, 97, 102
bias in judges and juries, 123
civil cases, 11, 89, 97-98, 107, 250
criminal cases, 9, 11, 12, 36, 45, 53, 87, 88, 95-96, 97, 98, 106-110, 237, 250, 254
education of judicial community for, 27, 178, 234-238
juror comprehension of and expectations about evidence, 48-49, 86, 88, 218, 236-237
limitations of adversary process, 10, 12, 53, 85, 86, 91, 103, 110
scientific expertise of judges and lawyers, 85, 87-88, 110

M

Madrid train bombing, 45-46, 104-105, 123
Mayfield, Brandon, 45-46, 104-105, 123
Medical Examiner and Coroner Information Sharing Program (MECISP), 263
Medical examiners and coroners (ME/C), 243. *See also* Medicolegal death investigation system
best practices, 252
caseload, 49, 244
historical origins, 241-242
jurisdiction, 49, 50, 244, 260
missions, 56, 243, 244-245

proficiency testing, 209
recommendations, 267-268
sample and data collection methods, 263-264
shortages of MEs and forensic pathologists, 6, 50, 60, 256-258
training and skills, 6, 49, 50, 242-243, 247-249, 255, 256, 259-260, 264-265
virtopsy, 253-254
Medicolegal death investigation system. *See also* Forensic pathology; Medical examiners and coroners
administration and oversight, 249
biosafety capability, 254
conversion of coroner systems to ME systems, 49-50, 241-243, 251-252
fragmentation, 49-51, 246
funding for improvements, 28, 265-266
and homeland security, 50-51, 260-261, 265, 283-284
quality control and quality assurance, 209, 259
recommendations, 29-30, 267-268
staffing and funding, 50, 247-248, 249-251, 252
standards and accreditation, 49-50, 294, 246, 252, 258-259, 261-262, 265
technologies, 28, 253-255, 265
variations in, 50, 56, 245-246
Methodological issues. *See* Scientific method
Michigan State Police, 44, 221
Microbial forensics, 70, 73
Missing persons, 244-245
Mitochondrial (mtDNA) testing, 7, 38, 47, 130-131, 132, 160-161, 182, 188, 227
Model Post-Mortem Examinations Act, 29, 242-243, 265, 266

N

National Association of Medical Examiners (NAME), 26, 28, 29, 30, 50, 60, 74, 76, 77, 200 n.22, 209, 242, 250, 252, 253, 257, 258, 259, 263, 264, 265, 266, 267
National Automotive Paint File, 67
National Biodefense Forensic Analysis Center, 281
National Bioforensic Analysis and Countermeasures Center (NBFAC), 70
National Bioforensic Analysis Center, 281
National Conference of Commissioners on Uniform State Laws, 29, 242-243, 266
National Crime Information Center Unidentified and Missing Persons (NCIC UP/MP), 244-245
National Forensic Science Technology Center (NFSTC), 70, 76, 197-198
National Forensic Sciences Improvement Act, 265, 266
National Institute of Forensic Science (proposed)
benefits, 20
challenges, 20
cost, 20, 82
criteria for, 18-19, 80-81
recommended focus, 19-20, 81-82
National Institute of Justice, 219
categories of forensic science disciplines, 38
Coverdell grant program, 15, 28, 62-63, 77, 210-211, 213, 266
leadership potential, 16, 79
Office of Justice Programs, 211-212, 213, 245
Office of Research and Evaluation, 71
Office of Science and Technology, 71
research funding, 15, 71-73, 74-75, 78, 187, 230
Technical Working Group on Crime Scene Investigation (TWGCSI), 57
National Institute of Standards and Technology (NIST), 4, 17, 24, 25, 31, 65, 73, 79-80, 115, 151, 201, 205, 214-215, 272, 277
National Institutes of Health (NIH), 28, 30, 72, 101, 187, 228, 265-266, 267
National Integrated Ballistic Information Network (NIBIN), 151, 152, 153
National Science Foundation (NSF), 17, 72, 79-80, 187, 228, 230
Nonlaboratory service providers, 56, 58
backlogs, 64
functions, 63-64
funding, 64
identification units, 55, 64, 136, 200
skills and expertise of examiners, 64
workforce, 64

O

Occupational Health and Safety Administration, 263-264
Odontology. *See* Forensic odontology
Office of the Director of National Intelligence, 70, 282
Oversight of forensic practice. *See also* Accreditation; Quality assurance and quality control; Standards and guidelines
  audits of laboratories, 44
  breadth, 17
  Coverdell grant program requirements, 210-212, 213
  governance organization, 78-83
  of ME/C, 249
  organizations, 70
  recommendations, 81-82, 214-215

P

Paint and coatings evidence
  analyses, 117-118, 168-169, 170
  databases and reference libraries, 67, 118, 168
  education and training of examiners, 168-169
  guidelines, 169, 201
  proficiency testing, 169
  reporting of results, 169
  research, 73
  sample data and collection, 167
  scientific interpretation, 169
  summary assessment, 170
  validation study (hypothetical), 120
Paint Data Query database, 67, 168
Pan Am Flight 103, 279
Pathology. *See* Forensic Pathology; Medical examiners and coroners
Pattern/impression evidence. *See also* Footwear and tire impressions; Fiber evidence; Friction ridge analysis; Handwriting analysis; Toolmark and firearm identification
  automated pattern recognition, 139, 140, 158-159
  certification, 76-77
  individualization principle, 43-44, 136
  professional associations, 76-77
  proficiency testing, 47
  research funding, 72, 75
  scientific reliability, 42
  subjective nature of, 139-140, 153
  types, 145, 146
Paul Coverdell Forensic Science Improvement Grants Program, 28, 62-63, 210-211, 213, 266
Paul Coverdell National Forensic Science Improvement Act, 28, 62
Polygraph tests. *See* Lie detector tests
President's DNA Initiative, 41, 71, 235
Pressures on forensic science system. *See also* Backlog of cases
  admissibility of evidence, 52-53
  AFIS compatibility issues, 51-52
  CSI effect, 48-49
  DNA analysis, 40-41
  errors and fraud, 4-5, 42-43, 44-48, 57
  homeland security, 52
  medicolegal death investigation, 49-51
  questionable or questioned science, 4-5, 42-44
Professional associations, 16, 74-77, 78
Proficiency testing, 40, 41, 47, 132, 147-148, 159, 163, 166 n.98, 169, 171, 188, 194, 200, 206-208
PROTECT Act of 2003, 66, 68

Q

Quality assurance and quality control. *See also* Accreditation; Oversight of forensic practice
  certification of examiners, 6, 16, 47, 53, 70, 74-75, 77, 78, 137, 147-148, 171, 173, 178, 181, 190, 193, 194, 196, 208-210, 214, 231-232
  codes of ethics, 5, 212-214
  DNA testing, 40, 41, 65, 114-115, 131-132, 197, 200, 207
  federal funding tied to, 194
  mandatory, 194
  ME/C, 209, 259
  problems with laboratories, 44-45, 193, 194
  proficiency testing, 40, 41, 47, 132, 147-148, 159, 163, 166 n.98, 169, 171, 188, 194, 200, 206-208
  recommendations, 26, 215
  standards and guidelines, 5, 6, 44, 193, 194, 201-206

Questioned document examination, 163-164
analyses, 60, 64, 164-165
certification in, 78, 210
guidelines, 201, 202
handwriting analysis, 107, 136, 163, 164, 165, 166, 167
ink and paper examination, 164-165, 167, 201
laboratories, 65, 68
personnel and equipment shortages, 59
proficiency testing, 166 n.98
reporting of results, 166
scientific interpretation, 166, 167
scientific reliability, 166-167
summary assessment, 166-167
training, 201
types of analyses, 163-164

R

Recommendations
accreditation and certification, 25, 215
AFIS interoperability, 31-32, 277-278
code of ethics, 26, 215
education and training, 27-28, 239
governance of forensic science community, 19-20, 78
homeland security-related, 33, 285-286
laboratory autonomy, 23-24, 190-191
medical examiner/coroner systems, 29-30, 267-268
protocol development, 24-25, 214-215
quality assurance and quality control, 26, 215
research, 22-24, 190
standardized reporting of results, 22, 189-190
Reference Firearms Collection, 67
Reporting of results. *See also individual disciplines*
ASTM standards, 201
content and language, 186
methodological issues, 21, 22, 112, 114, 115-116, 124, 125, 186, 189, 197-198, 202, 206
standardization, 21-22, 185-186, 189-190
Research
accreditation requirement, 261-262
biometric technologies, 74
DOD, 69
on error and bias sources, 24, 191
FBI, 15, 66, 73, 78
in forensic pathology, 261-263
funding, 15, 18, 22, 66, 71-75, 78, 80, 101, 105, 141, 144-145, 187, 189, 190, 205, 230-231, 262
laboratory resources, 15, 71
microbial forensics, 70
needs, 8, 22-23, 24, 53, 72, 109, 110, 186, 187-188, 189, 190, 191
NIJ, 15, 71-73, 74-75, 78, 187, 230
NIST, 79
recommendations, 22-24, 190
student exposure to, 230-231
validation of new methods, 22-23, 52, 77-78, 113-116, 118-119, 121, 187-188, 189, 190

S

Sample and data collection methods. *See also individual disciplines*
ME/C, 263-264
Science, State, Justice, Commerce, and Related Agencies Appropriations Act of 2006, 1
Scientific method
between-individual variability, 118, 184
bias source, 24, 45-46, 57, 86, 112, 116, 122-124, 184-185, 191
classification conclusions, 117, 118, 120, 121, 184-185
DNA analysis, 114-115, 184
elements of good practice, 113
error rates, 24, 86, 117-122, 184, 191
in forensic science, 113, 116-122, 188
fundamental principles, 45, 112-125
improving, 112, 114, 184-185
individualization (matching) conclusions, 43-44, 87, 101, 117-118, 121
ISO/IEC 17025 standard, 21, 22, 114, 115-116, 189, 197-198, 202, 206
measurement error, 116-117, 121
predictive values, 120
recommendations, 24-25, 214-215
reporting results, 21, 22, 112, 114, 115-116, 124, 125, 186, 189, 197-198, 202, 206

self-correcting nature of science, 125
sensitivity, 119, 120
specificity, 119-120
uncertainty and error, 9, 21-22, 47, 116-122, 184-185
validation of new methods, 22, 52, 77-78, 113-116, 118-119, 121, 187-188, 190
within-individual variability, 118, 184
Scientific Working Group
for Analysis of Seized Drugs, 134, 135-136, 203-204
on Bloodstain Pattern Analysis (SWGBPA), 178, 202
on Crime Scene Investigation, 57
of DNA Analysis (SWGDAM), 202
for Firearms and Toolmarks (SWGGUN), 202, 204
on Forensic Analysis of Chemical Terrorism (SWGFACT), 202
on Forensic Analysis of Radiological Materials (SWGFARM), 203
for Forensic Document Exmination (SWGDOC), 202
on Friction Ridge Analysis, Study and Technology (SWGFAST), 136-137, 141, 203, 205
on Materials Analysis (SWGMAT), 157, 162-163, 169, 202, 24-205
on Microbial Genetics and Forensics (SWGMGF), 203
scoring system for reporting results, 21, 186
on Shoeprint and Tire Tread Evidence (SWGTREAD), 148-149, 150, 203
Semen, 73, 74, 128, 129, 130, 131
Sexual assaults, 9, 61, 86, 131, 173
Shoeprint. *See* Footwear and tire impressions
Standard Ammunition File, 67
Standardization
of educational materials, 189
reporting of results, 22, 189-190
Standards and guidelines. *See also individual disciplines*
for admissibility of evidence, 9-10, 12, 86, 88-89, 90, 91, 93-94, 95, 109, 111, 194
ASTM, 201
data reporting, 21, 189
for education and training, 201, 224, 225-226, 237
FBI, 114-115, 131-132
funding for development, 73
harmonization of, 16, 78
ISO/IEC 17025, 21, 22, 114, 115-116, 189, 197-198, 202, 206
lack of, 6, 14
NIST, 201-202
for policy and procedure development, 201-202
purpose, 201
sanctions for noncompliance, 205
working groups, 79; *see also* Scientific Working Group
Systematized Nomenclature of Medicine, 264

T

Technical Working Group
for Analysis of Seized Drugs (TWGDRUG), 203
on Crime Scene Investigation (TWGCSI), 57
for Education and Training in Forensic Science (TWGED), 209, 225
for Fire and Explosives (TWGFEX), 171, 172
on Friction Ridge Analysis (TWGFAST), 205
Technology transfer, 70, 76
Toolmark and firearm identification, 3, 38, 136, 188. *See also* Ballistic evidence, 44
accreditation in, 68
admissibility of evidence, 97, 107-108
analyses, 37, 38, 42, 145, 152
certification programs, 210
class characteristics, 152
databases and reference libraries, 67, 151, 152, 153
error rates, 154
generation of marks, 150-151
guidelines, 153, 155, 202, 204
individual characteristics, 150, 152
laboratories for, 60, 65, 68
personnel and equipment shortages, 59
research needs, 154
sample data and collection, 151-152

scientific interpretation, 7, 42, 43, 153-154, 155
scientific validity and reliability, 107-108, 154
subclass characteristics, 152
summary assessment, 154-155
training and skills, 153, 232
uncertainty and bias, 184
units, 64
Toxicology services, 59, 72, 73, 254-255
Trace evidence. *See also* Fiber evidence; Hair evidence; Paint
and coatings evidence, 60, 65
certification, 210
guidelines, 201
laboratories, 65, 68
organic chemical analysis, 73
personnel and equipment shortages, 59
research, 73
Trans World Airlines Flight 800, 279-280

U

U.S. Army. *See* Army
U.S. Secret Service
forensic laboratory, 66, 68
USS Cole bombing, 280

V

Voice identification, 47

W

West Virginia State Police laboratory, 44
Western Identification Network, 270-271
World Trade Center attacks, 131, 260, 279

重要译名对照表

1954 Model Post-Mortem Examinations Act 《1954年示范尸体检验法》

Accreditation Council for Graduate Medical Education (ACGME) 研究生医学教育认可委员会

ALS 多波段光源

Amber Alert Bill 《Amber Alert 法案》

American Academy of Forensic Sciences (AAFS) 美国法庭科学学会

American Association for the Advancement of Science 美国科学促进会

American Board of Criminalists (ABC) 美国刑事技术人员委员会

American Board of Medicolegal Death Investigators 美国法医死因调查人员委员会

American Board of Pathology 美国病理学委员会

American Board or Forensic Toxicology (ABFT) 美国法医毒理学委员会

American Law Institute 美国法律协会

American National Standard for Information Systems 美国信息系统国家标准

American National Standards Institute (ANSI) 美国国家标准研究院

American Prosecutors Research Institute (APRI) 美国公诉人研究院

American Society for Testing and Materials (ASTM)　美国检测与材料协会

American Society of Clinical Pathologists　美国临床病理学家协会

American Society of Crime Laboratory Directors (ASCLD)　美国犯罪实验室主任协会

amylase　淀粉酶

anchoring　锚定效应

anthrax　炭疽

Armed Forces Institute of Pathology　武装部队病理研究院

Armed Forces Repository of Specimen Samples for the Identification of Remains　武装部队遗体鉴定样本库

Association of American Medical Colleges (AAMC)　美国医学院校协会

attribute independence　属性独立性

Automated Fingerprint Identification Systems (AFIS)　自动指印识别系统

backlog　案件积压

base rate　基础比率

best practice　最优方法

Biometrics Task Force　生物识别工作小组

Bureau of Alcohol, Tobacco, Firearms, and Explosives (ATF)　酒类、烟草、火器和爆炸物管理局

Bureau of Justice Statistics (BJS)　司法统计局

Bureau of Labor Statistics (BLS)　劳工统计局

Centers for Disease Control and Prevention (CDC)　疾病控制与预防中心

Centers for Medicare & Medicaid Services (CMS)　医疗保险与医疗补助中心

Centers for Medicare & Medicaid Services (CMS)　医疗保险与

医疗补助中心

chain of custody　保管链条

Clinical Laboratory Improvement Amendments of 1988（CLIA）《1988 年改进临床实验室修正案》

College of American Pathologists　美国病理学家协会

Combined DNA Index System（CODIS）　DNA 联合检索系统

confidence interval　置信区间、可信区间

Consortium of Forensic Science Organizations　法庭科学组织联盟

conviction　定罪

coroner　验尸官

Coverdell Grant Program Announcement　《Coverdell 补贴项目通告》

criminal justice system　刑事司法系统

CSI Effect CSI　效应、《犯罪现场调查》效应

Death Investigation：A Guide for the Scene Investigator　《死因调查：现场调查人员指南》

Defense Forensic Enterprise System　国防法庭科学事业系统

Department of Commerce（DOC）　商务部

Department of Health and Human Services（DHS）　卫生与人类健康服务部

Department of Public Safety（DPS）　公共安全部

deposition　证言存录

dermal ridge print　皮纹印

Disaster Mortuary Operational Response Team　灾害丧葬作业响应小组

DNA Advisory Board　DNA 咨询委员会

DNA Identification Act　《DNA 鉴定法》

DOD Joint Task Force Civil Support　国防部民事支援特别行动队

Drug Enforcement Administration　缉毒局

Drug Enforcement Agency　麻醉品管制局

drylabbing　造假
Electronic Crime Portfolio　电子犯罪组合计划
en banc　全庭审判
enzyme　酶
Epidemiology Program Office　流行病学项目办公室
evidence authentication　证据鉴真
excipient　赋形剂、辅药
Explosives Reference File　爆炸物参考数据库
Explosives Reference Tools database (EXPeRT)　爆炸物参考工具数据库
facility　研究机构
falsifiability　可证伪性
FBI Quality Assurance Standards　《联邦调查局质量保证标准》
fire debris　火灾残留物
five-point scale　五分数量表
fluorescence microscopy　荧光显微镜法
Forensic Education Program Accreditation Committee　法庭教育项目认可委员会
Forensic Education Program Accreditation Committee　法庭科学教育项目认可委员会
Forensic Quality Services (FQS)　法庭科学质量服务组织
forensic science　法庭科学、法证科学
Forensic Science Commission　法庭科学委员会
forensic science community　法庭科学共同体
forensic science discipline　法庭科学学科
Forensic Science Education Program Accreditation Commission (FEPAC)　法庭科学教育项目认可委员会
Forensic Specialties Accreditation Board　法庭科学专业认可委员会
Forensic Training and Research Academy　法庭科学培训与研究

学院

FQS-International (FQS-I)　国际法庭质量服务机构

General requirements for the competence of testing and calibration laboratories　《检测与校准实验室能力认可准则》

gunshot residue　枪击残留物

health department　卫生局

high explosive　烈性炸药

homeland security　国土安全

human error　人为误差

improvised explosive device　简易爆炸装置

independent investigator　独立调查人员

index case　首例病例、指示病例

individualization　个体识别、同一认定

Inspector General　监察主任

Institute of Medicine　医学研究院

Integrated Automated Fingerprint Identification System (IAFIS)　综合自动指印识别系统

integrity　适正性

Internal Revenue Service　国内税务局

International Association for Identification (IAI)　国际鉴定协会

International Organization for Standardization (ISO)　国际标准组织

Joint Expeditionary Forensic Facilities　联合远征法庭科学设备

Joint Federal Agencies Intelligence DNA Database　联邦机构联合 DNA 数据库

Joint POW/MIA Accounting Command Central Identification Laboratory　战俘与战斗失踪人员统计联合指挥部中央鉴定实验室

Journal of Forensic Identification　《法庭科学鉴定杂志》

Journal of Forensic Sciences　《法庭科学杂志》

Laboratory Accreditation Board (LAB)　实验室认可委员会

Law Enforcement Assistance Administration　执法援助局

levels of confidence　置信度

loan forgiveness　贷款豁免

low explosive　低级炸药

MD5 Hash value　MD5 哈希值

medical examiner　法医

Medical Examiner and Coroner Information Sharing Program (MECISP)　法医和验尸官信息共享项目

Medical Examiner Assistance Administration (MEAA)　法医援助局

Medicare or Medicaid payments　医疗保险或者医疗补助金

microbial forensics　微生物物证检验、微生物物证检验学

Microspectrophotometry (MSP)　显微分光光度计法

Minutiae Interoperability Exchange Test (MINEX)　细节互用性交换标准

multislicecomputed tomography　多层螺旋计算机断层摄影术

NAME Forensic Autopsy Performance Standards 全国法医协会《法庭科学尸体解剖操作标准》

National Academy of Engineering　国家工程院

National Academy of Sciences　国家科学院

National Association of Medical Examiners (NAME)　全国法医协会

National Automotive Paint File　全国汽车油漆库

National Biodefense Analysis and Countermeasures Center (NBACC)　国家生化防卫分析与对策中心

National Biodefense Forensic Analysis Center　国家生物防卫法庭科学分析中心

National Bioforensic Analysis Center (NBFAC)　国家生物物证分析中心

National Bureau of Standards　国家标准局

National Center for Environmental Health　国家环境卫生中心

National Center for Health Statistics　国家卫生统计中心

National Conference of Commissioners on Uniform State Laws　统一州法全国委员会

National Counterproliferation Center　国家反扩散中心

National Crime Information Center Unidentified and Missing Persons (NCIC UP/MP)　全国身份不明与失踪人员犯罪信息中心

National Forensic Science Technology Center　国家法庭科学技术中心

National Forensic Science Technology Center (NFSTC)　国家法庭科学技术中心

National Institute of Forensic Science (NIFS)　国家法庭科学研究院

National Institute of Standards and Technology (NIST)　国家标准与技术研究院

National Institutes of Health (NIH)　国家卫生研究院

National Integrated Ballistic Information Network (NIBIN)　国家弹道信息综合网络

National Laboratory Center　国家实验室中心

National Missing and Unidentified Persons System (NamUs)　全国失踪与身份不明人员系统

National Research Council (NRC)　国家研究委员会

National Response Framework　国家应急框架

National Science Foundation (NSF)　国家科学基金会

National Violent Death Review System　国家暴力死亡审查系统

NDIS　全国 DNA 检索系统

negative predictive value (NPV)　阴性预测值

nine-point scale　九分数量表

Occupational Health and Safety Administration 职业健康与安全管理局

Occupational Outlook Handbook 《职业展望手册》

Office of Justice Programs 司法项目办公室

Office of National Drug Control Policy 国家毒品控制方针办公室

Office of the Director of National Intelligence 国家情报总监办公室

Paint Data Query database 油漆数据查询数据库

Paul Coverdell Forensic Science Improvement Grants Program (the Coverdell program) Paul Coverdell 法庭科学进步补贴项目（Coverdell 项目）

Paul Coverdell National Forensic Science Improvement Act 《Paul Coverdell 全国法庭科学进步法》

peak area 峰面积

peer review 同行评议

performance 效能、性能

physical anthropologist 体质人类学家

planning and preparedness 预案

point estimate 点估

Polarized light microscopy 偏振光显微镜法

population genetics 群体遗传学

positive predictive value (PPV) 阳性预测值

President's DNA Initiative 总统 DNA 行动计划

presumptive test 假定实验 假定试验

Proposition 69 69 号提案

PROTECT Act of 2003 《2003 年保护法》

Pyrolysis GC 裂解气相色谱法

Raman spectroscopy 拉曼光谱法

reference collections of biological agents 生物媒体参考数据库

Reference Firearms Collection 参考火器库

Reproducibility 可重复性

Science, State, Justice, Commerce, and Related Agencies Appropriations Act of 2006 《2006 年科学、国家、司法、商业和相关机构拨款法》

Scientific Working Group for Firearms and Toolmarks (SWGGUN) 火器与工具痕迹科学工作组 (SWGGUN)

Scientific Working Group for Forensic Document Examination (SWGDOC) 法庭科学文件检验科学工作组

Scientific Working Group for Materials Analysis (SWGMAT) 材料分析科学工作组

Scientific Working Group for the Analysis of Seized Drugs (SWGDRUG) 禁毒分析科学工作组

Scientific Working Group on Bloodstain Pattern Analysis (SWGSTAIN) 血迹形态分析科学工作组

Scientific Working Group on DNA Analysis Methods (SWGDAM) DNA 分析方法科学工作组

Scientific Working Group on Dog and Orthogonal Detector Guidelines (SWGDOG) 警犬探测指导方针科学工作组

Scientific Working Group on Friction Ridge Analysis, Study and Technology (SWGFAST) 摩擦嵴分析、研究及技术科学工作组

Scientific Working Group on Microbial Genetics and Forensics (SWGMGF) 微生物遗传学与法庭科学科学工作组

Scientific Working Group on Shoeprint and Tire Tread Evidence (SWGTREAD) 鞋印与轮胎印证据科学工作组

Scientific Working Group on the Forensic Analysis of Chemical Terrorism (SWGFACT) 法庭科学恐怖主义化学分析科学工作组

Scientific Working Group on the Forensic Analysis of Radiological Materials (SWGFARM) 法庭科学放射材料分析科学工

作组

Scientific Working Groups (SWGs)　科学工作组

scoring systems　评分系统

semenogelin　精囊凝固蛋白

seminal plasma　精浆、精清

sheriff　治安官

short tandem repeat s (STR)　短串联重复序列

source item　造型体

Standard Ammunition File　标准弹药库

sunk cost　沉没成本

Systematized Nomenclature of Medicine　医药系统命名方法

Technical Working Group for Education and Training in Forensic Science (TWGED)　法庭科学教育与培训技术工作组

Technical Working Group for Fire and Explosives (TWGFEX)　火灾和爆炸物技术工作组

Technical Working Group for the Analysis of Seized Drugs (TWGDRUG)　禁毒分析技术工作组

Technical Working Group on Crime Scene Investigation (TWGCSI)　犯罪现场调查技术工作组

Technical Working Group on Friction Ridge Analysis, Study, and Technology　摩擦嵴分析、研究及技术技术工作组

Technology Center of Excellence　技术卓越中心

testimony monitoring　证言监视

testing and calibration laboratories　检测与校准实验室

The Innocence Project　无辜者计划

The Western Identification Network (WIN)　西部鉴定网络

trace explosives detector　微量爆炸物检测仪

true ambiguity　真歧义

true negative rate (TNR)　真阴性率

true positive rate (TPR)　真阳性率

U. S. Army Criminal Investigation Laboratory 美国军方刑事犯罪侦查实验室

U. S. Department of Labor 美国劳工部

U. S. Fish and Wildlife Service 美国鱼类和野生动植物管理局

U. S. Postal Service 美国邮政总局

U. S. Secret Service 美国特勤局

U. S. C. 《美国法典》

unidentified person 身份不明人员

Validity 有效性

victim witness compensation program 被害人证人补偿项目

Virtual Autopsy (Virtopsy) 虚拟尸体解剖、虚拟解剖

working paper 未刊论文

This is a translation of *Strengthening Forensic Science in the United States: A Path Forward* by Committee on Identifying the Needs of the Forensic Sciences Community, National Research Council.
Copyright © 2009 by the National Academy of Sciences.
First published in English by the National Academies Press.
This edition published under agreement with the National Academy of Sciences.
Simplified Chinese version © 2012 by China Renmin University Press
All rights reserved.

图书在版编目（CIP）数据

美国法庭科学的加强之路/美国国家科学院国家研究委员会著；王进喜等译．—北京：中国人民大学出版社，2012.11
（法学译丛·证据科学译丛）
“十二五”国家重点图书出版规划
ISBN 978-7-300-16610-0

Ⅰ.①美… Ⅱ.①美…②王… Ⅲ.①证据-制度-研究-美国 Ⅳ.①D971.25

中国版本图书馆CIP数据核字（2012）第271062号

“十二五”国家重点图书出版规划
法学译丛·证据科学译丛
丛书主编 张保生 王进喜
美国法庭科学的加强之路
美国国家科学院国家研究委员会 著
王进喜等 译
Meiguo Fating Kexue de Jiaqiang Zhilu

出版发行	中国人民大学出版社		
社　　址	北京中关村大街31号	**邮政编码**	100080
电　　话	010－62511242（总编室）		010－62511398（质管部）
	010－82501766（邮购部）		010－62514148（门市部）
	010－62515195（发行公司）		010－62515275（盗版举报）
网　　址	http://www.crup.com.cn		
	http://www.ttrnet.com(人大教研网)		
经　　销	新华书店		
印　　刷	北京密兴印刷有限公司		
规　　格	155 mm×235 mm　16开本	**版　　次**	2012年12月第1版
印　　张	23.5 插页2	**印　　次**	2012年12月第1次印刷
字　　数	312 000	**定　　价**	58.00元

版权所有　侵权必究　印装差错　负责调换

人大版
密③检

STRENGTHENING FORENSIC SCIENCE IN THE UNITED STATES

A PATH FORWARD